读天下
Glamour Press
www.glamourpress.com

Competitive Advantage Series
更有趣、更富启发性、更多地让学生受益的新型教材

培训与开发

提高、融合、绩效与发展

Training and Development

陈胜军　主编

* Competitive Advantages Series是由读天下公司开发的新一代大学教材系列。

中国市场出版社

图书在版编目（CIP）数据

培训与开发/陈胜军著. —北京：中国市场出版社，2010.9

ISBN 978-7-5092-0675-1

Ⅰ.①培… Ⅱ.①陈… Ⅲ.①企业管理—职业培训—高等学校—教材 Ⅳ.①F272.92

中国版本图书馆 CIP 数据核字（2010）第 148572 号

书　　名：培训与开发

作　　者：陈胜军

责任编辑：孙　忠（010-68033067）

出版发行：中国市场出版社

地　　址：北京市西城区月坛北小街 2 号院 3 号楼（100837）

电　　话：编辑部（010）68033067　　读者服务部（010）68022950

发行部（010）68021338　68020340

68024335　68033577

经　　销：新华书店

印　　刷：河北省高碑店市鑫宏源印刷包装有限责任公司

规　　格：787×1092 毫米　1/16　23.5 印张　305 千字

版　　本：2010 年 11 月第 1 版

印　　次：2010 年 11 月第 1 次印刷

书　　号：ISBN 978-7-5092-0675-1

定　　价：45.00 元

提高学习效果的结构设计

学习目标、关键概念

本章知识和技能要点，鼓励主动的和自主的学习

第1章

培训开发概论

【学习目标】

- 掌握培训与开发的概念
- 理解培训开发的作用
- 了解培训开发的历史
- 了解培训开发的组织结构
- 掌握战略培训开发的含义
- 了解培训开发人员的素质模型
- 了解培训开发的未来发展趋势

【关键概念】

培训与开发
战略培训开发
员工战略培训模型（STEM）
培训开发人员素质模型

引导案例

来自现实世界的企业案例，导入本章的基本主题

2　培训与开发

引导案例：高尔文的感悟

摩托罗拉的创始人保罗·高尔文，有一次他打网球输了，在回家的路上他醒悟到："我之所以输，是因为别人比我做了更多的训练，就这么简单！"根据这一点，保罗·高尔文意识到要保持摩托罗拉强大的竞争优势、长盛不衰，就要让自己的员工比竞争对手的员工得到更多、更好、更快的培训，因此摩托罗拉公司开始投入巨资对员工进行培训，最终发展成为享誉全球的企业大学——摩托罗拉大学。

美国政府曾提出，企业用于教育的资金占工资总额的比例不应低于1.5%，在这方面，摩托罗拉的比例高达4%，每年在员工培训上的投入高达数亿美元。

1992年，摩托罗拉公司推出"六西格玛黑带"项目计划。经过几年的发展和完善，黑带计划已显示出巨大的功效，每年为公司带来的实际收益高达100万美元。项目评估结果表明，黑带专业人才团队解决了公司内部的很多质量问题，生产率非常可观。

高尔文曾多次语重心长地说："要知道，摩托罗拉一无所有，它所拥有的只有经过培训的人。"

越来越多的人认为培训正在成为企业极其重要的一项活动，它正在紧紧扼住我们的脖颈，如果意识不到这一点，那只会带来恐惧的窒息。

——詹姆斯·P. 克莱门斯

Training is something we hope to integrate into every manager's mindset.

——Chris Landauer

《国家中长期人才发展规划纲要（2010—2020年）》指出：人才是我国经济社会发展的第一资源。有人才就有一切，没有人才一切无从谈起。企业最大的成本不是广告，不是机器设备，而是没有经过训练的员工。摩托罗拉之所以能成为一家明星企业，和他们重视员工的培训和开发具有密切的关系。

为什么要进行员工的培训开发？主要原因如下：(1) 知识经济时代的必然要求。新世纪的特点是全球化、知识经济、信息经济。知识更新换代的速度越来越快，知识的半衰期越来越短，新的工艺、流程、技术、设备不断涌现，这客观上要求对员工进行培训和开发，构建学习型个人、学习型组织，以适应时代的要求。(2) 企业文化建设的需要。任何一个组织都有自己的文化和价值观，都有自己的愿景和使命，这些不会自动进入员工的头脑，需要对员工进行培训和开发。(3) 市场竞争的需要。随着我国市场经济的发展，企业之间的竞争越来越激烈，企业竞争表面上看是品牌、产品、质量的竞争，实质上是员工素质之间的竞争，因此越来越多的企业寻求"通过人"来获得竞争优势，企业越来越依赖于高素质的员工，越来越需要员工具有较高的操作技能、客户服务能力、责任心、学习能力以及创新能力等，这离不开对员工的培训与开发。(4) 培训开发可以吸引和留住人才。有人说，"培训开发是福利"。通过培训开发，可以增加员工的人力资

6　培训与开发

培训开发的历史沿革

人类培训开发的历史源远流长，总结起来可以划分为以下六个阶段。

1. 人类早期阶段

这时人类处于采集、狩猎、畜牧和农耕时期，在培训形式上，主要是年长者或有经验的人在生产活动过程中，或者在休息时对年轻人或者新手进行相关内容的讲解或示范，而且常常是以讲故事的形式进行。年轻人或新手通过聆听、观察或模仿来掌握相关的内容，使前人的经验或教训能够代代相传，不断积累，保证了人类知识、经验或技能的延续并且不断提高生产效率。这种原始的培训方式没有固定的教材，施教者和被教者之间也没有明确的师徒关系，培训往往是无意识、无明确组织的。

2. 师徒制阶段

这个阶段，手工业出现了。与农牧业不同的是，手工业有明显的技术性，这些技术必须通过一定的训练才能够掌握，于是就出现了师徒制。例如，一些铁匠铺、衣服店、理发店等为了满足不断增长的业务需求，需要雇佣工人，但由于当时没有职业学校或技术学校，店主无法找到合适的工人，只好自己做师傅传授技术，培训这些被雇佣来的新工人。培训内容和培训阶段都比较明确，直到出师，这期间徒弟可能没有工资或者只有非常少的工资。

随着经济的发展，师傅带徒弟的培训方式越来越流行，并逐渐正规化，尤其在那些需要特定技能的行业，这种培训方式得到了广泛的应用。即使在今天，师傅带徒弟这种培训形式在一些行业或岗位也被普遍采用。

阅读材料1-1　销售员的培养不能依靠"师带徒"

一家食品企业有5000多名销售人员，每年员工的流动率在20%左右，这是一个惊人的数字。为了遏止这种情况，公司采用了师傅带徒弟的方式，但这种方式并没有解决问题，人员流失反而越来越严重。经研究，发现如下问题：

"师傅"不是真正的"师傅"

□ 缺乏培训技巧。多数师傅都是销售人员出身，培训技能不足。培训是一个非常复杂的系统过程，必须要经过严格的训练。

□ 周期长。由于师傅自身的素质限制，销售人员基本上处于自由生长的状态，对于公司的产品、客户、销售技巧需要很长的时间才能逐渐摸索出来。师傅本身也有很重的任务要完成，在任务与带人之间，师傅更多地会选择前者，这些都严重影响了销售人员的成长时间。

□ 成活率低。销售人员的成活率很多情况下取决于"上手"的时间，过晚上手将挫败销售人员的信心而造成人员流失，尽

阅读材料

丰富的背景资料，建立理论概念与现实应用间的密切联系

多样和丰富的练习，提高成绩

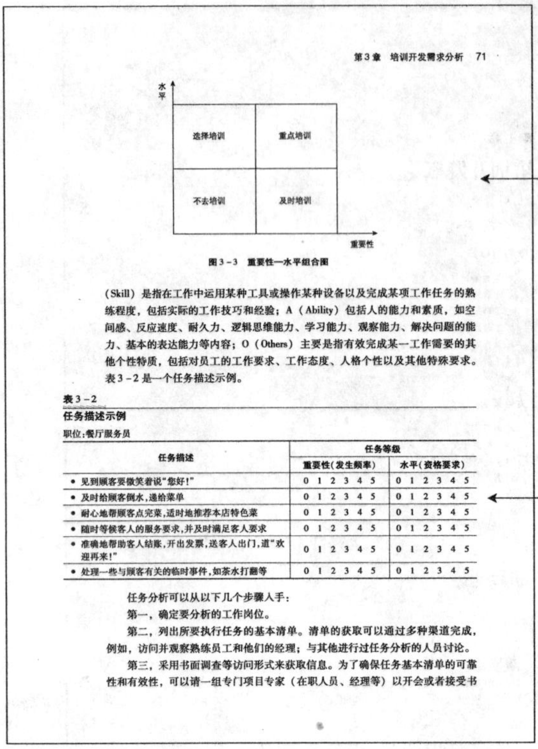

图3－3 重要性—水平组合图

(Skill）是指在工作中运用某种工具或操作某种设备以及完成某项工作任务的熟练程度，包括实际的工作技巧和经验；A（Ability）包括人的能力和素质，如空间感、反应速度、耐久力、逻辑思维能力、学习能力、观察能力、解决问题的能力、基本的表达能力等内容；O（Others）主要是指有效完成某一工作需要的其他个性特质，包括对员工的工作要求、工作态度、人格个性以及其他特殊要求。表3－2是一个任务描述示例。

表3－2
任务描述示例
职位:餐厅服务员

任务描述	任务等级	
	重要性(发生频率)	水平(资格要求)
• 见到顾客要微笑着说"您好!"	0 1 2 3 4 5	0 1 2 3 4 5
• 及时给顾客倒水,递给菜单	0 1 2 3 4 5	0 1 2 3 4 5
• 耐心地帮顾客点完菜,适时地推荐本店特色菜	0 1 2 3 4 5	0 1 2 3 4 5
• 随时等候客人的服务要求,并及时满足客人要求	0 1 2 3 4 5	0 1 2 3 4 5
• 准确地帮助客人结账,开出发票,送客人出门,道"欢迎再来!"	0 1 2 3 4 5	0 1 2 3 4 5
• 处理一些与顾客有关的临时事件,如茶水打翻等	0 1 2 3 4 5	0 1 2 3 4 5

任务分析可以从以下几个步骤入手：

第一，确定要分析的工作岗位。

第二，列出所要执行任务的基本清单。清单的获取可以通过多种渠道完成，例如，访问并观察熟练员工和他们的经理；与其他进行过任务分析的人员讨论。

第三，采用书面调查等访问形式来获取信息。为了确保任务基本清单的可靠性和有效性，可以请一组专门项目专家（在职人员、经理等）以开会或者接受书

大量的图表应用

抽象的概念和工具的直观展现，帮助学生把握和理解。

本章小结

关键内容的提示性回顾，及时复习的有用工具。

案例讨论题

以案例介绍为背景，在现实的环境下运用本章的概念和技能。

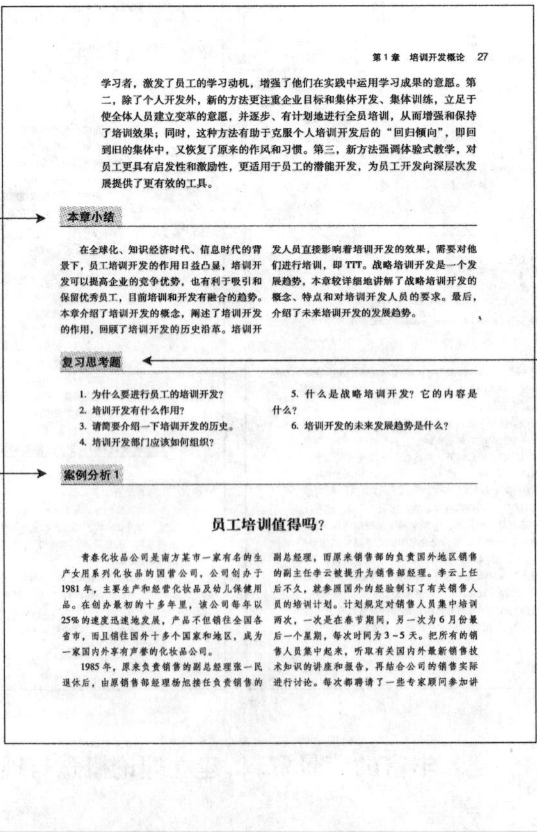

学习者，激发了员工的学习动机，增强了他们在实践中运用学习成果的意愿。第二，除了个人开发外，新的方法更注重企业目标和集体开发、集体训练，立足于使全体人员建立变革的意愿，并逐步、有计划地进行全员培训，从而增强和保持了培训效果；同时，这种方法有助于克服个人培训开发后的"回归倾向"，即回到旧的集体中，又恢复了原来的作风和习惯。第三，新方法强调体验式教学，对员工更具有启发性和激励性，更适用于员工的潜能开发，为员工开发向深层次发展提供了更有效的工具。

本章小结

在全球化、知识经济时代、信息时代的背景下，员工培训开发的作用日益凸显，培训开发可以提高企业的竞争优势，也有利于吸引和保留优秀员工，目前培训和开发有融合的趋势。本章介绍了培训开发的概念，阐述了培训开发的作用，回顾了培训开发的历史沿革。培训开发人员直接影响着培训开发的效果，需要对他们进行培训，即TTT。战略培训开发是一个发展趋势，本章较详细地讲解了战略培训开发的概念、特点和对培训开发人员的要求。最后，介绍了未来培训开发的发展趋势。

复习思考题

1. 为什么要进行员工的培训开发?
2. 培训开发有什么作用?
3. 请简要介绍一下培训开发的历史。
4. 培训开发部门应该如何组织?
5. 什么是战略培训开发？它的内容是什么?
6. 培训开发的未来发展趋势是什么?

案例分析1

员工培训值得吗?

青春化妆品公司是南方某市一家有名的生产女用系列化妆品的国营公司，公司创办于1981年，主要生产和经营化妆品及幼儿保健用品。在创办最初的十多年里，该公司每年以25%的速度迅速地发展，产品不但销往全国各省市，而且销往国外十多个国家和地区，成为一家国内外享有声誉的化妆品公司。

1985年，原来负责销售的副总经理张一民退休后，由原销售部经理杨旭接任负责销售的副总经理，而原来销售部的负责国外地区销售的副主任李云被提升为销售部经理。李云上任后不久，就参照国外的经验制订了有关销售人员的培训计划。计划规定对销售人员集中培训两次，一次是在春节期间，另一次为6月份最后一个星期，每次时间为3~5天。把所有的销售人员集中起来，听取有关国内外最新销售技术知识的讲座和报告，再结合公司的销售实际进行讨论。每次都聘请了一些专家顾问参加讲

复习思考题

本章学习需要掌握的主要问题，强化理解。

目 录

培训与开发案例表

目　录	章末案例
第 1 章	员工培训值得吗?
	千姿百态的员工培训开发
第 2 章	江淮汽车（JAC）学习型组织的创建
第 3 章	SAI 中国控股公司的培训尝试
第 4 章	恒伟公司的员工培训方案及其实施
	走出张君的困境
第 5 章	毁掉的“完美”培训
第 6 章	一个培训师的感触：培训无效是谁的错?
第 7 章	沃尔玛独特的交叉培训
第 8 章	陶氏化学的新员工培训
第 9 章	GE 的管理者培养之道
第 10 章	在日本、法国和沙特阿拉伯的三个外派个案
第 11 章	GE 克劳顿培训中心
	华夏大学
第 12 章	软件工程师的职业发展

作者简介

陈胜军，山东成武人，中国人事科学研究院博士后，中国人民大学劳动人事学院人力资源管理博士，北京工业大学管理学硕士，浙江大学学士，北京大学人力资源开发与管理研究中心研究员。现为对外经济贸易大学国际商学院教师，硕士研究生导师。

陈胜军博士在首钢总公司人事部、华为技术有限公司人力资源部工作多年，有丰富的人力资源管理经验。

教学课件

《培训与开发》教材配有教学课件，包括 PPT、习题和案例答案及考卷。采用本书作教材的高校教师请致电或致信教材开发商读天下公司申请。

电话：010－68033067

传真：010－68023034

E-mail：szpress@ gmail. com

客服 QQ：1291259423，1005520340

封面图案介绍

读天下公司“竞争优势系列”教材采用了由本教材英文关键词所组成的“云计算”图案。计算是构成人类思考能力基础的活动，云计算能够以经济的方式为互联网上的普通用户提供无限的计算能力。与此相似，“竞争优势系列”教材的使命是突破现有的知识传播的界限，为教师和学生提供对新知识的可靠的接入和广泛共享。

前　言

21世纪是全球化时代、知识经济时代，企业面临越来越激烈的市场竞争，人的作用越来越凸显。企业最大的成本是未经过培训开发的员工。培训开发可以给企业带来持续竞争优势，一方面，可以提高员工的知识技能，另一方面可以使员工认可并接受企业的文化和价值观，而且培训开发体现了企业对员工的责任心，对于提升员工的素质以及吸引保留优秀员工均有重要作用。基于此，本书的副标题确定为：提高、融合、绩效与发展。提高是指通过培训开发提高员工的知识和能力；融合是指员工与组织在理念、价值观方面的共识；绩效是指培训开发要能提升组织的绩效；发展是指组织和员工的共同发展，而不仅仅是组织的发展，这不但和培训开发有关系，而且和职业生涯管理有关系。

对外经济贸易大学国际商学院设置有人力资源管理专业，“培训与开发”是一门核心课程，我一直在其中担任教学工作，本书就是在我多年教学经验的基础上编写成的。与国内同类教材相比，本书具有以下几个特点。

1. **逻辑性**。本书的逻辑层次图如下：

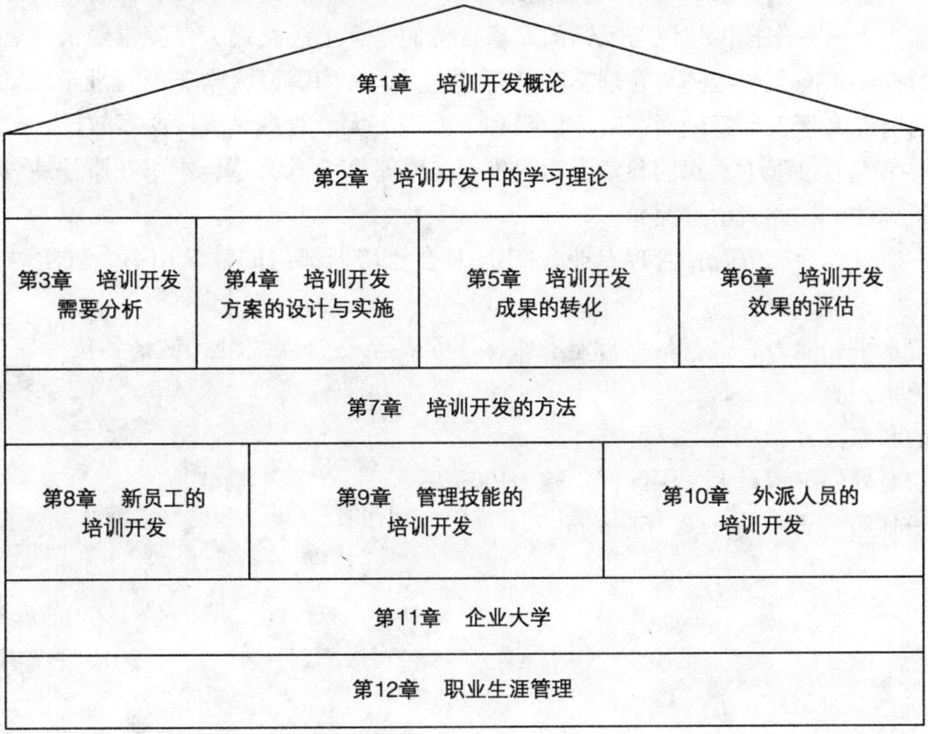

第 1 章是概论，从总体上概貌性地讲述了培训与开发；第 2 章是本书的理论基础，即学习理论；第 3 到第 6 章是按照培训开发的顺序依次写的；第 7 章专门讲述了各种培训开发的方法，每种方法都有各自的适用范围；第 8 到第 11 章是三个专题，分别讲解了新员工、管理者以及外派员工的培训开发；第 11 章介绍了企业大学，这是培训开发的未来发展趋势，也是培训开发的最高形式；第 12 章讲了职业生涯管理，它是一个更广阔的概念，涉及员工一生的发展，它和员工一生的培训开发都有关系，其最佳效果是：员工的职业生涯发展和组织的发展协调一致，达到互利共赢。

2. **前沿性**。本书力求将最新的培训开发知识、理论以及趋势涵盖进来，例如：企业大学、管理培训生、最新的培训开发方法、职业生涯管理等，使本书不落俗套，散发着较强的时代气息。

3. **实践性**。培训开发的理论色彩不浓，是一门实践性很强的课程。我们在写作过程中特别注意了这一点，避免纸上谈兵。每一章前面都一个引导案例，每章后面都有一个较长的案例，附有案例问题，个别章节中还穿插有相关的阅读材料，通过这些案例和材料，希望读者能将理论和实践结合起来，而不是干巴巴地学几个概念和术语。

4. **系统性和重点性**。全书体系结构完整，涵盖了培训开发所有的核心知识、理论和技术方法。同时，又有重点性，尽量做到简繁得当。

在编写过程中，我拟定了全书的总体思路和写作框架，提出了写作的具体原则和要求。本书共分 12 章，具体分工如下：我编写第 1 章，全娜编写第 2 章和第 6 章，武雪梅编写第 3 章和第 4 章，刘思思编写第 5 章，刘艳红编写第 7 章和第 12 章，黄振明编写第 8 章和第 9 章，胡萍编写第 10 章，王文瑜编写第 11 章。最后由我进行了统稿。

感谢为本书写作提供建议与反馈的专家，他们是：上海交通大学安泰经济与管理学院唐宁玉教授、东南大学经济与管理学院马新建教授、云南财经大学工商管理学院刘银花教授、西南财经大学工商管理学院卿涛教授和上海理工大学管理学院罗文军教授。

在本书编写过程中，我们参考了国内外很多书籍和学术文章，本书在脚注或参考文献中进行了标注，在此表示感谢！

本书适合作为高等院校管理专业、MBA 及企业培训部门的教学用书，教学时数 40 ~ 60 学时。

由于水平和能力有限，本书肯定有很多不足甚至是错误之处，诚请各位专家、同学、读者批评指正。

我的联系方式：

北京对外经济贸易大学国际商学院，100029

电子邮箱：chshengjun@ 163. com

陈胜军

2010 年 7 月于惠园

第 1 章

培训开发概论

【学习目标】

- 掌握培训与开发的概念
- 理解培训开发的作用
- 了解培训开发的历史
- 了解培训开发的组织结构
- 掌握战略培训开发的含义
- 了解培训开发人员的素质模型
- 了解培训开发的未来发展趋势

【关键概念】

培训与开发
战略培训开发
员工战略培训模型（STEM）
培训开发人员素质模型

引导案例：高尔文的感悟

摩托罗拉的创始人保罗·高尔文，有一次他打网球输了，在回家的路上他醒悟到："我之所以输，是因为别人比我做了更多的训练，就这么简单！"根据这一点，保罗·高尔文意识到要保持摩托罗拉强大的竞争优势、长盛不衰，就要让自己的员工比竞争对手的员工得到更多、更好、更快的培训，因此摩托罗拉公司开始投入巨资对员工进行培训，最终发展成为享誉全球的企业大学——摩托罗拉大学。

美国政府曾提出，企业用于教育的资金占工资总额的比例不应低于1.5%，在这方面，摩托罗拉的比例高达4%，每年在员工培训上的投入高达数亿美元。

1992年，摩托罗拉公司推出"六西格玛黑带"项目计划。经过几年的发展和完善，黑带计划已显示出巨大的功效，每年为公司带来的实际收益高达100万美元。项目评估结果表明，黑带专业人才团队解决了公司内部的很多质量问题，生产率非常可观。

高尔文曾多次语重心长地说："要知道，摩托罗拉一无所有，它所拥有的只有经过培训的人。"

越来越多的人认为培训正在成为企业极其重要的一项活动，它正在紧紧扼住我们的脖颈，如果意识不到这一点，那只会带来恐惧的窒息。

——詹姆斯·P. 克莱门斯

Training is something we hope to integrate into every manager's mindset.

——Chris Landauer

《国家中长期人才发展规划纲要（2010—2020年）》指出：人才是我国经济社会发展的第一资源。有人才就有一切，没有人才一切无从谈起。企业最大的成本不是广告，不是机器设备，而是没有经过训练的员工。摩托罗拉之所以能成为一家明星企业，和他们重视员工的培训和开发具有密切的关系。

为什么要进行员工的培训开发？主要原因如下：（1）知识经济时代的必然要求。新世纪的特点是全球化、知识经济、信息经济。知识更新换代的速度越来越快，知识的半衰期越来越短，新的工艺、流程、技术、设备不断涌现，这客观上要求对员工进行培训和开发，构建学习型个人、学习型组织，以适应时代的要求。（2）企业文化建设的需要。任何一个组织都有自己的文化和价值观，都有自己的愿景和使命，这些不会自动进入员工的头脑，需要对员工进行培训和开发。（3）市场竞争的需要。随着我国市场经济的发展，企业之间的竞争越来越激烈，企业竞争表面上看是品牌、产品、质量的竞争，实质上是员工素质之间的竞争，因此越来越多的企业寻求"通过人"来获得竞争优势，企业越来越依赖于高素质的员工，越来越需要员工具有较高的操作技能、客户服务能力、责任心、学习能力以及创新能力等，这离不开对员工的培训与开发。（4）培训开发可以吸引和留住人才。有人说，"培训开发是福利"。通过培训开发，可以增加员工的人力资本，体现了组织对员工的关心和负责，有利于企业吸引人才、留住人才。许多公司都通过培训机会来吸引优秀人才，例如，不少世界五百强公司，都提供国外培训学习的机会，而且每年都有一笔培训经费，规定必须用完，这对很多员工都有吸引力。

事实证明，注重员工培训与开发的组织会比他们的竞争对手表现出更好的业绩，也更能适应环境的变化和挑战；现代组织都非常重视员工的培训与开发，而且，越是优秀的公司越重视员工的培训和开发。因此，可以说，“培训是无价的”。

1.1 培训与开发的概念及其发展历史

培训与开发的概念

培训与开发（Training and Development，T&D）是指组织通过各种方式使员工具备完成现在或者将来岗位工作所需要的知识、技能，并改变或塑造他们的态度、理念、价值观，以提高员工在现有或将来岗位上的工作绩效以及组织的整体绩效，并最终贡献于组织战略实现的一种计划性、连续性和系统性的活动。

在传统观念里，培训（Training）与开发（Development）是有区别的。培训侧重于当前的岗位和工作任务，主要是向员工传授完成当前的某项任务或工作所需要的知识或技能，而开发则以未来为导向，强调为未来的工作任务或岗位作准备，要求员工学习与当前工作不直接相关的内容。培训往往带有强制性，是必须要完成的；开发一般和管理人员相联系，往往意味着被开发者的提升，其本身往往具有积极性。培训的关注点一般是效率的提升和企业的发展，而开发关注员工的发展。例如，企业让一个技能水平低下的车工参加车削技能学习班，这就是传统意义上的培训；企业准备提拔一名员工任销售经理，但他缺乏这个职位的管理知识和技能，企业让他参加相关的管理学习班，这就是传统意义上的开发。二者的区别如表1-1所示。

表1-1

传统培训与开发的比较

比较项目	培 训	开 发
侧重点	当前	未来
对象	一般员工或管理者	管理者或管理者后备
与当前工作内容相关性	高	低
目标	当前工作	未来岗位或变化
参与	强制性	自愿
关注点	效率提升和企业发展	员工发展

但在目前，随着培训战略地位的提升，培训和开发有融合的趋势，两者的界限日渐模糊，都变得既注重当前也关注未来，既关注企业的发展也关注员工的发展。因此，在本书的后续章节中，若非特别说明，我们将不再严格区分“培训”和“开发”，将二者统称为“培训开发”。

培训开发的作用

在21世纪，培训开发的重要性和意义更加凸显，其作用如下。

1. 对企业的作用

吸引和留住优秀员工。诸多调查显示，“较多的培训机会”越来越成为吸引优秀员工加入和留住他们的重要因素，甚至是仅次于薪酬的要素，因此培训开发可以避免企业的骨干流失，进而提升企业的竞争力。

增强企业凝聚力。通过培训开发，把企业的发展战略、经营理念、管理模式、价值取向、文化氛围等传递给员工，培养企业的团队精神，对员工产生吸引力和凝聚力。

提高企业的竞争力。根据马斯洛的需求层次理论，员工在基本需求满足之后，需要不断提高自己的工作能力和综合素质，体现自身价值，获得成就感。要留住优秀员工，只提供优厚的奖金待遇是不够的，要不断地给员工充电、加压，满足其对不断进步的需要，并在工作中体会到挑战的乐趣和自我价值，这是现代企业留人的重要手段。一些知名企业的实践证明，如果企业给员工提供良好的培训开发，就会减少抱怨，离职率也会降低。一些企业还把培训开发作为福利奖励给表现好的员工。这样，员工成为学习型员工，企业成为学习型企业，将给企业带来更强的竞争力。

高回报的投资。培训开发是投资，统计数据表明：对员工培训投资1元，可以创造50元的回报。对于企业来说，很难获得精确的财务数据来计算每个培训开发的收益，但企业的收益和培训开发之间毫无疑问有着明确的逻辑关系：培训开发在一定程度上投入了资金和资源，但通过培训开发以后，可以看到的结果是员工的素质得到了提高，企业的形象得到了提升，内部管理的成本减少了，管理的效率提高了，企业的效益得到提升了，这就是培训开发给企业带来的回报。

据美国培训与发展年会统计，投资培训开发的企业，其利润的提升比其他企业的平均值高37%，人均产值比平均值高57%，股票市值的提升比平均值高20%。在过去50年间，国外企业的培训开发费用一直在稳步增加。美国企业每年在培训上的花费约300亿美元，约占雇员平均工资收入的5%。目前，已有1200多家美国跨国企业包括麦当劳都开办了管理学院，摩托罗拉则建有自己的大学。这些对中国企业来说，都是很好的培训范例。

解决企业问题的有效措施。对于企业不断出现的各种问题，培训开发有时是最直接、最快速和最经济的管理解决方案。

2. 对企业经营管理者的作用

减少事故发生。研究发现，企业事故 80% 是员工不懂安全知识和违规操作造成的。员工通过培训开发，学到了安全知识，掌握了操作规程，自然就会减少事故的发生。

改善工作质量。员工参加培训，往往能够掌握正确的工作方法，纠正错误和不良的工作习惯，其直接结果必然是促进工作质量的提高。

提高员工整体素质。通过培训开发，员工素质整体水平会不断提高，从而提高劳动生产率。

降低损耗。损耗主要来自员工操作不认真和技能不高。通过培训，员工就会认同企业文化，认真工作，同时也提高技术水平，降低损耗。

提高研制开发新产品的能力。培训开发提高员工素质的同时，也培养了他们的创新能力，激励员工不断开发与研制新产品来满足市场需要，从而扩大企业产品的市场占有率。

改进管理内容。培训开发后的员工整体素质得到提高，将有更多的能力和意愿参与企业的管理。

3. 对员工的作用

增强就业能力。现代社会职业的流动性使员工认识到充电的重要性，换岗、换工主要倚赖于自身技能的高低，培训开发是刚走出校门的员工增长自身知识、技能的一条重要途径。因此，很多员工要求企业能够提供足够的培训开发机会，这也成为一些人择业中考虑的一个方面。

获得较高收入的机会。员工的收入与其在工作中表现出来的劳动效率和工作质量直接相关。为了追求更高收入，员工就要提高自己的工作技能，技能越高报酬越高。

增强职业的稳定性。从企业来看，企业为了培训开发员工，特别是特殊技能的员工，提供了优越的条件。所以在一般情况下，企业不会随便解雇这些员工，为防止他们离去给企业带来的损失，总会千方百计留住他们。从员工来看，他们把参加培训、外出学习、脱产深造、出国进修等当作是企业对自己的一种奖励。员工经过培训，素质、能力得到提高后，在工作中表现得更为突出，就更有可能受到企业的重用或晋升，员工因此也更愿意在原企业服务。

更具竞争力。未来的职场将是充满了竞争的职场，随着人才机制的创新，每年都有大量的新的人才加入到竞争的队伍中，让员工每时每刻都面临着被淘汰的危险。面对竞争，要避免被淘汰的命运，只有不断学习，而培训则是最好、最快的学习方式。

培训开发的历史沿革

人类培训开发的历史源远流长，总结起来可以划分为以下六个阶段。

1. 人类早期阶段

这时人类处于采集、狩猎、畜牧和农耕时期，在培训形式上，主要是年长者或有经验的人在生产活动过程中，或者在休息时对年轻人或者新手进行相关内容的讲解或示范，而且常常是以讲故事的形式进行。年轻人或新手通过聆听、观察或模仿来掌握相关的内容，使前人的经验或教训能够代代相传，不断积累，保证了人类知识、经验或技能的延续并且不断提高生产效率。这种原始的培训方式没有固定的教材，施教者和被教者之间也没有明确的师徒关系，培训往往是无意识、无明确组织的。

2. 师徒制阶段

这个阶段，手工业出现了。与农牧业不同的是，手工业有明显的技术性，这些技术必须通过一定的训练才能够掌握，于是就出现了师徒制。例如，一些铁匠铺、衣服店、理发店等为了满足不断增长的业务需求，需要雇佣工人，但由于当时没有职业学校或技术学校，店主无法找到合适的工人，只好自己做师傅传授技术，培训这些被雇佣来的新工人。培训内容和培训阶段都比较明确，直到出师，这期间徒弟可能没有工资或者只有非常少的工资。

随着经济的发展，师傅带徒弟的培训方式越来越流行，并逐渐正规化，尤其在那些需要特定技能的行业，这种培训方式得到了广泛的应用。即使在今天，师傅带徒弟这种培训形式在一些行业或岗位也被普遍采用。

阅读材料1－1　销售员的培养不能依靠“师带徒”

一家食品企业有5000多名销售人员，每年员工的流动率在20%左右，这是一个惊人的数字。为了遏止这种情况，公司采用了师傅带徒弟的方式，但这种方式并没有解决问题，人员流失反而越来越严重。经研究，发现如下问题：

“师傅”不是真正的“师傅”

□ **缺乏培训技巧**。多数师傅都是销售人员出身，培训技能不足。培训是一个非常复杂的系统过程，必须要经过严格的训练。

□ **周期长**。由于师傅自身的素质限制，销售人员基本上处于自由生长的状态，对于公司的产品、客户、销售技巧需要很长的时间才能逐渐摸索出来。师傅本身也有很重的任务要完成，在任务与带人之间，师傅更多地会选择前者，这些都严重影响了销售人员的成长时间。

□ **成活率低**。销售人员的成活率很多情况下取决于“上手”的时间，过晚上手将挫败销售人员的信心而造成人员流失，尽管影响人员“上手”的因素非常复杂，但是师傅自身素质无疑是最重要的因素。

作坊方式，难以大面积复制

很多企业的销售人员是通过市场的磨砺自学成才，他们所谓的经验带有一定的片面性，甚至带有极端的个性化色彩，单纯地将这些经验不加提炼地直接传授给新的销售人员，并不能提升销售人员的战斗力。

容易形成帮派势力

师带徒的方式经常促使师傅将徒弟作为自身的私有财产，甚至是自身的缩影与附庸，中国传统的“一日为师终身为父”观念更加助长了帮派势力的形成，有时员工效忠的目标已经不是企业而是师傅，这种状况一旦形成并蔓延，其破坏性很大。

有虐徒倾向

实践过程中，师傅经常是根据自身的好恶来决定对徒弟的好坏。特别是在性格特点方面，师傅更愿意选择自己喜欢的人，如果自己感觉不好，很有可能就丧失了培养徒弟的兴趣，这种好恶严重影响了销售队伍建设，甚至会因此错失非常优秀的销售人员。

另外，在“教会徒弟，饿死师傅”心理影响下，一方面师傅不会教给徒弟真东西，另一方面师傅会将徒弟作为自己的傀儡，徒弟种地师傅收获，并且在收获以后将徒弟驱逐再换新的徒弟。这样，师傅就可以保证永远不可能有人和他进行竞争。这些都严重破坏了公司销售团队的建设。

（资料来源：中国销售培训网）

阅读材料 1－2 师傅带徒弟，吉利汽车人才培训有绝招

“人人是老师，人人是学生”。吉利控股集团董事长李书福号召全体员工向先进学习，并表示，在新的一年，吉利在发展上将立足于“人”，加大内部培训力度，把全面提升员工整体素质作为增强企业竞争力的“头等大事”。

近几年，吉利发展迅猛，必然带来对更多员工新技能的要求，内部培训项目日趋丰富，让员工受益匪浅。在如火如荼的培训热潮中，“师傅带徒弟”的培训模式在吉利各个基地广为“流行”，这种教学相长的培训形式一经发起就受到了吉利全体员工的一致追捧。

据了解，从 2003 年大规模推广以来，全集团先后举办了 20 余期“师傅带徒弟”活动，师徒关系从最初的 13 对发展到 3755 对，签订师徒培训协议 3755 份。在“师傅带徒弟”活动中涌现出一大批有理想、有抱负、懂管理、精技术、会指导、善创新的优秀师傅，他们所带出的徒弟有的已经走上集团中高层领导岗位，有的在全国技能大赛中获得大奖，有的成为新人的师傅。2007 年，集团还设立了“吉利名师”的称号，表彰一批在“师傅带徒弟”活动中涌现出的具有良好职业道德、强烈工作责任心、工作经验丰富的先进人物。

很多技能和知识并非培训就能一步到位，尤其是汽车这个技术密集、人才密集、资本密集的产业，而师傅的口授手教则让培训更专业、更具针对性。“师傅带徒弟”的培训模式是吉利创建以来培养人才的最有效方式，师傅与徒弟间的互动成为理论培训课程之外很必要的补充。师傅的指导不仅让徒弟在技能上快速获取解决方法，学以致用，还能成功地应用到工作中，而且，师傅自身的能力也会在带徒弟的过程中得到进一步提升。该模式的有效推行促成了吉利集团内部“教与学”的良好氛围，并增强了团队的作

战能力。

（资料来源：太平洋汽车网）

思考问题：请认真阅读材料1和材料2，为什么两者的结论完全相反？你如何看待师傅带徒弟这种培训形式？

3. 手工技能学校阶段

工业革命的爆发使企业大量涌现，企业对技术工人的培训就显得非常重要和迫切，传统的师傅带徒弟的培训方法已经不能满足企业对员工数量和技术细分的需要了。1809年，美国人戴维德·克林顿在纽约建立了第一所私人职业技术学校，这是一所手工技能培训学校。克林顿建立这所学校的目的是给失业的年轻人提供职业培训。随后，类似的手工技能培训学校在美国普遍建立，尤其是在中西部各州。这种手工技能培训学校可以看做是职业技术教育的雏形。

此阶段的出现，预示着培训已经迈向了专门化和正规化的阶段，这个时期培训的特点是标准化、高效率，培训的个性化逐渐消失。

4. 工厂学校阶段

工业革命发生后，新机器和新技术得到了广泛应用，作坊式的传统生产方式被打破，新工人不具备操作新机器的知识和技能，老员工也需要重新进行培训，学徒制培训已经不能适应需要了。随着工厂数目的增加，对技术工人的需求量超出了手工技能学校的供给量，而且手工技能学校培养的学生也不能完全符合各工厂个性化的要求，为此，各个工厂开始尝试自行建立培训机构，即工厂学校。

第一个有文字记载的工厂学校1872年建立于美国Hoe and Company公司，这是纽约的一家印刷机制造商。后来，1888年威斯汀豪斯、1901年通用电气和包德文机车、1907年国际收割者，以及后来的福特、西部电力、固特异等公司都建立了自己的工厂学校。

工厂学校和学徒制培训不同，它倾向于要求工人在短期内掌握完成某项特定工作所需要的技术。

5. 管理培训开发阶段

20世纪50年代以来，世界经济经历了深刻的变革，新技术成果层出不穷，知识成为社会发展的主要推动力量。此前，西方国家的培训主要是技能培训。企业强调对生产工人开展与岗位相关的工作技能培训，目的是提高劳动生产率。其后，由于科学技术的进步，企业生产的自动化水平大大提高，大量重复性的工作逐渐由机器完成，同时企业的规模越来越大，企业的组织系统越来越复杂，企业对于管理的需求越来越迫切，企业的生存和发展越来越依赖于其管理水平，因此，管理因素逐渐受到关注，培训的重点由工作技能转向管理能力。

1956年通用电气公司成立了克罗顿培训部门，它的对象是公司的中高级管理人员，这在当时显得与众不同，在此之前企业培训开发的对象主要是一线员工技能方面的培训，管理人员主要依靠经验和实践自我成长。因此，克罗顿培训部门的成立是培训史上一个标志性事件，它拉开了企业管理培训开发的序幕。从某种意义上讲，克罗顿培训部门具备了企业商学院的某些性质。

6. 企业大学阶段

克罗顿培训部门成立后，企业商学院的发展并没有掀起高潮，这种局面直到1974年摩托罗拉大学的成立才被打破。严格意义上讲，GE的克罗顿培训部门成立之初并没有和公司的战略相联系，直到30年后才开始对其战略进行支持。摩托罗拉大学的成功运作以及它对企业战略价值的贡献，引起了全世界企业大学的兴建高潮，企业大学让培训成为企业发展的战略伙伴，演变为战略培训。

企业大学不仅仅是名称的改变，更在于职能的真正转变。1992年，摩托罗拉大学又完成了一次重要转型，从企业内部培训为主转变到内外兼顾的全价值链的培训，摩托罗拉大学实现了真正意义上的全价值链培训，成为真正意义上的“综合性的企业大学”。

1.2 培训开发人员及其组织结构

培训开发人员和培训开发组织

1. 专业培训开发人员和组织的诞生

第二次世界大战的爆发，使美国对军用物品的需求大大增加，原来不生产军用物品的企业也开始参与生产。类似第一次世界大战，美国在一些大型组织和工会中实施了新型培训计划。美国政府为此建立了行业内部的培训服务机构（TWI，Training within Industry）来组织和协调新型培训计划的实施。TWI同时还培训公司的培训员如何在各自的工厂里开展培训项目。到二战结束时，TWI已经培训了23000多个指导员，并对16000个工厂和培训服务机构的200多万个主管经理进行了培训资格认证。后来，很多公司利用指导员建立了培训部门，负责制订、组织并协调组织内部的培训项目。

1942年，美国培训指导协会（ASTD，American Society for Training Directors）成立，它为蓬勃兴起的培训行业建立了标准。当时，要成为ASTD的全职会员要具有大学学位及两年以上的培训或相关领域的工作经验，或者具有五年的培训经验。至此，培训作为一个职业诞生了，之后就有了专业培训人员。

2. 培训开发组织的发展

20 世纪 60—70 年代，专业培训开发人员认识到他们的角色已不能仅局限于培训教室的范围内了。在许多组织中，员工民主参与的呼声越来越高，要求培训开发人员为员工提供辅导和咨询。因此，对培训开发专业人员能力的要求提高了，扩展到包括人际交往技能、员工辅导以及问题解决等各项能力。这些要求促使 ASTD 重新命名，改为美国培训与开发协会（American Society for Training and Development），简称依然是 ASTD。

20 世纪 80 年代，ASTD 召开了一些国家级的专门会议，讨论这一蓬勃发展的行业，讨论培训开发人员的专业化问题，肯定了人力资源开发（HRD）这一术语。20 世纪 90 年代，ASTD 为了加强人力资源培训开发的战略角色，把人力资源培训开发的目标定位于组织绩效的提升以及构建高绩效工作系统（HP-WS）。

3. 培训开发人员的资格认证

在美国进行的一项针对 1500 多名培训工作者的调查结果显示，60% 的人明确希望得到某种形式的认证。认证可以分为社会统一资格认证体系和组织内部资格认证体系。

社会统一资格认证体系。由于培训开发是整个人力资源管理系统的一部分，加之发展时间并不长，因此目前社会上还没有专门的培训开发人员的资格证书，而是统一采用人力资源专业人员的资格证书，这方面比较著名的是人力资源师（PHR，Professional in Human Resources）和高级人力资源师（SPHR，Senior Professional in Human Resources），要获得这两个证书需要通过由人力资源管理协会（SHRM，Society for Human Resources Management）举行的考试。

SHRM 建立于 1948 年，该协会最初的名称叫“美国人事管理协会”（ASPA，American Society for Personnel Administration）。1989 年，该协会更名为“人力资源管理协会”（SHRM）。SHRM 是由学术研究人员和企业管理人员组成的学术性和职业性的专业人员协会，拥有会员 190000 人，是世界上最大的专注于人力资源管理研究和职业规范建设的学术社团。1956 年，SHRM 出版了关于人力资源管理研究的杂志《人事管理者》（the Personnel Administrator），1990 年，该杂志更名为《人力资源杂志》（HR Magazine on Human Resource Management）。

1976 年，SHRM 开始实施人力资源管理方面的职业资格认证，具体由 1973 年 SHRM 创办的“人力资源职业资格认证研究所”（HRCI，HR Certification Institute）负责。人力资源师和高级人力资源师的考试都由 225 道多项选择题组成。PHR 中有 11% 的内容、SPHR 中有 12% 的内容涵盖了培训开发的内容。要得到认证，需要有 2 年的人力资源管理实践经验，美国有超过 43000 名人力资源专业人员得到了 PHR 或 SPHR 证书。

经过2001年修订后，SHRM认为，人力资源管理的专业从业者必须具备以下6个方面的知识，见表1-2。

表1-2

人力资源管理专业从业者必备知识

1. 企业战略管理的知识
2. 人力资源规划和员工招聘的知识
3. 人力资源开发的知识
4. 工资管理和福利设计的知识
5. 处理员工关系和劳动关系的知识
6. 关于职业健康、工作安全和员工职业保障的知识

SHRM所举办的人力资源管理职业资格证书的考试就围绕以上所提出的六大知识领域，确定了18个知识点进行资格的认证，如表1-3所示。

表1-3

人力资源管理职业资格证书考试知识点

1. 理解人力资源计划之间如何相互关联
2. 如何进行人力资源的需求评估和需求分析
3. 人际沟通的策略
4. 处理文件的方法
5. 理解成人学习的方式
6. 激励的原理及其应用
7. 员工培训的方法
8. 领导的原理及其应用
9. 项目管理的概念及其应用
10. 员工多样化的概念及其应用
11. 人际关系
12. 职业道德和专业准则
13. 技术与人力资源信息系统(HRIS)
14. 定性与定量分析方法
15. 企业变革管理
16. 负债与风险管理
17. 工作分析与工作说明的方法
18. 政府法规与政府政策

组织内部资格认证体系。很多组织在内部建立了培训开发人员的资格认证体系。例如，一些企业将培训开发人员划分为初级、中级、高级、资深等级别，每一级别都制定出相应的知识、技能和行为标准。企业通过内部认证的方式确定各个培训开发人员实际达到的级别，认证结果往往和培训开发人员的待遇、职业生涯发展相联系。

培训开发的组织结构

由于企业规模、行业、发展阶段以及理念的不同，培训开发的组织结构也不尽相同，主要有以下五种模式。

1. 客户模式

按照客户或者职能部门的不同组建培训开发部。例如，培训开发部下面设立子部门，分别负责A客户、B客户等的培训开发；或者按照职能部门划分，下设技术、财务、生产、营销等部门，分别负责技术部门、财务部门、生产部门或营销部门等的培训开发，如图1-1所示。

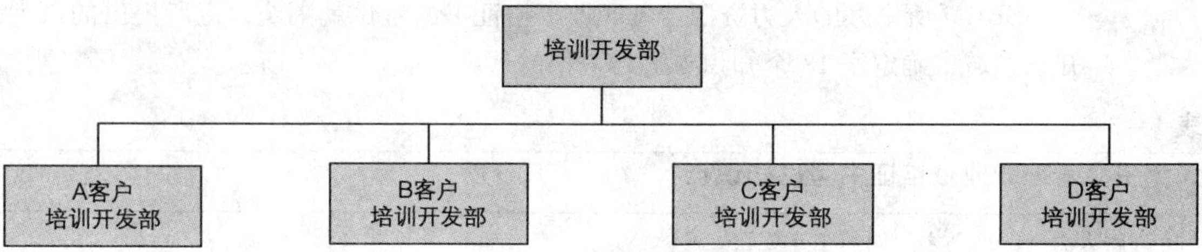

图1-1 客户模式的组织结构

客户模式的优点：

□ 针对性强，能较好地把握客户的培训需求。
□ 每个部门负责一个客户，能够比较系统全面地规划其培训开发，能够灵活适应各种新情况，迅速作出调整。

客户模式的缺点：

□ 培训人员要花费较多的时间了解客户或职能部门，不断更新培训内容。
□ 容易造成培训人员重复设置，人员膨胀。例如，两个部门都设有财务培训师。
□ 一些专项课程是由客户开发的，培训师很难保证培训的有效性。即，有些专项课程是培训师所不熟悉、不胜任的，由客户自行开发培训，但效果不是培训师所能控制的。

2. 专业模式

按照专业、课程或领域的不同组建培训部门。例如，有的部门负责安全培训，有的部门负责财务培训等，如图1-2所示。

专业模式的优点：

□ 培训师都是这个专业的专家，效果效果较好。
□ 计划一般由人事部门制订，培训师主要负责培训的内容和进度，培训师

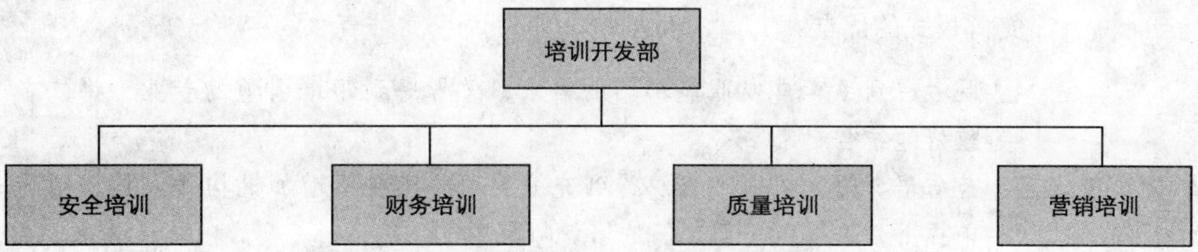

图1－2 专业模式的组织结构

相对比较轻松，可以把更多精力放在提高培训水平方面。

专业模式的缺点：

□ 培训师主要关注的是他的专业和领域，可能对组织不熟悉，对组织的培训需求不了解。

□ 管理人员需要对培训对象进行调查，了解其培训需求以及培训效果，以确保培训的有效性。

3. 矩阵模式

一般按照客户和专业两个维度组建培训部门。在此模式下，培训师既要向培训经理汇报，又要向职能部门经理汇报。培训师既是培训专家，又是职能专家；既熟悉自己的专业领域，又了解职能部门。一般情况下，专业维度是长期和稳定的，客户维度是短期和暂时的，随情况的变化而不断变化。如图1－3所示。

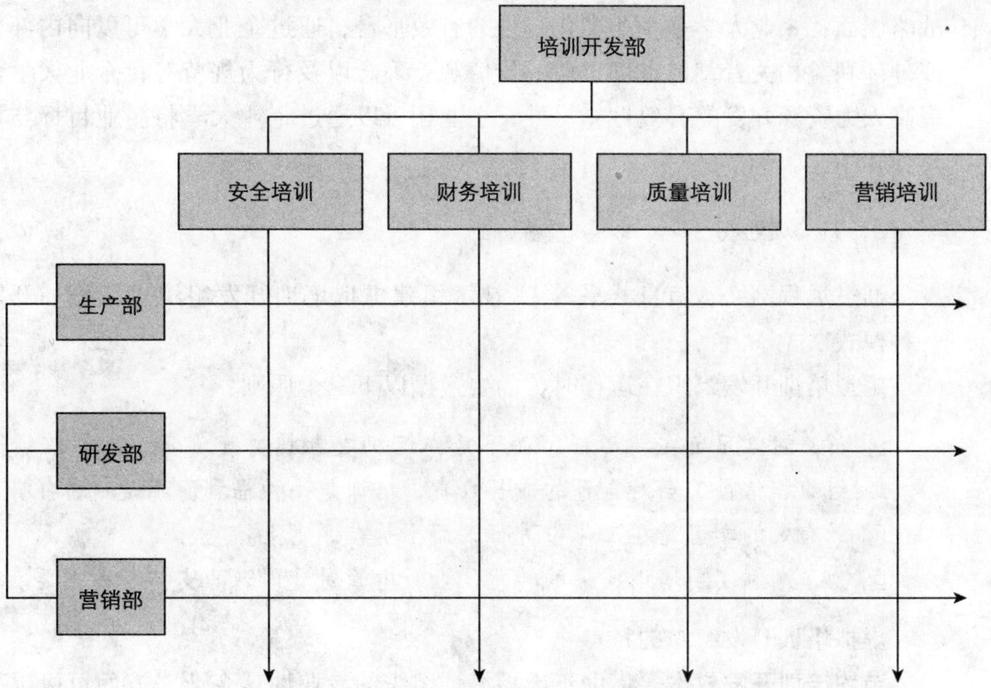

图1－3 矩阵模式的组织结构

矩阵模式的优点：

- □ 既考虑到了客户或职能部门的需求，又考虑到了培训师的专业，将二者较好地结合起来。
- □ 节省培训师，培训师资源得到充分利用。能在不增加机构和人员编制的前提下，将以前不同部门的培训师集中在一起。
- □ 能较好地解决组织结构相对稳定和培训开发任务多变之间的矛盾，使一些临时性、跨部门的培训开发变得不再困难。

矩阵模式的缺点：

- □ 培训师受多重领导，多方面接受指令，有时会无所适从，产生矛盾或冲突。
- □ 培训师的归属感差，有时可能会产生“临时工作”的观念。

4. 企业大学模式

以组建学院或大学的形式进行培训开发。在企业大学模式下，可以提供范围更广的培训项目和课程，学员和培训师也不完全限于本企业的员工。

目前，国内外各企业纷纷创办企业大学，如摩托罗拉大学、西门子管理学院、海尔大学、春兰学院、华为大学、青岛啤酒管理学院等。据统计，到 2000 年，全球已经有 1600 多家企业大学。

企业大学绝不仅仅是一种时兴的形式，通过企业大学可以将培训开发提升到战略层面；企业大学是企业文化建设的有效平台，通过企业大学可以向内部员工或外部利益相关者宣传贯彻企业的价值观、理念以及行为规范等；企业大学可以提高人力资源开发的有效性；另外，企业还可以通过企业大学将企业目标与社会责任相结合。

5. 虚拟模式

通过远程网络、信息共享等 IT 技术组建虚拟培训开发组织进行培训开发的一种模式。

虚拟培训开发组织在运作时，需要遵循以下三个原则：

- □ 员工对学习负主要责任，而不是由组织或者其主管负责。虚拟培训开发组织相信员工会对自己的成长负责，培训是一种福利而不是一种任务。
- □ 最有效的学习是在工作中进行，而不是在课堂上。
- □ 为了顺利实现培训成果的转化，上级主管对受训者的支持至关重要。

虚拟培训开发组织的特点：

节约培训开发成本。借助于虚拟培训组织的专业性，企业一方面可以提高培训质量，谋求企业外部发展机会，提高企业创新能力；另一方面，企业不必花费过多的精力和财力去建立内容繁多的培训体系，以降低企业培训负担。如安达信财务公司在培训过程中，与外界的培训和学习机构保持联系，抓住各种内部、外部的机会来设计和开设新的培训方案，通过增进个人、项目团队和其他核心人员之间的知识转移来激发团队思考。虚拟培训组织为学员提供了关于教育实践的战略依据，实时地更新培训策略，同时降低了培训成本。

“量体裁衣”的自助式培训。虚拟培训组织为员工提供了可供选择的培训课程，以员工为核心，可以根据企业的发展目标和自身需要从各种工具和资源中选择。

全新的培训观。虚拟培训组织具有全新的培训观，要使接受培训的员工了解企业未来的发展方向，提升对公司的战略理解力和领悟能力，加强员工的人际沟通能力，培养员工的大局观念和整体协作能力，注重对员工创新意识和创新思维的培养。

良好的培训环境。虚拟培训开发组织运用现代通讯技术和手段缩小了地域的界线，创造了跨国界、跨文化的学习环境，营造了合作培训的氛围，不同国界、不同年龄的人共同协作学习，学习培训过程轻松活泼，在互动中学习知识。培训随着知识经济的发展在不断更新变化，使最新的培训知识、理念、技能得到即时的共享。

1.3 战略培训开发

战略培训开发的含义

培训开发的价值取决于它是否与组织的战略相一致，是否紧密围绕着组织的战略进行。

战略培训开发就是将培训开发提升到战略层面，围绕组织的战略进行培训开发，它强调培训开发与组织的愿景、使命、价值观的协调一致，根据战略要求对员工进行培训开发，以顺利实现组织的战略目标。战略培训开发具有高杠杆性，可以给组织带来更高的价值。

图1－4表示了战略培训开发的含义。

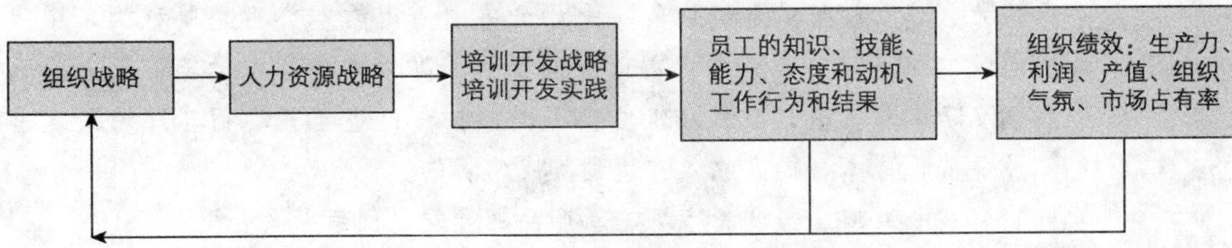

图1－4 战略培训开发

培训开发战略性的体现主要表现在以下两个方面：(1) 战略制定时，要考虑员工素质存量和可能的增量，即：现在员工具有哪些素质？通过培训开发或其他手段能获得或提高哪些素质？基于此，制定出来的战略规划才有可行性。(2) 战略实施时，会对员工的素质提出要求，培训开发要能适应战略落地对员工素质的各种要求。

自1990年以来，许多公司都开始将培训开发和公司战略、人力资源战略相联系，如表1－4所示。

表1－4

公司战略与培训开发的联系

公司名称	公司战略（以20世纪90年代为例）	人力资源战略	培训开发
通用汽车	成本有效性	裁员、人工成本控制、提高生产力、工作再设计等	岗位培训、专业培训
英特尔	成长	招聘甄选、快速增长的工资	广泛的培训开发项目、专业培训、团队合作、人际技能
肯德基	利基市场战略（Niche focus）	专门化工作设置	专业培训项目
通用电气	并购	有选择性地裁员、再安置	培训系统整合、导向培训、文化融合、团队合作

人力资源管理的价值主要体现在要围绕公司的战略进行，否则其价值要大打折扣，培训开发亦是如此。培训开发负责人要深刻理解培训开发的战略导向，并切实贯彻执行，在此过程中，企业领导的支持和其他资源的配合也是非常重要的。

与公司战略相匹配的培训开发

如上所述，培训开发要配合公司的战略，例如，公司战略可以分为集中战略、内部成长战略、外部成长战略以及收回投资战略，不同的公司战略需要不同的培训开发重点。

- ☐ 集中战略，是一种利基市场的思路，集中在一个狭窄的市场，在这个选定的目标市场上精耕细作。它的经营重点是：增加市场份额，降低运作成本，建立和维护市场地位。比如，美国西南航空公司是典型的集中战略，它将经营重点集中在短途、低票价、高频率的空中运输方面，它只用737一种机型，不预订座位、不提供饮食，也不托运行李。通过这些措施降低成本、提高收入，达到其战略目的。
- ☐ 内部成长战略，强调新市场、新产品的开发，创新以及合资。
- ☐ 外部成长战略，强调并购，并购供应商、销售商以及其他方面的多种业务来扩张经营领域。

□ 收回投资战略，强调业务的清算和剥离。一般是夕阳产业，或者不具备竞争优势的领域，公司决定退出或收缩。

针对不同的战略，培训开发的重点也不一样，如表 1－5 所示。

表 1－5

不同发展战略下培训开发的重点

战　略	经营重点	达成途径	关键点	培训开发重点
集中战略	• 增加市场份额 • 降低运作成本 • 建立和维护市场地位	• 改善产品质量 • 提高生产率 • 技术流程创新 • 产品客户化	• 技能先进性 • 现有员工队伍的开发	• 团队建设培训 • 跨职能培训 • 专业化培训计划 • 人际关系培训
内部成长战略	• 新市场开发 • 新产品开发 • 创新 • 合资	• 现有产品营销 • 增加分销渠道 • 全球市场扩展 • 现有产品修正 • 创造新产品 • 合资扩张	• 创造新的工作和任务 • 创新	• 支持或促进高质量产品价值沟通 • 文化培训 • 帮助建立鼓励创造性思考的文化 • 工作技术能力 • 管理者沟通/反馈/冲突谈判方面的培训
外部成长战略	• 横向一体化 • 纵向一体化 • 集中多元化	• 兼并在产品链条上与公司处于相同阶段的企业 • 兼并能够为公司提供原料或购买产品的企业 • 兼并其他企业	• 一体化 • 人员富余 • 重组	• 确定被兼并企业员工的能力 • 培训系统的一体化 • 合并后企业中的办事方法与程序 • 团队培训
收回投资战略	• 精简规模 • 转向 • 剥离 • 清算	• 降低成本 • 缩小资产规模 • 获取收入 • 重新确定目标	• 效率	• 激励、目标设定、时间管理、压力管理培训 • 领导能力培训 • 人际沟通培训 • 重新求职的帮助 • 工作搜寻技巧培训

员工战略培训模型

学者丹尼尔·温特兰德（Daniel Wentland）基于多家公司的案例研究，提出了员工战略培训模型（Strategic Training of Employees Model，STEM）。该模型将培训分为三个阶段：宏观组织阶段，微观组织阶段，实施、反馈和评价阶段。

在宏观组织阶段，公司战略被整合体现到培训过程中。战略计划发生在公司、业务、职能和运作各个层面，而培训也需要在这四个层面上与之紧密结合。

在微观组织阶段，公司从不同岗位的工作如何支持战略的角度出来，制订员工的培训项目，在此阶段，要注重任务分析。丹尼尔·温特兰德借助营销学中的4P模型来阐释如何决定战略培训内容。在此，产品是指培训内容，地点是指培训在哪里进行，促销指的是沟通有关信息，价格指的是与培训有关的成本。

基于宏观组织和微观组织，就可以进行实施、反馈和评估阶段了。

STEM模型如图1－5所示。

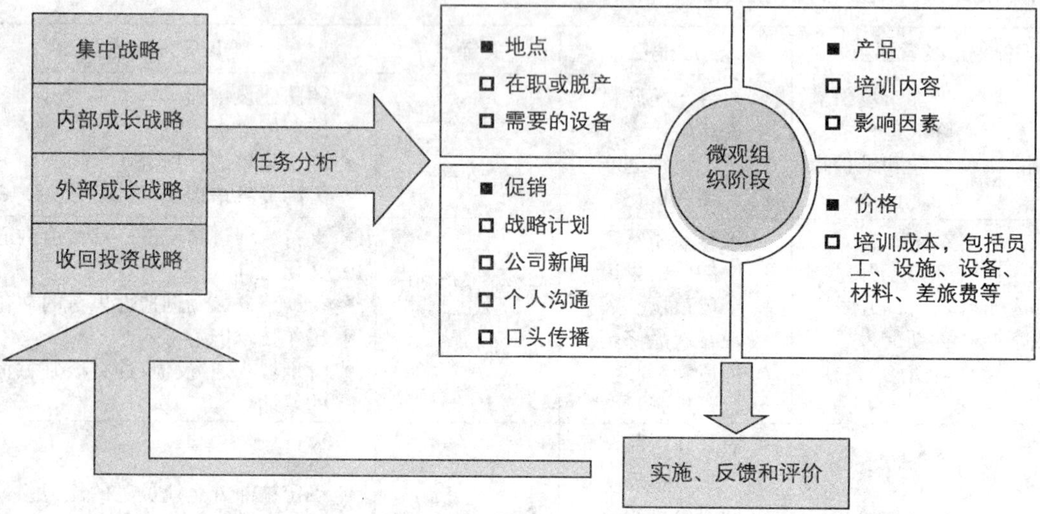

图1－5 员工战略培训模型（STEM）

战略培训开发的特点

综上所述，我们总结出战略培训开发的特点如下：

- □ **与组织战略密切联系**。要体现培训开发的战略性，在进行培训开发时首先要考虑组织战略的要求。
- □ **前瞻性和主动性**。战略培训开发主要分析组织所处的内外环境因素，发现变化并寻找机会，从培训开发的角度为组织发展提供价值。
- □ **系统性**。战略培训开发中，需要经过发现问题、分析问题、沟通问题、形成培训开发框架、实施等环节，这是一个系统过程。系统性还体现在，战略培训开发将组织需求、部门需求、岗位需求和员工需求综合起来考虑，以确保培训开发项目的效果。
- □ **整体性**。有时候，培训开发只涉及某个层面，如基层管理人员。但从战略的角度出发，仍是一个整体，需要与其他资源配合，如高层的支持、各个部门的配合与协助等，只有这样才能取得较好的效果。
- □ **持续性**。“战略性培训开发永不停止”可以说明战略培训开发和传统培训开发的区别。“永不停止”意味着培训开发已经渗透到组织日常工作中，组织鼓励学习，并努力塑造学习的氛围。从这个意义上讲，战略培训开发将企业变成了学习型组织。

战略培训开发对培训开发人员的要求

我们首先讲两个素质模型，然后讨论培训培训者。

1. 培训开发人员的素质模型

培训开发人员的素质模型有两个，一个是美国培训与开发协会的模型，另一个是英国培训专家罗杰·贝尔特的模型。

美国培训与开发协会的素质模型。美国培训与开发协会（American Society for Training and Development，ASTD）对培训开发专业人员进行了专题研究，总结出培训开发专业人员的五大关键角色，以及成功扮演每一种角色所必备的素质要求，如表1-6所示。

表1-6

培训开发专业人员的角色和素质

角　色	素质要求
分析/评估角色 研究者 需求分析家 评估者	了解行业知识，计算机应用能力，数据分析能力，研究能力
开发角色 项目设计者 培训教材开发者 评价者	了解成人教育的特点，具有信息反馈、协作的能力，应用电子系统和设定目标的能力
战略角色 管理者 市场营销人员 变革顾问 职业咨询师	精通职业生涯设计与发展理论，精通培训与开发理论，管理能力，具有一定的经营理念，计算机应用能力
指导老师/辅助者角色	了解成人教育原则，具有一定的讲授、指导、反馈的能力，应用电子设备和组织团队的能力
行政管理者角色	计算机应用能力，选择和确定所需设备能力，进行成本—收益分析，项目管理，档案管理的能力

罗杰·贝尔特的五角色模型。英国培训专家罗杰·贝尔特经过研究，认为培训开发人员需要承担五个重要角色，他把这五种角色分成了三类。第一类是培训者和设计者，这两个角色做得好，可以维持组织的现状或绩效。第二类是创新者和顾问，这两个角色侧重于变化，侧重于解决问题，这两个角色做得好，可以提升组织的现状或绩效。第三类是管理者，处于核心位置，处在两个层面的交界处，协调、整合上述四种角色。如图1-6所示。

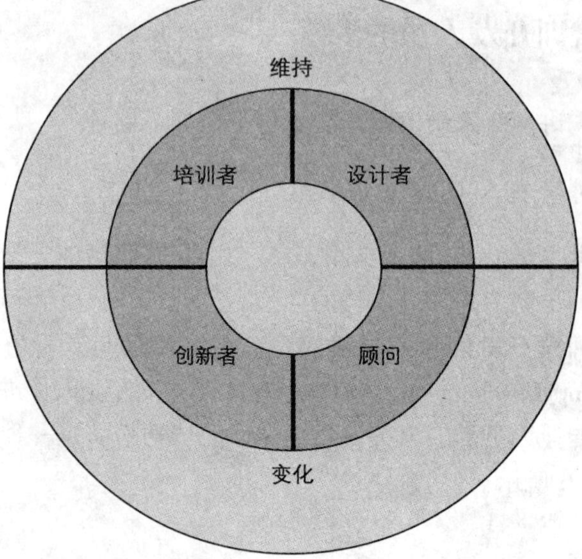

图1－6　罗杰·贝尔特的五角色模型

具体而言，各角色的含义如下：

□ **培训者角色**。这是培训开发专业人员最现实、最直接的职能，此角色既包括直接的课堂教学，也包括培训执行情况的监督，以及为受训者提供帮助等。因此，培训开发人员必须是学习专家，要对学习规律作客观研究，运用各种激励手段和监督措施，选择和使用具体的学习方法，保证受训者完成学习计划。

□ **设计者角色**。"设计者"角色的活动集中于计划、维持和实施培训计划。"设计者"要能够及时把握培训需求，并作出满足培训需求的各种课程设计和计划目标。具体包括：培训需要分析、目标设定、课程设计、方法的选择、培训课程和活动的检验以及帮助"培训者"实行培训。

□ **顾问角色**。"顾问"角色活动集中于分析企业存在的问题，提出培训需求，寻找和评价解决问题的途径；发现管理者存在的问题，对可能并且合适的培训方法提出建议；同"培训者"和"设计者"一起设计培训计划；在培训目标和政策方面，给培训管理者提出建议，确保培训的结果得以评估和应用。因此，"顾问"必须是培训方面的权威，他们要能够解决企业发展中涉及的培训问题，当好管理参谋。

□ **创新者角色**。"创新者"角色活动在于帮助高层管理者应付环境变化，提出应对之策；帮助发展员工的新思想、新方式。这就要求"创新者"始终保持对市场和外在环境的高灵敏度，预见企业发展趋势，并保持常新的思维状态。

- □ **管理者角色**。“管理者”角色活动在于对培训和开发活动进行计划、组织、控制和改进，保证培训目标的实现，实现组织费用最优。“管理者”必须与其他部门和高层管理者建立广泛而密切的联系，以保证最为合适的培训活动得以设计、提高、实施和评估；必须在培训部门建立有效的领导指挥和流畅的信息交流渠道，获取和发展培训资源；必须建立和完善培训人员队伍；监督质量标准和控制活动在整个培训活动的框架下得以展开。

2. 培训培训者（TTT）

为了让培训开发人员胜任越来越具有挑战性的战略培训开发工作，需要对他们进行培训开发，这种项目通常被称为“培训培训者”（Training The Trainer，TTT）。

TTT项目不应该仅仅限于专业培训开发人员。在许多公司，直线经理人员也承担着培训开发下属的任务，因此，也需要对他们进行培训开发。通过TTT项目，可以使培训开发人员对培训开发项目有更好的理解，并掌握培训开发的常用方法和手段。

一般而言，设计一个TTT项目要考虑以下因素：

- □ **了解培训开发项目的目标**。通过TTT，他们要了解这些目标如何在整个培训开发过程中得以达成。只有这样，才能在实施培训时让学员对培训目标有所了解。
- □ **了解成人学习的特点**。成年学员在培训开发过程中，往往希望有互动，更喜欢结合自己的工作实际提出挑战性的问题，也希望通过培训切实提高自己的工作技能。了解这些，可以在以后的培训过程更好地激励学员。另外，培训开发人员要掌握基本的学习原理，这些对于保证培训开发项目的有效性非常必要。
- □ **掌握有效沟通**。这涉及演讲技能、倾听技能、观察技能和反馈技能。在TTT中，培训开发人员要参与其中，通过实际练习来掌握这些技能。
- □ **掌握对整个培训开发过程进行计划**。
- □ **学习如何选择有效的培训开发手段**。由于培训开发的内容不同，应该有针对性地选择恰当的培训开发方法或手段。
- □ **学习如何应对不同的学员**。学员之间存在着个体差异，需要区别对待，因材施教。

阅读材料1－3 摩托罗拉的战略培训开发

摩托罗拉的培训开发紧密围绕公司的战略，公司战略变，培训开发也随之而变，很好地体现了战略性。

一、早期的公司战略及相应的培训开发政策

中国摩托罗拉电子有限公司刚成立的时候，为了吸引人才、培养人才和留住人才，公司规定每个员工每年必须要参加（接受）40个小时的培训，作为对员工及其直接主管的考核指标。后来，员工的素质提高了，公司学习型组织建立得也比较完善了，摩托罗拉就改变了策略，变“培训政策”为“学习政策”，不再把每年参加40个小时的培训作为考核指标了，让学习成为员工自己的事。给员工时间，让员工自行支配，同时公司提供环境和相应资源的支持。对于要重点培养的核心人才，公司会根据其职业生涯发展规划以及公司的需要，在合适的时候给其提供管理人员培训项目。

二、20世纪90年代公司战略及相应的开发培训政策

20世纪90年代初，摩托罗拉确定了管理人员本土化和原材料本土化战略，培训开发也随之跟进。

1. 管理人员本土化战略

是指要扩大本土中高层的比例，为此公司制定了相应的培训开发政策，对有潜力的管理者提供全面的培训。公司设计了“领导者培训项目（初级班），LEAD”、“企业强化管理培训项目（中级班），CAMP”、“企业强化管理培训项目（高级班），CAMP-A”和“总监学院项目（顶级班），Director Institute”。其中的领导者培训项目和企业强化管理培训项目如下。

领导者培训项目

宗旨：为中国的中初级经理人员提供所需要的核心技能和解决中国企业实际问题的技巧，以最大限度地强化中国经理人员的管理能力，为他们走上中高层管理岗位打下良好基础。

方式：教师讲授、网络教学、模拟教学、体验教学、现场标杆学习、领导艺术讲座。最大限度地保证学员的参与性和学习效果。

培训对象：一线经理，主管人员，中级经理人员。

培训目标：

- ☐ 描述企业的核心信息（如企业的远景规划与战略）对自己的工作会产生怎样的影响；
- ☐ 阐述现代企业对经理人员的期望；
- ☐ 运用核心的管理的技能，包括有效的授权技巧、及时恰当的反馈技巧、聆听技巧、会议技巧、宣传技巧、谈判技巧、基本的人力资源管理和财务管理技巧、关系营造和影响他人的技巧，设定可以实现的/可衡量的目标的技能；
- ☐ 制订个人发展计划，不断缩短技能方面的差距。

培训课程：

- ☐ 初中级经理人员管理基础
- ☐ 人力资源管理政策与实践
- ☐ 通过有效的会议来提高团队的效率
- ☐ 财务基础
- ☐ 时间管理
- ☐ 有效聆听
- ☐ 领导艺术讲座

企业强化管理培训项目

宗旨：为中国的中高级经理人员提供他

们所需要的核心技能，帮助他们解决中国企业的实际问题，以最大限度地强化经理人员的管理能力。

方式：教师讲授、案例分析、角色模拟、体验教学、现场标杆学习、学员讲授、网络教学、领导艺术讲座。多种手段，多管齐下，保证学员的参与性和学习效果。同时提高学员互相交流、合作和分享经验的能力。

培训对象：中高管理人员。

培训目标：

- □ 辨别经理在部门层次上应该扮演的四大主要角色（业务规划者、过程管理者、员工开发者、关系营造者），并且展示激励、团队领导的技能；
- □ 运用有效的指导、辅导和督导技能；
- □ 界定人力资源、财务和其他部门的管理政策、工具和程序；
- □ 明确中国企业面临的机会和挑战；
- □ 向成功的领导者学习，并以积极而热情的态度来运用这些技能。

培训课程：

- □ 通过他人来完成任务
- □ 工作流程，客户服务，质量与市场模拟
- □ 有效团队的运作程序
- □ 有效的人力资源管理与实践
- □ 领导艺术讲座
- □ 辅导与指导技巧
- □ 体验学习
- □ 领导变革
- □ 教学设计与讲授技巧
- □ 战略管理中的规划

另外，对于极具潜力的经理人员，公司还根据他们个人的职业发展规划以及他们的实际情况和需要，和著名大学合作，让他们去读 MBA 或者博士。

2. 原材料的本土化策略，即实际配套产品的国产化

为了提高供应商产品的质量，公司制订了供应商培训计划和 SOE 项目，对 1000 多家大型国有企业进行培训，提高它们的产品质量，这样公司就可以放心地从它们那里进货，实现了原材料的本土化。

这体现了摩托罗拉的经营管理思想：和供应商、代理商、销售商共同成长，因为大家都处在一条价值链上，一荣俱荣，一损俱损，只有整个价值链都提高了，公司才有更多的市场机会和竞争优势。综上，培训开发支持了摩托罗拉战略目标的实现，培训开发成为公司战略人力资源管理的一个重要组成部分，即战略培训开发。

（资料来源：徐芳．培训与开发理论及技术［M］．上海：复旦大学出版社．2008）

思考问题：摩托罗拉的战略培训开发是如何体现出来的？

1.4 培训开发的未来发展趋势

展望未来，可以从以下五个方面分析培训开发未来的发展趋势。

培训开发理念的变化

更加注重速度。现代培训开发不仅重视培训开发的内容，更加注重培训开发的效率。其主要表现，一是不断地增加学习能力的训练课程；二是在培训开发中改革传统的方式方法，更多地采用互动式教学、模拟训练、案例教学等，其目的是努力创造能使学员更快、更有效地掌握知识与技能的环境和条件。

从"以工作为中心"到"以人为中心"。传统培训开发是以工作为导向的，培训过程就像机械化的产品生产一样，即：输入毛坯——机械加工——输出产品。这种培训的优点是标准化、效率高，但其缺点是缺乏激励性、能动性和灵活性，很难开发人的潜能。未来的培训开发，企业将更重视员工的潜能开发和个人价值的提升。企业为了留住人才和提高人才的竞争力，不断在开发人才自身潜力上下工夫。因此，培训开发不仅要满足工作的需要，也要体现以人为本，注重人的潜能开发。人才培训开发也要借鉴农业生产的思想。近年来，许多企业在员工培训开发中贯彻以人为本的中心思想，采取了许多积极的尝试，如实行个人设计培训计划，提倡参与式培训、职业生涯设计和终生教育以及开展丰富人生的培训活动等，都是这种趋势的表现。

从注重"投资"到注重"效益"。自美国经济学家舒尔兹 1960 年，提出了著名的"人力资本"学说以来，企业逐渐将培训开发的消费观念转变为投资的理念。人力资本的理念导致了在培训开发上的投资不断增加。然而，既是投资就要考虑收益，就要运用经济投资的模式、方法规划和运作培训开发资源。20 世纪 90 年代以来，信息技术快速发展，知识经济初见端倪。人们越来越重视培训投资的效益问题，很多企业根据经济准则建立了培训开发政策与体系，尝试对培训开发投资进行成本核算和效益评估。一些企业为了提高培训的有效性，培训开发前注意作好培训开发需求分析，激励员工学习的主动性和积极性，提高他们的学习效率，采用科学、灵活的培训开发方法，促进员工思想和行为得到有效的改变。一些企业将培训开发评估作为培训开发工作的重要组成部分，通过制订培训评价标准、选择评价方法，进行评估和反馈，为有效应用培训成果、改进和完善以后的培训工作、提高培训效益提供了重要依据。

从"福利"到"竞争之本"。以前，许多企业的员工将培训开发作为一种福利或待遇。但是，在快速变化和激烈竞争的时代，企业的竞争就是人才的竞争，人才竞争力的强弱主要取决于人力资本的增值和人才资源的有效运作，而人力资本增值的主要手段是培训开发。研究表明，对培训开发的投资与生产率的提高密切相关。许多国外企业将其工资总额的3% ~5%投资于培训开发。因此，现代培训开发已经成为企业提升竞争力的一把"利器"。比如，许多企业加大员工培训开发的投资力度，提高员工素质；有的企业将提供培训开发机会作为企业留住和激励人才的重要举措；一些优秀企业的培训开发系统已经成为使企业的资产升值的重要组成部分，企业的培训课程已经能够成为拳头产品或服务进行销售等。

培训开发部门地位与职能的变化

培训开发任务越来越重。相关数据表明，20 世纪 90 年代末，知识型工人已占劳动力的 1/3，超过了产业工人，成为最大的工作群体。这样，在更多的人转入知识型工人队伍时，需要受到更多、更复杂的培训开发。据《美国新闻与世界报道》预测，在今后 50 年里，企业将会在更大程度上投资培训和职业训练。从这一角度看，培训部门的任务会日益加重。

培训开发部门的战略地位提高。21 世纪的企业将面临越来越多的变化与挑战，企业的经营目标和手段必须不断进行战略性调整。由于企业经营战略在很大程度上影响着培训需求、培训类型、培训数量以及培训所需资源的配置，因此培训职能也必然会受到企业经营环境和经营战略变化的强烈影响。为了适应企业的战略变化，帮助企业赢得竞争优势和实现经营目标，培训部门从职能构建、工作方式和工作内容上，形成以企业经营战略为中心的管理模式。比如，培训部门参与领导层战略的制订，将培训计划纳入到企业发展战略规划之中，根据战略变化调整培训开发策略和活动等。培训开发部门成为企业的战略伙伴。

培训开发角色的拓展。随着企业经营战略的变化，培训部门的角色和作用也在拓展。比如，在环境变化缓慢的时期，企业能够预测员工掌握的知识和技能，培训部门的角色主要是企业学习和训练，向员工传授特定的知识和技能。然而，当面对环境快速变化和竞争挑战时，企业很难预测未来将遇到什么问题。这时，培训要密切关注环境和企业战略变化，预测由此而产生的培训需求变化，并将培训活动与业务需要结合起来。这时，它更多地扮演着观察者、预测者和连接者的角色。再有，随着工业经济向知识经济转变，人们相信赢得竞争优势的关键在于开发和利用智力资本。然而，智力资本开发与利用不仅在于传授知识和技能，其更深层次的价值在于培养企业内员工的系统理解能力和创新能力。也就是说，要使员工了解企业的整个生产和服务过程及各部门之间的关系，能够激励他们提供高质量的创新产品和服务。为了达到这一目标，企业的培训部门必须建立一种能够促进知识创造和知识共享的机制，对智力资本进行管理。为此，许多企业中出现一批头衔为“知识主管”、“学习主管”、“智力资本主管”等的高级管理人员，主要负责使企业智力资本升值的职能。他们收集、挑选有价值的知识并将其传递给员工。企业通过内部的知识交流，不断地将员工的智力资本转化为企业的共享资产，使企业成为一个能够适应环境变化、不断提高竞争能力的学习型企业，培训部门的工作也日益受到重视。

培训开发内容的变化

热点变化频繁。从行业发展上，有关对从事某行业的资格要求不断提高，适应各种职业和职业资格要求的培训不断出现。从专业发展上，专业分工细化的趋势，导致各类新的专业培训层出不穷。

范围扩展。企业的培训开发不仅仅局限于员工的培训，还要对老板和高层管理人员进行培训开发，因为需要提升的不只是基层员工，作为管理人员也要适应不断发展变化的企业环境，要为适应企业发展的需要而不断充电。

层次更加深入。根据学习理论，按照“由表及里，由浅入深”的规律，培训内容可以分为不同的层次：知识学习——技能培训——态度养成——潜能开发。其中，潜能开发是人才开发中最深层次的内容，指对人的心理素质的开发，涉及一系列的人的个性心理品质和潜意识的调整与开发。

培养开发技术的发展趋势

随着培训开发的规模日益增大，培训开发水平不断提高，培训开发技术体系也日益完善。主要表现在，培训开发基础理论体系逐渐形成，培训开发专业人员队伍不断壮大。

基础理论体系逐渐形成。改革开放三十多年来，大量的培训开发实践促进了培训开发理论体系的形成与发展。总体而言，我国现在的培训开发理论，是在教育学、心理学、经济学和管理学等学科相关内容综合应用的基础上衍生和发展起来的。

技术体系日趋完善。计算机、网络、多媒体、远程等新技术不断应用于培训开发。

队伍专业化。培训开发管理逐渐成为一类专业化的力量，专业人员队伍也逐渐形成。有些企业开始对培训开发人员使用专业称谓。目前，对于培训开发专业人员的称谓有多种，如培训经理、培训主管、培训工程师、培训师等。

培训开发方法的变化

从广义角度来看，培训开发方法包括知识能力培训开发的一切手段，如集体授课、实习体验、工作轮换、自我开发等。20 世纪 50 年代以后，在美国等一些工业发达国家中，为了适应现代管理培训的需要，出现了许多新的培训开发方法，如定性讨论法、个案研究法、经营演习、敏感性训练、管理风格训练、问题分析与决策方法培训等。

与传统讲授法或实习法等比较，这些新方法有许多优点：第一，新方法汲取了参与式教学的思想，通过讨论、思考和体验，将学员从被动学习者转化为主动学习者，激发了员工的学习动机，增强了他们在实践中运用学习成果的意愿。第二，除了个人开发外，新的方法更注重企业目标和集体开发、集体训练，立足于使全体人员建立变革的意愿，并逐步、有计划地进行全员培训，从而增强和保持了培训效果；同时，这种方法有助于克服个人培训开发后的“回归倾向”，即回到旧的集体中，又恢复了原来的作风和习惯。第三，新方法强调体验式教学，对员工更具有启发性和激励性，更适用于员工的潜能开发，为员工开发向深层次发展提供了更有效的工具。

本章小结

在全球化、知识经济时代、信息时代的背景下，员工培训开发的作用日益凸显，培训开发可以提高企业的竞争优势，也有利于吸引和保留优秀员工，目前培训和开发有融合的趋势。本章介绍了培训开发的概念，阐述了培训开发的作用，回顾了培训开发的历史沿革。培训开发人员直接影响着培训开发的效果，需要对他们进行培训，即 TTT。战略培训开发是一个发展趋势，本章较详细地讲解了战略培训开发的概念、特点和对培训开发人员的要求。最后，介绍了未来培训开发的发展趋势。

复习思考题

1. 为什么要进行员工的培训开发？
2. 培训开发有什么作用？
3. 请简要介绍一下培训开发的历史。
4. 培训开发部门应该如何组织？
5. 什么是战略培训开发？它的内容是什么？
6. 培训开发的未来发展趋势是什么？

案例分析 1

员工培训值得吗？

青春化妆品公司是南方某市一家有名的生产女用系列化妆品的国有公司，公司创办于 1981 年，主要生产和经营化妆品及幼儿保健用品。在创办最初的十多年里，该公司每年以 25% 的速度迅速地发展，产品不但销往全国各省市，而且销往国外十多个国家和地区，成为一家国内外享有声誉的化妆品公司。

1985 年，原来负责销售的副总经理张一民退休后，由原销售部经理杨旭接任负责销售的副总经理，而原来销售部的负责国外地区销售的副主任李云被提升为销售部经理。李云上任后不久，就参照国外的经验制订了有关销售人员的培训计划。计划规定对销售人员集中培训两次，一次是在春节期间，另一次为 6 月份最后一个星期，每次时间为 3 ~ 5 天。把所有的销售人员集中起来，听取有关国内外最新销售技术知识的讲座和报告，再结合公司的销售实际进行讨论。每次都聘请了一些专家顾问参加讲座和讨论。这样每年集中培训两次的费用不大（每次40多个人，费用只用了6000多元），但培训收效却很大。

近年来，由于化妆品市场的剧烈竞争，公司的生意停滞不前，国家又要紧缩财政支出，公司在经济上陷入了困难。为了扭转局势，总经理下令，要求各副总经理都要相应地削减各自负责领域的费用开支。

在这种情况下，负责销售的副总经理便找销售部经理李云商讨，两人在是否应削减销售人员的培训问题上进行讨价还价。杨旭建议把销售人员原来一年两次的培训项目削减为一次，杨旭说："李云，你知道，我们目前有着经济上的困难，一则希望通过裁减人员来缩减开支。你我都知道，公司的销售任务很重。目前四十多位销售人员还转不过来，所以，人员不能裁减。那么剩下的一条路就是削减培训项目了。我知道，我们目前的销售人员大多数都是近几年招进来的大学毕业生，他们在学校里都已经学过关于销售方面的最新理论知识，他们中有些人对这种培训的兴趣也不很大。而少数一些销售人员，虽不是大学毕业，但他们都在销售方面有了丰富的经验。因此，我认为，销售人员的培训项目是不必要的开支，可以取消或缩减。"

李云回答道："老杨，我知道，我们大多数销售人员都是近几年来的大学毕业生。但是，要知道，他们在大学里学的只是书本上的理论知识和抽象的概念，只有他们在第一线干一段时间的销售工作以后，才能真正理解在学校里学习到的理论知识。再则，我们正处于由计划经济向市场经济的过渡阶段，我们对市场经济下进行销售的技术还了解得很少，对国外销售方面最新技术知道了解更少。你是知道的，在培训中，我们让从学校出来的人与有经验的销售人员一起工作一段时期，他们实际销售工作中碰到许多具体的问题，在此基础上再参加我们的培训，一边听取有关最新销售技术知识的讲座和报告，一边结合我们公司的具体实际与专家们共同研讨。正是由于我们坚持不懈地进行了这种培训，我们才在国内和国际市场上扩大了销售量，也才减少顾客对我们的抱怨，赢得了顾客的信誉。因此，我认为，我们绝不能削减这个培训项目！"

"对不起，李云。总经理要我们必须缩减开支，我真的没有办法。我对你说了，我们销售任务很重，我们不能裁减销售人员，所以，我们只得下死心，只有通过削减你的销售人员培训计划来缩减开支了。我决定，从明年开始，把每年两次的培训项目缩减为一次，总之，销售人员的培训费用削减50%～60%。也许，待公司的经济好转以后，我们再考虑是否恢复增加销售人员的培训费用问题。"

【案例问题】

1. 你是否同意在公司经济困难的情况下，人员的培训计划被挤掉？为什么？

2. 你有什么好方法能使这两个销售经理都感到满意？

案例分析2

千姿百态的员工培训开发

每个企业都有与众不同的培训开发方式和内容，千姿百态，但其目的都是服务于企业经营目标的实现。

惠普的培训开发

惠普公司以"不仅用你，而且培养你"著称。

初到惠普，首先是“新员工培训”，这将帮助新员工很快熟悉并适应新环境。通过这个培训，了解公司的文化，确立自己的发展目标，清楚业绩考核办法，让员工明白该如何规划自己的职业生涯。在这一阶段，课程主要是与工作紧密相关的技术类培训，比如编程、系统管理等。

当员工通过公司内部招聘成为一线经理，加入到公司内部管理工作中来时，这个阶段的课程主要包括沟通、谈判以及基本的管理培训。

员工进一步升迁为部门负责人后，需要参加何种培训就主要由他本人决定了。为了帮助年轻的经理人员成长，惠普有一个系统的培训方案——向日葵计划（Sunflower program）。这是一个超常规发展计划，帮助较高层的经理人员从全局把握职位要求，改善工作方式。

员工进入惠普，一般要经历四个自我成长的阶段：（1）自我约束阶段，不做不该做的事，强化职业道德；（2）自我管理阶段，做好应该做的事——本职工作，加强专业技能；（3）自我激励阶段，不仅做好自己的工作，而且要思考如何为团队作出更大的贡献，思考的立足点需要从自己转移到整个团队；（4）自我学习阶段，学海无涯，随时随地都能找到学习的机会。

IBM 的培训开发

IBM 常常对员工提供“苦行僧”式的培训——“心力交瘁”课程。

所谓“心力交瘁”课程是指紧张的学习。每天从早上 8 时到傍晚 6 时，而附加的课外作业常常要使学生们熬到半夜。在商业界中，人们必须学会合理安排自己的时间，他们必须明白：充分努力意味着什么？整个通宵是否比只学习到晚上 10 时好？经过一段时间的学习之后，考试便增加了主观因素，学员们还要进行销售学习，这是一项具有很高价值和收益的活动。

用户判断一个销售人员的能力时，只能从他如何表达自己的知识来鉴别其能力的高低，商业界就是一个自我表现的世界，销售人员必须作好准备去适应这个世界。一般情况下，学员们在艰苦的培训过程中，在长时间的激烈竞争中迅速成长。每天长达 14 ~ 15 个小时的紧张学习压得人喘不过气来，然而，却很少有人抱怨，几乎每个人都能完成学业。

IBM 公司为销售培训所发展的具有代表性、最复杂的技巧之一就是阿姆斯特朗案例练习，它集中考虑一种假设的，由饭店网络、海洋运输、零售批发、制造业和体育用品等部门组成的，具有复杂的国际业务联系。

通过这种练习可以对工程师、财务经理、市场营销人员、主要的经营管理人员、总部执行人员等的形象进行详尽的分析，由教员扮演阿姆斯特朗案例人员，从而创造出了一个非常逼真的环境。在这个组织中学员们需要对各种人员完成一系列错综复杂的拜访。

松下的培训开发

松下认为，公司既是“制造电器用品”的公司，又是“造就人才”的公司。事业是人为的，而人才则可遇而不可求，培养人才就是当务之急，如果不培养人才，事业成功也就没有希望。

松下公司课长、主任以上的干部，多数是公司自己培养起来的。为了加强经常性的教育培训，总公司设有“教育训练中心”，下属 8 个研修所和一个高等职业学校。为了适应事业的发展，松下公司人事部门制定了社内留学制度和海外留学制度。松下公司的培训，一是注重人格的培养。名刀是由名匠不断锻炼而成的，同样，人格培养也要经过千锤百炼。二是注重员工的精神教育和人才培养。对员工精神和常识上的教导，是身为经营者的责任。松下力主培养员工的向心力，让员工了解公司的创业动机、传统、使命和目标。三是要培养员工的专业知识和正确的价值判断。没有足够的专业知识，不能满足工作上的需要，但如果员工没有正确的判断事物的价值观，也等于乌合之众。四是训练员工的细心。细心体贴，看起来似乎是不足以挂齿的小节，其实是非常紧要的关键，往往足以影响大局。五是培养员工的竞争意识。松下认为，无论政治或商业，都因比较而产生督促自己的力量，一定要有竞争意识，才能彻底地发挥潜力。

LG的培训开发

在LG，员工的培训机会不是均等的。

新员工只有一些最基本的培训，而做到高层管理者的员工，则有去韩国总部培训中心，或去国外参加专门培训，或去进修MBA之类的机会。公司的很多课程都是专门为“核心人才”设立的。“让有能力的人先培训”，有发展潜力的员工的培训机会更多。这是鼓励员工努力工作的一种很好的方式。

LG培训的形式不仅仅限于“大家坐在教室里集中听课”，相当一部分培训已经采用最新的网络工具来实现，如使用在线培训课堂软件进行远程教育等。其培训的新渠道是IBL（Internet Based Learning的缩写）课程，即基于互联网的学习。

公司设计了以网络为基础的学习软件，活用网络提供的资源，以远程教育的形式营造有利的环境来促进学习。目前LG开发的课程有“新人社员课程”、“社员能力向上课程”、“超一流亲切课程”。把培训的课程输到软盘里，每个员工可以随时随地按照自己的方式和进度进行自我培训，完成课程中的课题，最后指导人员会把这种学习的效果评估反馈给员工。另外，LG有全球性的网络，中国和韩国可直接交流课程的各种设置、培训的方式和方向等。例如在中国可以查看韩国培训中心的课程运营表，决定是否参加某个课程。

麦当劳的培训开发

多样化的人才组合是麦当劳普通员工的一大特点。

麦当劳不同于其他公司，真正毕业于饮食服务学校的员工只占30%，40%的员工来自商业学校，其余的则由大学生、工程师、农学家和中学毕业后进修了2～5年的人组成。

麦当劳是如何把一个普通毕业生培养成为成熟的管理者的？原来，麦当劳实行一种快速晋升的制度：一个刚参加工作的出色的年轻人，可以在18个月内当上餐馆经理、在24个月内当上监督管理员。而且，晋升对每个人是公平合理的，既不作特殊规定，也不设典型的职业模式。每个人主宰自己的命运，适应快、能力强的人能迅速掌握各个阶段的技术，从而更快地得到晋升。这个制度可以避免有人滥竽充数。每个级别的经常性培训，只有有关人员获得一定数量的必要知识，才能顺利通过阶段考试。公平的竞争和优越的机会吸引着大量有文凭的年轻人到此，实现自己的理想。麦当劳公司与众不同的重要特点是，如果人们没有预先培养自己的接替者，那么他们在公司里的升迁将不被考虑。麦当劳公司的一项重要规则强调，如果事先未培养出自己的接班人，那么无论谁都不能提级晋升。

海尔的培训开发

海尔集团自创立以来一直将培训工作放在首位，上至集团高层领导，下至车间一线操作工人，集团根据每个人的职业生涯设计为每个人制订了个性化的培训计划，搭建了个性化发展的空间，提供了充分的培训机会，并实行培训与上岗资格相结合。

海尔培训工作的原则是“干什么学什么，缺什么补什么，急用先学，立竿见影”。在此前提下首先是价值观的培训，“什么是对的，什么是错的，什么该干，什么不该干”，这是每个员工在工作中必须首先明确的内容，这就是企业文化的内容。海尔的人力资源开发思路是“人人是人才”、“赛马不相马”。在具体实施上给员工开发了三种职业生涯设计：一种是针对管理人员的，一种是针对专业人员的，一种是针对工人的。每一种都有一个升迁的方向，只要是符合升迁条件的即可升迁入后备人才库，参加下一轮的竞争，跟随而至的就是相应的个性化培训。“海豚式升迁”，是海尔培训的一大特色。海豚是海洋中最聪明、最有智慧的动物，它下潜得越深，则跳得越高。如一个员工进厂以后工作比较好，但他是从班组长到分厂厂长干起来的，主要是生产系统；如果现在让他干一个事业部的部长，那么他对市场系统的经验可能就非常缺乏，就需要到市场上去。市场一线才是炼金的地方。

【案例问题】

你所在单位开展了哪些员工培训开发活动？效果如何？

第 2 章

培训开发的学习理论

【学习目标】

- 掌握学习的定义和分类
- 掌握学习的过程及影响学习的心理因素
- 掌握学习的策略
- 了解西方主要学习理论
- 了解中国主要学习思想
- 掌握成人学习的特点及相关理论
- 学会将学习理论运用到培训开发中

【关键概念】

学习风格
行为主义
认知主义
建构主义
学习迁移
成人学习理论
体验式学习
培训迁移模型
高原现象

引导案例：IBM 的员工培训

"无论你进 IBM 时是什么颜色，经过培训，最后都变成蓝色。"这是 IBM 新员工培训时流行的一句话。

IBM 的员工培训是多方位的，既有集中面授又有分期培训，同时还建有电子学习中心（e-Learning）、图书中心等。新加入的员工首先要接受新员工定位培训，内容包括 IBM 公司的介绍、历史沿革、业务框架、经营战略、部门分工合作情况、新员工的工作职责、福利待遇、如何进行培训学习以及如何利用公司资源等。随后，公司将对员工掌握的技能进行测试评定，看是否适合上岗。接下来，公司的电子学习中心会分部门、分级别地对员工提供各种学习资源，员工可根据自己的情况在工作范围内选择要学习的内容。选定的学习内容需经过主管经理批准后方可注册学习，学完之后需经考试测评认证。电子学习中心涉及的内容广泛，包括财务、金融、市场营销、经营战略等，有点像企业办的网上在职专业培训中心。此外，电子学习中心也给公司员工提供了一个随时随地学习培训的机会，只要登录企业内部网，就可以获得学习资料并进行自学，解决了员工工作繁忙，无法安排较多的时间进行脱产学习的问题，真正实现了工作学习两不误。

IBM 的学习培训案例，是学习理论在企业培训开发中的实践运用。学习理论是探究人类学习本质及其形成机制的理论。它重点研究学习的性质、过程、动机以及方法和策略等。人类的学习活动，是一个极其复杂的系统，近 20 年来，对学习的研究已成为多学科共同关注、联合攻关的热门课题，并已取得大量重要的成就。学习理论的完善，有助于帮助我们了解人类如何进行学习活动，如何组织开展学习活动，如何应用各种心理因素及受训者自身学习特点来影响和激励其学习过程，如何营造一个更有利于员工学习的培训环境，以及在纷繁复杂的学习理论中如何选择一个合适的理论来指导培训开发的具体实施。

本章将从学习的定义和对不同学习风格的介绍开始，讨论中西方不同的学习理论及学习思想，最后介绍不同的学习理论以及它们在培训开发中的成功应用。

2.1　学习概述

学习的定义

在中国，学习这一词，是把"学"和"习"复合而组成的。"学"是自学或有人教你学。"习"是巩固知识、技能的行为，一般有三种含义：温习、实习、练习。"学"偏重于思想意识的理论领域，"习"偏重于行动实习的实践方面。学习就是获得知识，形成技能，获得适应环境改变环境的能力的过程，实质上就是学、思、习、行的总称。

中西方不同的学者对学习的定义根据侧重角度不同，各有偏重。

□ 威特罗克（Eittrock，1977）定义学习为：描述那种与经验变化过程有关的一种术语。它是在理解、态度、知识、信息、能力以及经验技能方面学到相对恒定变化的一种过程。

□ 行为主义学派的定义将学习看做是行为的变化，主要是通过联系和经验引起的，具有持久性。

□ 从心理学的角度定义，学习是指学习者因为经验而引起的行为、能力和心理倾向的比较持久的变化。

我们认为，学习是人的知识、技能或能力上的一种相对持久的变化，主要是大脑中认知结构的变化，这种变化并非自然成长过程的结果，而是与特定的培训开发活动有关。

学习的成果是多种多样的，包括：言语信息、认知策略、态度、智力技能、运动技能等，如表 2－1 所示。

表 2－1

学习成果

学习成果类型	内　涵	能力描述	实　例
言语信息	名称或标志、事实和知识体系	陈述、复述或描述一个存储在大脑中的信息	陈述遵守公司保密协议的三条理由
认知策略	信息加工的过程	管理自己的思考和学习，能够调整学习的过程	分别使用三种不同的策略来判断发动机故障
态度	人们在自身道德观和价值观基础上对事物的评价和行为倾向	选择个人行动的方式	在 24 小时内回复来函
智力技能	能够理解、计划、解决问题	应用可推广的概念和规则来解决问题和发明新产品	设计并编制一个满足顾客要求的数据库
运动技能	身体运动的协调性	精确并按时地执行一项体力活动	电话修理工必须具备爬梯子和电线杆的灵活性和协调性

资料来源：R. Gagne and K. Medsker，The Conditions of Learning. New York：Harcourt-Brace，1996.

学习的分类

由于对学习定义的角度不同，学习现象的纷繁复杂，根据不同的标准，学习可以分为不同的类型。其中较有代表性的是布鲁姆、加涅、奥苏贝尔等几位心理学家的分类。

布鲁姆（B. Bloom）将学习目标分为认知领域的目标、情感领域的目标和动作技能领域的目标三大部分，每一领域的目标又从高到低分为若干等级，见表2－2。

表2－2

布鲁姆的学习目标分类

一级指标	二级指标	三级指标
认知目标	6 评价	2 依据外部准则 1 依据内在证据
	5 综合	3 推导抽象关系 2 制订计划或操作程序 1 进行独特的交流
	4 分析	3 组织原理的分析 2 关系分析 1 要素分析
	3 运用	1 利用事实和概念解决问题
	2 理解	3 推测（预测趋势和结果） 2 解释（说明、概括资料） 1 转化（用不同词汇表达、符号体系与其他体系转化、翻译）
	1 知识	3 学科领域中普遍原理和抽象概念的知识（原理和概念、理论和结构） 2 处理具体事物的方式、方法的知识（惯例、趋势与顺序、分类与类别、准则、方法论） 1 具体知识（术语知识、具体事实的知识）
情感目标	5 性格化	2 特征性格化 1 一般性定向
	4 组织	2 价值观念系统的组织 1 价值的观念化
	3 评估	3 承诺感 2 偏爱某种价值观念 1 接受某种价值观念
	2 反应	3 反应中的满意感 2 反应中的意愿 1 反应中的默许
	1 接受	3 有控制或选择地接受 2 愿意接受 1 察觉
动作技能目标	4 言语行为	4 声音和手势协调 3 声音投射 2 音与词的结合 1 声音的产生
	3 非语言交流动作	3 身体动作 2 手势 1 面部表情

（续表）

一级指标	二级指标	三级指标
动作 技能目标	2 细微的协调动作	5 手足耳眼的结合运动 4 手足协调 3 手耳协调 2 手眼协调 1 手和手指协调
	1 肢体运动	3 两个或两个以上肢体的运动 2 下肢运动 1 上肢运动

资料来源：B. S. 布鲁姆，等. 教育目标分类学［M］. 罗黎辉，等，译. 上海：华东师范大学出版社，1986.

加涅（R. M. Gagne，1965）认为，简单的低级学习是复杂的高级学习的基础。1968 年加涅根据学习活动的繁简程度把学习划分为八种类型，又称为八个层次。这八个层次代表着不同种类的认知能力，由低到高分别为：

- ☐ 信号学习，即巴普洛夫的经典性条件反射，是指有机体学会对某个信号或刺激作出概括性的反应。如有人看到红灯就停，绿灯就行。
- ☐ 刺激—反应学习，即桑代克和斯金纳工具性条件反射，此时的学习已经成为自主反应，是有机体对特殊的刺激作某种特殊的反应。如小学生为了得到老师的表扬而做好作业。
- ☐ 连锁学习，即运动联想学习。连锁是指一连串刺激——反应联结。例如，练习投篮时，要选择好角度，接着做瞄准、用力、抛出等一系列动作。
- ☐ 言语联想，就是一种言语连锁学习，它表现为一连串的文字反应。例如将单词组成合乎语法的句子、翻译外文句子等。
- ☐ 辨别学习，实质上是一种知觉学习，即学会对许多貌似相像但又不同的刺激作出不同的识别反应。辨别学习经常与物体的特点相关。如小学生对象形字的辨别学习。
- ☐ 概念学习，是指用一特殊的名称来代表某一类的刺激，个体对在外表上彼此不大相同的一类刺激，作出共同的反应。例如定义黑板、函数的概念等。
- ☐ 规则（或原理）学习，是指以在对一类刺激情境的反应中形成行为的一种固有类型的形式，把两个以上的概念构成一个连锁，其学习涉及推理能力的形成。例如自然科学中各种规律、定理的学习。
- ☐ 问题解决的学习，它是规则学习的自然扩展，即根据过去所习得的规则，经过内在思考过程而创造新的或更高层次的规则，或者应用规则的组合来解决问题。

奥苏贝尔（David P. Ausubel）是当代美国著名的教育、心理学家。他认为，学生主要是通过对语言文字所表述的概念、原理和事实信息的意义理解来获得知识的。知识学习的真正目的在于理解语言文字或符号所代表的知识的实质性内容。奥苏贝尔称这种知识学习理论为“有意义言语学习理论”。

为了说明有意义言语学习在知识学习中的重要位置和作用，奥苏贝尔根据学生知识学习的形成和性质，对学生的学习作出基本的类别划分。他首先根据学生学习的形式，将学习分为接受学习和发现学习两种。

接受学习指学习的主要内容是以定型的形式呈现给学习者，学习者在学习过程中不需要任何发现，只需将语言文字所表达的知识内化到自己的认知结构中，以便将来适时再现或应用。而发现学习的特征是在学生能够内化之前，必须由他们自己亲自去发现。

根据学习内容与学习者原有知识的关系不同，奥苏贝尔又将学习分为机械学习和有意义学习两种。机械学习是指当前的学习没有与已有的知识建立某种联系；有意义学习是指当前的学习与已有知识体系建立了实质性的、有意义的联系。例如，对刚学习汉字的学生来说，他学“狗”这个字，必须把这个汉字符号同头脑中狗的表象联系起来，这才是实质性的联系。

学习过程

学习不是一蹴而就的，它是一个循序渐进的过程，我们需要了解学习是怎样进行的，每个阶段对应如何的指导形式，不同的受训者是否拥有不同的学习风格与方式。

学习过程可以分为八个步骤，包括预期、知觉、加工存储、语义编码、长期存储、恢复、推广和回馈。表 2－3 揭示了学习过程中指导要项和指导形式之间的联系。

表 2－3

学习过程的指导要项和指导形式之间的联系

学习过程	外部指导事项	指导形式
1. 预期	告知学习者学习目的	说明预期绩效 指出需要口头回答的问题
2. 知觉	展现具有不同特征的刺激物	强调感知到的事物特征 利用图表和文中的数字强调这些特征
3. 加工存储	限制学习量	将较长的资料分段 提供学习资料的视觉图像 提供实践和重复学习的机会，以帮助学员获得自觉性
4. 语义编码	提供学习指导	提供语言线索以形成正确顺序 为较长的、有意义的上下文提供语义联系 利用图表和模型解释概念之间的联系

（续表）

学习过程	外部指导事项	指导形式
5. 长期存储	对学习内容进行精加工	为资料的展示及回忆提供不同的上下文的背景设置 将新学习的资料与以前掌握的信息联系在一起 在实践过程中提供不同的背景情况
6. 恢复	提供用于恢复记忆的线索	提供能够引发对于资料的回忆的线索 使用熟悉的声音或节奏作为线索
7. 推广	加强记忆和学习成果的转化	设计与工作环境一致的学习环境 为有附加难度的信息提供语义联系
8. 回馈	为绩效改进提供反馈	对行为的准确性与适时性提供反馈 确认是否达到最初的预期

资料来源：R. Gagne. "Learning Processes and Instruction", Training Research Journal 1 (1995/96): 17 – 28

学习可以被看成是一个由四个阶段构成的动态过程：具体经历、思考性观察、抽象概念化和主动试验。有效学习的关键是对四个阶段都能熟练掌握。结合每个阶段的特点学习又被分为四种不同风格：发散的、同化的、集中的和适应的。表2 – 4列出四种学习风格分别对应的主要能力及学习特征。

表2 – 4

四种学习风格

学习风格类型	主要学习能力	学习特征
发散的	具体经历 思考性观察	善于产生想法，从多重角度审视环境，并且能够了解它们的意义和价值 对人、艺术和文化感兴趣
同化的	抽象概念化 思考性观察	善于归纳推理，形成理论模型，并且综合各种不同的观点、形成统一的解释 注重想法和抽象的概念，较少关注人
集中的	抽象概念化 主动试验	善于决策，将想法运用于实践，并且善于假设、推理、归纳 更偏好于处理技术类的任务，而不是人际交往方面的事务
适应的	具体经历 主动试验	善于将决策运用到实践中，制订计划并投身新的试验 倾向于与人交往，但是可能会显得缺乏耐心并且急功近利

资料来源：Based on D. Kolb Learning Style Inventory version 3. Boston, MA: Hay/ McBer Training Resources Group, 1999.

据此，培训者就可以依据不同学习者的风格来为他们制订适合于个人的学习指导方案，从而获得有效的培训学习。

影响学习的心理因素

学习是一个涉及心理与生理变化的过程，其中智力因素与非智力因素都会对学习有相当的影响，下面分别介绍。

1. 智力在学习中的作用

智力是人们在认识客观事物的过程中所形成的稳定心理特点的综合，包括观察、注意、想象、思维和记忆五种基本心理因素。

智力对学习的影响，归纳为三个方面：

- □ 智力影响学习的深入程度。
- □ 智力影响学习的速度。
- □ 智力影响学习的方式。智力水平高的人会采用发现学习的方式，智力水平一般的会采取机械的理解式学习方式，智力水平较差的人会选择机械的接受学习方式。

2. 非智力因素在学习中的作用

非智力因素包括动机、兴趣、情感、意志、态度等。分述如下。

动机。是指引起个体活动，维持已引起的活动，并引导该种活动朝向某一目标进行的内在历程。学习动机，就是唤起个体进行学习活动，引导行为朝向一定的学习目标，并对此种学习活动加以维持、调节和强化的一种内在历程或内部心理状态。动机的变化具有一定的规律性。

- □ 学习动机由外部客观条件激发而来。即由外部“诱因”吸引、激励、诱发学习者，形成相应的学习动机。比如金钱、名誉、威望、评优等。
- □ 学习动机由内部心理因素转化而来。如对学习的需要、愿望、好奇心、求知欲、兴趣、“三心”（自尊心、自信心、好胜心）、“三感”（责任感、义务感、荣誉感）等。
- □ 外部学习动机与内部学习动机相互交替转化。在学习活动中，有时是外部动机起作用，有时是内部动机起作用，二者轮流交替，相互转化，贯穿于学习活动的全过程，直到达到学习目标。
- □ 直接的近景性学习动机与间接的远景性学习动机相互结合的规律。直接的近景性学习动机表现为对学习内容的直接兴趣和爱好，以及对学习活动的直接结果的追求，但容易受偶尔因素或条件、情境的变化而改变。远景性学习动机不受学习活动本身及其直接结果的制约，与学习的社会意义及个人意义相联系，比如社会对学习者学习的要求，以及学习者个人的前途和志向等动机。

兴趣。是人们积极认识、关心某种事物或积极参与某种活动的心理倾向，它有内在趋向性与内在选择性两个基本特点。定向和动力作用则是兴趣的两大功能。

情感。是由一定客观事物所引起的心理活动的波动性与感染性。在学习活动中产生的种种情感总称为学习情感。学习情感的主要规律有：

- □ 情感与认识相互制约。一方面，情感在认识的基础上产生，另一方面，情感又会反过来推动和加深人们的认识，一个科学家在科学领域方面的造诣，是与他献身科学事业的热情分不开的。
- □ 情感的质和量与需要和期望相互依存。情感 = 需要 × 期望，即需要决定情感的性质，期望决定情感的数量（强度、幅度）等。

意志。是人的意识对一定客体的目的性和调控性的表现。学习意志的主要规律如下：

- □ 意志与行动不可分割。
- □ 意志与认识相互制约。认识指导意志，意志主导认识。一个意志薄弱的人，是不可能完成复杂而困难重重的认识活动的。因此，在学习中培养意志，可以支持学习者的积极认识，克服消极认识。
- □ 意志与情感相互制约。情感激励意志，意志调控情感。学习者应该培养健康的情感，以激励形成坚强的意志。
- □ 意志的强度与克服困难的大小、多少成正比例关系。也就是说，在学习中，学习困难要有一定的限度，必须是学习者通过一定的努力所能完成的，这样，就可以使学习者始终保持学习进取的信心与学习成功的喜悦。如果学习者经过多次努力，总是克服不了困难，完成不了学习任务，就会使他们丧失对学习成功的信心，从而削弱其意志。

态度。是由认知成分、情感成分和行为倾向成分三者组成的相互关联的统一体。学习态度是学习者对待学习比较稳定的具有选择性的反应倾向，是在学习活动中习得的一种内部状态。学习态度不是与生俱来的，而是后天习得的，是通过接受别人的示范、指导、劝说而逐渐形成的。它在学习中的作用主要表现为认知功能、动机功能和满足功能。

学习策略

凡事预则立，不预则废，有效的学习策略是成功进行学习的前提。学习策略一般是指学习者在学习活动中有效学习的程序、规则、方法、技巧及调控方式。

关于学习策略的分类有很多种，其中麦克卡（Mckeachie）等人提出的学习策略分类法将学习策略分为认知策略、元认知策略和资源管理策略三部分，详见图 2－1。

- 学习的策略
  - 认知策略
    - 复述策略：重复、抄写、作记录、画线等
    - 精细加工策略：想象、口述、总结、做笔记、类比、答疑等
    - 组织策略：组块、选择要点、列提纲、画地图等
  - 元认知策略
    - 计划策略：设置目标、浏览、设疑等
    - 监视策略：自我检查、集中注意、监视领会等
    - 调节策略：调整阅读速度、重新阅读、复查、使用应试策略
  - 资源管理策略
    - 时间管理：建立时间表、设置目标等
    - 学习环境管理：寻找固定地方、安静地方、有组织的地方
    - 努力管理：归因于努力、调整心境、自我谈话、坚持不懈、自我强化
    - 其他人的支持：寻找教师、伙伴帮助，使用小组学习，获得个别指导

图2-1　麦克卡等人学习策略分类法

2.2　主要学习理论和思想

西方主要学习理论

员工培训实质上就是被培训人员的学习过程。古今中外，对学习理论的研究不胜枚举，其中的一些成熟理论被用于指导员工的培训开发活动，使得培训开发有章可循，有的放矢。本节将主要介绍中西方不同学派的学习理论以及成人学习理论。

西方心理学界从20世纪以来对人类的学习规律进行了大量的研究，提出了一些理论和原则，经历了四个主要范型的转变：行为主义——认知主义——人本主义——建构主义学习理论。表2-5介绍了这几个不同流派的学习理论，每种理论都从学习过程的一个角度人手，对培训开发有不同的指导作用。

表2-5

西方主要学习理论及其对培训开发的启示

理论流派	代表性理论	基本假设	学习动机假设	理论缺点	学习迁移假设	对培训开发的启示
行为主义	• 强化理论 • 社会学习理论 • 目标设定理论 • 期望理论	• 行为的愉快/痛苦 • 改变个体今后的行为	• 强化 强化物	• 被动 • 外部强化 • 试错 • 不人性 • 不同动机，可能产生伦理问题	• 共因素说 • 形式训练说	• 培训目标明确 • 有助于激发成人的学习动机 • 即时反馈 • 反复练习 • 结合实践 • 培训内容有逻辑 • 知识与技能之间相关，对技能性培训设计有帮助

（续表）

理论流派	代表性理论	基本假设	学习动机假设	理论缺点	学习迁移假设	对培训开发的启示
认知主义	• 信息加工理论 • 归因理论	• 人们有分析/加工知识的能力 • 人们有主动性动机	• 内部动机 • 自己目标的选择	• 过于生理化	• 概括化理论	• 通过发现而学习 • 社会化 • 认知性 • 挑战性 • 互动性 • 外部动机向内部动机转化 • 兴趣的意义 • 对知识培训设计有帮助
人本主义	• 需求理论 • 成就动机理论	• 人们有学习动机/需求 • 认识与体验结合 • 全脑学习 • 自发学习	• 以需求为基础	• "动机比较"成为行为的直接动力	• 兴趣和动机决定迁移	• 由真实问题引起学习 • 提供学习资源 • 利用社会进行学习实践 • 分组 • 建立学习团队 • 自我评价 • 对人际关系技能培训设计有帮助
建构主义	• 认知灵活理论	• 知识是学习者创造出来的 • 学习者可以有自己的体验 • 学习具有复杂性 • 社会互动	• 学习者对知识的创造	• 忽视概念的重要性	• 关系迁移理论 • 由随机而形成通达	• 自主决定学习的起点、入口、时间、深入程度 • 协作或合作学习 • 由不同的情景引发概括 • 使学习带有个人色彩 • 对高级学习有帮助，尤其是对研究开发、知识创新有特殊意义

资料来源：谢晋宇．人力资源开发概论［M］．北京：清华大学出版社，2005：90.

中国主要学习思想

我国古代对学习心理的思想探索有着久远的历史和传统。虽然和源自西方的现代学习理论存在显著的差异，却也有其不可忽视的价值，这些古代哲人、教育家在学习方面提出的各种见解，在今天的学习理论发展中有着重要思想意义。

孔子说："学而时习之，不亦说乎？"这里的学和习是不一样的，"学"是获得知识的过程，而"习"是学过后再温熟反复地学、使熟练的过程。孔子的学习心理思想的基本观点，可以归纳为学知论、性习论与发展观三个方面。这也是它赖以构建与形成的理论或思想基础。在孔子的言论与教育实践中，可以看出他十分强调"五多"，即多见闻、多识、多问、多思、多习行。这些都属于今天的智力因素范畴，并依次与感知、记忆、思维等相对应。

我国古代最早的一篇重要的教育心理思想文献《礼记·学记》中提到："玉不琢，不成器；人不学，不知道"，这几句话显然是就学习的重要性说的。但在此，它把人的本性比作玉石，认为玉质虽美，如果不经过切磋琢磨，它还是不能成为精美的器物；人性同玉石一样虽善，如果不通过勤学苦练，他依然不会明白事物的道理。中国古代不少思想家、教育家都喜欢以玉石来类比人性，这不仅表明他们认为人生来是善良的，而且还意味着他们把善性看做是一种优秀的潜能。简言之，我国古代的性善论，实质上就是潜能论。

从孔子开始，我国古代都是以哲学上的知行观为依据来讨论学习过程问题的，《礼记·中庸》也是如此。它明确而系统地论述了学习是知与行结合的过程，或者说是学、思、行辩证统一的过程。《中庸》从自己的学习过程论出发，又明确地把学习过程划分为五个阶段：博学之，审问之，慎思之，明辨之，笃行之。

很明显，五个阶段中的前四项属于知（学）的阶段，后一项属于行的阶段；前四项又可以区分为学（第一项）、思（第二、三、四项）两个阶段。在《中庸》看来，学习过程的这五个阶段是密切联系的。即，人在学习过程中，必须先广博地猎取各种知识；然后以此为基础，发现问题，提出问题，多问几个为什么；有了问题之后，就要运用心器，进行思考；通过思考之后，才能辨别事物的异同，了解知识的内在联系，从而达到透彻了解的目的；最后还要把所学得的知识付诸行动，以收学以致用之效。必须强调，在我国古代，学问思辨行是《中庸》总结先秦儒家的教学与治学经验而首次提出的，对后世学习心理思想的发展产生过广泛而深远的影响。事实是，我国历代思想家、教育家都沿用这五个阶段的提法，没有再提出什么新的学习过程阶段论。同时，《中庸》学习五阶段与现代学习四阶段也是基本一致的，如表 2－6 所示。

表 2－6

古今学习阶段的对应关系

<table>
<tr><th>《中庸》学习五阶段</th><th>对应的现代学习阶段</th></tr>
<tr><td>博学</td><td>感知</td></tr>
<tr><td>审问</td><td rowspan="3">理解</td></tr>
<tr><td>慎思</td></tr>
<tr><td>明辨</td></tr>
<tr><td rowspan="2">笃行</td><td>巩固</td></tr>
<tr><td>应用</td></tr>
</table>

资料来源：燕国材．中国教育心理思想史［M］．济南：山东教育出版社．2004.

《中庸》在提出学习五阶段之后，紧接着还讲了如下一段话："有弗学，学之弗能弗措也。有弗问，问之弗知弗措也。有弗思，思之弗得弗措也。有弗辨，辨义弗明弗措也。有弗行，行之弗笃弗措也。人一能之，己百之；人十能之，己千之。果能此道矣，虽愚必明，虽柔必强。"

这一段话非常重要。它指出人之为学，不为则已，为则必求其成。要么不学，学就必须学会，不学会就绝不中途停顿；要么不问，问就必须弄懂，不懂就绝不半途而废；要么不思，思就必须有所得，无所得就绝不停止思考；要么不辨，辨就必须辨明，不明绝不马虎了事；要么不行，行就必须彻底完成，不完成就绝不虎头蛇尾。而且，人在学习中，必须给自己提出“人一能之己百之，人十能之己千之”的严格要求。而要达到这种要求，就必须有“弗能（知、得、明、骂）弗措”的决心和勇气；而有了这种决心和勇气，就必然能达到“虽思必明，虽柔必强”的境地。现代教育心理学认为，要搞好学习，单靠认识、智力是不行的，必须把智力与非智力因素结合起来。

朱熹认为，学习的过程就是穷理的过程，而穷理的过程也就是“格物致知”的过程，实质上就是知识学习过程。这个过程的实质，可以从如下三个方面加以分析。

1. “积累”的过程

学习必须下长期积累的艰苦工夫，只有“用力之久”、“积习既多”、“积累多后”（《四书或问·大学或问》）、“铢积寸累”，才能“自然贯通”（《朱子语类》卷九）。怎样积累呢？他提出了由近及远、由浅入深、由表及里、由粗入精等一系列行之有效的途径。

2. “贯通”的过程

学习又必须“脱然贯通”、“脱然有悟”（《四书或问·大学或问》），只有“一旦豁然贯通”，才能使“吾心之全体大用无不明”（《大学·传五章》），即明事物之理，掌握事物的一般规律。

3. “积累”与“贯通”相结合的过程

朱熹的可贵之处，在于他强调贯通必须以积累为基础，积累必须以贯通为归宿，学习过程必须把积累与贯通结合起来。

综合朱熹的言论来看，他把学习过程归为七个阶段：立志、博学、审问、慎思、明辨、时习、笃行。这与现代教育心理学将学习过程划分为五个阶段（动机、感知、理解、巩固、应用）的观点基本相应。

朱熹去世后不久，其门人编成《朱子读书法》一书，用六句话、二十四个字加以概括：循序渐进、熟读精思、虚心涵泳、切己体察、著紧用力、居敬持志。这六句话实际上就是学习的原则和方法。

成人学习的特点

传统的学习理论主要是针对孩子的教育，学生们通常都是学习内容的被动接受者，并且没有相关经验，而成人学习是建立在有较丰富的社会阅历和工作、生活经验的基础上。培训开发实质上就是针对成人的学习过程，帮助成人拓展学习力、提高技能、转变态度、优化言行，因此相对传统的教学应该遵循不同的指导方针。表2-7概括了成人学习理论的要点。

表2-7

教育学与成人教育学的对比

特征	教育学(Pedagogy)	成人教育学(Andragogy)
结构	• 以成熟化过程为基础 • 刚性格式 • 以主题/课程为中心 • 规则、程序、法律	• 弹性、开放、广泛 • 响应性 • 多科性 • 启发性
氛围	• 权威导向 • 正式、低信任 • 竞争性 • 赢—输	• 放松、信任、互相尊重 • 非正式、温暖 • 协作、支持 • 赢—赢
领导	• 教师主导 • 重任务、轻关系 • 控制 • 轻视经验价值 • 假设学员不成熟和依赖 • 低风险	• 创新、创造性 • 任务和关系并重 • 独立、成熟 • 指导、示范 • 基于经验 • 高风险
规划	• 管理人员和教师 • 强调理性和合法的机制 • 政策、计划和决策 • 高政治性	• 管理人员、教员和学员 • 互相评价 • 协力完成需求评估 • 彼此协商 • 以问题为中心
激励	• 外部报酬和惩罚	• 自我指导 • 内部激励(好奇心) • 学习合约
沟通	• 单向 • 传播技术 • 情感压抑	• 双向 • 互相尊重 • 情感自由表达 • 支持性
评估	• 教师 • 标准参考 • 评定成绩 • 客观	• 以准则为基础 • 兼顾主观和客观 • 学员、同事和教师共同选择标准

资料来源：N. Dailey (1984), Adult Learning and Organizations, *Training and Development*, 38: 66, 6816.

了解成人学习的特点，在培训项目的开发中应用成人学习理论来设计相应培训内容，能够加强培训效果。成人的学习特点如下。

1. 问题导向

成人一般是带着问题学习的，注重对问题的解决，其学习的重点是实用性，要能够通过所学解决问题，实际应用，当学习能够满足成人的经验和兴趣并结合其工作情景及实际应用时，学习主动性就会提高，学习效果也就更显著。因此，学习动机对成人的学习效果有很大影响，其中内在的激励尤其能促使成人持久、积极地学习。

传统学习方程式：

学习 = 程序化知识 + 疑问

现代成人学习方程式：

学习 = 质疑 + 程序化知识 + 再次质疑 + 应用

2. 自我反思

成人人生阅历丰富，对许多事情都有切身体验，对自己也有了比较确定的社会定位。成人之间有很多值得相互学习的地方，因此在一些成人培训中，学员就是最好的学习资源。成人往往会对比他人，反思自我。

3. 自我导向

成人学习的效果与其自主性有很大关系。成人的学习强调参与，参与有利于提高其学习效果。在生活中，成人可能是完全自主的，当他们进入培训开发过程，角色转化为学生，往往会交叉双臂，倚靠在椅子上，等待着“教我吧”。可是此时，如果我们像对待孩子一样教育他们，问题就会产生。成年人一方面作为有依赖性的学习者，另一方面他们有深刻的自我指导的心理需求。这一矛盾的产生对培训的开展会形成障碍，为解决这一问题，现在的成人培训中已经开发出各种策略帮助成年人实现角色的迅速转变，将自己看成是自我指导的学习者而不是依赖的学习者。

4. 有趣、新颖而有意义的学习材料能使成人学习更方便、更容易和更有趣

5. 成人学习需要一个舒适和富有支持性的、能自由表达和容纳不同意见的环境

6. 成人学习强调“做中学，看中学”

因此在培训开发中，角色扮演、案例分析、情景模拟、现场观摩、实习等实践活动很重要。

系统规范的培训实施程序，只是培训成功的一部分。如前所述，培训的一个重要职能是促进学习，因此，在培训实施过程中根据学员的成人特点有效运用学习基本理论，将对最终的培训效果起着决定作用。表 2－8 表示了成人学习理论对培训开发的启示。

表 2－8

成人学习理论对培训开发的启示

设计问题	启　示
自我观念	相互启发合作指导
经验	将学习者的经验作为范例和应用材料
准备	根据学习者的兴趣和能力进行开发指导
时间角度	立即应用培训内容
学习定位	以问题为中心而不是以培训主题为中心

资料来源：Based on M. Knowles, the Adult Learner, 4th ed. Houston, TX: Gulf Publishing, 1990.

下面，我们讲一下学习原理。

1. 戈特的 16 条成人学习原理

国内外许多专家对成人学习原理进行了研究。美国管理学家汤姆 · W. 戈特（Tom W. Goad）博士在其所著的《第一次做培训者》（The First Time Trainer）一书中，总结了关于成人学习的 16 条原理。这些原理为许多企业所应用，并经实践证明能有效促进培训工作取得成功。

（1）**成人是通过干而学的**。经验告诉我们，通过动手干某件事来学习，是最终意义上的学习，亲自动手达成的结果能给学员留下深刻的感性认识。此外，成人学习新东西时希望通过动手来加以印证的想法，能激起更高的学习积极性。

（2）**运用实例**。成人学员总是习惯于利用所熟悉的参考框架来促进当前的学习，因此需采用大量真实、有趣、与学员有关的例子，吸引学员的注意力，激发他们的兴趣。

（3）**成人是通过与原有知识的联系、比较来学习的**。成人丰富的背景和经验对其学习过程产生影响，他们习惯将新东西与他们早已知道或了解的东西加以比较，并倾向于集中注意那些他们了解最多的东西。因此，要充分运用“破冰船”之类的工具，在培训开始时，让学员相互认识，了解学员各自的背景，为培训班定下基调，尽快调动学员参与的积极性，避免抽象空洞的说教，否则成人学员难以与其经验进行比较，从而可能陷入迷茫，失去对学习的兴趣。

（4）**在非正式的环境氛围中进行培训**。这点是提醒培训组织者设法使学员在心情轻松的环境下接受训练，避免严肃古板的气氛。

（5）**增添多样性**。灵活改变进度、培训方式、教具或培训环境等能帮助增加学习情趣，取得良好的培训效果。

（6）**消除恐惧心理**。在培训过程中给予学员学习信息反馈是必要的，但应该经常以非正式方式提供反馈，如能将成人学员担心学习成绩与个人前途直接挂钩的恐惧心理排除掉或将之减小到最低限度，那么每个学员都能学到更多的东西。

（7）**做一个推动学习的促进者**。成人学习中要避免单向讲授，培训师是一个学习促进者，灵活有效的培训方式能大大促进学习的进程。学习促进者的主要职责包括：

- □ 保持中立
- □ 促使学员履行学习的职责
- □ 识别学员参加学习的主要目的
- □ 达成对预期学习效果的认向
- □ 强化学习的基本原则
- □ 强化有效的学习行为
- □ 指导学员群体实现学习目标
- □ 鼓励全体学员
- □ 引导学员高效学习的激情
- □ 成为学习评判者
- □ 帮助学员明确学习目标
- □ 讲解、演绎和答疑解惑

(8) **明确学习目标**。学员必须在一开始便被告知其学习目标，这样他们才能经常注意自己是否走在通向成功的正确道路上。

(9) **反复实践，熟能生巧**。实践是帮助学员完成规定学习目标的有效手段，通过实践，可将理论转化为学员在实际工作中能运用自如的工具，并真正成为属于他们自己的方法。

(10) **引导启发式的学习**。告诉学员一个结果只能帮助他解决当前的一个问题，而通过引导启发学员投入学习，同时提供资料、例子、提问、鼓励等帮助，成人学员就能自己找出结果，并完成所期望的任务，这才是培训所期望的最终效果。

(11) **给予信息反馈**。及时、不断的学习信息反馈，能使学员准确知道自己取得了哪些进步，哪些方面还需进一步努力。明确的目标合成为积极的学习动力。

(12) **循序渐进，交叉训练**。学习过程的每一部分都建立在另一部分的基础上，因此某一阶段的学习成果可在另一阶段的学习中得到应用与加强，使学员的能力逐步得到强化和提高。

(13) **培训活动应紧扣学习目标**。紧扣学习目标可使培训过程中的所有活动沿着预期的轨道进行，这一目标应被学员清楚、了解与认同，在培训过程中应予以反复强调。

(14) **良好的初始印象能吸引学员的注意力**。培训初始给学员的印象非常重要，如果培训准备工作很不充分、拖沓，则很难引起学员对培训的充分重视，从而影响学习的效果。

(15) **要有激情**。培训师的表现对学习气氛具有决定性的影响，一个充满激情的讲师能感染学员，引导激发他们投入到学习的角色中。

(16) **重复学习，加深记忆，通过多样性的培训方法，使重复学习变得更加有趣与富有吸引力**。通常至少重复所学内容三次，但最好通过不同的方式去学，以此来反复加深认识。

2. 培训开发中常用的教育学习原理

在企业培训中，学员学习主要分为三类：知识学习、技能学习和态度学习。

知识学习又称为认识能力学习，类似于前面界定的言语信息的学习。知识学习要求运用知识进行脑力活动。知识学习的例子包括规则的学习和应用、符号图案的辨认、决策的制订、知识的回忆和应用等。

技能学习又称为肌肉性或精神性运动技能的学习，类似于前面界定的智力技能和运动技能的学习。通常肌肉性技能的特点明显，容易分类，如眼—手协调技能等，但随着知识的日益增长，越来越多的技能将集肌肉性与神经性运动技能于一体，既要求身体的灵活性，又要求具备知识性的能力。态度学习又称为情感性学习，它与人的价值观和利益相联系。企业对组织文化和员工职业道德的重视导致态度的学习，而每个人的情感和价值现在态度学习中都发挥着重要的作用。

为了优化培训效果，使企业培训投入获得最大的产出，需要充分应用和提升成人学习原理。在企业培训实践中，以下几条是常用的教育学习原理。

激发学习兴趣和动机，发动学员参与。培训作为成人学习途径的一种，必须能激发学员的兴趣和动机。研究表明，如果学员有强烈的学习动机，要求改变行为或获得知识、技能，就会在培训过程中保持学习的热情。人总是有改变与改善自己的欲望，激励学员的学习动机要与其个人的需要与欲望相结合，当学员认识到通过学习能满足个人需要时，必然能调动起学习的兴趣和参与的积极性，培训便较容易取得成功。为此，要设立一个有一定难度的培训目标，并在培训过程中不断鼓励学员，使他们感受到培训的意义及可能给他们带来的变化。这种培训目标的激励原则与提高企业劳动效率的激励原则是一致的。

注意个体差异，因材施教。在培训过程中，应根据学员的不同特点、长处、需要，考虑他们的知识、技能和动机水平，采取相应的措施，有的放矢地进行各类培训。需要特别注意的是要考虑员工的“可培训性”，培训并非对每个人都有效果，如果忽略这一点，一味盲目地对员工实施培训并期望达到预期的效果，结果只能是浪费培训的资源。

强化原则。基本学习理论研究表明，人们会保持那些受到奖励的行为，而避免那些没有受到奖励或是受到惩罚的行为。在培训中运用正强化方法，给予学员正面信息的刺激，反复训练、强化那些工作中的良好行为，能使他们在回到工作岗位后，更容易重复、保持那些良好行为，使培训效果能迁移到真实的工作环境中。通常在强化学习的同时，给予学员学习效果好坏的反馈，从而进一步提高他们的学习积极性。

实践原则。理论与实践相结合能使学员对理论有更好的理解与把握。抽象的理论通过培训中的一些活动或游戏得到印证与加深理解，不但符合成人学员要求增加实用知识的诉求，而且能使培训过程更活跃，激发起学员深入学习的兴趣。

2.3 学习理论在培训开发中的应用

在本章前面的内容中，我们讨论了各种学习理论，本节中我们讲解如何将学习理论具体运用到培训开发中，通过理论指导具体的培训开发。

基于学习理论的培训开发原则

“矩不正，不可以为方；规不正，不可以为圆”。在培训正式实施之前，需要进行整体考虑，然而调查发现：国内真正有系统培训开发计划的企业不足50%。即，有一半以上的企业对培训开发缺乏计划概念，在管理方面计划性也十分欠缺，这对于培训管理来说是非常不利的。不重视培训开发计划会影响到培训开发的效果，缺乏计划性的培训不仅容易在培训目标上出现偏差，而且还容易导致资源应用不合理、分布不均匀等后果。最为重要的是，只有当培训开发计划是成长性的计划时，才能够使培训管理水平不断得到提高，并且不会出现“管理泡沫”的现象。

在设计培训开发计划时应该遵循以下原则。

1. 系统性原则

培训开发表现为一个系统的复杂过程，也是一项长期的、战略性的工作。因此，人员培训开发的系统性原则主要表现为过程的全员性、全方位性和全程性。

全员性。一方面，全员都是受训者。培训开发工作并不仅仅针对新员工或一线的操作工，而是从基层一线工人到最高领导者都需要接受培训开发，只不过培训开发的内容、方式和形式各有差异而已。另一方面，全员都是培训者。尤其是直接从事管理工作的人员，不论其职务高低，都必须承担培训开发下属的责任。培训开发将日益与各种职能相融合，每一位管理者都是“培训开发”管理者。

全方位性。培训开发的内容丰富宽泛，满足不同层次的需求。

全程性。培训开发过程贯穿于员工职业生涯的始终。现代企业人力资源管理不同于人事管理的一个方面就是重视员工的职业生涯发展，它是指为达到职业生涯计划所列出的各种职业目标而进行的针对知识、能力和技术发展（培训、教育）的活动。对于企业而言，重视职业生涯发展，有利于促进培训开发观念的转变，扩大训练与发展的领域，改善组织的人力资源计划和开发活动，使所有成员保持较高生产率和动力，提高组织绩效。日本企业在员工培训和开发中不同阶段有不同的培训侧重点，将对员工职业生涯的培训大致分为五个阶段：

第一阶段的培训对象是新进入企业的员工，培训的内容包括本企业的价值观、行为规范、企业精神及有关工作岗位所需的技能。

第二阶段是针对30岁左右的员工，主要培训内容包括与工作直接有关的职能，如新技术、新工艺等方面的内容。

第三阶段是针对35～40岁左右的员工，其培训内容包括有关管理知识技能、人际关系协调、工作协调能力、决策能力和领导组织能力。

第四阶段是40～50岁左右的员工，主要培训内容包括知识技术的更新和管理、技能方面的提高等。

第五阶段是50岁以上的员工，面临退休，需要学习一下退休以后的生活安排，如培养业余爱好、休闲保健等。

2. 理论与实践相结合的原则

这一原则要求培训工作做到以下几点：

符合培训目的。培训的根本目的是为了提高员工在生产中解决具体问题的能力，从而提高企业的效益，不能解决任何问题的培训只能浪费时间和精力。

发挥学员学习的主动性。理论与实践相结合的原则决定培训时要积极发挥学员的主动性，强调学员的参与和合作，培训方式要以体验性的操练为主，比如案例分析、角色扮演等，让学员在实践中充分理解理论的内涵和实质，加深对理论的理解与吸收。

3. 培训与提高相结合的原则

全员培训和重点提高相结合。全员培训就是有计划、有步骤地对在职的各级各类人员都进行培训，这是提高员工素质的必由之路。但全面并不等于平均使用力量，仍然要有重点，即重点培训技术、管理骨干，特别是培训中上层管理人员。

组织培训和自我提高相结合。在个人成长环境中，组织和个人的因素都是相当重要的。一个良好的组织培训，能促进员工学习的积极性，并切实提高员工的知识技能，帮助员工解决工作中的难题。在知识经济时代，强调更多的是实现自我管理，进行自我提高时，组织培训的角色更似催化剂，能改善环境，提供动力和支持。因此，在培训中一方面要强调正规的组织培训，同时要强调自我管理和自我提高，以真正达到满意的培训效果。

4. 人格素质培训与专业素质培训相结合的原则

在人员培训过程中，人们往往注重专业知识技能的培训，而忽视人格素质培训，因为知识技能的提高可以显著改善工作绩效、提高工作效率，而人格素质的提高带给人和组织的转变开始往往是无形的，真正显示效果需要花费比较长的时间。但是，从培训的三方面内容，即知识、技能和态度看，三者必须兼备，缺一不可。掌握一定的知识是员工承担工作的基础，体现了员工的工作效率和工作绩效。态度是指员工对工作的想法，它是影响能力和工作效力发挥的重要因素，也是体现一个人道德修养水平的重要标志。即使个人才华过人，但如果工作态度随意，工作意愿不强，也不可能成为组织的中坚力量。因此在培训时，这三者不可偏废，尤其是对态度的培训更应受到足够的重视。

5. 培训与企业战略和文化相适应的原则

培训开发作为人力资源管理的一部分，应该纳入到人力资源管理战略之中，而人力资源管理战略作为企业战略的一部分，又应该与企业战略相适应。即培训应服务于企业的总体经营战略，也要有助于优秀企业文化的塑造和形成。培训工作本身就是企业物质文化的一部分，而行为文化和观念文化也都是培训的内容，所以对人员培训的过程，本身就是企业文化塑造的过程，同时也是企业文化塑造的手段之一。

体验式学习理论在培训开发中的应用

体验式学习又称“发现式学习”、“经验学习”、“行动学习”或“互动学习”，先由学员自愿参与一连串活动，然后分析他们所经历的体验，使他们从中获得一些知识和领悟，并且能将这些知识和领悟应用于日常生活及工作中。

教育家杜威提出的“干中学”、新行为主义心理学家斯金纳提出的“刺激—反应”理论、美国教育心理学家桑代克提出的“尝试—纠错”理论、德国心理学家柯勒等人提出的“顿悟”理论、美国社会心理学家班杜拉提出的“社会学习”理论、皮亚杰等人提出的“认知结构”理论、人本主义心理学家罗杰斯提出的“群体学习”理论等，都是体验式学习的理论依据。

体验式培训直接来源于体验式学习理论，美国凯斯西储大学维德罕管理学院的组织行为学教授戴维·库伯（David Kolb）于20世纪80年代初提出了体验式学习理论。他构建了一个体验式学习模式——体验学习圈，见图2-2。

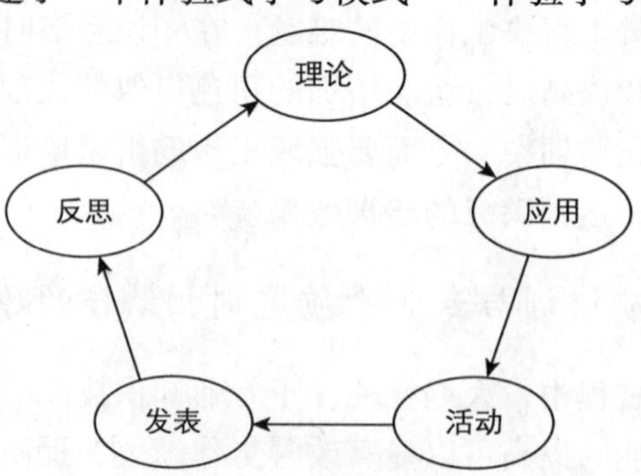

图2-2 体验学习圈

他认为有效的学习应从体验开始，进而发表看法，然后进行反思，再总结形成理论，最后将理论应用于实践。体验式培训形式广泛，比较流行的主要有户外拓展训练、行动学习、沙盘模拟、教练等方式。

1. 户外拓展训练

户外拓展训练是利用山川、河海等自然生态环境，通过精心设计的体验活动，使参与者认识自身潜能，增强自信心，克服心理惰性，磨炼战胜困难的毅力，启发想象力与创造力，提高解决问题的能力，认识群体的作用，增进对集体的参与意识和责任心，改善人际关系，学会关心他人，更融洽地与群体合作等。

2. 行动学习

行动学习是一种以完成预定工作任务为目的，在团队成员支持帮助下持续不断地反思实际中遇到的情景问题，以帮助人们形成积极的生活和工作态度，提高解决实际问题能力的学习理念和学习方式。行动学习通过小组成员的合作和情感互动，将“在干中学习”与“在思考中学习”有机地结合起来，使组织成员在团队合作中获得和提升创造性地解决问题的能力。

3. 沙盘模拟

沙盘模拟训练课程是世界500强企业经营管理培训的主选课程。沙盘模拟训练的最大特点就是“在参与中学习”，强调“先行后知”，通过参与带有挑战性的“模拟经营”，使学员和团队经受一些“考验”之后，经由讨论和培训师点评，把这些从“考验”中得来的认识与工作实际结合，把培训中的情景与工作目标相联系。这种新型培训模式以提升实战经营管理水平为目标。

4. 教练

教练源于体育。教练帮助体育运动员提高技能、磨砺技术、制定重大赛事的行动战略。后来，教练作为一种管理技术从体育领域移植到企业管理领域，企业教练应运而生。教练主要着眼于激发学员的潜能，它是一种态度训练，通过教练过程可以了解学员的心态，提供一面镜子，使学员洞悉自己，从而把握自己的状态和情绪。教练会对学员表现的有效性给予直接的回应，使学员及时调整心态，认清目标，以最佳状态去创造成果。

体验式培训正是建构主义教学思想的应用，建构主义是对认知理论的发展，也是对其他学习理论的融合，因为它不但强调人脑对知识的组织，而且强调主体和环境在人类学习过程中的作用。建构主义学习理论强调学员是学习的主体，是意义的主动建构者。要取得好的培训效果，就必须充分了解学习者的特征，要尊重学员的主动精神。成人学习的专家诺尔斯的研究表明，成人是自我导向的学习者，他们有独立的自我概念并能指导自己的学习。他们的学习动机主要来自内部而不是外部，他们在学习活动中表现出较强的主体意识，学员的学习目的和社会实践的经验指导，帮助他们决定参加什么类型的学习并约束自己的行为，使之最终达到学习目的。在学习活动中，学员根据个人的需要和现实条件，选择合适的学习内容、手段、时间、地点等。在学习活动中，他们有意识地投身进去，在认识学习内容的过程中实现自我提高的目标。

2.4 学习迁移与效果提高

学习的目的是掌握技能，并加以运用，也就是要能够进行知识技能的转化，即学习迁移。本节要解决的问题就是：如何进行学习效果的转化？如何能够提高学习的效果？如何克服学习中的高原现象，让效果达到最大化？

学习迁移的概念及培训迁移模型

学习迁移是习得经验得以概括化、系统化的有效途径，是能力、态度或品德形成的关键环节，任何一种学习都要受到学习者已有知识经验、技能、态度等的影响，只要有学习，就有迁移。迁移是学习的继续和巩固，也是提高和深化学习的条件，学习与迁移不可分割。以往人们对迁移作过多种分类，如按迁移的性质将之分为正迁移、负迁移和零迁移；按迁移的方向分为垂直迁移与水平迁移；按迁移内容分为一般迁移与特殊迁移；按迁移的范围划分为近迁移与远迁移。关于迁移的学习理论流派有很多，表 2－9 对学习迁移理论进行了概括。

表 2－9

学习迁移理论

理　论	代表人物	强调重点
形式训练说	官能心理学派	固有的官能只有通过训练才能得以发展。迁移时心理官能得到训练发展的结果。
同因素理论	桑代克	只有当两种情境中具有相同的要素时才能产生迁移。培训环境应与工作环境完全相同。
经验类化说	贾德	概括化的原理和经验是迁移得以产生的关键。对原理的学习越透彻，对新情境的适应就越强，迁移就越好。一般原则能够运用于多种不同的工作环境中。
关系理论		迁移产生的实质是对事物间关系的理解。迁移取决于能否理解要素间形成的整体关系以及能否理解原理与实际事物之间的关系。
分析概括说	鲁宾斯坦	迁移发生的机制在于对两个课题的分析和概括。

（续表）

理　论	代表人物	强调重点
符号性图式理论	霍利约克、巴索克、吉克等	当原有的特征与新的特征相同或相似时，即产生迁移。图式匹配或表征相同是迁移产生的决定性因素。
产生式理论	安德森等	若两个表征含有相同的产生或者出现产生式的交叉与重叠时，则可以产生迁移。产生式是决定迁移的一种共同要素。
结构匹配理论	金特纳等	迁移过程中存在一个表征匹配的过程，若两个表征匹配，则可以产生迁移。
情境性理论	格林诺	迁移就在于如何以不变的活动结构或动作图式来适应不同的情境。这种活动的结构既取决于最初的学习情境，又取决于后来的迁移情境。
认知转换理论		有意义的材料和编码策略可以增强培训内容的存储和回忆。

福克森（M. Foxon）于 1993 年发表了《培训成果转化的过程方法》，他的模型认为个体的行为是由于各种作用在他身上的驱动力所引起的。驱动力包括正向的和反向的，正向的驱动力能够促使工作行为发生变化，而反向的驱动力会阻碍这些变化并使个体维持原状。福克森指出阻碍因素主要包括不佳的组织氛围、缺乏应用的机会、较低的培训成果转化动机、缺少管理者的支持等；而支持因素主要有良好的组织氛围、培训内容与工作的相关性、运用新技能的动机、内在的转化策略、管理者支持等。具体模型见图 2－3。

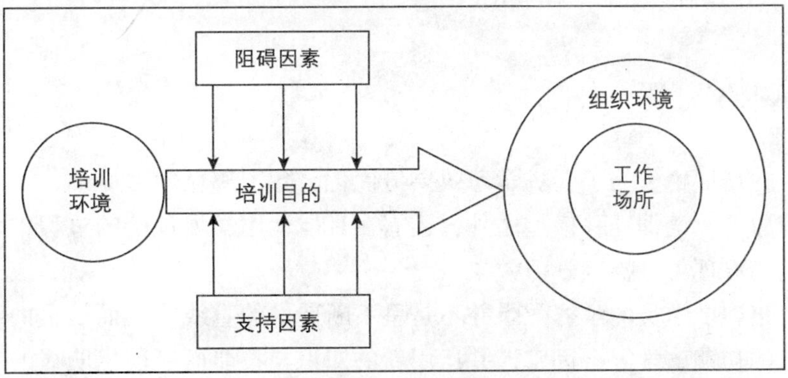

图 2－3　福克森的培训成果转化模型

鲍德温（Timonthy Baldwin）和福特（Kevin Ford）提出了一个培训迁移过程的模型，如图 2－4 所示。该模型指出，培训输入（包括受训者特征、培训设计和工作环境）都会影响培训效果的保存和转移，其中，受训者特征和工作环境将直接影响转移效果。这些原理和最近的研究成果提供了一些促使培训迁移最大化的思想，包括同因素的运用、一般原理的运用、多种激励的运用以及工作环境中对培训迁移的支持程度。

培训转化包括将培训内容推广到工作当中，并能维持所学的内容。推广能力

（Generalization）是指受训者在遇到与学习环境类似但又不完全一致的问题和情况时，将所学技能（语言知识、动作技能等）应用于工作的能力。维持（Maintenance）是指长时间持续应用新获得的能力的过程。

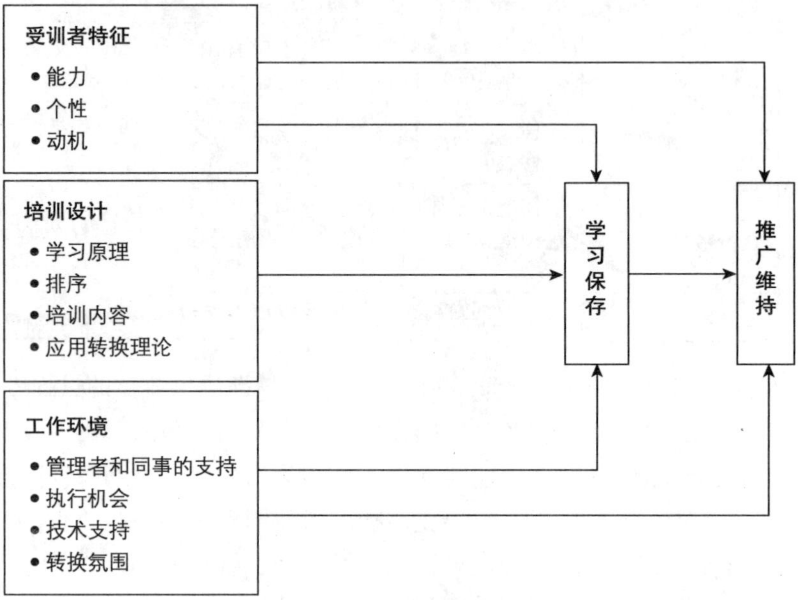

图 2－4 培训迁移模型

资源来源：Adapted from T. T. Baldwin and J. K. Ford. "Transfer of Training：A Review and Direction for Future Research", Personnel Psychology 41 （1998）：63－103.

学习的高原现象

在培训中，为了促进学习效果最优化，除了遵循学习原则，注意运用培训的学习原理及培训迁移模型之外，还需在具体运用学习理论的过程中，注意克服学习的高原现象，提高学习效果。

培训中学员的学习效果并不是呈不断递增的直线状，而是呈曲线状。在培训学习的初期，学习会因掌握并运用新的知识与技能而表现出明显的进步，但随之而来的一段时间学员的表现常常停滞不前，这对学员的学习积极性会带来一定的影响。这就是所谓的学习高原现象，如图 2－5 所示，这种现象在学习技能的培训中表现得尤为明显。

从学习原理的角度看，这是一种正常的现象，应该让学员认识到这是从量变到质变的必经之途，学员的技能水平此时正在发生某种质的变化。需要考虑的是通过改进学习方法或辅助其他培训，以帮助学员通过学习高原进入更高阶段的学习。

一般而言，克服学习高原现象需要双方的共同努力，一方是培训方，包括培训组织、设计师和培训师，另一方是学员自身。前者涉及培训目标的确定、培训

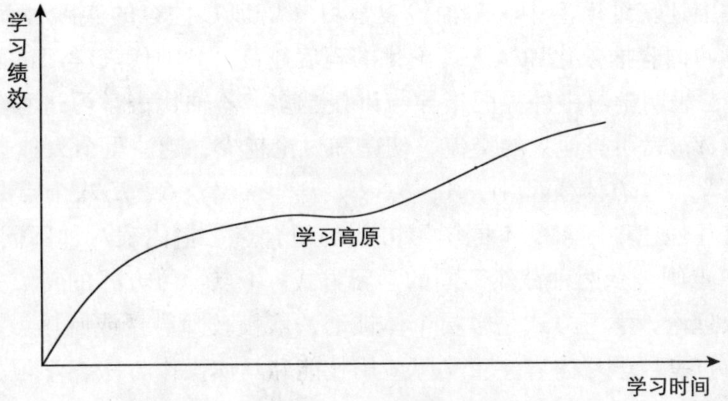

图 2－5　学习高原现象

计划的设计、培训活动的安排和培训师的选择等。而学员主要从掌握学习方式的角度来考虑克服学习高原现象。在学习进程中，要不断探索和掌握适合自己的学习方式，使自己更好地适应新的环境。事实上，一个训练有素、不断取得成功的人往往能依靠自己学会所需的知识和技能。

国外学者的研究认为，已经学会如何学习的人通常有两个特点：一是能够控制自己的学习进程；二是具有一些关键性的学习能力。

学习效果的迁移

迁移是教育心理学的一个术语，意指学习成绩的提高会在其他场合通过行为表现出来。一个有效的培训，不仅能使学员提高学习效果，更重要的是可使这种学习效果迁移到工作中去，对工作行为和工作业绩产生积极的影响。为了实现学习效果的迁移，在教学中应注重学习立方体模型，见图 2－6。

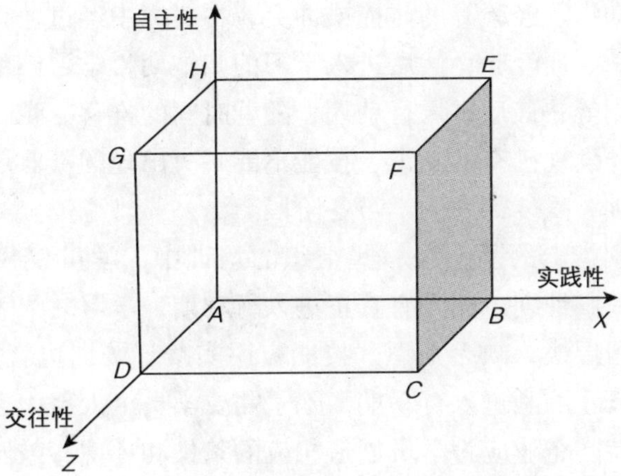

图 2－6　学习迁移立方体模型与不同学习方式的组合点

在上述三维模型中，X 轴代表学习（培训）内容的实践性，越接近原点 A，表明学习内容抽象化和概念理论化的程度越高。Y 轴代表学习的自主性，越接近原点 A，表明学习中外界的指导与讲授越多。Z 轴代表学习进程的交往性，越接近原点 A，表明与他人的交流、切磋和讨论越少，越注重个人独立钻研。

在学习立方体模型中，A、B、C、D、E、F、G、H 八个点是自主性、实践性和交往性三种因素的不同学习方式的组合点，它代表八种不同的学习方式。A 点和 F 点则表示两种截然不同的学习方式。A 点学习方式的特点是：学习内容注重抽象理论，学习方式是学员个体被动，依赖教师讲授或阅读教材。F 点学习方式的特点是：学习内容注重实际应用技能和具体操作方法，学习方式是个体积极参与，共同讨论和相互学习。依据企业培训的目的和培训对象的特点，应采用 F 点的学习方式。

在学员积极参与、互动式的学习方式中，学习的阶段构成一个循环，不断往复，提高培训的有效性，具体学习循环阶段见图 2－7。

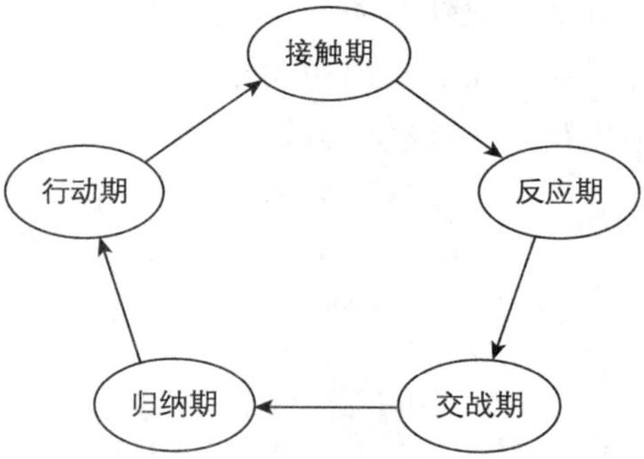

图 2－7　学习循环图

在接触期，学员在学习交流中接触新信息、新知识、新观点和新技能；在反应期，学员讨论各自所学的东西，进行互动式学习；在交战期，学员互动学习的提升，新旧知识、经验等的碰撞或冲突，在碰撞中经过培训师的指导和学员的思考获得新知识、新经验；然后进入学习的归纳期，学习归纳所学到的新知识、新经验、新原则等；最后进入行动期，随着时间的推移、工作的变化，学员可能会遇到新问题，发现已有的知识、技能不能解决出现的新难题，于是又会进入新一轮的学习培训，重复前面的学习各阶段。

需要特别指出的是，在一些组织的培训中，学员仅仅停留在接触期、反应期、交战期或归纳期，而没有真正进入行动期，学习效果就只能停留于知识、技能的书面学习层次，缺乏知识、技能应用实践，培训也就不能取得真正的效果。为了使学员真正顺利进入行动期，除了需要学员个人努力以外，还需要得到企业的配合和支持。企业应为学员创造相应的条件和环境，鼓励学员将所学的知识和技能应用于实际工作中。

本章小结

学习理论探究人类学习的本质及其形成机制，人类的学习活动，是一个极其复杂的系统，它是培训开发的理论基础。为了提高培训开发效果，必须要了解学习理论。

本章首先介绍了和学习有关的概念，包括：学习的定义、分类、过程、影响因素以及学习的策略，在此基础上介绍了中西方主要的学习理论和思想，然后讲解了学习理论在培训开发中的应用，最后阐述了学习迁移及其效果的提高。

复习思考题

1. 什么是学习？学习的成果有哪些？
2. 学习的过程是怎么样的？
3. 影响学习的心理因素有哪些？
4. 简述西方主要学习理论，它们对培训开发有何启示？
5. 成人学习有什么特点？
6. 如何将学习理论应用于培训开发？
7. 什么是学习迁移？
8. 什么是学习高原现象？如何应对？

案例分析

江淮汽车（JAC）学习型组织的创建

江淮汽车（JAC）从 1996 年开始进行学习型组织的创建，提出了核心理念：系统思考、团队学习。JAC 的学习观包括以下方面。

1. 向一切可以学习的人学习、向一切可以学习的事学习

学习就是提高创新能力的过程，学习不仅是学知识，更是学习运用知识的能力。江淮人提倡“学习无处不在，学习无时不有”的学习态度，事实上是提倡一种开放接纳包容的心态。有了这种心态就会消除人与人之间的防备心里，促成人与人之间的合作。董事长左延安经常说：“让员工学会用心做事，才是管理的最高境界。”

2. 学习是最大的福利，是对员工最高的奖励

伴随着知识经济和信息时代的到来，学习已经成为人生阶段不可缺少的一种成长经历，是“从摇篮到坟墓”不断的持续过程。但由于种种原因，企业的培训工作往往得不到认可，员工大半是被迫、被动地接受培训，结果是出力不讨好。而 JAC 则认为，培训是对员工的最大福利，对员工的最高奖励就是提供一次免费的外出学习机会。为了给大家提供这样的机会，江淮公司采取竞培的方式，尤其是研究生这级的培训和境外培训。受训人员自己报名，然后进行考试，同时对绩效进行考核，最后选拔确定人员。培训不论资排辈，极大地促进了年轻员工的成长，同时也让老员工感到一定的压力和危机感。

3. 学习是一项回报颇丰的投入，提倡终生学习

如果说企业在员工培训上每投入 1 美元便可以在未来获得数倍的回报缺乏足够的说服力

和可信度的话，那么，世界上的优强企业在培训上的大量投入从侧面也折射出这个道理。美国通用（GE）将公司销售收入中的7%投于职工培训，每名职工的年培训费为1万美元。但由于种种原因，长期以来很多企业都不能把这种回报颇丰但不一定马上见效的投入落到实处。在JAC，培训被当作是压倒一切的“一把手”工程，建有自己的培训中心，中心主任相当于副总经理层级。有专门的教学大楼和实训大楼，制定了严格的培训制度。中心许多设施都是全公司最好的。江淮汽车有限公司培训副总、培训中心主任康易成说，过去作为培训师，她主要是调动自己的知识来教学员，而现在是让学员参与到学习中来，形成一种互动的全新的培训模式。江淮公司的目标是把企业变为一所学校。

4. 学习的最主要任务之一是学会学习

21世纪的文盲就是那些不会学习或者说没有学习能力的人，当今世界，一方面知识总量成倍增长，另一方面知识又变得十分脆弱，更新速度加快。因此，学会学习，防止知识陈腐，必然成为当今学习的最主要任务之一，而学习力则成为企业新的核心竞争力。管理大师彼得·圣吉称未来成功企业必将是“学习型组织”，变动时代唯一的竞争力，是有能力比你的竞争对手学习得更快更好。为了顺应组织变革的需要，JAC对施训者提出了转变观念上的要求：过去是“我能教他们什么”，老师有什么知识，就传授什么知识。现在，则是“我怎么促成他们进行学习”。老师由知识的传授者变为引导者、激发者，目的是促使学习的产生，让别人学会学习。

JAC制定了一整套完善的学习培训制度和管理流程。但与众不同的是，JAC的制度不是用来看的，他们在实施过程中严格按照制度执行，根据出现的问题集体讨论对策，进一步完善制度。JAC的培训工作大致有如下形式：

自主培养

安排优秀的员工到国内外著名的大学和优秀的企业进行深造，开展交流。并且与大学合办研究生工作站，选拔优秀的员工来参加研究生的学习。邀请国内外专家学者来公司讲学。

脱产轮训

学习型组织的一个重要特征是“地方为主”的扁平式组织结构，即从最上面的决策层到最下面的操作层，中间相隔的层级极少。它尽可能地将决策权向组织结构的下层移动，让最下层单位有充分的自决权，并对产生的后果负责。这对管理人员的整体素质提出了很高的要求。JAC认为要重点培训他们的领悟力和创造力，必须能够深刻理解决策层的决策，同时又必须创造性地运用到他的工作中。

全员参与

在江淮中有一个全员参与的“40+4”的培训，就是每周工作40小时，再加上4小时的学习培训。这个培训的目的是为了激发每一个员工的学习热情，目标是实现学习工作化，工作学习化。由培训中心直接组织对全体员工都必须学习的课程和对工人、技术人员进行不同分类以后，进行不同的培训。

值得一提的是，即使是生产任务很紧、加班加点的情况下，每周4小时的培训从不压缩。当然，这样做的难度较大，但由于公司领导除了思想上高度重视外，在实践中也身体力行，所以制度能够顺利执行。比如，每天早上的集体做晨操，公司包括老总所有人员都要参加。这可能就是JAC成功的关键。

JAC有一个150人的兼职培训教师队伍，这些人都是由各个单位推荐出来的，然后由培训中心进行考核，发给他们培训师的证书，培训师队伍中有工人、管理人员、中层干部和公司的高级领导。JAC还规定，基层领导必须同时是内部培训员，中层领导必须是内部培训师。培训使用的教材都是自己设计开发的，虽然社会上有各种各样的管理教材，但是只有自己设计考分的教材最适合自己的实际。并且使用自己企业的案例会更加生动，更能为员工所接受。

在JAC的培训系统中，有一个课题组，开发设计出课题后，首先对培训师进行培训；然后，这些培训师又组成若干个校验小组，他们会根据自己单位的实际举出案例，进行二次开发，最后再对全体员工实施这样的培训，目的是为了提升培训的效果。这种岗位练兵也是实实在在的，每个单位都有量化的标准。

共享学习

为什么在许多团队中，每个成员的智商都在120以上，而团队整体智商却只有62？团队的学习就是要解决这个矛盾。学习型组织特别强调要从反馈中学习，从反思中学习，从共享中学习。为了创建优秀的学习型组织，JAC以反馈系统、反思系统、共享系统为主线，专门作了一个为期三年的创建规划。集团公司还成立了学习型组织研究会和书友会，每一个子公司都有分会，不断地开展一些学习交流活动。

JAC强调整体搭配力，希望通过提供更多的交流机会，让智慧和创意充满整个企业。研习班是个很好的交流场所，很多部门间的抱怨都可以在这里被化解。除此之外的交流沟通方式还有：每天早上集体做晨操、唱企业之歌；每年一次的职工文艺汇演；每两年一次的职工运动会；各种恳谈会和青年沙龙；总经理信箱和总经理接待日；蓝色托盘活动；部门间的结对联谊会，等等。这些交流方式都有自己的运作规则，形成了JAC独特的企业文化。通过长期不懈的努力，JAC创建学习型组织的活动已经走在了全国的前列，目前在汽车行业率先着手实施了ISO 1005培训管理体系认证。

【案例问题】

1. 江淮公司是如何创建学习型组织的？
2. 你单位是如何建立学习型组织的？

第 3 章

培训开发需求分析

【学习目标】

- 了解培训开发需求的内涵
- 理解培训开发需求的重要性
- 了解影响培训开发需求的因素
- 掌握培训开发需求分析系统
- 理解组织分析、任务分析和人员分析的内涵与重要性
- 掌握绩效差距分析过程
- 掌握培训需求调查的方法
- 了解基于素质模型的需求分析

【关键概念】

培训开发需求
培训开发需求分析
组织分析
任务分析
人员分析

引导案例：培训需求分析经验谈*

"失败"的痛苦

某大型商业流通企业想建立一支内部培训师队伍，找了很长时间没有找到合适的课程，后来经朋友推荐找到我，因为我有一门从国外引进的"培训培训师"的课程，已为多家著名企业培训过，反响不错。此课程把培训分为两个维度：第一维度是发现培训需求，第二维度是掌握培训技巧。尤其是第二维度代表了最新、最先进的培训理念。由于是培训内部讲师，故课程的重点偏重于第二维度。当我和企业沟通时，第一个强调的就是此特点。所庆幸的是企业参加培训的人员都是今后需要自己设计培训课程给员工培训的内部讲师，而且参加受训人员在20名左右，也非常适合互动式的课程特点，双方沟通下来非常满意，尽管我的培训费用在其公司历史上是最高的，但企业最后还是同意了。

不幸的事情终于发生了，在培训前三天，企业告诉我，受训的人员从20位左右上升到58位。我问是什么原因，企业给我的答复是公司最高管理层决定把部门经理级的人员也加入受训人员中。当时我坚决反对，原因是这样会大大影响培训的效果。但是后来企业又托了我的朋友来给我说情：由于培训费较高，想让更多的人听听。无奈之下，我没有坚持，勉强同意了。

上午第一节课下来，明显发现第一、第二、第三组（内部讲师组）效果不错，而第四、第五、第六组（部门经理组）效果不好。尽管我在第二节时课程内容作了一定的调整，起到了一定的效果，但不管如何调整，都不可能满足他们的需求。对于部门经理组来说唯一的结果就是讲师的水平存在问题，更主要的是他们都是领导，就算内部讲师组的反映非常好，也是无济于事。

是什么原因导致这样的结果？是课程吗？不是！课程是引进国外最先进的培训课程，体现培训最先进的理念。是培训师吗？不是，培训师曾获得中国企业十大培训师的称号，享誉中国培训界。真正的原因是培训需求的问题。当企业把部门经理也加入受训队伍时，培训需求实际上已发生了改变，遗憾的是由于自己未坚持，违背了过去一直坚持的"不了解学员培训需求，就不做培训"的培训准则，为此差点毁了自己的声誉。

成功的喜悦

某大型化工企业的老总打电话约我喝茶，半年前我曾为其中层管理人员培训过"如何做一名出色的主管"，效果非常好。我如期赴约，交流中发现老总对员工的主动性、积极性等不满，想再次请我做一次培训。尽管老板本身是MBA出身，但是我还是坚持作了培训需求调查后再谈进行什么样的培训，在我的坚持下老总同意了。首先对准备参加培训的员工进行了培训需求问卷调查，统计发现沟通问题是企业的主要问题。另外，还利用半天的时间和培训助理一起对其中50%的学员进行面对面的交流沟通，再一次证实，沟通是企业最大的培训需求，于是决定此次培训的课程为"知人知心的人际沟通"，案例设计都有针对性。

两天的培训课程效果非常好，培训后满意度调查结果显示满意度为98%，其中有50%的学员非常满意。更让人欣慰的是一个星期后，老总打电话告诉我，与他一直处得别别扭扭的管理者代表（他的同班同学）现在关系变得融洽了，员工主动性、积极性有了明显改善，从电话中我可以体会出老总由衷的高兴。

其实，真正高兴的是我，高兴的是我没有放弃我的原则，高兴的是我从所谓的"失败"中真正吸取了教训，更主要的是坚定了我的信念：了解培训需求、清晰培训需求再做培训。同时，这也是对想对员工进行培训的老总最好的忠告：要使培训有效，先从清晰培训需求开始。

企业在决定要对员工进行培训开发后，首先

* 资料来源：中国人力资源开发网，http：//www. chinahrd. net，2004－06－30.

应该明确的就是应该培训什么？这是由组织的战略、使命、岗位职责、工作任务以及员工的个人需求等因素决定的。我们可以通过一些方法获取这些信息。获取信息后，还需进行分析、整理，最后得出真正适合企业和员工发展的培训开发需求分析，这个过程就是培训开发需求，本章将对此作详细阐述。

3.1 培训开发需求概述

培训开发需求

要了解什么是培训开发需求，我们首先要明确培训开发的使命是什么。

企业管理者以及培训组织者都应该明确培训开发的目的是为了更好地完成组织的使命。因此，在此之前，必须要深刻地理解组织的使命，必须要明确实现企业的使命需要什么样的员工结构与能力、目前组织的员工结构是否满足这样的需求？培训开发需求可以定义为特定工作的实际需要与任职者现有能力之间的差距。简言之，培训开发需求就是要求具备的能力减去现在已经具备的能力。

培训开发需求分析

培训开发需求分析主要由两部分工作组成：需求调查和调查结果分析。这两个过程既相互联系又相互独立，在时间上有先后之分。

1. 培训开发需求调查

培训开发需求调查即通过一系列的方法和渠道全面、公正、客观地收集与培训开发主题相关的需求信息。这就要求调查者明确调查对象、调查方法和渠道以及调查主题等。与此同时，也可以同时对培训对象、培训方式、培训时间、地点等做一些相关调查。

培训开发需求调查既可以由企业高层管理者、培训主管等发起，也可以通过部门自我申报等形式来收集需求信息。具体见表 3－1。

表 3－1

培训开发需求调查

调查对象	调查方法	调查主题
企业高层管理者	观察法	组织使命
培训主管	问卷法	理想能力结构
部门主管	访谈法	目前能力结构

（续表）

调查对象	调查方法	调查主题
员工个人	档案资料法	核心竞争力
	小组讨论法	培训方式
	测验法	
	自我分析法	

2. 调查结果分析

通过对培训开发需求的调查，对其信息进行整理、分析，得出有效培训开发需求的过程就是培训需求分析的过程。具体讲，培训开发需求分析是指在需求调查的基础上，由培训主管部门、部门主管人员以及员工个人等采取各种方法与技术，对组织内部各部门及其成员的目标绩效与能力结构以及现有绩效和能力结构等进行比较分析，以确定是否需要培训、谁需要培训、何时需要培训、需要何种培训等的一种活动或过程。培训开发需求分析是整个培训有效进行的前提，也是制订培训开发方案的基础。

培训开发需求分析的作用

培训开发作为人力资源管理的核心环节，是激励员工的重要方式之一。高效、恰当的培训开发有利于加深员工对企业的归属感，进而提高员工的工作效率，同时对于绩效管理也有更为深刻的针对性。

培训开发需求分析是培训开发的首要工作，是培训计划制订、培训方案设计、培训实施与评估等整个培训工作的基础。因此，必须充分认识培训开发需求分析的重要性与作用。

1. 保证培训开发工作的有效进行

首先，培训开发需求分析可以明确主要的培训开发内容。通过培训开发需求分析，可以明确企业目前哪些技能需要接受培训，是技术上的还是管理上的，是企业文化上的还是员工个人态度上的，等等。其次，需求分析有利于避免成本浪费。只有清楚地了解了需要培训开发什么内容，才能保证培训开发有目的地进行，否则培训开发不能满足需求，浪费的不仅仅是金钱，更重要的是时间。再次，培训开发需求分析可以使得培训开发做到量体裁衣，做到根据员工的特殊需求来设计培训开发方案，这样可以使培训开发高效率地进行。最后，有利于培训开发效果评估。通过需求分析，使得培训组织者对于目标有了更为清晰的了解，可以很清楚地确定出评估标准和指标。

2. 获得相关信息

首先，可以了解培训开发对象的全面信息。例如员工学历、年龄、岗位、兴趣等个人信息，这些信息对于更好地安排培训开发有很大帮助。其次，可以全面了解员工对培训开发的态度。如果员工认为没必要培训或者他们不需要某一方面的培训，那么他们的参训态度以及参训效果不会很好，而且会影响整个工作的积极性。通过培训开发需求分析，既可以深入了解培训开发的缺口，又可以向相关部门或人员强调培训开发的重要性。

3. 估算培训开发成本

随着对于培训开发对象、内容以及方案等调查分析，可以初步估算出整个培训开发的成本。这些成本主要包括人、财、物等培训开发要素的花费。另外，根据分析得出的有效需求，可以节约培训开发成本，保证每一个环节的有效性。

4. 有利于获得管理者的支持

通过培训开发需求分析，可以获得很多有价值的信息，这些信息对管理者制定政策等均有帮助，因此，有利于得到管理者的支持。

影响培训开发需求分析的因素

在需求分析过程中，往往会不可避免地受到各种因素的影响。这些因素可以分为常规性因素和偶然性因素。

常规性因素，是指在确定培训开发需求时需要考虑的一般性因素，主要包括社会发展环境、组织战略和使命、同类组织培训情况、员工个人职业生涯设计、员工考核与评价，以及组织资源状况对培训需求的限制。这些因素是在分析、决定培训开发需求时必须考虑的因素，只有将培训开发需求与这些因素结合起来，才能保证培训开发有效、顺利地进行。例如，如果培训内容与员工个人职业生涯规划相悖，则可能导致培训开发工作不顺利。

偶然性因素，是指由特殊事件影响培训需求的因素，主要包括新员工加入、职位变动、员工绩效下降、顾客投诉增加、发生生产事故、技术水平提高、生产设备更新等。这些事件的依次发生或者突然发生都是培训开发需求的标志，也是决定培训开发需求的指标之一。

3.2 培训开发需求分析系统

培训开发需求分析系统是整个需求分析工作的核心部分，它的效率高低直接影响需求分析的结果，甚至整个培训开发的效果。培训需求分析系统是一个战略层面的规划器，也是各部门解决绩效问题的有效工具之一。培训开发需求分析系统如图3-1所示。

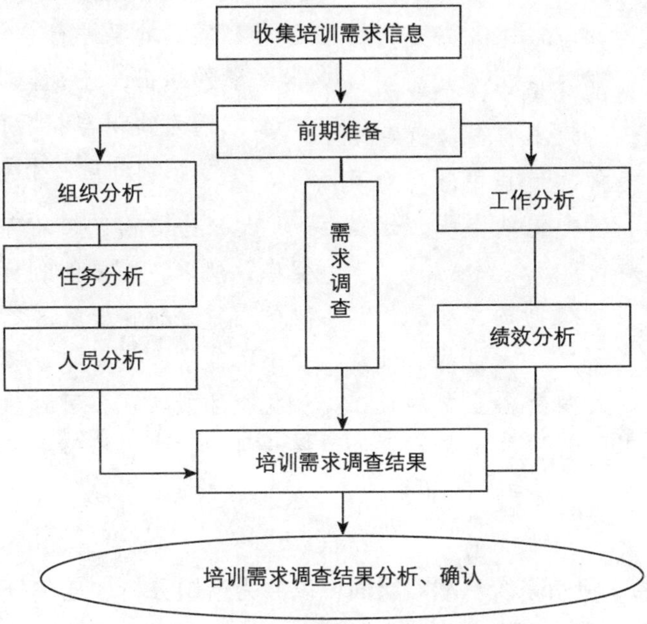

图3-1　培训需求分析系统

阅读材料3-1　HR：别做像“青蛙”一样的“医生”

青蛙在池塘边开了个诊所。一天，诊所里来了一只大兔子和一只小兔子。小兔子捂着嘴巴喊痛。青蛙问小兔子是不是牙痛，小兔子说是。青蛙又追问小兔子为什么牙痛。小兔子想了想，回答说可能是啃了木头的缘故。青蛙医生马上就给小兔子开了些镇痛的药，又嘱咐小兔子，以后不要再啃坚硬的东西了。旁边的大兔子是陪伴小兔子一起来看医生的，它听到后哈哈大笑。

大兔子说：“我们兔子的门牙是会不停地长长的，如果不去磨牙，我们就无法闭嘴。小兔子牙痛，是因为它还不适应磨牙，你只要给它点止痛药就可以了，你让它不要磨牙，那不是害了它吗？我就听说你医术不高，果然是这样呀！”

青蛙无语！

青蛙与兔子的问题，在我们的企业管理中也经常遇到。一个部门经理对HR工作不满，对我们说，“我就是个病人，HR工作者是个医生，按说医生应该问我有什么问题，然后用一些仪器检测，才给我开药方。现在这些医生省略了检测的步骤，只是询问我自己的感觉，就直接给我开药方，怎么能医治好我的病！公司虽然投入了不少的培训经费，但是培训的课程很多是不能解决实际问题的，大笔培训经费白白浪费了。”后来，我们又访问了HR部门的员工，HR工作者也是一肚子苦水。他们说自己为了作好培训需求分析，也动了不少脑筋，但是苦于没有很好的工具与方法，只好发发问卷，根据大家的意见做培训规划。

那么，到底如何进行培训的需求分析才能识别出员工真正的培训需求呢？培训的需求应该从几个方面入手。

- □ 公司战略重点的转移。公司都处在一个复杂多变的环境中，企业为了生存与发展，必须不断适应这些变化，在适应变化的过程中，会对员工有新技能、新知识的要求，这是培训需求的一个重点。
- □ 员工与工作要求之间的差距。经过30多年的改革开放，大量的企业成长起来，但是大多数企业中的员工与工作对员工的素质要求是有差距的，这又形成了一个培训的需求。
- □ 绩效改进目标。绩效管理作为一种重要的管理手段，已经为越来越多的企业所使用。当绩效管理完成后，员工的绩效没有达到预期目标的时候，就要进行分析，是因为态度不够端正，还是因为外部原因，或是因为知识与技巧的问题，这就形成了培训的第三个需求。

这三个方面说起来简单，分析起来却很复杂，所以，需要借助大量的工具才能将培训的需求分析作好。总之，培训需求分析作为HR工作的一项重要职能，需要深层次地挖掘，才能实现公司的目标，而不是像青蛙医生那样，盲目地给小兔子下诊断。

培训需求分析系统从战略层面可以分为组织分析、任务分析与人员分析；从具体职能上来分，可以分为工作分析和绩效分析。下面我们分别讲解。

组织分析、任务分析和人员分析

组织分析是指在既定的企业使命、战略条件下决定相应的培训开发，为培训开发提供可利用的资源以及管理者和员工对培训活动的支持。任务分析包括确定重要的任务及需要在培训开发中加以强调的知识、技能和行为方式以帮助员工完成任务。人员分析包括厘清工作绩效不令人满意的原因，是知识、技术、能力的欠缺，还是属于个人动机或工作设计方面的问题？明确适当的培训对象并让培训对象作好培训准备。由于组织分析与培训开发是否适合企业的战略目标及企业是否愿意在培训开发上投入时间与资金的决策相关，因此，通常要先于任务分析、人员分析进行。任务分析和人员分析往往是同时进行的，这样对于二者都有促进作用。三个分析的示意如图3-2，首先是出现培训开发的压力点，然后进行三个分析，最后得到分析结果。

1. 组织分析

1961年，麦基（McGehee）和泰勒（Thayer）就提出组织层面的需求分析应该重点考察组织战略、组织中的资源及资源配置状况。后来，一些学者对其重要性及其内涵进行了深入研究和扩展，例如古普塔（Kavita Gupta）提出，组织分

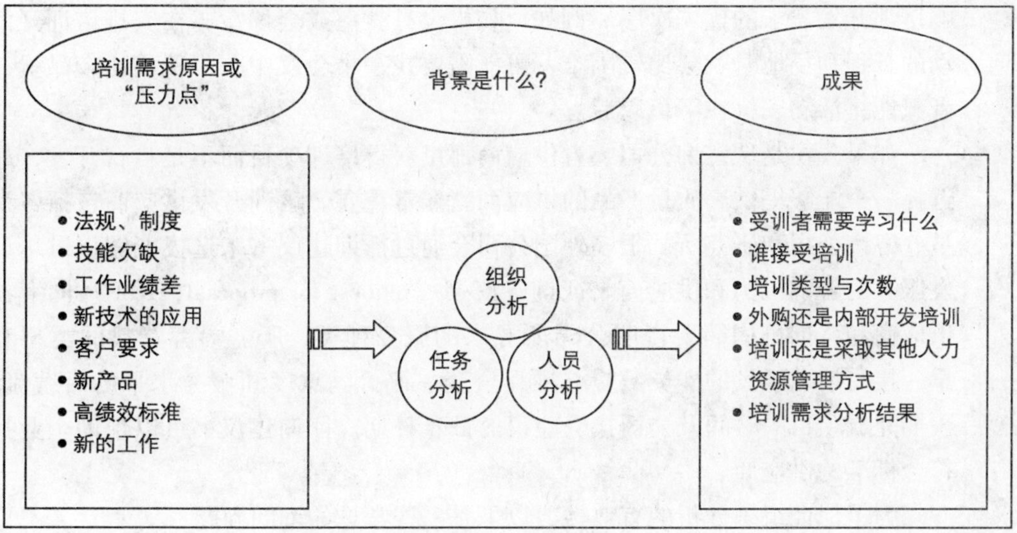

图3-2　培训开发需求分析的原因和成果

析也是一种战略分析。组织层面的分析就是通过对组织经营发展战略的分析，确定相应的培训开发，为培训开发提供相应的资源以及管理者和同事对培训与开发活动的支持。具体讲，可以从以下几个方面来进行组织层面的需求分析。

明确组织战略导向。培训开发的战略性角色影响着培训开发的频率和类型及公司培训开发部门的组建模式。在期望培训开发能有助于实现经营战略与目标的公司中，培训开发支出及培训开发频率一般都要高于随意进行培训开发或没有战略目标理念的公司。同时，经营战略还会影响培训开发的类型。例如，实行紧缩投资战略的公司会比实行其他战略的公司更看重诸如新职业介绍和寻找工作技能方面的培训开发。另外，组织目标和战略规划是评价组织绩效的重要标准，需要充分了解。组织里高效运作的领域应当视为典范，为其他单元实现更有效的运作提供借鉴。而对于那些没有达到组织目标的领域则需要进行更为深入的分析，并采取相应的培训开发计划或者管理方面的措施。

了解组织氛围。组织氛围对于培训开发工作的成败有很大的影响。研究表明，同事和管理者对培训开发的支持在员工参与培训开发的热情和动力方面具有十分重要的作用。培训开发效果是否满意的关键在于同事和管理者对参与培训开发活动是否抱有积极的态度，他们是否愿意向受训者提供有关如何在工作中有效利用培训开发中学到的知识、技能、行为方式的信息，并为受训者提供在实际工作当中应用培训开发所学内容的机会。同时，如果同事和管理者不采取支持的态度或行为，那么受训者就很难将培训开发的收获运用到实际工作当中。

3. **了解组织资源**。在分析组织培训开发需求时，了解组织的资源条件很重要。显而易见，可利用的资金数量是决定培训开发工作的重要因素。知识资源条件，例如组织的设施、现有相关资料以及组织内部的专业力量也会影响培训开发工作的开展。可利用的资源数量会在一定程度上限制培训开发工作的开展，并影响培训开发需求的优先次序。例如，如果没有教室或会议室，在安排培训开发活动的日程和场地时就会比较困难，可能需要找一个会议中心，费用比较昂贵，或者只能将活动安排在下班以后。

如果公司是从咨询公司或者供应商那里获得培训项目而不是自行开发，那么选择一个能够提供高质量产品的供应商就非常重要。培训开发供应商包括咨询人员、咨询公司和研究所。很多外国公司会通过征询建议书来选拔能够提供培训开发服务的咨询机构和供应商。征询建议书（request for proposal，RFP）向潜在的供应商和咨询机构简要说明公司所寻求的服务种类、所需参考资料的类型和数量、接受培训开发的雇员数量、项目资金、评价满意度和服务水平的后续流程、预期完成项目的时间及公司接受建议的截止日期。征询建议书可以帮助企业找出符合标准的供应商。

为了保证组织分析的有效性，以下是一些常见的询问问题：

□ 组织的使命和战略是什么？

□ 培训内容将如何影响员工与客户的关系？

□ 这个培训项目如何与经营战略需求保持一致？

□ 组织资源是否应该投入到这个培训项目中？

□ 为了使得培训成功，我们应该从管理者和同事那里获得什么信息？

□ 哪些组织资源是培训活动的重要组成部分？

□ 我们拥有能够帮助我们开发培训项目并保证项目能够满足公司经营需求的专家吗？

□ 员工认为培训项目对他们来说是一个机会、奖励、惩罚，还是时间上的浪费？

2. 任务分析

任务分析是在特定工作岗位的层次上进行的，主要包括查看工作描述和职务说明书，确定某个工作的业绩产出标准，要达到此产出标准所必须完成的任务以及完成这些任务所需的知识、技能、行为、态度等，所有这些最终的结果决定培训的内容应该是什么。

在进行任务分析时，必须明确两个主要因素，即任务的重要性与水平。重要性关系到某项工作的具体任务、行为以及这些行为发生的频率，某项任务发生的频率越高，说明此任务对于整个工作的重要性越高。水平则是员工完成这些任务的能力要求，这在一定程度上反映了从事此项任务的门槛高度。这两个因素构成了任务分析的主体，图 3－3 显示了二因素的组合关系与培训重要性关系。

任务分析的最终成果就是对任务活动的详细描述，主要内容包括员工执行的任务和完成任务所需的知识、技能、能力和其他素质，即 KSAOs。其中 K（Knowledge）是指执行工作任务需要的具体信息、专业知识、岗位知识；S

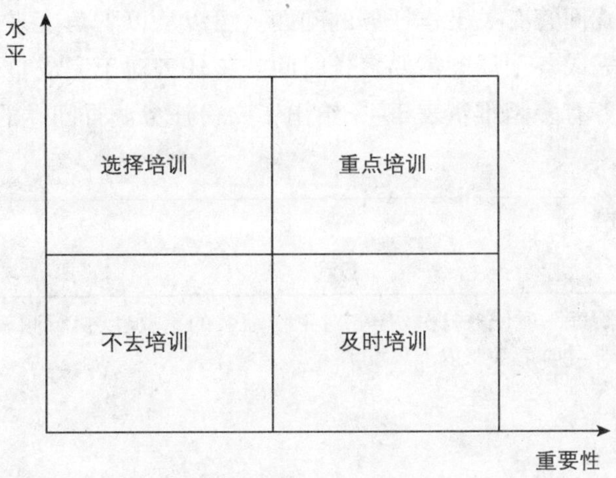

图3-3 重要性—水平组合图

(Skill) 是指在工作中运用某种工具或操作某种设备以及完成某项工作任务的熟练程度，包括实际的工作技巧和经验；A (Ability) 包括人的能力和素质，如空间感、反应速度、耐久力、逻辑思维能力、学习能力、观察能力、解决问题的能力、基本的表达能力等内容；O (Others) 主要是指有效完成某一工作需要的其他个性特质，包括对员工的工作要求、工作态度、人格个性以及其他特殊要求。表3-2是一个任务描述示例。

表3-2

任务描述示例

职位:餐厅服务员

任务描述	任务等级	
	重要性(发生频率)	水平(资格要求)
• 见到顾客要微笑着说“您好!”	0 1 2 3 4 5	0 1 2 3 4 5
• 及时给顾客倒水,递给菜单	0 1 2 3 4 5	0 1 2 3 4 5
• 耐心地帮顾客点完菜,适时地推荐本店特色菜	0 1 2 3 4 5	0 1 2 3 4 5
• 随时等候客人的服务要求,并及时满足客人要求	0 1 2 3 4 5	0 1 2 3 4 5
• 准确地帮助客人结账,开出发票,送客人出门,道“欢迎再来!”	0 1 2 3 4 5	0 1 2 3 4 5
• 处理一些与顾客有关的临时事件,如茶水打翻等	0 1 2 3 4 5	0 1 2 3 4 5

任务分析可以从以下几个步骤入手:

第一，确定要分析的工作岗位。

第二，列出所要执行任务的基本清单。清单的获取可以通过多种渠道完成，例如，访问并观察熟练员工和他们的经理；与其他进行过任务分析的人员讨论。

第三，采用书面调查等访问形式来获取信息。为了确保任务基本清单的可靠性和有效性，可以请一组专门项目专家（在职人员、经理等）以开会或者接受书面调查的形式回答有关工作任务的问题。可以从以下角度来提问：执行该任务的频率如何？完成各项任务需要多长时间？该任务对于完成整个工作有多重要？学会完成此任务有多困难？表3－3给出了一份任务调查问卷的示例。

表3－3

任务陈述调查问卷示例

姓　名　　　　日　期　　　　岗　位

请从以下几个方面给每一项任务打分：任务对工作绩效的重要性、执行频率以及执行任务的难度（任务所处的水平）。在评分时请参照以下尺度。

重要性

4＝任务对有效绩效至关重要
3＝任务重要但并非至关重要
2＝任务比较重要
1＝不重要
0＝没有执行过这项任务

执行频率

4＝每天执行一次任务
3＝每周执行一次任务
2＝几个月执行一次任务
1＝一两年执行一次任务
0＝没有执行过这项任务

难度

4＝有效执行这项任务需要以前有过丰富的工作经验或培训经历（12～18个月或更长）
3＝有效执行这项任务需要以前有过少量的工作经验或培训经历（6～12个月）
2＝有效执行这项任务需要以前有过短期的培训经历或工作经验（1～6个月）
1＝有效执行这项任务不需要以前有过特定的培训经历或工作经验
0＝没有执行过这项任务

任　务	重要性	频率	难度
1. 维修设备、工具和安全系统	3	4	3
2. 监督员工工作绩效	4	4	2
3. 为员工制订工作日程进度	4	4	3
4. 使用计算机统计软件	2	2	3
5. 应用统计方法监控生产过程中的变化	4	3	4

资料来源：雷蒙德·A. 诺伊. 雇员培训与开发［M］. 3版. 北京：中国人民大学出版社，2007.

第四，明确要胜任各项任务所需的知识、技术或能力。通过对以上水平因素的分析，可以得出现有员工的能力结构欠缺什么，应该培训什么，决定了培训内容。

任务分析是一个繁琐的、复杂的过程，因此，为了使得任务分析更为有效，在进行任务分析过程中，应该注意以下几点：

□ 任务分析不仅要明确应该做什么，还应该清楚现实中员工是怎么做的。
□ 任务分析是一个解构的过程，首先要将工作分解成职责和任务。

☐ 收集信息要采用多种方法，这样才能保证所收集的信息的完整性、丰富性。

☐ 为了使得任务分析更有效，应该多从专门项目专家那里收集信息，专门项目专家包括熟悉该项工作的在职人员、经理人员和雇员。

☐ 任务分析过程中，沟通非常重要，良好的沟通有利于完成更为完整、真实的任务分析信息。

☐ 在作任务分析时，必须与公司的长期战略、短期规划相结合。

阅读材料3-2* 员工“冷”对培训

A公司是一家高科技生产企业，由于公司规模的持续扩张和经济效益的稳步提升，公司高层逐渐感觉到，现有在岗员工的综合素质和技能已无法满足公司快速发展的需要，并将成为制约公司可持续发展的一大瓶颈。于是，决定将全面提升员工素质和技能作为人力资源部长期关注的重点。

人力资源部根据公司发展需求，重新修订了现有岗位的任职要求，同时向所有部门和员工下发了培训需求调查表。调查结果显示，很少有员工提出明确的培训需求，且大部分员工反应较为冷漠。在分析调查反馈结果和近期业绩考核结果的基础上，人力资源部提出了培训计划，并迅速开展了一系列的培训活动。

由于各部门业务非常繁忙，为保证培训的全面、到位，A公司作出硬性规定：除特殊原因外，所有相关员工必须全部参加培训。同时，配以严格的考勤和培训效果评估手段，并将员工的培训态度和培训成绩与员工的月度业绩考核直接挂钩。

经过一段时间的培训，从现场培训效果看，员工素质和技能均有一定程度的提高，但人力资源部总感觉没有达到预期效果，而且越往后问题越多，主要表现为：

1. 课堂气氛呆板，员工不主动参与互动，请假、中途退场现象较为严重。

2. 进行现场培训效果评估时，受训员工的成绩基本令人满意，但在培训以后的工作中，其行为却变化不大，对所学知识不能融会贯通，或者根本不按新学到的知识（技能）去做，参加培训仅仅是为了应付培训后的考试，考试完了，所学的知识又全扔到了一边。

经人力资源部了解，产生以上现象的主要原因为：

员工对自己在素质和技能方面所存在的“短板”认识不清晰，对公司确定的培训内容不是很认同，加之工作很忙，员工对公司“硬性规定必须参加”有一定的抵触情绪。因此，部分员工学习热情不高，基本以“应付”的态度对待培训。

3. 人员分析

人员分析是通过考察员工当前工作绩效与要求工作绩效之间的差距，确定“谁应该接受培训”和“需要什么培训”。简单地说，人员分析的关键就是找出

* 资源来源：中国人力资源开发网，http：//www.chinahrd.net/.2004-11-18.

哪些人员“不愿”，哪些人员“不能”，这样才能有针对性地设计培训方案。

要做好人员分析，首先要确保人员已经作好受训准备。受训准备是指员工是否具有相应的学习课程内容并且可以将其应用于工作的个体特征（能力、态度、信仰和动机）；工作环境是否有利于学习，同时又不会对工作业绩产生太大影响。

人员分析时，主要分析个体特征、工作输入、工作输出、工作结果和工作反馈，分析以后得到相应的培训开发需求。个体特征（person characteristics）是指员工的知识、技能、能力和态度。工作输入（input）是指指导员工应该做些什么、怎样做以及什么时候做，还包括那些提供给员工以利于其完成工作的资源。工作输出（output）是指工作绩效水平。工作结果（consequences）是指员工由于业绩良好而得到的激励。工作反馈（feedback）是指员工在执行工作时收到的信息。如图 3－4 所示。

个体特征 • 能力和技术 • 态度和动机 **工作输入** • 了解执行工作的必要性 • 必要资源（设备等） • 其他工作要求的干预 • 执行机会 **工作输出** • 判断优秀执行者的标准 **工作结果** • 执行的积极结果 • 执行的少量消极结果 **工作反馈** • 有关工作执行情况的频繁和具体的反馈	绩效与学习

图 3－4 人员分析过程

人员分析也可以从分析员工的绩效入手，如图 3－5 所示，其过程可以分为四个步骤：

☐ 进行全面准确的绩效评估或通过其他渠道获取这方面的资料。

☐ 确认员工行为、特质与理想的绩效标准之间的差距。

☐ 确认差距来源，可能涉及整合组织分析、任务分析和个体的技术能力方面的资料。

☐ 选择恰当的干预措施，以消除差距。这些措施可以是特定的培训开发项目，也可以是其他人力资源管理政策。

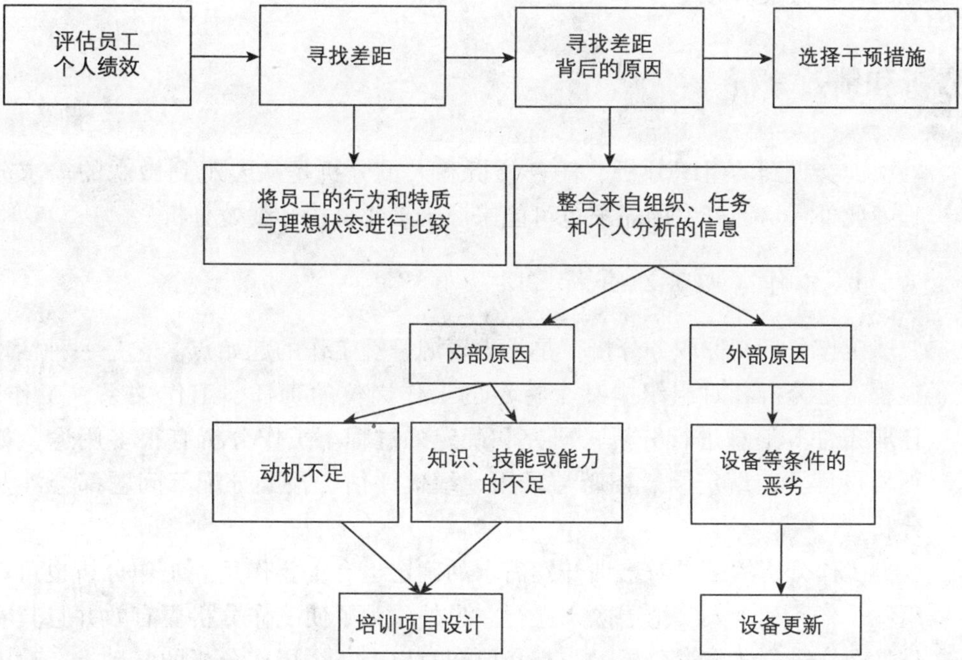

图3－5　人员绩效分析流程图

相对于组织分析和任务分析，人员分析可以采取的方法更为广泛。为了获取人员培训需求分析所需的信息，可以利用以下的方法来获得。

观察工作样本。这个方法较为主观，但其优点在于不仅能观察员工的行为，还能观察行为的结果。

访谈法。员工本人最了解自己的培训开发需求。通过对员工进行访谈，不仅可以了解他们自己的想法，还可以让他们参与到需求分析中来，从而增强其学习动机。

问卷调查。问卷的编制可以根据组织的具体情况进行灵活安排。缺点是由于已经有了一定的结构，为此可能会导致一些偏差。

测验（工作知识、技能、成就）。培训需求分析者可以使用自行编制的测验或标准化的测验。需要注意的是要确保测得的是与工作有关的素质。

态度调查。这项主要是针对个人进行的。有助于了解每个员工的士气、动机水平和满意度。

评定量表。必须确保对员工的评定是客观的、有一定信度和效度的。

关键事件法。这主要是指观察到的、导致工作成败的关键行为表现。

工作日志。员工对自己工作的详细记录。

情景模拟。这主要包括角色扮演、个案研究、无领导小组讨论、培训会议、商业游戏等。在这些人为设置的情境中，某些知识、技能和态度可以体现出来。

评价中心。可以将以上提到的一些方案进行分主题的整合，整合成一个综合性的评价方案。

工作分析和绩效分析

前文提到的组织分析、任务分析和人员分析是从宏观到微观的需求分析过程。此外，培训开发的需求也可能来源于工作分析和绩效分析。

1. 工作（职务）分析

工作分析又称职务分析，是人力资源管理工作的起始点。它是一种活动或者过程，是分析者对组织中某个特定的工作岗位的责任、工作关系、工作环境、任职条件等信息进行分析、研究和确定的过程。工作分析有很多用途，如组织结构设计、定编定岗、招聘与录用、绩效评估、报酬分配等问题都会涉及工作分析。

工作分析的结果对培训开发需求的确定也有重要作用。工作分析也可以按照组织、任务和个人三个层次来进行。另外，为了使工作分析更有效并且具有可操作性，在进行工作过分析时，有必要在对以上三个层次分析的基础上，对人的各种能力作进一步分析，可以具体分为 12 种不同的能力：自我管理能力、状况处理技巧能力、细部技巧能力、运动技巧能力、操作技巧能力、数字技巧能力、读写表达技巧能力、想象技巧能力、判断技巧能力、推理技巧能力、人际关系技巧能力和领导技巧能力。

以上 12 种能力可以较好地概括员工培训开发的内容，但是有些能力对于某种职务可能很重要，而对于其他职务也许可有可无。因此，决定培训开发需求的第一要素是该能力对某职务是否具有必要性。

2. 绩效分析

绩效分析是指员工当前工作绩效与目标绩效之间的差距，并确定应当通过培训来纠正还是应通过其他方法来纠正。

工作绩效分析可以通过三步完成。首先，通过评价员工的工作绩效来确定工作中是否存在问题。其次，弄清楚问题出在哪里，是能力不足还是不了解新工作要求和绩效标准；是态度问题还是系统存在障碍等。最后，核算对该员工进行培训投资的成本收益情况。如果该员工并不是因为能力或态度问题或能力问题而绩效低下，而是人岗匹配失衡的结果，就不需要进行培训。如果员工是因为“不愿”或“不能”而绩效低下，则应该对其进行相关的态度或技能培训。图 3－6 描述了绩效差距分析模型。

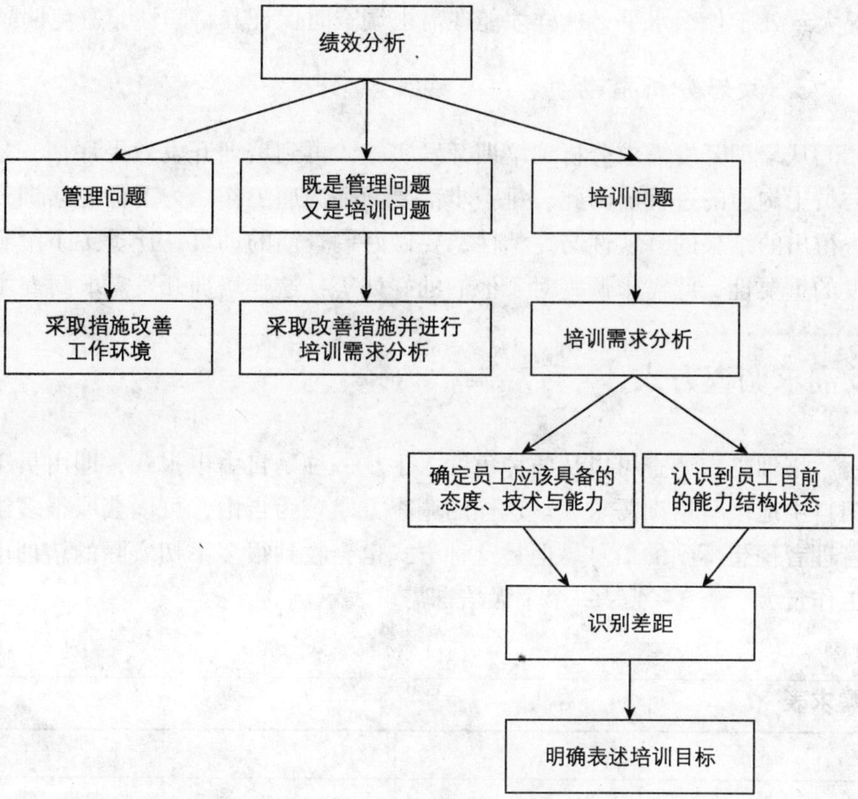

图 3－6　绩效差距分析模型

3.3　培训开发需求分析的流程

前期准备

要成功地进行培训开发需求分析，必须作好充足的准备。前期准备工作主要包括：理解组织使命、战略，对组织整体能力结构以及绩效情况进行了解，对员工进行分析前动员。

1. 理解组织使命和战略

只有对组织的使命有较深刻理解，才能使培训开发需求分析做到有针对性和目标性。组织战略在一定程度上决定了培训的方向、方式以及评估的方式。

2. 了解组织的整体能力结构以及绩效状况

组织的员工能力结构与其业务性质相关。因此，培训开发需求分析必须针对与其业务内容息息相关的内容来进行。例如，对于以技术工人为主的组织，对其进行艺术欣赏培训是无效的。另外，培训组织者必须了解组织员工的整体绩效情况大致处于什么水平，这样才能在需求调查时保证其科学性，避免偏颇。

3. 做好分析前动员

从培训开发需求分析到培训开发实施，再到培训开发效果评估，是一个随时与员工沟通的过程。因此，每一步都要做好沟通工作。为了保证培训开发需求调查得出的结果的真实性与完整性，要做好调查前的动员，让员工了解到此培训开发的重要性、此需求调查对于他们的好处等，这样培训开发需求调查才能成功。

培训开发需求调查方式

培训需求调查可以从两种角度入手。一种是自由申报式，即由员工个人或部门自主地填写培训需求表。这样的调查方式较为自由，可以获取很多组织者或者管理者预想不到的信息。但是这种方式也会收到很多不切实际的培训申请，筛选工作量大。表 3－4 是一个个人培训需求表示例。

表 3－4

个人培训需求表

姓名：			学历：	
年龄：			工龄：	
培训课程名称	培训内容	时间	培训方式	备注

培训需求调查的另一个角度是培训开发组织者通过前期准备工作，作出简单的培训开发项目计划，可以针对几项培训开发项目作出调查问卷进行调查，这样员工就可以有针对性地选择，而不是凭空想象。这种方式调查效率较高，但是也可能忽视一些本来急需培训开发而组织者没有认识到的项目。表 3－5 是某银行对 EXCEL 办公技能培训的需求调查表。

表 3－5

需求调查表示例

EXCEL 办公技能培训需求调查表			
个人信息：			
姓名		年龄	
部门		学历	
工龄		性别	
项目调查：请在您认为最符合的表格中划对勾。其中，“1”代表非常不符合，“5”代表非常符合			

（续表）

项　　目	1	2	3	4	5
1. 我在工作中经常会用到 EXCEL					
2. EXCEL 给我工作带来了很大的便利					
3. 在使用 EXCEL 时，有很多功能不会用					
4. 我在工作中需要经常处理数据					
5. 我在工作中需要经常制订表格					
6. 我在工作中需要经常使用函数					
7. 我在工作中经常使用图表分析					
8. 我在工作中急需快捷键					
9. 我在工作中感觉到了 EXCEL 技能的欠缺					
10. 我赞成进行 EXCE 办公技能培训					

培训事宜调查：

11. 如果要培训的话，我想培训时间在	工作日			周末		
	上午	下午	晚上	上午	下午	晚上
12. 您觉得公司还需要哪些培训？						

培训开发需求调查方法

培训需求调查有以下常用方法。

观察法是指以旁观者的角度观察员工在工作中或在会议进行过程中表现出的行为。这种方法有利于得到有关工作环境的资料，且将评估活动对工作的干扰降至最低。但是观察法要求观察员具备熟练的观察技巧，只能在观察到的环境中收集资料。另外，被观察者的行为方式有可能因被观察而受到影响。

问卷法是指采用不同的抽样方式选择对象回答问题，形式有开放式、等级量表式等。问卷法是最常用的方法。其优点主要有：可以在短期内向大量的人员进行调查；成本低；被访者回答问题时更加自然；易于对数据资料进行归纳总结。同时，问卷法也有一些缺点：问卷编制周期较长；限制被调查者表达意见的自由，不够具体；回收率可能会很低；有些答案不符合要求，加大了筛选难度。

咨询法是指通过咨询特定的关键人物来了解关于培训需求的信息，咨询对象一经确认可采用问卷、面谈等方法收集资料。这种方法简单省钱，可以建立和增强与参与者的沟通渠道。但是取得的培训需求资料可能会具有一定片面性。

访谈法是指结构性或非结构性、正式的或非正式地对某些特定人群的谈话。这种方式有利于观察当事人的感受、问题的症结和解决方式。但是其也有一定的缺点，主要是费时、不易量化分析、需要熟练的访谈技巧。

团队讨论法类似于面对面访谈，可以用于任务分析、团队问题分析、团队目标设定或其他关于团队的任务或主题。这种方法可以当场汇总不同的意见；讨论后最后决定能够获得支持；易于建立分享机制。同时，也有费时、难以量化分析以及可能出现讨论不充分的缺点。

测验法类似于观察法，可以测验员工的工作熟练程度和认知度，发现员工学习成果的不足之处。这种方法的结果容易量化分析和比较，特别有助于确认问题的发生原因是因为知识、技能还是态度等因素导致的。缺点是其结果只能适用于说明测验到的知识能力；并且无法展现实际的工作行为与态度，效度也不高。

评价中心法主要适用于管理潜能开发方面的评价，需要参与者完成一系列活动以确定哪些方面需要发展，让参与者处于模拟的管理情境中工作，从而发现其潜力。评价中心法可以对人员的发展潜力进行初步确认；直观判断其发展潜力，减少误差，增加甄选的客观性。其缺点主要有耗费时间、成本较大；评价被试者的潜能过程中难以有固定的标准可运用。

书面资料研究法主要是用分析资料的方式考察相关的文献。此方法的优点主要有：通过现行的重要信息和问题的线索，提供客观的证据；资料容易获得。其缺点主要有：通常无法找到问题的原因和解决之道；信息的时效性差。

以上的调查方法每一种都有其特有的优点和缺点，调查者在进行需求分析时要根据调查对象、调查地点、调查时间的不同来采取不同的方法，这样才能达到培训开发需求调查、分析的有效性。

培训开发需求调查结果分析

通过多种渠道获得相关的需求信息后，调查者要整理、分析出调查结果中的有效信息，进而作出培训开发分析报告。分析报告中要包括培训开发项目、对象、时间、地点以及培训开发方式等大概框架。在作需求分析报告时，应该注意不仅要关注需求结果，还要关注这些需求的来源与可能的结果，为后期的培训开发做好备份资料。

3.4 基于素质模型的培训开发需求分析

素质模型简介

以前，企业往往秉持传统的培训开发需求分析理念，即通过需求分析明确员工需要培训开发的知识、技能、能力等要素。然而，培训开发趋势要求需求分析将重点放在素质上。素质（Competency）是指员工身上那些能够带来优秀绩效的特质组合，包括知识、技能、价值观、社会角色、自我概念、个性、动机等。

表3-6给出了系统工程师的素质模型。表的左边列出了技术方面的素质（系统构建、数据转移、拟订文件），右边揭示了可以用来评价系统工程师每种素

表3-6

各种素质及素质模型举例

技术类别	精通程度评分
系统构建 设计复杂的应用软件，创建协议和原型的能力。	0－不能完成基本任务。 1－理解基本原则；能在别人的帮助和指导下完成任务。 2－稳健地执行例行任务；工作只需少量监督。 3－执行复杂的多重任务；能指导或教导别人。 4－是这项任务的专家，能评价、指导和领导别人。
数据转移 建立必要的操作平台，能够有效、彻底地完成数据转移。	0－不能完成基本任务。 1－理解基本原则；能在别人的帮助和指导下完成任务。 2－稳健地执行例行任务；工作只需少量监督。 3－执行复杂的多重任务；能指导或教导别人。 4－是这项任务的专家，能评价、指导和领导别人。
文件拟订 拟订全面完整的文件的能力，包括工作规范、工作流程图、过程控制规则和预算书。	0－不能完成基本任务。 1－理解基本原则；能在别人的帮助和指导下完成任务。 2－稳健地执行例行任务；工作只需少量监督。 3－执行复杂的多重任务；能指导或教导别人。 4－是这项任务的专家，能评价、指导和领导别人。

资料来源：R. J. Mirabile, "Everything You Wanted to Know about Competency Modeling," Training and Development (August 1997): 73－77.

质高低的行为方式。

素质模型与工作分析容易混淆，所以要明确的是：工作分析更为关注工作或任务（完成了没有），而素质模型更关注工作者（如何达到目标或如何完成工作）。因为素质模型关注"如何"而不是"什么"，这样就能为培训与开发提供更有价值的信息。

研究表明，素质模型和工作分析主要有以下差别：首先，素质模型更容易将素质与公司的经营目标相联系。其次，无论是对于工作组、同一层级的工作还是整个组织，素质模型提供的都是对普遍素质的描述，而工作分析描述的是各个工作、工作组或组织层级之间的区别。最后，工作分析得到的是特定工作所需的具体的知识、技能和能力，它可以形成用于员工甄选的具体要求。相对来说，素质模型产生的素质更为宽泛，应用也更广。素质模型可用来确定培训需求，针对性地进行员工开发培训，又可以对谋求某职位的员工进行开发规划。通过对员工现有素质和工作需要的素质进行比较，可以使他们知道需要开发哪些素质并采取相应的行动。

素质模型的开发可以分为以下五步：第一，明确被分析的工作或岗位；第二，追踪企业的经营战略的变化；第三，区别有效与无效的工作者，同时找出二者的能力差别；第四，确定导致有效或无效行为的素质；第五，使模型产生效用，即把模型用于工作实际。

从长远战略发展而言，员工素质是组织形成持续核心竞争力的关键所在。因此，应该关注员工素质的深入开发与培训。素质能够将绩效优异者与绩效平平者区分开来。一方面，通过全面提升员工的素质，公司能够更好地保持和运用竞争优势，以便更好地应付各种变革和挑战；另一方面，为员工提供基于素质的培训和个性化的职业发展途径，将有助于提高组织的凝聚力和向心力，加深员工对组织的认同感，从而保证公司持续稳定的发展。

以素质模型为基础的培训开发需求分析

以素质模型为核心的需求分析可以按以下五个步骤进行：

- □ 经过调查分析，构建出特定岗位或工作的初步素质模型；
- □ 通过调查、访谈、观察等形式获取实际的员工能力构成；
- □ 对理想模型与现实能力结构作深入对比、分析，对模型作出修改；
- □ 根据修改后的素质模型以及二者对比结果，作出培训开发项目计划；
- □ 根据企业的长期发展、经营战略，作出素质模型的后期培训开发以及升级计划。

图3-7是美国联邦人事管理局开发的公务员素质矩阵，说明了公务员各层级必须具备的基本能力。

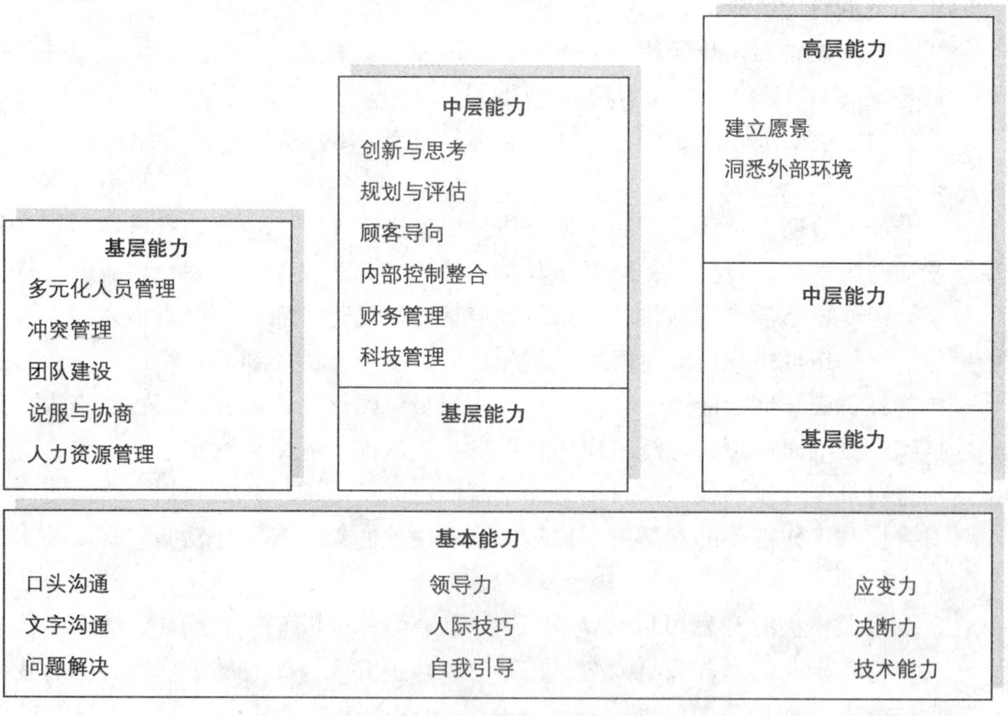

图3-7　美国联邦人事管理局开发的公务员素质矩阵

根据素质模型确定培训开发需求，对于企业的培训开发工作具有很大指导性意义。但是，建立素质模型是一个比较复杂和困难的过程，不仅需要外脑的介入，还需要企业自上而下，全员共同思考、共同努力，并经过不断修正，才能最终形成企业科学实用的素质模型。

本章小结

本章围绕培训开发需求进行阐述，首先分析了培训开发需求的内涵及其重要性，使为什么要进行培训开发需求分析及其目的明确地展现出来。接着对于培训需求分析系统从两个角度展开了解析。从战略结构角度将该系统分为组织分析、任务分析与人员分析；从受训对象将该系统分为工作分析和绩效分析。紧接着，通过前期准备、培训需求调查以及调查结果分析三者的串联，展现了一个完整的培训开发需求分析过程。最后通过素质模型的介绍，使得对于培训需求的理解更深一步。

复习思考题

1. 什么是培训开发需求？什么是培训开发需求分析？
2. 影响培训开发需求分析的因素有哪些？
3. 为什么说培训开发需求分析必不可少？
4. 如何理解组织分析？主要从哪几方面来分析？
5. 如何理解任务分析？
6. 如何理解人员分析？如何理解组织分析、任务分析以及人员分析三者之间的关系？
7. 培训开发需求调查主要有哪几种方法？各有什么优缺点？
8. 什么是素质模型？如何进行以素质模型为核心的培训需求分析？

案例分析

SAI 中国控股公司的培训尝试

SAI 公司背景

SAI 是一家高科技制造公司，业务领域涉及：航空领域，主要提供主机外的其他产品及其服务；汽车领域，包括为福特、通用等汽车制造公司提供涡轮增压机、排放废气回收、安全带装置等；工程材料领域，包括工业纤维、特殊化学原料等。这家在 90 个国家和地区设有公司并拥有 6 万多名员工的大型集团公司，为得到进一步发展，几年前就把全球化作为其发展战略之一，在 1997 年又提出全球化的重点区域在中国、印度和东欧。

SAI 在中国设有 14 家独资和合资企业，自在上海成立第一家独资的涡轮增压机公司后，又先后在广州、厦门、苏州、开平、南京等地设立了公司，并与上海东方航空公司、龙华机场等合作，成立了一些合资企业。现在 SAI 在中国的企业共有 760 多名员工，这中间 28% ~

30%属管理层，多为大专以上文化程度。在有些公司中，甚至连操作员也具有大学本科以上文凭。

在此基础上，1995年成立了SAI中国控股有限公司（以下简称SAI中国公司）。事实上，控股公司是一个非常精干的组织，它由人力资源部门、财务部门和信息系统三部分组成。控股公司的主要职责便是为在中国的各独资、合资公司提供服务，其人力资源部门的主要功能，一是制定统一的公司人力资源政策，二是为各个公司提供培训和开发服务。

SAI中国公司的员工培训开发政策

自1991年起用新的总经理后，SAI中国公司一直以较高的增长速度发展。究其原因，其中有一条便是非常注重员工的成长和发展。总经理认为公司的成功是和每一个员工的参与分不开的，一个公司要想得到发展，必须有一支训练有素、有能力并愿意为公司的奉献的员工队伍。正因如此，公司每年为每个员工提供40小时的培训，并要求高层经理每年花40个小时用于对下属员工的培训上面。这能帮助员工更好地完成他们的工作，同时也有助于高层经理自身的业务发展。在公司1998年的三个目标中，有一个目标便是通过不断学习来增强竞争力。这种"以员工为根本"，注重员工培养和开发的思想也正是SAI中国公司培训部在对其中国员工进行培训开发时的一个基本点。

SAI中国公司的培训尝试

隶属于人力资源部的培训部成立至今，经理罗斯负责了解各公司的培训需要，帮助他们制订培训计划和培训方案、设置培训课程等。与一般公司中的培训部门有所不同的是，罗斯必须设法使她的这个培训部门收支平衡。用她的话来讲，要"break even"。也就是说，罗斯向各个公司提供的服务不是免费的。这可以说是现代人力资源管理试图证明自己并不仅仅是一个成本中心的一个表现。当然，这种方式一开始并没有被中国境内的十多家SAI企业所接受，许多企业一开始甚至不愿意接受这种服务。不过随着罗斯的努力，事情发生了变化。

SAI中国公司在美国总部设有一个很好的培训基地SAI Training Center，拥有非常先进的教学设备以及完备的课程体系，为世界各地的SAI公司提供培训。SAI在中国的许多企业最初也是从SAI Training Center接受培训服务的，但多数公司在经过培训以后，都反映虽然这些培训课程很多也很好，但费用太昂贵，而且几乎所有的课程都是美国版本，有些并不适合中国的情况。因此一些企业抱怨：花了大钱，没有得到什么。也正是在这种情况下，罗斯的培训部开始运作了。

罗斯做的第一件事便是了解中国SAI企业的培训需求。她花了4个月时间，走遍SAI在中国的所有企业，在每个企业中，她与高层经理、中层经理及员工代表进行深入面谈。在与高层经理（主要是区域经理、市场副总裁）进行的会晤中，她的重点是了解近五年中企业的发展目标、投资意图及对员工发展需求的看法。罗斯与14家SAI中国企业的70多位高层经理进行面谈。据此，她制订了一个两年的专门针对SAI中国企业的培训计划。该培训计划把培训重点放在管理技能的培训上，因为从员工的总体情况来看，层次较高，有较好的专业技术能力，但在管理能力上显得不足。

由于罗斯的培训部只有她一个"光杆司令"，她请来了公司外的咨询公司一起来设计培训项目。经过精心的研究和设计，他们设计了针对管理核心能力（Key Competence）的系列课程：你和你的上级（You and Your Boss）；你和你的下属（You and Your Subordinate）及你和你的同事（You and Your Colleague）。这三个系列培训项目是相辅相成的，每一系列有自己的侧重点。第一个项目着重于让员工形成一种专业化的工作方式，学会如何从上级那里接受信息，如何给予上级反馈，进行良好的沟通，如何进行时间管理；第二个项目则侧重于培养员工形成教练他人、进行有效沟通的技能；而第三个培训侧重于团队合作，让员工意识到他是团队中的一员及他所扮演的角色，培养其具有团队意识和团队精神。

培训课程主题设计好以后，他们又开始了课程内容的编排。考虑到以往中国企业和员工对美国版本的反应，在这次编写时，所有案例都采用自SAI中国公司的各企业。并且还进行了更进一步的尝试，将这些课程拍摄成录像，供培训中使用。罗斯邀请了其他公司的一些培训经理、培训讲师客串录像中的角色。从培训课程的设计到最后拍成录像，共花费了16万美元。罗斯的感觉是似乎在中国国内还没有企业进行过这样的培训当地化的工作。不过，这项工作得到了总部的支持。

课程完成后，第一次实施是在南京某航空附件有限公司中进行。该公司是提供飞机环境控制服务的一个新的小型公司，拥有40多名员工。培训后，反响很多。参与者一致认为课程符合中国实际情况，并且觉得控股公司是在帮助下属公司做事情，而不是仅仅告诉他们怎么做。由于这是一家新的合资企业，许多员工都是第一次参加这类培训，所以对这种新颖的培训方式（讲课、录像、讨论会相结合）很感兴趣。虽然对每个参训者的收费达350美元，但培训还是受到了欢迎。

第一次培训的成功增加了罗斯的信心。接着，她又在广东开平SAI工业纤维有限公司进行了再度尝试。开平是SAI在中国成立较早、发展较为成熟的合资公司，大多数员工以前已接受过一些管理技能方面的培训，他们的反应不如在南京那么热烈。一些参加者指出，案例虽是中国的情况，但过于简单，一眼就能看出，没有讨论的必要。

针对这样的情况，罗斯的下一步目标是进一步完善这些课程，并修改这些案例。

培训经理的体会

以下是笔者和罗斯的一些谈话笔录。

问：你对培训最深的体会是什么？

答：要和企业的经营目标、发展战略联系起来。培训并非万能药，只有对症下药的培训才对企业发展有好处。外面有许多好的培训，如7个习惯（Seven Habits）问题解决等，但一定要看到这些培训对自己公司有无意义。

问：单枪匹马开展培训工作感觉如何？

答：培训最需要高层领导的支持。幸好SAI中国公司的总裁本人对培训非常支持。他的许多做法都非常注意以员工为中心。

问：你们对培训的跟踪反馈怎样？

答：现在仅停留在水平1和水平2的反馈上。其实，最能反映培训有效性的指标是最后是否带来了个人绩效的提高，但这个指标太难测量了。

问：下一步有哪些想法？

答：进一步修改课程内容，并使培训教员当地化。培训重点仍将放在管理技能培训上。跨国企业管理人员当地化是一个趋势，要加强对中层经理管理技能的培训。

【案例问题】

1. SAI中国公司的培训有哪些特点？

2. 假设你是罗斯，你会怎么继续下一步工作？

3. 试设计一份培训需求调查表。

4. 结合本案例，你如何看待培训开发在公司中的作用？

第4章

培训开发方案的设计与实施

【学习目标】

- 理解培训开发课程的内涵
- 了解培训开发课程的原则
- 掌握设计培训开发课程的程序
- 掌握如何确定培训开发课程的内容，以及如何构建课程体系
- 掌握培训课程开发体系以及各课程体系的主要内容
- 了解培训培训讲师的资格与要求
- 掌握外部讲师和内部讲师的区别
- 了解培训教材如何准备
- 理解培训时间和地点如何确定
- 掌握培训开发方案的要素以及如何撰写培训开发方案
- 掌握培训经费的预算方法
- 了解如何控制培训实施过程

【关键概念】

培训开发课程

培训课程体系

培训模式

培训大纲

培训开发方案

引导案例：走出张君的困境

今天，A 公司进行了年度工作总结。忙碌一年，终于可以松一口气了，大家都在期待着会后的聚餐。可是，人力资源部负责人张君却高兴不起来，耳边不时回响着王总在会上的讲话：公司今年成绩斐然，业务拓展蓬勃开展……但是，内部管理还存在着严重不足，特别是公司制度建设和员工培训，与预先设想的目标还有相当大的距离。

王总并没有点名批评人力资源部，相反还批评其他相关部门负责人配合不力。张君感激王总的支持和理解，但是，培训工作没有做好，自己终归是要负责任的。几天前，财务部还明确提出今年的培训费用太高了，耗时耗力，却收效甚微，可以说，人力资源部过去一年主抓的员工培训，基本上是失败的。

张君来 A 公司时间并不长，两年前作为公司招聘主管进入公司，在招聘岗位干了 1 年，部门负责人调离后，他以诚恳的工作态度和娴熟的专业技能赢得了王总的青睐，提升为人力资源部负责人。走马上任之初，王总单独找张君长谈过一次：近几年来，公司急于业务拓展，员工人数大增，但疏忽了内部管理，再加上前任人力资源部负责人自身能力的关系，员工整体素质大不如前。因此，王总希望，张君上任后能够把整个人力资源管理抓起来，首先用一年时间把员工培训做好。

张君首先走访了各部门同事，特别是各部门负责人和基层的一线员工，听取大家的培训想法和意见。与此同时，张君还组织人力资源部发放培训需求调查表，对公司全体员工进行书面调查。经过两周的访谈和调查，人力资源部分析出了公司全体人员的培训需求，开始着手编写公司培训管理办法。

首先是年度培训预算费用。张君提出，A 公司的培训总预算占上一年总销售额的 1.5%。在公司例会上讨论方案时，各部门负责人表示，培训预算费用太高。在王总的建议下，预算费用削减一半，方案算是通过了。但针对近年新员工增加比较多、对企业认同感比较低，人力资源部准备请知名培训专家来公司作企业文化培训，由于费用的原因，只好取消了相关计划。

考虑到培训预算，张君决定开发课程，编写教材，选拔一批业务熟练、表达能力强的人组成内部讲师队伍。由企业内部培训师培训，不涉及教材的版税，只是员工的工资，再加上一些设备、材料的损耗费，培训费用最低。

张君将培训分成公司培训和部门培训两个层级。人力资源部把公共类的课程和计划早早地编写完，但各个部门叫苦不迭，初次接手课程编写就一下子要编写那么多。专业培训课程迟迟不能出炉，一拖就拖到了年后 3 月份，催了几次，才陆续交来，内容和形式大部分都达不到要求。反复修改，勉强定稿，已经是 4 月份，但内部讲师却几乎没有人报名参加，平时工作已经很累，哪有时间和精力备课，报酬又寥寥无几。最后下了任务，每个部门必须指定一人，讲师才基本到位。

但各部门负责人似乎希望人力资源部能全力承担所有的培训工作，基本都没有完成专业培训计划。新入职员工，自从参加人力资源部的入职培训后，部门几乎没有再专门作其他培训，一部分经验相对少的员工在试用期内就萌生了离职念头。

折腾了一年，公司培训似乎还是原来的样子。张君陷入沉思，到底出了什么问题呢？（后续分析见章后的案例分析 2）

4.1 培训开发课程概述

培训开发课程简介

在汉语中，“课程”一词最早由唐代的孔颖达提出。南宋朱熹在《论学》中多次使用“课程”一词，如“小立课程，大做功夫”，“宽着期限，紧着课程”，其基本含义是指课业及其进程。

在西方教育史上，英国著名哲学家、教育家斯宾塞（Herbert Spencer）在其名著《什么知识最有价值》中首先使用了“课程”（curriculum）一词。该词源于拉丁语，原意是“跑道”（race-course），规定赛马者的行程路线，斯宾塞认为课程是为实现学校教育目标而选择的教学内容的总和。经验主义课程论代表者杜威（John Dewey）则认为课程应尊重学员，以学员为中心，在“做”中学，通过实际操作获得经验。

我国学者对于课程的定义也是各有侧重。有的认为课程是学校学科及其安排和进程，有的学者则认为课程是为实现学校教育目标而选择的教育内容及其安排的总和。以上对课程的定义都是根据不同的研究目的提出的。本节对课程的研究侧重于培训与开发，因此培训开发课程既具备一般意义上课程的全部特征，又有其个性。培训开发课程以能力为中心，以人力资源开发为目标，是培训开发内容转移的依托，其特点是时间周期短、针对性强。培训课程包括教学目标、教学内容、教学方法、教学手段和教学媒体等内容。一般来讲，培训课程类型大体上可分为以下五种。

1. 学科课程

学科课程是以特定学科内容为中心设计的课程，它一般是从各门学科中选择部分知识，确定一定的教学时间和学习期限。从学习方法上看，其严格按照教育学和心理学的规律来组织教学，既注重学员思维能力的发展，又看重知识的积累、储备。因此，学科课程具有很大的科学性、系统性和连贯性，适用于正规的学校教育与培训。

2. 综合课程

综合课程又叫广域课程，是把几门相邻学科的知识整合而成的课程。这样既保留了学科课程分科教学的长处，又克服了学科课程划分过细的缺陷。此类课程适用于以提升综合素质为目标的组织管理理念和技能的培训。

3. 活动课程

活动课程又叫经验课程，是一种与学科课程相对应的课程。它一般以学员的兴趣和动机为基本出发点，以发展自己为中心来组织培训内容，培训师在教学活动中的作用仅仅是参谋、主持或顾问。活动课程的基本知识和技能的学习主要是围绕各种活动进行，即在“实践”中学。该类课程适用于发展个性、特长为目标的各类教育与培训。

4. 核心课程

核心课程是以人的基本活动为核心而组织的课程，它经常是以一个学术领域的主题为核心，重新组织有关学科材料，从而构成学科之间的新联系。核心课程介于学科课程与活动课程之间，类似于小综合课程，一般预先规定课程内容的基本范围，总体上倾向于打破学科界限，以人类的社会活动为中心组织课程内容。该课程适用于研究型为目标的教育与培训。

5. 集群式模块课程

集群式模块课程又称活动中心课程，是在借鉴 MES（模块式技能培训法）、CBA（以能力为基础的教育模式）和“双充制”等国际职业教育课程模式的基础上，根据市场经济的特点和成人教育的内在规律最新开发出来的一种培训课程模式。该课程以提高受训者素质为目标，以岗位技能培训为重点，强调相关职业通用的知识与技能的传授。其特点主要有：

- □ 宽基础，即部分课程集合了相关职业所需求的知识与技能；
- □ 活模块，即部分课程专门针对某一特定职位或工种所必备的知识与技能；
- □ 重实际，即课程的设计思想以职业为导向，从职业岗位的需要出发来组织培训内容；
- □ 互结合，即课程提倡班级培训的组织形式与能力本位培训的组织形式相结合、基础知识教学和职业能力训练相结合。

集群式模块课程广泛适用于我国目前的职业教育和职业培训。

培训开发课程开发与设计的定义及原则

培训开发课程的开发与设计是指构建一门培训开发课程的形式与结构，即根据课程的宗旨、目标，采用不同的课程要素。

在培训开发课程的开发与设计中，要注意以下原则。

基于能力提升的理念。课程体系的设计要以提升员工胜任工作的职业能力为立足点。

课程要分类。基于对各级员工责任的不同定位，课程应该分类，例如，可以分为新员工培训、基层员工培训、中层员工培训与高层员工培训等类别；也可以按照其他的维度进行划分，例如员工的职业能力主要包括业务能力、人员管理能力以及自我管理能力三个方面，因此，每一职层员工的培训课程可以包括：

☐ 业务能力培训，包括质量、工艺配方、产品/服务知识、岗位操作规范与技能、专业知识和技能等；
☐ 人员管理能力培训，包括目标管理、绩效管理、有效授权、沟通技巧、高绩效团队建设与管理、员工职业生涯管理、领导力发展等；
☐ 自我管理能力培训，包括时间管理、沟通技巧、职业化、人际管理、职业生涯管理、创新等。

4.2 课程开发与设计的内容和程序

课程设计主要包括课程目标、课程内容、课程教材、教学模式、课程评价、教学组织、课程时间、课程地点等因素的设计，这也构成了培训课程系统。

确定课程目标

1. 课程目标的定义

课程目标是指培训开发结束时或结束后一段时间内组织可以观察到并以一定方式可以衡量到的具体行为表现。课程目标提供的是培训开发方向及其过程中各阶段要达到的标准，经常通过联系课程内容，用行为术语加以表达，而这些术语通常属于认知范围。一个完整的课程目标包括行为主体、行为动词、行为条件和执行标准四个要素，简称 ABCD 形式。

☐ A（Actor）：行为主体，即学员。
☐ B（Behavior）：行为动词，即执行的行为。
☐ C（Condition）：执行的前提条件。
☐ D（Degree）：执行标准，即用可测定的程度描述执行标准。例如，了解、熟悉、掌握等认知指针。

表 4-1 是一个培训目标的示例。

表 4-1
培训目标示例

Excel Specialist Expert 培训目标	
1	学员了解 Excel 的功能范围
2	学员能够掌握常用的 Excel 基本技能
3	学员能够熟练地运用一些快捷键处理问题
4	学员考试通过 Excel Specialist Expert 考试(650 分以上)

培训开发通常是围绕员工的知识、技能和态度等展开，目的是纠正其不良的工作心理、行为和习惯，提高员工的素质，使其工作技能达到更高的水准，以解决工作中的问题，并达到提高工作绩效的目的。因此，培训开发目标的设定应该强调以具体的人（学员）和事（要解决的问题）为基础，培训重点要清晰明确，有的放矢。

2. 制订课程目标的原则

课程目标关注的是学员学到了什么，而不是培训师讲授了什么。因此在制订课程目标时应遵循 SMART 原则，如表 4－2 所示。

表 4－2

制订课程目标的 SMART 原则

原　则	说　明
S(Specific)	明确性、特定具体的，即用具体的语言清楚地说明要达到的行为标准
M(Measurable)	可衡量性，即应该有明确的数据用以衡量是否达到目标
A(Achievable)	可以达到的，要根据学员的素质、经历等情况，以实际工作要求为指导，设计切合实际、可达到的目标
R(Realistic)	实际性，即在目前条件下是否可行、可操作
T(Timed)	时限性，即目标是有时间限制的，没有时间限制的目标没有办法考核，或考核的结果不公正

设计课程内容

1. 课程内容的内涵

培训内容从水平上来看，是课程内容的范围；从垂直上来看，是课程内容的顺序。这就要求组织者在范围上要精心地加以限定，使内容尽可能地对学习者有意义并具有综合性，而且还要在限定的时间内合理安排。

培训开发主要着眼于以下三个方面：知识、技能和态度。

知识是对事物的基本认识和理论抽象，是个人能力得以形成的基础。培训的知识不同于学校的知识教育，它更偏重于“用什么学什么”，更注重知识的实用性，往往不要求培训内容的面面俱到，而强调能运用到实际工作中。

技能是解决具体问题的技巧和能力。对组织基层员工培训，一般要着重于工作中专业技术能力的提升。而对于管理者的培训，需要偏重于管理决策技能、解决问题技能、人际关系技能。一般而言，管理者所处的层次越高，所需的概念技能就越高，对技术技能的要求则越低。反之，对基层管理人员的培训内容则要注重贴近实际，技术技能很重要。如图 4－1 所示。

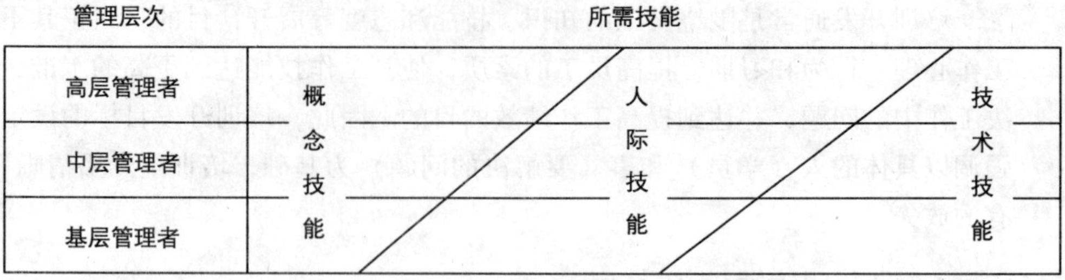

图 4－1　管理者的层次与所需技能的关系

态度是待人处事的精神面貌和人格形象，是一个人对人、对事、对待环境的心理倾向，或者行为意志的表露。一个员工如何看待自己、上司和同事，如何看待自己的工作，他对未来抱有什么希望和心态，如何面对挑战和挫折，这些问题都将决定他的行为基调。通过培训，可以培养员工积极、乐观的健康心态，建立起与人、与公司之间的相互信任、团队合作精神和基于高度认同的主人翁意识。

阅读材料 4－1* 宝洁公司的培训设计（1）

在上百年的经营历史中，宝洁发展出一套完整而系统的人才培养办法。在宝洁，培养人才不仅仅是一项工作，它已经变成一种文化，一种习惯。它有着清晰的人才标准与培养路径。

经过长期的研究与实践，宝洁定义培训的目的为：称职（Fittouse）。公司根据员工的能力强弱和工作需要来提供不同的培训。从技术工人到公司的高层管理人员，公司会针对不同的工作岗位来设计培训的课程和内容。

怎样才能称职呢？关键是对于企业中岗位的分析。研究发现，为了使员工适合公司各种不同的岗位，所需的技能可以分为三个方面：基础素养、专业素养和管理素养。三种素养的内容与培训方法是完全不同的。

基础素养

培训目的：培训员工养成良好的商业习惯，了解基本的商业知识

培训时机：新入职

培训方法：扫盲式课堂培训

培训对象：全员

培训内容：基础素养培训是员工职业化与正规化的重要步骤，是进一步学习成长的基础

专业素养

培训目的：使员工掌握完成岗位相关项目任务的专业技能

培训方法：自学项目任务标准化手册，直接经理一对一辅导

培训内容：因岗位而异，以项目任务为单位

培训时机：上岗前

* 资料来源：中国人力资源开发网．http：//www.chinahrd.net/case/.

从新员工加入公司开始，公司便派一些经验丰富的经理对其日常工作加以悉心指导和培训。公司为每一位新员工制订其个人的培训和工作发展计划，由其上级经理定期与员工进行总结回顾，这一做法将在职培训与日常工作实践结合在一起，最终使他们成为本部门和本领域的专家能手。

管理素养

培训目的：使员工掌握岗位相关的管理技能

培训方法：集中大学式培训

培训内容：共分五段，一年级到五年级

培训时机：升职前

公司每年都从全国一流大学招聘优秀的大学毕业生，并通过独具特色的培训把他们培养成一流的管理人才。宝洁为员工特设的"P&G 学院"提供系统的入职、管理技能和商业技能、海外培训及委任、语言、专业技术培训。

以上的各项培训通过多年的努力，做到了完全的标准化。无论员工的岗位与职位如何变化，都有相应的标准培训模块与之对应。每项培训不仅是简单的上课，绝大多数都需要经过标准化的考核。

2. 选择课程内容

一门培训课程不可能涉及所有内容，因此在选择课程内容时，应首先考虑学员相关的学习背景和学习需求。在对环境、职务及学员需求进行了分析之后，确定学员必须学会的知识和技能，在此基础上再确定培训课程的目标和目的。如果课程目标定得明确，培训课程的内容就很容易确定了。选择培训内容时可遵循以下排序流程：

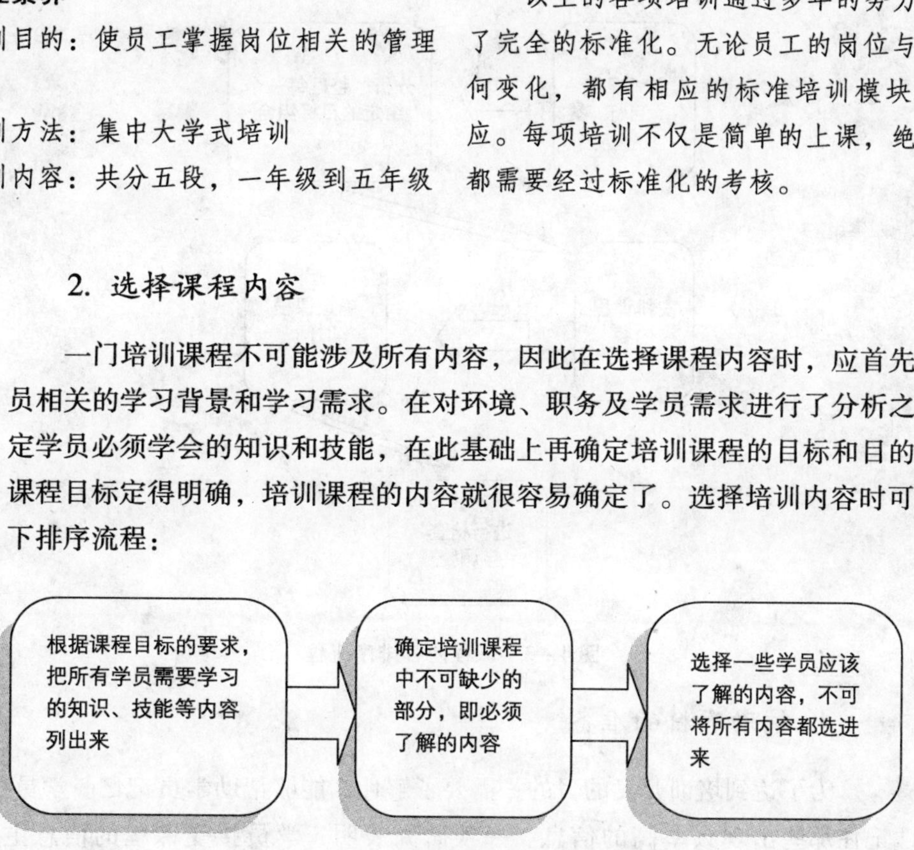

图 4－2　课程内容排序流程

3. 课程内容顺序的编排

在编排课程内容时，要遵循以下原则：从简单到复杂；采用已有的一些比较合理的编排模式（例如按时间、按话题等）；从已知到未知；按照工作的工序安排课程内容。不管何种培训开发课程，都要求培训开发内容组织得有条理，符合逻辑，这样才易于学员理解。

□ 安排课程目标。每一课程不应该包含太多的课程目标，例如一个小时内要完成五六个目标是不可取的。

□ 分析和整理每一个给定的目标组合。确定每个目标所包含的内容，这些内容是为了达到目标所必须学习的。

□ 安排课程内容。将各个单元的若干目标和每个目标的几部分内容按照要求排列起来。同时，添加授课细节（如培训方式、教学工具等）。

□ 确定课程时间。确定课程的开展时间以及所用的时间长短。

□ 检查每一单元的初步编排，进行必要的调整。

图4－3给出了较直观的说明。

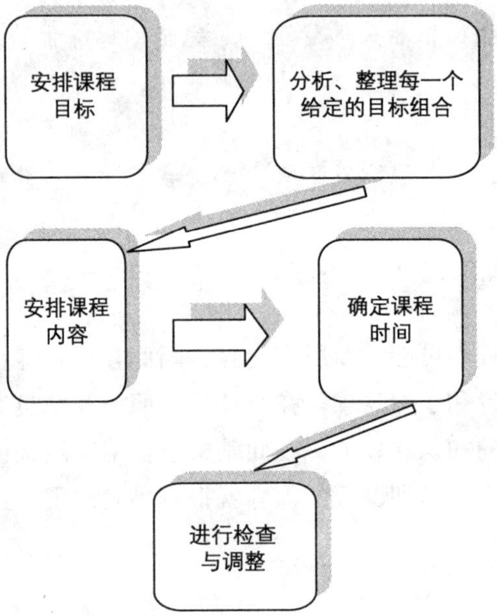

图4－3 课程内容排序流程

4. 辅助资料的准备

为了达到培训开发的目的，需要了解什么能够帮助学员记忆。学员往往容易记住那些出现频率高的信息。一项研究表明，学员接受课程的信息主要来自：20%听到的，30%看到的，50%看到并听到的，70%做过的。

因此，为了使得培训开发真正有效，必须使学员能够看、听，并同时让他们参与到课程中，在培训开发过程中创造条件让他们参与。下面的辅助材料有助于达到上述目的。

□ 阅读材料。阅读材料要和幻灯片保持一致；提供给学员可以帮助他们做笔记。

□ 视觉材料。包括幻灯片、场景、图形、标语、图表、照片、图画、录像片、令人愉悦的环境等。好的视觉材料要满足三个基本规则，即3B原则：字体足够大（Big）、醒目（Bold）、美观（Beautiful）。

□ 听觉材料。包括令人感兴趣的词汇、音乐、声音、幽默、重音、故事、对话等。要保证听觉材料很好的音调、节奏，合适的音量，准确的发音等。

□ 感觉材料。感觉材料包括情绪、可以实践的活动、可以闻的、可以品尝的、可以触摸的、痛苦的/舒适的。

5. 培训课程体系的分类

培训课程体系主要由新员工入职培训体系、按职能划分的培训体系和按职级划分的培训体系三部分构成。如图 4－4 所示。

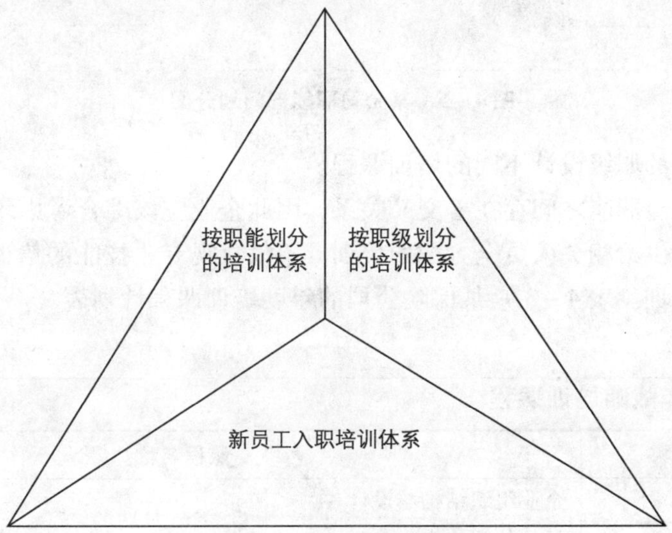

图 4－4　课程体系类别图

新员工入职培训体系。新员工包括两种，一种是刚毕业的大学生，没有工作经验；另一种是刚进入新公司，已经具有工作经验的人员。针对这两种新员工进行入职培训时，应考虑这两种人之间的差别。他们均需要接受新公司的企业文化、各项规章制度等培训课程。此外，刚毕业的大学生还应接受一些与基本技能相关的课程培训。

新员工入职培训体系和其他两种培训体系是相互联系的，因此他们还需接受相应职能或职级上的培训课程。

按职能划分的培训体系。为了保证员工在其相应的职能部门更好地发挥其潜力，职能培训也是很重要的。针对不同职能部门制订不同的培训策略和培训重点。图 4－5 是对某公司的职能部门的划分。

在培训开发时，可以按照各部门需求的不同进行有针对性的培训开发。

按职级划分的培训体系。企业里的职级一般可以划分为一般员工、主管、经理、总监、总经理/总裁。不同的行业性质会有不同的划分，在培训开发时应该

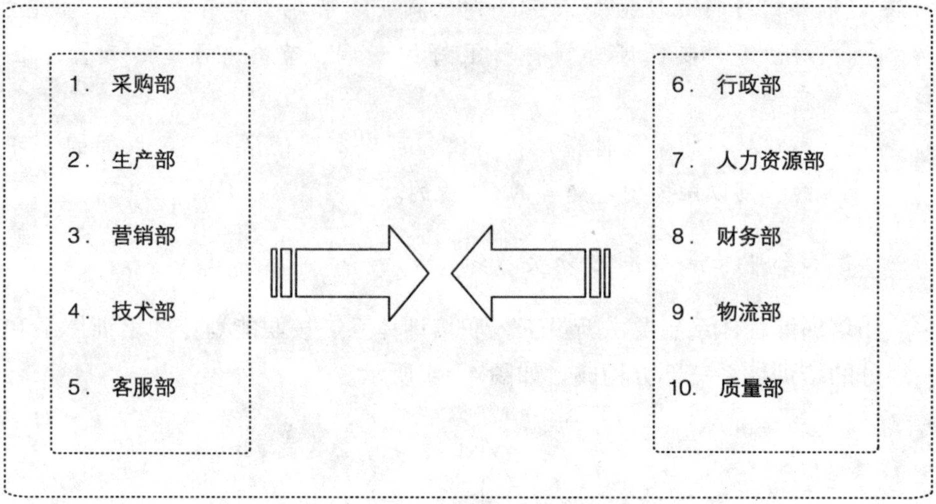

图4－5　某公司职能部门划分图

按照不同的职级设计不同的培训课程。

职级与职能之间存在着交叉关系，因此企业应该综合考虑培训开发体系划分方法，提供给相关人员全方位的培训，不仅重视专业技能的培训，而且关注综合技能的培训。表4－3是某保险公司的年度培训课程计划表。

表4－3

某保险公司2010年战略培训课程

培训对象	课程名称
高层人员	企业组织结构与设计 有效化解危机 企业模拟训练 非财务人员的财务管理 价值管理 第五项修炼 双赢谈判技巧
主管/中层	压力与情绪管理 公共关系艺术(如何与政府部门打交道) 群体性事件的处理方法 媒体攻关与危机处理 核心人才引进的技术方法 核心干部团队的配置与经营 人才保留发展中的谈话技术与思想工作 目标管理的理论与实践 项目管理的理论与实践 团队建设 时间管理

（续表）

培训对象	课程名称
普通员工	有效沟通 质量意识和个人质量标准 个性化职业形象训练 员工高效办公技能（软件） 电话沟通技巧 客户服务技巧 新员工职业化训练 您最宝贵的财富：态度

选择培训师

培训教师的选择是培训工作取得成功的关键，也是培训准备工作的重中之重。

1. 培训师的特点

☐ 有教学愿望。一个不喜欢帮助他人学习的人肯定不是好的培训老师。

☐ 知识丰富。培训师必须具有渊博的知识，尤其是对于培训内容方面。

☐ 表达能力强。表达能力的强弱直接影响着培训开发双方的交流和沟通，从而直接影响到培训效果的好坏。

☐ 耐心。一个好的培训师必须是有耐心的，具有包容的性格。

☐ 有幽默感。幽默感能够保持受训者的活跃和注意力。

☐ 来自受训者的尊敬。这点非常重要，它直接影响到培训的最终效果。

☐ 培训的热情。如果培训师在承担培训活动时是热情的，这种热情会传递给受训者；相反，培训师缺乏热情也会影响受训者，使其学习情绪不高。

2. 培训师的能力

除了上述特点外，培训师还应该具有以下能力：

观察与捕捉的能力。企业在发展过程中，面临激烈的市场竞争，会遇到各种各样的情况，某些单一、简单事件的背后，可能掩盖着企业经营与管理中的重大问题，作为培训师应该能够及时发现问题，帮助企业管理者与员工解决实际问题，而不仅仅是将过去发生的问题作为案例来讲解。

分析与总结能力。培训师应善于通过观察来捕捉大量的企业信息与课堂信息。就某一事件或现象而言，其表面现象的背后均掩盖着实质性的问题，培训师必须能够对事件或现象进行透彻的分析，找出事件背后的规律性，给学员提出具有指导意义的建议，这样才能使培训课程具有较强的针对性与实用性，并具有较高的理论性，提高学员在实际工作中分析问题与解决问题的能力。

策划与组织能力。培训师必须掌握科学的教育规律，第一，要根据培训需求制订具体的教学目标，必须能够帮助学员解决实际工作中遇到的具体问题，以提高学员实际工作技能；第二，科学设计课程内容，使课程内容与学员的实际工作相联系；第三，策划灵活、多样的授课方式，受训学员一般具有丰富的个性化经验，培训授课应采取能够充分利用学员经验的课堂讨论、案例分析、模拟游戏或角色扮演等方式；第四，创造出一种学员感到自己被接受、被尊重、畅所欲言，并得到支持的学习氛围；第五，培训教师要有强有力的课堂控制能力，使课堂气氛活而不散，并具有感染力。

引导与应变能力。培训是一个帮助人学习的过程。在教学过程中，培训师只是学员学习的催化剂或向导，即教师并非“教”学员什么，而是帮助学员学习。根据学员的学习兴趣及工作需要，培训师要善于联系生活和工作实际来引导学员学习新的理论知识，提升学员的理论水平。为此，培训师要具备良好的引导能力和高度的应变能力，使自己在教学中始终处于主导地位。如案例教学、模拟教学等形式都需要教师根据培训目标，积极引导学员，根据学员的具体情况及时调整课程内容。

表达与沟通能力。口头和书面表达能力是衡量教师能力高低的重要尺度，培训师必须能够用准确、简练的语言表达其所要传授的课程内容。语言表达准确才能让学员明白培训师在说什么，自己应怎么做；语言简练能够提高讲课效率，在短时间内向学员传递了更多信息。同时，培训师还要有良好的沟通能力，当今的培训已经不是传统的知识灌输，教学形式也不是简单的培训师教什么学员就学什么，而是针对工作需要，提高其岗位技能，增强企业核心凝聚力的企业文化培训等，强调学员的积极参与，培训师与学员要形成互动，只有具备良好沟通能力的培训教师才能调动学员的积极性与主动性，才能达到寓教于乐的效果。

学习与创新能力。知识经济社会、信息时代要求培训教师把自身知识的更新视为一种责任，同时，培训师要认识到在未来社会中，获取知识的能力比获取知识本身更为重要，获取信息的方法比获取信息本身更为关键，所以培训师要有很强的学习能力。未来社会更需要富有创新精神的开拓型人才，要造就创新型人才，培训师首先就应当具备创新意识和创新能力。一是理论知识的创新，形成自己的理论观点；二是理论应用的创新，把原有的理论应用到新的领域解决新的问题；三是能够对企业实践进行理论分析、总结，使单个实践案例具有一定的指导意义。

3. 培训师的选择范围

内部人员。内部讲师主要负责专业技能与企业文化的培训。其优点在于：对企业内部实际情况非常熟悉，易于开展有针对性的员工培训；能激励员工的上进心，为员工树立一个榜样，提高员工参与培训的积极性；易控制；成本低，选择内部人员作为培训讲师可减少大量的搜寻成本。

内部讲师的缺点主要有近亲繁殖，选择范围小，权威性不高，可能无法引起参与者足够的热情。

阅读材料4－2* 宝洁公司的培训设计（2）

为了保证长期大量的培训工作得以有效实施，宝洁建立了庞大的内部师资体系。公司经常邀请其他分部的高级经理讲学，以便公司员工能够及时了解国际先进的管理技术和信息。公司独创了"P&G学院"，通过公司高层经理讲授课程，确保公司在全球范围的管理人员参加学习并了解他们所需要的管理策略和技术。同时公司鼓励每位员工成为老师，只要是在某一领域有所心得，经过辅导与准备，每个人都有机会成为这个领域的专家导师。

"任何时候，任何地点，世界从来不缺乏人才"这就是宝洁的观点，科学量化的人才培养系统，持之以恒地追求，不仅为宝洁带来了170年的持续增长，更重要的是形成了一种独特的精英文化，这种精英意识充满自信与激情，可以成就任何伟大的事业。

外聘。外部讲师主要负责新理念、新思想的培训。其优点在于：选择范围大；带来许多全新的理念；可提升培训的档次，引起企业内各方的重视；使员工产生新鲜感、好奇心；容易营造学习气氛，促进培训效果。

外聘讲师的缺点在于：容易被对方的学术成就和头衔镇住；因接触时间短对人无法作出精确的判断，容易选错，而选错的代价是巨大的；可能因迁就对方而放弃本来的培训目的；因各种条件的限制，沟通相对困难；因对企业不熟悉，传授的内容可能不适用；可能偏重于理论，而对实际技能认识不足；实际的管理和控制存在不少难度；成本相对较高。

表4－4

内部讲师和外部讲师的优缺点对比

类　型	优　点	缺　点
外部讲师	• 选择范围大、培训者较专业，具有丰富的培训经验，可提升培训档次 • 不受企业管理理念的影响，可带来新的观点和理念 • 易营造学习气氛，促进培训效果	• 培训成本较高 • 偏重于理论知识，而忽视了实际操作技能和企业文化的培养 • 易选错培训者，对企业不熟悉，培训的内容可能不适用，针对性不强
内部讲师	• 培训成本较低 • 对企业实际情况较熟悉，培训针对性 • 培训责任心较强，培训易控制 • 可以和受训者进行有效的沟通	• 选择范围小，权威性不高 • 不能引起受训者的兴趣 • 易受企业现状的影响，缺少新思想、新观点

* 资料来源：中国人力资源开发网，http：//www. chinahrd. net/case/

培训者无论来自公司内部还是外部，都需要有专业技能和培训经验。如果组织利用内部专家进行培训，那么必须强调的是，应该让他们尽量用比较具体的方式来传授课程内容（例如运用案例），尤其是当听众对培训内容不了解的时候。另外，让管理者和员工做培训者，可以使培训内容更有意义，他们了解公司内部情况，所以让他们做培训师可以使培训内容与受训者的实际工作更接近。

培训教材的准备

培训教材是学员在培训期间获取知识、提高技能的重要工具，也是培训进行的具体依据，是衡量培训质量的重要标准之一。培训教材包括教科书、讲义、案例资料、音像资料、电子课件等。培训教材是影响培训效果的关键。

1. 准备培训教材的途径

购买现成的教材。现在市面上各类学习资料很多，内容也非常丰富，可以直接选用。但是选取这样的教材需注意，不是大而全的培训教材就一定好，有时候就某一特定问题编写的书往往更有效果。

改编教材。为了使得现成的教材更为适合培训，可以对市面的教材进行一定的修改，使其与培训更好地契合。

自编教材。如果要进行大量教学和培训工作，或者希望自编高质量的教材，那么就要搜集相关资料，请教专家，把想法转变为具体的教材。

2. 准备培训教材时需要考虑的因素

☐ 课程内容的差异性
☐ 培训对象的差异性
☐ 培训对象的兴趣与动力
☐ 培训手段的可行性

3. 确定培训教材

不同的培训类型，教材编写有不同的要求。例如，以促销活动为背景的培训，培训教材重在活动细节的量化设计，要将各种可能出现的问题进行设想演练，以确保促销活动的顺利进行；以企业文化作为培训主题，培训教材则要侧重如何达成积极向上的团队共识、振奋士气的设计；以提高销售技巧为培训主题，培训教材则应更侧重于情景互动的设计，内容应是贴近终端，源于终端，才能让导购员和销售人员学有所得，学以致用，从而改变不良的销售心态；以行业市场为主题的培训，培训教材则须侧重于综合内容设计，内容以拓宽视野、知识充电、提高自信力等为主。

培训时间和环境的安排

1. 培训时间安排

理论和实践表明，时间安排与培训的成效密切相关，评选者应充分重视课程的时间安排。课程的时间安排主要包括以下几个方面：

- □ 何时开课。一般选在企业业务不忙的时候，平时晚上或是周末。但要注意的是，白天工作的人们在晚上可能会很疲劳，而且可能会因培训挤占了他们的周末时间而不高兴，这会影响学习效果，因此这需要培训管理者花一定力气做好沟通和宣导工作，并适当调整上班时间的工作安排，尽量让受训者以较好的精神和身体状态来参加培训。
- □ 每次上课时间的长短。每次上课的时间一般为 2～3 个小时，要考虑参训者的疲劳问题。结束了一天工作的员工较难集中精力长时间学习，中间应当适当休息。
- □ 每星期适宜开课的时间。一般的经验是：一周开头的几天最好，不过不排除例外，参加者的特定习惯也是一个重要因素。
- □ 每周上课的次数。最普遍的做法是每星期上课一次。当然强化和半脱产培训的情况例外。
- □ 学习的期限。上课时间的总原则也适用于学习期限，学习的期限既不应当短到没有什么收获，也不应当长到使参加者失去兴趣。

2. 培训环境安排

培训环境主要是指教室，以及一些可以加以利用的特殊空间，如图书馆、实验室、研讨室、调研场所、运动场、实习工厂、车间等。布置一个适宜的培训环境，是提高培训效果的内在要求。例如，在为职业经理人准备培训场所时，应该考虑以下多个方面：环境光线、环境气温、地点距离、价格、环境噪音、设备、培训教室的结构与空间、桌椅、茶水、专职服务人员、专职音响师、与住宿及吃饭地点的距离、分组讨论的空间、户外培训场地、保护商业机密、培训顾问到达方便、培训场地装饰、建筑质量等。

培训环境的布置必须明确几点：一是没有一种布置方式能适合所有培训的需要；二是对学员来说，座位的不同意味着他们对培训教师角色的感觉和视觉的不同；三是培训空间的大小在某种程度上决定着培训环境的布置；四是看培训环境的布置是以培训师为中心，还是以学生为中心。

以学生为中心的培训环境布置。这种布置允许学生参与和易于使学员彼此相互影响。在这种类型中，教师的可视范围相对较小，各项活动的转换和衔接比较自然。

以教师为中心的培训环境布置。这种环境布置不用担心学员会脱离控制，传统的“座位一律面向前方”式的布置就是最好的例子。

常见的培训环境布置方式有传统布置法、扇形布置法、圆桌形布置法、马蹄形布置法、会议室形布置法等。

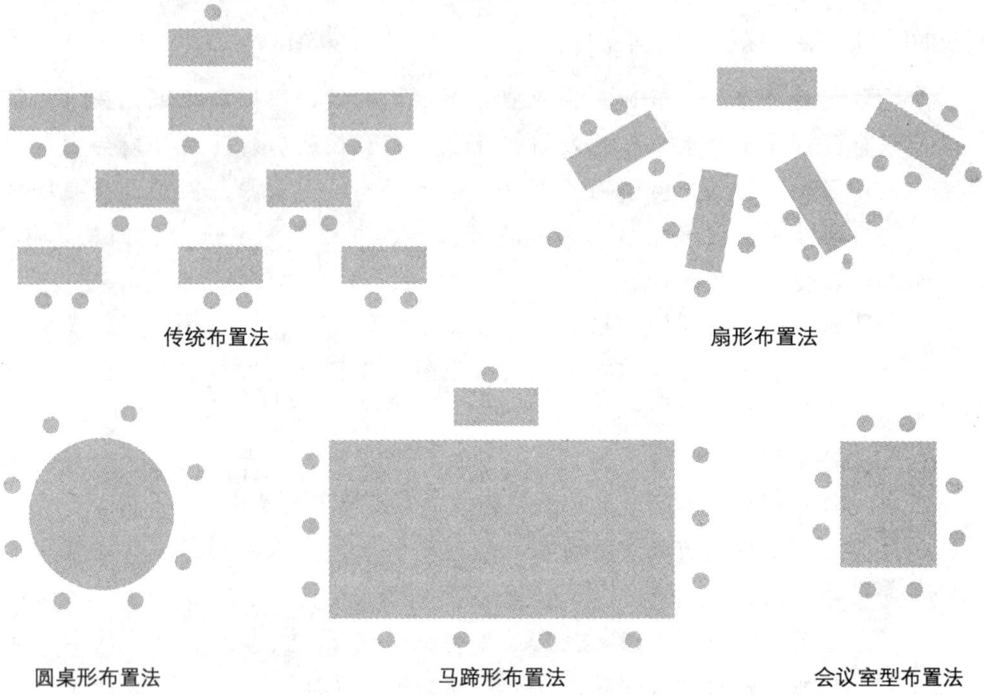

图4－6 培训座位安排示意

3. 培训环境的细节

培训环境的一些细节也要关注，处理不好，会影响培训开发的效果。

培训场地的细节。表4－5列示了会议室的特征，培训者、培训项目设计者或管理者可用它来评估培训场地。

表4－5

培训场地应考虑的细节

噪音	检查来自空调系统、邻近房间和走廊及建筑物之外的噪音。
色彩	轻淡柔和的色彩，如橙色、绿色、蓝色和黄色属于暖色。不同类型的白色显得冷而呆板。黑色和棕色会产生心理上的封闭感，容易使人疲惫。
房间结构	使用接近于方形的房间。过长或过窄的房间都会使受训者难以看见、听见对方和参与讨论。
照明	光源应主要是日光灯。白炽灯应分布于房间四周，并且在需投影时用作微弱光源。
墙与地面	会议室应铺地毯，使用相同色调，避免分散注意力。只有与会议有关的资料才可以贴在墙上。

（续表）

会议室的椅子	椅子应有轮子，可旋转，并有靠背可支撑腰部。
反光	检查并消除金属表面、电视屏幕和镜子的反光。
天花板	天花板最好有 10 英尺高。
电源插座	房间里间隔 6 英尺设置一个电源插座，电源插座旁边还应放一个电话插头，使得培训者能够很方便地使用电源插座。
音响	检查墙面、天花板、地面和家具对声音的反射和吸收情况。与三四个人共同调试音响，调节其声音清晰度和音量。

资料来源：Bases on C. L. Finkel, " Meeting Facilities," in The ASTD Traning and Development Hand book, 3d ed., ed. R. L. Craig (New York: McGraw Hill, 1996): 978 – 989.

多媒体的使用。计算机、网络及通讯技术正创造着一种新的培训环境，因此在培训开发中要注意多媒体的应用，运用得当，可以提升培训的效率和效果。

例如，安永会计师事务所的员工在税务、财务、咨询和审计培训课程中都使用笔记本电脑，用它来观看视频，进行案例学习、提出问题以及访问存储在公司内部网上的信息。笔记本电脑把员工和基于网络的培训紧密联系起来，帮助他们获得参与培训课程的先决条件，在他们参加培训后则提供后续信息。培训者改变了以往作为培训内容的主讲者的角色，把更多的时间花在指导、提供反馈以及监控受训者的进展上。培训者可以“看见”受训者是如何工作的，从而提供个别的反馈与指导。同时培训者可以通过笔记本电脑询问受训者在特殊的培训课程中遇到的困难。他们的反馈可以与其他的受训分享，也能引导培训者开设一些特殊的“帮助”课程或者提供一些辅助的学习模块。这种利用笔记本电脑的学习环境适用于不同大小的培训团体，即使他们位于不同的地区。

阅读材料 4 – 3*　IBM 复杂而有效的销售培训

IBM 公司的销售人员和系统工程师要接受为期 12 个月的初步培训，主要采用现场实习和课堂讲授相结合的教学方法。其中 75% 的时间在各地分公司；25% 的时间在公司的教育中心学习。

分公司负责培训工作的中层干部将检查该公司学员的教学大纲，这个大纲包括从公司中学员的素养、价值观念、信念原则到整个生产过程中的基本知识等方面的内容。学员们利用一定时间与市场营销人员一起访问用户，从实际工作中得到体会。

此外，还经常让新学员在分公司的会议上，在经验丰富的市场营销代表面前，进行他们的第一次成果演习。有时，有些批评可能十分尖锐，但学员们却因此增强了信心，并赢得同事们的尊敬。该公司从来不会派一名不合格的代表会见用户，也不会送一名不合格的学员去接受培训，因为这不符合优秀企业的概念。

销售培训的第一期课程包括 IBM 公司

* 资料来源：中国人力资源开发网，http://www.chinahrd.net/case/.

经营方针的很多内容，如销售政策、市场营销实践以及计算机概念和IBM公司的产品介绍。第二期课程主要是学习如何销售。在课程上，该公司的学员了解了公司有关后勤系统以及怎样应用这个系统。他们研究竞争和发展一般业务的技能。学员们在逐渐成为一个合格的销售代表或系统工程师的过程中，始终坚持理论联系实际的学习方法。学员们到分公司可以看到他们在课堂上学到的知识的实际部分。

现场实习之后，再进行一段长时间的理论学习，这是一段令人"心力交瘁"的课程：紧张的学习每天从早上8点到晚上6点，而附加的课外作业常常要使学生们熬到半夜。在商业界中，人们必须学会合理安排自己的时间，他们必须明白："充分努力意味着什么?""整个通宵是否比只学习到晚上10点好?"课程开始之前，像在学校那样，要对学员分班，分班时的考试是根据他们的知识水平决定的。

经过一段时间的学习之后，考试便增加了主观因素。学员们还要进行销售学习，这是一项具有很高价值和收益的活动。用户判断一个销售人员的能力时，只能从他如何表达自己的知识来鉴别其能力的高低，商业界就是一个自我表现的世界，销售人员必须作好准备去适应这个世界。

有时，学员们的所作所为还保留着某些学生气，他们对培训课程的某些方面感到不满，遇到这类情况，公司就会告诉他们："去学校上学，你们每年大约要付15000美元的学费。所以，应当让我们决定什么是最好的。这就是经济规律，同时，也是你们学习经营的第一件事。"一般情况下，学员们在艰苦的培训过程中、在长时间的激烈竞争中迅速成长。每天长达14~15小时的紧张学习压得人喘不过气来，然而，却很少有人抱怨，几乎每个人都能完成学业。

IBM公司市场营销培训的一个基本组成部分是模拟销售角色。该公司采取的模拟销售角色的方法是，学员们在课堂上经常扮演销售角色，教员扮演用户，向学员提出各种问题，以检查他们接受问题的能力。这种上课接近于一种测验，可以对每个学员的优点和缺点两方面进行评判。

另外，还在一些关键的领域内对学员进行评价和衡量，如联络技巧、介绍与学习技能、与用户的交流能力以及一般企业经营知识等。对于学员们扮演的每一个销售角色和介绍产品的演习，教员们都给出评判。

特别应提出的是IBM公司为销售培训所发展的具有代表性、最复杂的技巧之一就是阿姆斯特朗案例练习，它集中考虑一种假设的，由饭店网络、海洋运输、零售批发、制造业和体育用品等部门组成的，复杂的国际业务联系。

通过这一练习可以对工程师、财务经理、市场营销人员、主要的经营管理人员、总部执行人员等的形象进行详尽的分析，使个人的特点、工作态度，甚至决策能力等都清楚地表现出来。教员扮演阿姆斯特朗案例人员，创造出了一个非常逼真的环境，学员们需要对各种人员完成一系列错综复杂的拜访。面对众多的问题，他们必须接触这个组织中几乎所有的人员，从普通接待人员到董事会成员。由于这种学习方法非常逼真，每个"演员"的"表演"都十分令人信服。所以，每一个参加者都能像IBM公司所期望的那样认真地对待这次学习机会。这种练习实际上就是一次向用户介绍发现的问题、提出该公司的解决方案和争取的订货的模拟用户会议。

课程效果的评价

课程效果评价是指课程结束后，对其效果进行的检查或衡量。其主要作用包括：了解学员培训后的收获与表现；对学员进行激励；了解受训者所面临的问题以及困难；考察培训中的指导材料、培训内容、培训方法以及活动设计是否存在问题。

评价方法包括书面测试法、实际操作法以及现场演练法等。本书后面有专门的章节讲解培训开发效果的评估。

4.3　培训开发方案的制订

编制培训开发课程大纲

课程大纲是在明确了培训开发目标和对象之后，对培训开发课程内容和方法的初步设想。大纲确定了课程方向和框架，给出了课程的主要内容和培训方式。

1. 课程大纲内容

图4-7对课程大纲的主要内容进行了总结。

课程名称	课程目标	学员要求
培训对象	培训方式	课程特点
培训内容	培训时间	培训场地

图4-7　课程大纲的主要内容

2. 课程大纲实例

表4-6列举了一个课程大纲的实例。

表 4－6

“商务礼仪”课程大纲

课程名称:商务礼仪

培训对象:公司所有员工

培训教师:金正昆(中国人民大学国际关系学院礼仪与公关研究中心主任)

培训目标

◆描述树立良好第一印象的要素,增加交往中的竞争优势。
◆掌握职场中的商务礼仪,从而塑造一个更加专业的形象。
◆掌握职场中的基本行为礼仪,从而养成一个良好的职业习惯。
◆学会用积极的心态待人处事,保持愉快、乐观的心情。

培训课时:1 天,共 8 个小时

课程内容及课时安排表

单元构成		核心内容	课程总时长
第一单元	礼仪概论	• 礼仪的起源 • 礼仪的重要性	30 分钟
第二单元	给人以良好的第一印象	• 形象的构成要素 • 第一印象的效果 • 我给别人的第一印象如何	90 分钟
第三单元	塑造职场专业形象	• 男女商务服饰礼仪 • 男女商务礼仪仪表礼仪 • 表情神态礼仪	60 分钟
第四单元	掌握基本行为礼仪	• 交往白金法则 • 电话礼仪 • 见面礼仪(介绍、握手、互递名片) • 领路礼仪 • 乘车礼仪	180 分钟
第五单元	培养积极职业心态	• 积极心态的意义 • 消极心态的影响 • 培养积极心态的方法	120 分钟

培训方式:讲授、分组讨论、案例分析

培训场所:公司员工活动大厅

培训开发经费的预算

编制培训开发方案时必须考虑的一个因素就是费用。费用直接影响着培训开发初期规划以及培训开发实际效果的好坏。培训开发费用与可能带来的收益相比较的结果，更直接关系着培训开发工作是否值得展开。在处于知识经济时代的 21 世纪，企业对培训开发的投资正在从过去的随机任意逐步走向预算管理。因此，如何科学地制订培训开发预算，如何将费用降至最低，是组织者不得不考虑的重

要问题之一。培训开发预算是指在一段时间内（通常是 12 个月）培训开发部门所需要的全部开支。

1. 培训开发预算的构成

预算主要由五部分构成，包括：

□ 培训场地费及设施
□ 与培训相关人员的食宿费
□ 培训器材、教材费
□ 教育培训相关人员工资以及外聘教师讲课费
□ 交通差旅费等

2. 培训开发预算的确定

首先是确定年度培训开发预算的核算基数，一般来讲，是将企业过去一年的销售收入、利润额、工资总额作为基数。国际大公司的培训开发总预算一般占上一年总销售收入的 1% ~3%，高的可达 7%，平均 1.5%。而国内企业，这个比率一般较低，在市场竞争比较激烈的行业，如 IT、家电，有些企业培训开发费用占到销售额的 2% 左右。随着企业人才开发观念的不断加深，企业越来越重视员工培训开发，预算费用比率也逐年提高。

确定了核算基数和比例，也就实现了培训开发费用的总额控制。在具体的预算编制过程中需要以下几种预算方法。

比较预算法。即参考同行业培训开发预算的平均值，并结合本企业的实际情况确定预算额。

比例确定法。即对某一基准值设定一定的比率，决定培训经费预算额。例如，根据全年纯收入的百分比或总经费预算的百分比来确定培训经费额等。

人均预算法。即预先确定企业内人均培训经费预算额，然后再乘以在职人员数量的平均预算。

推算法。即根据过去的培训预算使用额，通过与上一年度对比确定预算。

需求预算法。即根据企业培训需求确定一定时限必须开展的培训开发活动，分项计算经费，然后加总求和得出预算。

费用总额法。一般企业都会规定人力资源部门的费用总额，然后再细分各人力资源职能的总额分配。这种方法相对来说有些死板，不过对于中小企业的培训开发计划会有所帮助。

企业可以采取以上方法之一或者更为灵活的培训开发预算方法，但总原则是在保证有效培训开发的基础上将费用降至最低。这样才能取得高效益。

3. 培训预算的分配

企业可以根据本企业的经营情况与企业性质来确定培训开发预算总额与分配

比例。有些企业会将70%的培训费用花在30%的员工身上，或者将80%的费用用于10%~20%的员工身上。由于很多企业的80%的效益是由20%的员工带来的，因此，大部分企业会将培训开发预算向公司高层管理者和骨干员工倾斜。这样高层管理者及骨干员工提高了管理和技术水平，可以有效地带动普通员工提高工作能力，这种从上向下的推动远比由普通员工从下往上的推动要容易得多。

制订培训开发方案

培训开发方案是一套完整的培训计划，主要包括培训需求分析表、培训计划、培训课程名称、培训目标、培训对象、培训讲师、培训教材及讲义、培训时间地点、培训模式、培训费用预算等。表4-7是某公司办公技能培训方案。

表4-7

MOS（Microsoft Office Specialist）认证办公技能培训方案

一、培训需求评价表
二、课程名称：Microsoft Office Expert（Excel）
三、培训目标：提高公司员工的办公技能，打造专业化工作团队。
全员通过MOS认证Excel认证考试。
四、培训对象：总公司所有员工（总经理室除外）
五、培训讲师：微软专职讲师
六、培训教材及讲义
七、培训时间和地点：
时间：3月13、14日；3月20、21日；3月27、28日（三月的三个周末）
上午9：00~12：00　　下午13：00~18：00
地点：公司培训教室
八、培训模式：讲师讲授
九、必备材料：笔记本电脑、多媒体投影仪
十、培训费用预算：5万元

4.4 培训开发的实施

培训开发实施是在培训开发需求以及培训开发方案的指引下进行的，培训开发实施是整个培训开发的中心环节，必须要保证整个实施过程的顺利进行。

实施过程的控制

培训开发实施过程的控制，是指采取一系列的措施，保证培训开发活动与培训开发方案的要求相一致，最终达到课程预期的要求和结果。过程控制主要包括培训开发制度的制定和实施监控，以及培训开发应急预案的制定和实施。

首先，培训开发部要制定规章制度与控制措施，以监督控制培训开发方案的贯彻落实。培训开发部主管人员可以通过旁听或参加有关培训活动、课程，监督检查培训开发活动是否正常进行。对培训开发过程的控制还包括，将受训人员的参与态度和成绩同奖罚措施挂钩，以鼓励员工积极自觉地参加培训开发；培训开发部定期举行例会，与各级主管或培训人员讨论培训开发事宜，听取有关人员对培训开发工作的建议、设想等；作好培训开发评估也是对培训开发活动的一种控制方法。阅读材料4-4是一个公司培训开发制度的样本，包括了很多过程控制的措施。

其次，要制定培训开发的应急预案。培训开发过程中存在很多不确定性因素，例如：停电、教室变动、培训师变动、学员的接送、交通问题、住宿问题、饮食问题、天气因素，以及培训开发的其他一些突发事件等，这些问题需要提前考虑好，制定好应急预案，一旦出现问题才能有条不紊地处理。

阅读材料4-4　××公司入职培训管理办法

适用范围

本办法适用于××公司（以下简称公司）全体新员工以及非初次就业、更换岗位或工种的员工（以下以“新员工”略称）。

目的与内容

第一条　每一位新员工均需参加公司举办的新员工培训，接受公司系统化的一般培训（又称“通识”培训）和部门基本技能培训，从而对公司运作有整体的概念，适应公司文化和价值观，了解本部门职责、工作程序及功能工作方法，尽快适应工作环境以提高工作绩效。

第二条　培训内容为新员工通识培训、部门内工作引导和部门间交叉引导培训。

注意事项

第一条　员工入职培训是该名员工的部门负责人及公司人力资源部的共同责任，最迟不应超过报到后一个月执行。

第二条　凡公司正式报到的员工在试用期内未参加新员工入职教育，不得转为正式员工。

第三条　参加入职培训的员工在培训期间如遇临时情况需请假者，按《员工培训出勤管理规定》执行，并在试用期内补修请假之课程，否则，不得转为正式员工。

第四条　未参加新员工入职培训的员工，不得参加晋级的其他训练（如岗位技能培训）。

第五条　人力资源部为每位经过培训的员工开具培训证明，证明其培训结果。

通识培训

第一条　公司新员工通识培训由人力资源部及各部门工作人员共同组织，人力资源部负责实施。

第二条　培训内容：公司企业文化、公司组织与历史沿革、公司产品简介、管理规范、基本礼仪、品质意识等。

第三条　新员工完成通识培训后应进行测验，不合格者于一个月内施以补充强化教育。

部门内工作引导培训

第一条　部门领导代表整个部门对新员工表示欢迎并介绍新员工认识部门其他人员，一般不少于2课时。

第二条　部门内的组织架构、汇报关系、部门职责介绍，一般不少于6课时。

第三条　基本专业知识技能培训，依工作岗位对员工的要求程度而定，一般不少于6课时。

第四条　工作程序与工作方法讲授，依部门工作复杂程度而定，一般不少于6课时。

第五条　介绍关键工作指标与工作考核，一般不少于2课时。

部门间交叉引导培训

略。

入职培训的评估

略。

入职培训流程

见图4-8

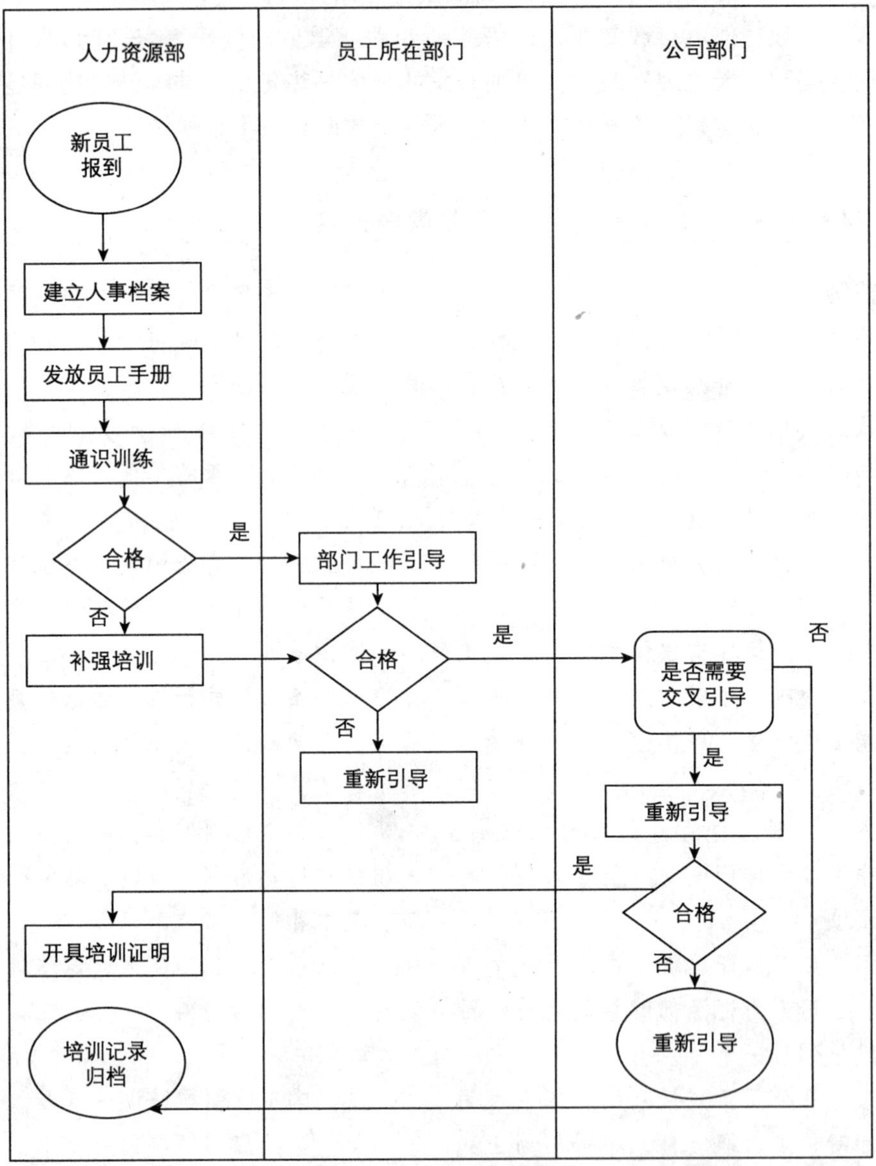

图4-8　入职培训流程图

培训开发后的风险防范

1. 员工流失风险的防范

培训开发是企业的一种投资行为，同其他投资一样存在投资风险。培训开发风险的存在很大程度上降低了培训开发效果的回报。因此，企业需要规避培训开发中的种种风险，提高员工满意度，达到企业与员工共同发展的目的。

其中非常重要的一个风险是培训开发后员工的流失。最基本或者说最直接的做法就是依法完善培训开发用工合同，确认组织与受训员工的权利与义务。在《劳动法》和《劳动合同法》的基础上，根据员工劳动合同时间的长短以及所在的工种、岗位的实际情况，制订相应的培训开发计划，同时以签订劳动合同的方式，明确服务期限与违约赔偿的有关事宜。因为，随着知识经济时代的到来，员工培训开发已越来越被视为一种软性的企业福利，在企业获得培训开发效益的同时，员工也能使自身职业生涯得以发展。双方获益的前提是劳动关系继续存在，因此这种关系可通过法律的相关规定来进行约束，使人才流失与知识产权流失的风险降到最低限度。另一个方面，做好留人工作，如果一个员工通过培训开发知识技能有了较大的提高，要考虑安排相应的岗位或职位，并且在待遇方面也应有所体现。

2. 培训开发后技术流失风险的防范

对于企业的专利技术，法律可以予以保护，但对专有技术的运用方法与经验，企业只能依靠加强员工的保密意识教育来保护。企业应在培训开发员工技术的同时，培养员工的企业责任感与集体荣誉观念，通过文化约束来降低培训开发的技术流失风险。

阅读材料4－5　培训费无处追索

A公司与员工王某于1998年6月23日签订劳动合同书，期限为1年。合同中约定，双方签订的培训协议作为劳动合同书的补充附件，与劳动合同书具有同等法律效力。

1999年4月8日，A公司与王某签订出国培训协议，由公司出资，选派王某去美国培训，培训期限为1999年4月15日至1999年7月15日。协议约定了服务期限和违约赔偿方式。1999年7月15日后，公司又根据项目建设调整情况，延长王某在美国的培训期限，直至1999年12月23日。由于公司业务繁忙，加上没有专人负责，公司无人理会王某在国外的培训学习情况，更谈不上管理。培训时间延长后，也没有及时补签培训协议。不久，王某不辞而别，失踪了，而且去向不明。

为此，A公司申请劳动争议仲裁，要求

王某赔偿1999年4月15日至1999年12月23日在美国的培训费用。仲裁委经过调查认为，双方当事人签订劳动合同书和出国培训协议合法有效，A公司提出王某应按双方约定的培训协议赔偿培训费用，符合《劳动法》第102条“劳动者违反本法规定的条件解除劳动合同或者违反劳动合同中规定的保密事项，对用人单位造成经济损失的，应当依法承担赔偿责任”及原劳动部《关于贯彻执行〈中华人民共和国劳动法〉若干问题的意见》第33条规定：“劳动者违反劳动法规定或劳动合同的约定解除劳动合同，给用人单位造成经济损失的，应当承担赔偿责任。”

仲裁委裁决，解除双方劳动合同关系，王某应赔偿A公司自1999年4月15日至1999年7月15日在美国的培训费用4万美元。A公司虽然胜诉，但是王某已经逃之夭夭，至今下落不明，王某需赔偿的培训费用也无着落。

本章小结

本章围绕培训课程，展开对培训开发方案的研究。培训开发课程是整个培训的核心，培训课程的好坏决定此次培训的成功与否。因此，在作好培训需求分析的基础上，一定要做好培训课程的定位、开发工作。培训开发方案主要由培训课程名称、培训目标、培训讲师、参训对象、培训时间、地点以及考核方式、经费预算等构成。方案中的每一个要素都应该引起足够的重视，这样才能保证培训开发方案的完整性，进而促进整个培训工作的开展。最后，对于培训实施上的注意点，例如培训制度、培训控制等进行了介绍。

复习思考题

1. 培训课程有哪几种类型？各类型之间有什么区别？
2. 培训课程设计有哪些程序？
3. 课程目标的SMART原则是指什么？举例说明。
4. 培训课程体系有哪些分类？各类别间有什么关联？
5. 培训环境的安排要注意哪些问题？培训时间安排需要注意哪些问题？
6. 培训讲师必须具备哪些能力？内部讲师和外部讲师的特点各是什么？
7. 培训经费预算主要由哪些构成？如何计算培训经费预算？

案例分析1

恒伟公司的员工培训方案及其实施

恒伟股份有限公司是国内知名的大型家电生产厂家，其代表产品恒伟微波炉除在国内市场上占有很大份额以外，还远销到欧洲、非洲、东南亚等地。公司进行股份制改造后，现在人员 3400 人左右。自公司股票公开上市以来，公司的发展非常迅速。

1997 年底，公司与中国科技大学商学院合作，对组织结构进行了重新设计，从各个管理岗位上精简下了 200 多人，使得机构更加富有效率。1998 年，公司又与中国科技大学商学院合作，研究公司下一步人员培训该如何做的问题，其目的是将公司建成学习型组织，将公司的发展建立在人员素质的普遍提高之上。目前国内微波炉行业的竞争已经白热化，几家大型微波炉厂家竞相角逐。如何在未来获得竞争优势，是每个微波炉厂家都面临的课题。恒伟在进行 ISO 9001 认证前后已进行了多年的培训，并对部分管理人员进行了 MBA 的课程培训，但公司总感到已有的培训效果不理想，培训总是缺乏主动性，常常跟着业务变化及公司大的决策变动而变化，计划性较差，随机性和变动性很大。而且公司也感到将来竞争优势的取得要依靠人员素质的大幅度提高，同时在公司的经营与发展中也遇到了一些现实的问题，希望能够通过培训加以解决。有鉴于此，公司决定开展为期三年的公司全员大培训。

公司现有的培训体系和人员结构

1. 公司的三级培训体系

一级培训

内容：具有共性的培训

具体任务：

☐ 新员工进厂培训；
☐ 属于整个公司项目计划进行的培训；
☐ 二、三级培训做不了的培训；
☐ 关键（公司核心技能）职务岗位培训。

组织者：公司的人力资源部

培训量：大

师资：由人力资源部统一任命，比较规范

二级培训

内容：对本部门或本分厂所涉及的专业技术进行培训，包括职务岗前、岗中、岗后培训。

具体任务：

☐ 本部门系统的人员工艺、技术培训；
☐ 公司下达的部门培训任务；
☐ 职工的岗前培训。

组织者：各部门、各分厂

培训量：中

师资：师资选择不很规范（部门内讲师），稳定性较差

三级培训

内容：重点是针对操作工人进行的。

具体任务：

☐ 一般人员的个别上岗工作培训；
☐ 公司下达的个别培训任务。

组织者：各部门、各分厂

培训量：小

师资：师带徒，规范性就更弱

在上述三级培训中，各级培训都有基础培训与提高性培训，并进行不同形式的考试与考核。在公司内部做不了的或者是由国家规定必须到国家规定的机构进行培训的，则由公司派出去学习与培训。在教材选择上，部分是公司自己编写的，部分是采用外部的。公司自编教材更新速度不够快。而采用外部的教材，则因各个教师的取向而定，相互之间差异性比较大。

2. 对公司已有培训体系的说明

每年年底由各部门、各分厂及车间分别上报自己下一年度的培训计划，由人力资源部汇总，并根据公司整个培训的资源与发展需要而进行一定的调整，从而制订出下一年度的培训计划。但在执行培训计划时，还会根据公司业务经营的需要进行适时的调整与改变。

公司还与安徽大学合作，建立恒伟经济学院与恒伟未来学院，每年都要为公司进行人员培训，尤其是对中高层管理人员的培训。

3. 公司人员结构

☐ 公司决策层 9 人（公司一级领导）
☐ 公司中层管理人员 132 人（公司各职能部门管理骨干与管理人员）
☐ 车间主任 26 人（各车间的正副主任）

□ 车间班组长 99 人（各车间的正副班组长）

□ 车间管理人员 27 人（车间里的事务性管理人员）

□ 科技人员 114 人（研究所的研究人员与车间的技术员）

□ 销售人员 340 人（销售公司的人员、内勤 50，外勤 290）

□ 售后服务人员 91 人（维修人员、内勤 50，外勤 41）

□ 一线生产工人 2395 人（生产线的工人）

□ 重要辅助技能岗位 242 人（锅炉、计量、焊工、叉车司机、污水处理等）

合计：3475 人

公司现有培训存在和面临的问题

1. 公司因政府安排而兼并了安徽塑料二厂，其 800 多名职工进了恒伟，恒伟将其安排到各个部门与车间。由于这些职工过去在塑料总厂的有效工作时间每天不到四小时，而进入恒伟后每天要正正规规地工作八小时，这样他们就有些不适应。公司中部分车间管理人员在管理方法上又比较简单，结果造成部分新进入的职工思想波动，同时对原公司职工的思想也产生了冲击。此外公司又在昆明兼并了一家企业，建立了一条生产线，这样在本部之外又有一个生产地点。公司打算对这些新进入公司的人员进行系统而有效的培训，以使这些人员完全融入恒伟的文化之中。

2. 公司的生产工艺设计与规定都很完备，但工艺方面的问题还是时有发生，给企业带来较大损失。公司的生产是流水线作业，工艺已经成熟，对每个职工的操作要求不是太高，关键是工艺的贯彻和工作责任心问题。而在一线工人的调查会上，有的工人认为自己的工作很忙、很累，有的认为业余文娱活动太少，有的职工认为他们的积极性与主动性还没有完全发挥出来。

此外一线职工中正式工对车间管理人员将他们与临时工一样看待有想法。临时工都是农民，没有什么技术，主要就是体力好，而正式工有一定的技术，要正式工与临时工一样干体力活他们认为不是很妥当。公司希望利用培训与教育来解决这些问题。

3. 中层管理人员工作繁忙。经过上次组织结构的重构，每个部门的人员大大精简，提高了办事效率；但同时也使每个人的工作量增加了，各个岗位都是一个萝卜一个坑，离不开。这对于他们进行培训来说是一个难题，即培训与提高没有时间进行。如公司在 1997 年初抽调了几十名中层管理人员进行 MBA 课程培训，由于他们都是各部门的骨干，所以很多人常常没有时间参加，效果自然也就不理想。公司对管理人员进行培训时还面临一些其他困难：部门之间的工作职责与人员的专业都不一样，放在一起培训，缺乏培训的针对性，单独培训又因每个部门的人员较少而造成培训成本太高。这是对中层人员进行培训所遇到的另一个难题。

4. 销售人员常年在外且分散于全国各地，一部分是由公司其他部门与岗位转过去的，这些人对公司的文化有一定的认同感；另一部分人则是进入公司后直接进入销售岗位的，这部分人中大多是大学毕业招聘来的，也有的是从别的企业或公司转过来的。他们来了以后，一般就进行一个月的业务培训与恒伟文化的教育，对恒伟还没有深入的体验与认识，对恒伟文化的认同还比较浅，就又被派往全国各地，常年在外，基本上很少回来，因而缺少对恒伟本部的深入了解与感受的机会。

销售人员工作地点非常分散，一个省常常只有七八个销售员，每个人要管很大一片地方，很难抽身回来接受公司的培训；但他们在市场上又会遇到这样那样的问题，如竞争对手新的竞争举措、经销商的变化、银行改制等，他们需要学习新的知识与技能，但公司又不能将他们拉回来集中培训；这就使一些问题反复出现而得不到解决，如有的问题在同一个地方反复出现，有的问题在此地解决了，在彼地又出现。

另外一些老的销售员在外面时间一长，养成了一些不好的工作习惯，还有些销售员则有一些思想问题，觉得自己付出很多，公司却没有给他充分的回报。这些因素没有及时得到解决，不仅影响了老的销售员的工作，而且对新上岗的销售员也产生了不好的影响。

5. 技术人员分为两块，一块在技术研究与开发部，另一块则是分布在车间里，是车间的技术员。研究与开发部的技术人员重在研究与开发，而车间技术人员重在解决车间里的技术问题，但两类人员还会相互流动。对这两类人员的培训该不该有所区别呢？此外还有新老技术员培训的差异问题：老的技术人员中很多已经接受过培训，但需要提高；新进来的技术人员则需要从基础的东西开始进行培训。

在过去的培训方法中，有的是请国内的专家来交流，但效果不理想；有的是派人员到外面培训或者到国外学习，但人员又不能太多，这就使得技术人员下一步的培训困难较大。

6. 公司的一线职工有正式工与临时工。临时工的聘请季节性较强，他们大都是农民，流动性较大，培训了很长时间，弄得不好他们走了，前面的培训也都白干了。所以现在的办法是对他们进行很短的进厂培训，然后放到车间由车间进行岗位技能培训和上岗学习。往往是公司因此而培训了一批农民工，但他们的稳定性较差，有些已经成为熟练工，流走以后，对公司产生一定的损失。这是下一步培训所必须解决的问题。

7. 对成批进来的人员可以一下子集中培训，但对分散的、零星进来的人员却不能进行及时培训，只能等人数凑到一定数量以后再集中进行进厂培训。这会产生有些人进厂以后很长时间对企业都不甚了解的情况。由于过去的培训系统性不强，效果不理想，计划常常因情况变化而变化，没有形成一个培训方面的有效制度，激励与监督机制也没有建立起来，培训往往有走过场的味道，培训完了就完了，没有看到效果。到底怎样培训才能起到理想的效果，一直是困扰公司的难题。

【案例问题】

1. 如何决定公司的培训需求及各层次的名额？

2. 各部分人员培训的内容是什么？怎样体现出三级培训的渐进性、层次性与针对性？

3. 各部分人员该如何培训？包括在哪儿培训、由谁来培训、培训应该使用什么教材、进度与时间如何安排？

4. 请你修改其培训计划，根据其实际状况，制作一份培训项目计划书。

案例分析 2

走出张君的困境（续）

员工培训是企业经营发展战略实现的重要基础和保证，培训方案的设计与实施要本着“整体思考、系统解决”的原则在公司各个层面按部就班地开展。否则，企业员工培训就很容易误入歧途，甚至走向自己的对立面。

培训战略缺失的培训管理事倍功半

应当说，A 公司的张君是一位敬业、认真、富于理想和责任心的人力资源部负责人，但由于管理理念上的误区和专业经验上的匮乏，他在员工培训管理领域的各项举措效果不佳。

员工培训计划和培训方案的制订首先要依据员工培训战略和员工培训管理办法，而不是各部门负责人和基层员工形形色色的想法和意见。所谓员工培训战略就是企业的员工中期（3

~5年）培训战略和年度培训战略，也就是为支持、配合企业中期经营发展战略和年度经营发展战略目标的实现，在公司员工培训管理领域同期所应达成的相关总体性成果，包括全员及核心员工能力素质提升目标、全员及核心员工培训达标率、全员及核心员工劳动生产率提升目标、全员及核心员工主动流失率、全员及核心员工培训时间要求、全员及核心员工培训资源配置分布、对全员及核心员工的培训投入产出比等内容；而员工培训管理办法就是员工日常培训管理操作的具体规范和流程。

在员工培训计划的制订过程中当然要分析、研究各级员工的实际状况、企业当前的人力资源组合以及各类人员对培训工作的愿望和要求。但必须明确的是：各部门负责人和基层员工的种种愿望和要求只能代表各个部门及员工个体零散、局部、片面的观点——它们并不等同于公司的观点，在某些时候甚至是与公司的立场以及公司的最高利益完全背道而驰。若将两者混为一谈，必然会使培训管理工作偏离员工培训战略的正确轨道，导致事倍功半。

另外，员工培训管理办法的制订和贯彻同样基于企业的员工培训战略，但一定要先于各年度培训计划和培训方案的制订并指导其有效实施。张君在进行员工培训需求的大量走访调查之后，才开始制订公司培训管理办法的举措明显违反培训管理流程，只能使培训管理工作多走许多弯路，事倍功半！从根本上讲，张君的错误做法主要还是由于缺乏统一、明确的员工培训战略指导所致。

言而无据、目标模糊的员工培训必然失败

在员工培训管理的另一个关键性步骤——员工培训预算的制订中，张君也存在着明显的失误。培训预算的制订要以公司培训管理的历史数据、业内标杆企业以及竞争对手培训管理的相关数据为基础，以全员及核心员工能力素质提升目标、年度培训计划的各项具体内容以及全部培训项目的实际需求为依据。空穴来风式地提出一个企业年度培训预算总额占销售总额1.5%的说法缺乏足够的科学性和说服力，会轻而易举地被反驳意见打倒，当然也就无法在王总和其他部门负责人那里过关。

一招棋错、步步皆输。预算通不过，为了按计划交差，张君就只能退而求其次，将“赌注”全部押在内部教材开发和内部讲师队伍的建设上了，至于内部开发教材和内部培训师的专业水准是否能够完全符合要求，张君已经全然无力顾及！而在这两项工作的具体组织落实上，张君依然没有明确的目标导向，没有事先对各部门进行必要的专业培训和意见沟通，只是单纯地给各部门安排任务。由于各部门未能充分理解内部教材开发计划和内部培训师队伍建设计划的良苦用心，在本职工作负担已经很重的情况下，出于既有责权结构的惯性，漠视人力资源部培训管理要求的做法便成为无奈之中的必然选择，公司员工培训工作的最终失败也就无可避免。

结束语

张君面临的困境在企业员工培训管理中具有相当的代表性。为使员工培训工作真正收到实效，员工培训管理必须事前目标制订合理、方案可行；事中管理规程严谨、落实得当；事后评估全面有效、逐年提升。而要达到上述要求，就必须努力构建符合企业管理实际的、先进科学的员工培训战略并在实践中认真贯彻执行。只有这样，企业员工培训才能真正走出张君的困境，从而迈上持续、健康发展的坦途。

【案例问题】

1. 张君面临哪些培训困境？

2. 你认为应该如何解决张君面临的培训困境？

第5章

培训开发成果的转化

【学习目标】

- 理解培训成果转化的概念
- 掌握培训成果转化的理论
- 掌握培训成果转化的影响因素
- 了解培训转化中几个具有代表型的模型
- 了解提高培训成果转化的方法

【关键概念】

形式训练说
相同要素说
概括化理论
关系转换说
认知转化理论
自我管理理论
培训成果转化模型
组织氛围

引导案例：CX 公司培训转化的困惑

CX 公司是生产高科技产品的制造型企业，由于良好的外部市场环境和正确的内部决策，2002 年初公司获得了高速发展的契机。目前有员工 700 人，2002 年全年产值 2.4 亿元人民币，并正在积极准备上市。公司最高领导层意识到公司内部学习速度必须与公司的发展速度相匹配，这样才有利于公司的健康发展，因此培训工作受到了前所未有的重视。

为此，公司新增培训专员一职，隶属于人力资源部，并接受人力资源部经理的直接管理。培训由专人负责，使培训逐步走向了正规化。同年 8 月，CX 公司通过了 ISO 9001 认证，新的质量体系对培训提出了有效性的要求。此后，培训专员开始实施单个培训控制，增加了若干培训跟踪方法。例如：教师授课培训、5 级课程满意度调查、课后测试、关键指标追踪等。随着培训量的增大，培训专员无法对所有培训进行跟踪，只能选择培训投入大或者课程重要性强的，或培训被关注程度多的课程进行评估。年末，培训专员提供以下数据：全年培训次数 67 次；全年培训人数 1393 人次；年度计划达成率 99%；年度培训覆盖率 278%；跟踪率 70%；跟踪反馈优良率 95%，并且以上数据都有记录作为支持。从数字上看，2002 年度的培训工作似乎很有成效，但多数经理反馈培训并没有达到持续改善的效果，似乎培训只停留在了课堂上，随着教室大门的关闭，培训也就结束了。为什么会这样呢？

知识经济时代，信息爆炸，拥有雄厚的人力资源并不代表着企业就掌握了强大的人力资本。只有通过建立完善的员工培训开发体系，提高员工的绩效，才能提高企业的整体绩效；同时，培训开发也可以提高员工对组织的承诺感和忠诚度，使企业更加稳定。

开发培训成为企业保持并提高竞争优势的重要手段之一，越来越受到企业家们的重视，企业家们对培训开发的调查、计划、实施等环节都予以了高度的重视，投入大量的人力、物力、财力去组织实施。然而培训开发成果的转化往往被忽视，并带来一系列问题。Newstrom（1986）研究发现，只有 40% 的培训内容在培训后的短时间内能立刻被迁移到工作情境中，25% 的内容在 6 个月以后还能应用，15% 的内容能支持到 1 年后。如果以货币形式来衡量，大约只有 10% 的培训投入能够转化为受训者日后的工作行为*。

进入新经济时代，组织生存环境变得更加复杂，组织面临更多的挑战和冲击，企业在追求自我生存和永续发展的过程中，既要考虑企业当前经营目标的实现和企业品质的提升，又要考虑企业在未来扩张的经营环境中能否保持持续的赢利增长和能力提高。在此种情景下，培训开发之后的成果转化任务变得非常重要，只有培训开发成果真正转化为员工自身的技能或能力，才能保证其绩效的提高和工作能力的发展。因此，企业应当关注培训开发后员工在工作实践中是否使用了培训开发中所学的知识和技能，重视他们习得的行为是否创造性地应用于实际，以及经过一段时间后行为是否仍能保持。培训开发只有发生了转化，才是有效的。

---

* Newstrom W. J. Leveraging Management Development through the Management of Transfer. Journal of Management Development，1986（5）：33 -45.

5.1　培训开发成果转化概述

培训开发成果转化的概念

培训开发成果转化，也称为培训开发迁移，指的是受训者将培训开发中所学的知识、技能、行为和态度应用到工作中，并能够在一段时间内持续产生作用的过程，即：受训者持续而有效地将培训开发中所获得的知识、技能、行为和态度运用于工作当中，从而使培训开发发挥出最大价值的过程。

培训开发成果转化包括：内容保存、推广到工作当中并能维持所学内容。推广能力指受训者在遇到与学习环境类似但又不完全一致的问题和情况时，将所学技能应用于工作上的能力。维持则指的是长时间持续应用新获得的能力的过程。

培训开发其实就是学习的过程，有学习体验的人都知道，学习新知识从刚接触到掌握、运用需要不断地复习、不断地重复，直到运用新知识成为自己行为的习惯。培训开发成果的转化从理论上属于学习的迁移范畴（Transfer of Learning）。

培训开发成果转化的意义

成果转化作为培训开发工作的一个重要环节，已受到越来越多的学者和管理者的重视，其对于企业和员工都有着重要的意义。

1. 培训开发工作价值的真正体现

培训开发就是使用各种方法给员工传授其完成工作所必需的知识和技能的过程。培训的目的是，一方面，影响员工的行为和产出，提高员工的工作素质、适应团队的合作、树立正确的工作态度、提高工作满意度和提升工作业绩；另一方面，影响企业的收益和运作，通过员工技能和知识素质的提高来提升企业竞争力，从而最终为企业带来价值的提升。因此，员工培训开发是企业的投资，是企业萌发勃勃生机的原动力。而培训开发目的的实现与否在于培训开发的内容是否能够真正转化为员工自身的技能，即员工是否真正将所学的东西运用到实际工作中并保持下去，也就是培训开发成果是否真正转化？只有培训开发成果转化的工作真正落实到位，培训开发的目标才能实现，培训开发的价值才能够真正体现出来。

2. 是企业竞争力提升的关键环节

人力资本是企业竞争力的源泉，而要提升企业的竞争力，就要不断地提升企业内部人员的工作能力和素质。培训开发若要有效果，最终必须要落实到培训开发成果的转化方面，高效的培训开发成果转化是培训开发的战略价值得以实现的标志，即培训开发成果转化是培训开发战略性价值追求的目标。培训开发转化应被视作为培训开发的重要过程，培训开发的实施不应仅服务当下、局限于当前，更应该将培训开发的效果放大到提高培训开发后的收益和企业未来的发展。

5.2 培训开发成果转化的相关理论

培训开发成果转化理论是以学习迁移理论为基础的。培训开发的实质就是学习，属于人类学习这个大范畴下的一个领域。在成果转化这一环节，二者具有共通的地方，严格意义上说，学习的迁移理论更像是培训开发转化的纲领。因此，要了解培训开发成果是如何转化的，需要先了解学习迁移理论。

传统迁移理论

早在18世纪，心理学家就开始研究学习迁移了，传统的迁移理论包括以下四种。

1. 形式训练说

形式训练说源于德国心理学家沃尔夫所提出的官能心理学。官能心理学的主要观点是：

- ☐ 人的心理由五大官能组成：注意、记忆、思维、推理和意志。
- ☐ 这五大官能是被分割开来的心理实体，分别掌管人类不同的活动机能。利用记忆官能进行回忆活动，利用思维官能从事思维活动。官能即注意、知觉、记忆、思维、想象等一般的心理能力。
- ☐ 通过训练，各种官能可以增强能力。
- ☐ 某一种或几种官能的增强或改进必然对其他官能产生影响。

由于认为某一种或某几种官能的增强能够影响其他官能，所以，形式训练说的最初想法就是通过训练各种官能，看能不能将各种官能的能力提高，并自动迁移到其他一切活动。也就是说，把迁移看成是官能通过训练而得到改善来实现的。对官能的训练就如同对肌肉的训练一样，而得到训练的官能又可以自动地迁移到其他活动中去，即一种官能改进了，其他所有官能也会在无形中得以加强，如记忆官能增强以后，可以更好地学会和记住各种东西。

形式训练说认为，要发展和提高各种官能，除了“训练”之外，没有别的办法，如感觉是越用越敏锐，记忆力由记忆而增强，推理能力、想象能力则由推理和想象而长进，这些能力如果不用，不训练，便会变弱。官能训练注重训练的形式而不注重内容，因为内容是会忘掉的，其作用是暂时的，只有通过这种形式的训练而达到的官能的发展才是永久的，才能迁移到其他的知识学习，会终生受用。

形式训练说最重要的观点就是某些学科具有训练某种或某些官能的价值，即训练就能提高官能，但这一说法在某些方面并未得到证明。

2. 相同要素说

为了反驳形式训练说的“训练就能提高官能”的说法，许多心理学家开始设计更为严密的实验。其中影响最大的是美国心理学家詹姆士在1890年做的记忆实验以及桑代克在19世纪做的系列实验。

詹姆士在1890年通过记忆实验来反驳形式训练学说。具体实验办法是：选取两份文章材料，首先对第一份进行记忆，然后再用一个月左右的时间对第二份材料进行记忆，回头再用记忆第二份材料的方法去记忆第一份材料，通过检验最后用记忆第二次材料的方法去记忆第一份材料的时间是否缩短，以了解记忆第二份材料能否对记忆第一份材料产生帮助。结果为：样本中有部分学生在进行记忆联系后，成绩有所改善，但部分样本前后成绩对比无改善。因此，詹姆士的结论是：记忆能力是不受训练的影响的，记忆的改善得益于记忆方法的改善，而不是记忆能力的改善。

1901年，桑代克设计了一系列知觉方面的实验*。他以大学生为实验对象，试验方法为：首先，提供各种大小的长方形、三角形、圆和不规则图形，让被试者去估计面积，通过估计面积与图形实际面积的比较来评价被试者判断面积的能力；然后，用各种大小的平行四边形对被试者进行面积判断的培训；最后，让被试者分别接受两种测验，一是判断与训练图形相似的长方形的面积，二是判断与训练图形不相似的圆形、三角形和不规则图形的面积，并且其中部分图形为在第一次测验中就出现过的图形。结果为：通过平行四边形面积判断的训练，被试对长方形面积的判断成绩提高了，但对其他图形如三角形、圆形和不规则图形面积的判断成绩并没有得到改善。

后来，桑代克又以13000多名高中生为实验对象，让他们分别学习几何、拉丁语、化学、法语等七个科目，实验为期一年，通过测试一年之后这些高中生在学习这些科目之后智商是否有变化来论证形式训练说。桑代克比较了七组学生实验前后智商的变化情况后发现，任何学科对一般智力都没有大的迁移效应。桑代克再综合所有实验，得出如下基本结论：经过一定的训练，确实存在一定的迁移，但只存在特殊经验的事实、技能、方法乃至态度的迁移。特殊的训练并不能

---

* E. L. Thorndike and Woodworth, “The Influence of Improvement of One Mental Function upon the Efficiency of Other Functions”, Psychological Review, 1901 (8): 247 - 261.

改进个别的心理官能。也就是说，特殊的训练对于提高一般的记忆力、观察力、注意力收效甚微。

据此，他认为，学习中训练某一官能未必能使其他的所有方面都得到改善。他认为两种学习之间只具有相同因素时，才会发生迁移，例如，在活动 A “12345” 和活动 B “45678” 之间，因为两种活动有共同的成分 4 和 5，所以这两种活动之间才会有迁移；由于骑自行车与骑摩托车在协调和操作方式上有相同因素，所以迁移就容易发生。

相同要素也即相同的刺激（S）与反应（R）的联结，刺激相似而且反应也相似时，两情境的迁移才能发生，相同联结越多，迁移越大。后来相同要素被改为共同要素，即认为两情境中有共同成分时可以产生迁移。迁移是非常具体的，并且是有条件的，需要有共同的要素。这就是著名的相同要素学说。

相同要素说认为，一种学习之所以有助于另一种学习是因为两种学习具有相同因素的原因。若两种情境含有共同因素，不管学习者是否觉察到这种因素的共同性，总有迁移现象发生。

相同要素学说在培训开发领域的运用十分广泛，因为人们往往发现培训开发和实际工作越相似，成果转化的效果越好。因此，相同要素学说被用于许多培训开发课程的开发，尤其是一些技能方面的，效果会更好。比如飞行员的模拟驾驶培训仪，飞行员在学习驾驶飞机时，刚开始都是在模拟的机器上进行，模拟机器为飞行学员还原了一个类似真实机舱的环境，通过这种方式的训练，飞行学员在驾驶真正的飞机时并没有陌生感，在模拟机器上学习到的操作技能可以完全、准确地运用到真实的飞机上。

但是，相同要素学说的运用也具有一定的局限性。首先，在培训开发时打造完全相同的工作环境是很困难的，成本也会相当高。比如飞行模拟机器，本身的造价不菲。另外，部分非实际操作为主的能力，如领导力、人际沟通等此类技能的培训开发相同要素学说就不太适用，培训开发环境与工作环境的完全相同不可能达到，而且相同要素学说也没有告诉我们如何在学习环境与工作的环境之间进行转换。

3. 概括化理论

概括化理论，也称为经验类化理论或激励推广理论。该理论是贾德（C. H. Judd）提出的，他认为两个学习活动之间存在的共同成分是产生迁移的必要前提，而产生迁移的关键是学习者在两种活动中概括出它们之间的共同原理。贾德的概括化说是相同要素说的发展，而概括化理论与相同要素学说的区别在于学习从两种活动中概括出共同原理是否是迁移的前提条件。

贾德在 1908 年所做的“水下打靶”实验是概括化理论的经典实验。他将五年级和六年级的小学生作为被试分成 A、B 两个组，要他们练习用标枪投中水下的靶子。在实验前，贾德对 A 组讲授光学折射原理，而对 B 组则不讲授原理，让他们只能从尝试中获得一些经验。在开始投掷练习时，靶子置于水下1.2英寸处。结果，讲授过和未讲授过折射原理的学生，其成绩相同。这是由于在开始测验中，所有学生都必须学会运用标枪，理论的说明不能代替练习。当把水下1.2英寸处的靶子移到水下4英寸时，两组的差异就明显地表现出来。未讲授折射原理的B组学生不能运用水下1.2英寸的投掷经验以改进靶子位于水下4英寸处的投掷练习，错误持续发生。而学过折射原理的A组学生，则能迅速适应水下4英寸的学习情境，学得快，投得准。对此，贾德是这样解释的：理论把有关的全部经验，包括水外的、深水的和浅水的经验，组成了整个的思想体系。学生在理论知识的背景上，理解了实际情况以后，就能利用概括了的经验，去迅速地解决需要按实际情况作分析和调整的新问题。

贾德用实验研究了原则和概括性的迁移后认为：两个学习活动之间存在的共同成分，只是产生迁移的必要前提，而产生迁移的关键是学习者在两种活动中概括出它们之间的共同原理，即在于主体所获得经验的类化。并且，这种概括并不是一个自动的过程，而是与教学的方法有关，同样的教材会因为教学方法的不同而迁移效果悬殊。

4. 关系转换说

关系转换学说的主要观点是：迁移是学习者发现两个学习之间存在的关系的结果，而不是两个学习情境具有某种共同成分、原理而自动产生。因此，关系转换学说更强调个体自身的作用。

该理论的经典实验为科勒在1919年做的小鸡觅食实验。实验方法是：首先，让小鸡在深浅不同的两种灰色的纸下面寻找食物。通过条件反射学习，小鸡学会了在更深色的灰色纸下面才能找到食物。然后，保留深灰色的纸，用黑色的纸代替浅灰色纸，再看小鸡会在哪张纸下寻找食物。若小鸡在深灰色的纸下面寻找食物，则证明是相同要素学说起到作用，而若在黑色纸下面找食物，则证明关系对迁移产生了作用。结果显示：70%的小鸡会在黑色纸下面找食物。

现代迁移理论

现代迁移理论主要包括认知转化理论和自我管理理论。

1. 认知转化理论

认知转化理论是以信息加工模型为理论基础，信息的存储和恢复是该模型的关键因素。

该理论的核心在于：一切新的有意义的学习都是在原有的学习基础上产生的，不受学习者原有的认知结构影响的学习是不存在的。一切有意义的学习必然包括转化，而转化能否实现，则在于认知结构的三个因素，即可利用性、可辨别性和稳定性。

可利用性是指认知结构中可利用来起固定作用的适当观念。具有较高抽象概括水平的观念对于新知识能提供最佳的固定点。因此，在培训时，可事先设计一些引导性材料，作为新知识的固定点，来促进培训转化。这种引导性材料也可称为“先行组织者”。

可辨别性是指新知识与同化它的原有观念系统的可分辨程度。可分辨程度越高则越有利于新知识的学习。

稳定性是指原有的起固定作用的观念的稳定性和清晰性。

总之，受训人员的认知结构中概括水平较高的观念越多、越清晰、越稳定，培训开发转化的效果就越好。该理论强调了在培训开发设计中，要注意培训开发知识与受训人员原有知识和经验的衔接，鼓励受训人员对培训开发内容在实际工作中的应用进行思考，并且进行应用练习。

2. 自我管理理论

该理论认为，在培训开发项目中应让受训者自行控制新技能及特定行为方式在工作中的运用。受训员工具有自我管理意识和技能十分重要，因为培训开发转化过程中总会遇到各种各样的障碍，如缺乏管理者和同事的支持，缺乏时间、设备和资金等，如果员工自身懂得如何争取相关的支持和资源，就能克服培训转化中的许多障碍。

因此，该理论提出，在培训开发项目结束时，应向受训者传授自我管理技术。一般可通过如下步骤来进行。

（1）要求受训员工充分认识培训开发转化的重要性，树立自我管理培训转化的意识。

（2）要求受训者学习自我管理的基本技能：

□ 要求受训者能通过自察明确现实与理想的差距，包括工作绩效、知识水平、技能水平和行为方式等方面的差距。理想的工作绩效、知识技能水平和行为方式指通过培训应该能够达到的状态，它就是迁移的目标。

□ 依照迁移目标制定迁移方案，明确实现目标所需的特定行为方式、技能和策略。

□ 找出方案实施过程中可能面临的具体障碍因素。包括个人因素（个人动机、能力等）和环境因素（如管理者和同事的支持度、时间、资金、设备的充足度）。

□ 向受训者传授防止和应对培训转化障碍发生的技能和策略，如建立个人支持网络等。在此基础上，按照设定的目标进行自我监督，并不断自我激励，促进培训开发转化效度的最大化。

5.3　培训开发成果转化的影响因素

根据学者们的大量研究，影响培训开发成果转化的因素主要分为三个方向：员工个人特征、转化氛围和组织特征，见图5－1。

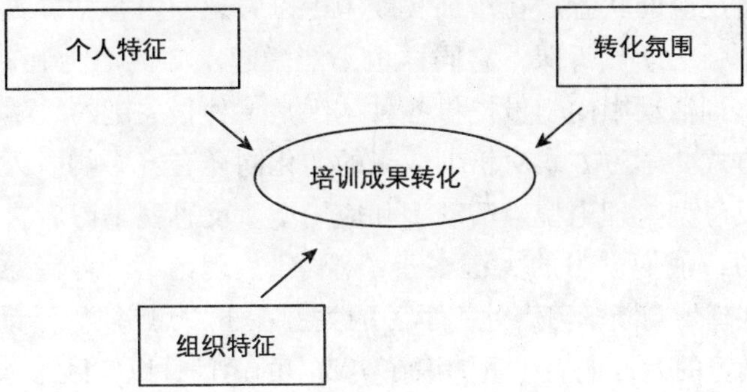

图5－1　培训开发成果转化的影响因素

个人特征

坎贝尔1989年指出，受训者并不是从天而降的，他们都有各自的经验和经历，不同的经历导致对培训不同的态度和行为。具体分析，员工的自我效能、认知能力、动机、学习方式、以往的经验、智力水平等都会对培训成果造成影响。

自我效能。自我效能是指员工相信自己能够成功地学会在培训项目中所要传授的内容。研究表明，高自我效能的受训人员比低自我效能的受训人员有更好的培训转化效果。

认知能力。认知能力包括三个方面：语言理解能力、定量分析能力和推理能力。语言理解能力指一个人理解并使用书面和口头语言的能力。定量分析能力指一个人解决数学问题的速度和准确率。推理能力指一个人发现解决问题途径的能力。研究表明，一个人认知能力的高低直接影响学习效果和工作绩效，而认知能力的高低又与一个人受教育的程度有关。所以应该有差别、有意识地引导认知能力低的职工提高自身的能力。

能力会对培训转化的效果产生影响。个人在培训开发中的学习水平经常与个人的能力相联系，能力较强的个人能够较好地完成培训开发所学的准备，特别是那些复杂的、艰巨的任务，他们也更有可能主动积极地去寻找或获得运用培训所学的机会，以便更好地保持和提高工作绩效水平。

动机。动机对培训开发转化也有着重要的影响，动机是直接推动学员去学习、接受培训开发的内部动因。动机的产生是内驱力和诱因共同作用的结果。内驱力是在个体需要的基础上产生的内在推动力。诱因是能满足个体需要的外在刺激物。简而言之，内在需要和外在客体共同决定了学习动机的产生。

需要是人对客观事物的需求在头脑中的反应，它往往以人内部的缺乏或不平衡状态表现出来。当这种不平衡状态表现为对客观条件的依赖性时，需要便以内驱力的形式从个体内部产生行为动机。但个体是否最终产生动机和行为不仅仅由内驱力决定。一般情况下，还需要一定的外部条件即诱因的存在。现代心理学认为诱因才能使机体真正产生动机进而导致行为，而内驱力只是使有机体处于更易反应、准备反应的状态。在培训实践中可以看到，内容枯燥无味的教学既不能激起内驱力不强的学员听课，它同样也不能激起求知内驱力强的学员的听课动机。因此，在培训活动中向学员提供各种诱因是一种很关键的教学手段。

学习方式。学习方式对培训成果的转化同样有着影响。人的学习方式大致分为四种：反思型、理论型、活动型和应用型。反思型学习者喜欢通过仔细公正的调查来学习，他们学习的关键在于“观察”。理论型学习者愿意通过理论知识的逻辑思考和理性判断学习，他们学习的关键在于“思考”。活动型学习者是通过实验和错误学习的人，他们注重知识在实践中的运用，以实践来检验知识的正确与否和掌握程度。应用型学习者通过具体的例子、参与或讨论学习，他们不喜欢归纳和抽象，而是通过“感觉”来学习。由于学习方式不同，每个学员对培训师采用的教学方法都会有不同的反应，学习的效果也各不相同。因此，培训师在培训过程中应尽量采用多种不同的教学方法，使每个学员都能从自己喜欢的角度去学有所得。

已有的经验、背景及智力水平。各种知识之间总是或多或少包含一些共同要素或一般原理，而转化也总是以先前掌握的知识为前提。因此，受训员工已有的知识经验和背景也会对培训转化产生影响。学员以往丰富的知识结构和经验背景完全可以成为新培训开发的学习资源；较多的经验和实践能够使员工看到问题表象后最本质的内容，顺利地学习新知识和新技能，继而更加科学、合理地运用新知识和新技能于工作任务情境中的问题解决。换言之，相关经验的匮乏也是培训转化难以形成的原因之一。

因此，在培训开发阶段中，要充分考虑到员工的实际情况，尽量采用多种不同的教学方法，把提高员工学习能力、端正学习态度的培训与工作所需要的培训结合起来，量身定做培训计划；在培训实施过程中，因材施教，运用激励等手段，调动员工积极性，使每个学员都能从自己喜欢的角度去学有所得。因此，不仅员工个人特点会影响培训效果，企业也可以通过各种手段发挥员工个人特点，使之对培训效果产生积极影响。

转化氛围

培训开发的转化氛围指的是阻碍或促进组织成员将在培训开发中所学运用到实际工作中去的组织环境。大量研究表明，具有积极转化气氛的环境会使得受训者在工作中积极运用所学。

Rouiller 与 Goldstein 对一个拥有 102 家连锁店的餐饮企业进行研究，发现具有积极迁移气氛的环境将影响受训者使用他们在培训中的所学；如果受训者使用所学受到奖励，则会表现出更好的转化行为。并且，研究还发现，培训转化氛围包含两个主要因素：情境线索和结果线索，如图 5 - 2 所示。

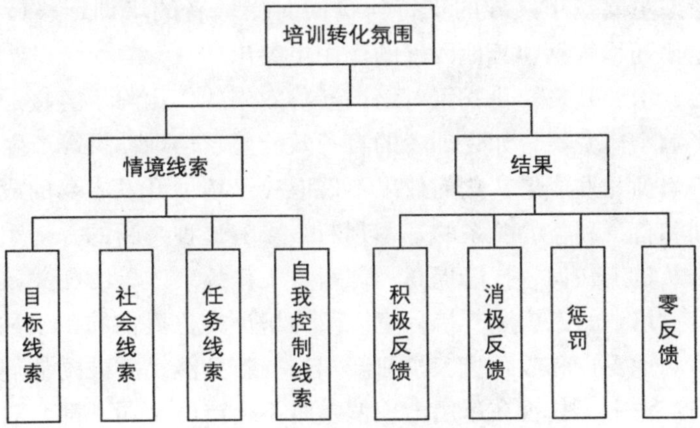

图 5 - 2　培训转化氛围模型

情境线索指用于提醒受训者并为其提供机会，在工作中应用培训开发所学的线索，包括目标线索（组织设置目标要求受训者应用培训所学）、社会线索（上级或同事对受训者应用所学的态度）、任务线索（组织对受训者应用所学给予设备、资金和时间的支持）和自我控制线索（受训者在工作中的自主权）。

结果指能影响受训者将来应用培训所学的行为或措施，即受训者在实际工作中应用所学后得到的各种反馈，包括积极反馈（应用培训所学的受训者会得到表扬和奖励）、消极反馈（上级、同事拒绝接受受训者应用培训所学）、惩罚（上级公开反对受训者在工作中应用所学）和零反馈（上级既不支持也不反对在工作中应用所学），一个具体的例子如表 5 - 1 所示。

表 5 - 1

转化氛围示例

情境线索	结果线索
• 管理者确定新员工有机会立即使用他们在培训中掌握的知识 • 管理者让新员工分享他们的培训经历，在工作中共同合作 • 培训中的装备与工作中的相似 • 管理者会安排一个有经验的员工帮助新员工 • 管理者把工作压力暂时降低，以使新员工有机会练习新的技能 • 在工作中可以得到培训的辅助，这样能支持受训者使用在培训中所学习到的东西	• 管理者会让受训者在使用他们的培训所学时知道他们工作得很好 • 管理者拒绝接受受训者做出的同在培训中所学习的不一致的行为 • 有经验的工人嘲笑受训者使用培训中的所学（反向记分） • 管理者没有注意到使用培训所学的新员工（反向） • 成功使用他们在培训中所学的新员工更可能接受工资的增加 • 使用培训所学的新员工在新的任命时会处于优先地位

后来，Tracey、Tannenbaum 和 Kavanagh 于 1995 年重复了以上研究中的大部分内容，发现培训迁移气氛能显著地预测上级的评价。对于组织中的培训开发迁移气氛，也有研究将领导的支持与同事的支持分开考察，把组织迁移气氛定义为个人感知到的具体的组织或团队中同事接受或希望受训者应用培训所学的程度。这样的考虑主要基于领导的支持与赞同对受训者的培训迁移行为产生显著的影响，甚至比迁移气氛中其他因素的作用更突出。

最后，培训开发转化气氛对培训迁移效果的作用除了直接的影响以外，还可以通过影响个体变量，如受训者的自我效能感、培训动机等产生间接作用。

员工培训开发成果转化的效果不仅取决于培训开发本身的成败，更取决于员工对培训和自身利益的关系的基本判断。影响这种判断的一个重要因素就是企业关于培训及员工知识、技能提高、创新、工作绩效改善的相关政策和规定，尤其是管理者对培训的态度和支持程度以及为培训转化提供的条件和帮助。管理者是否旗帜鲜明地支持和鼓励员工学习新知识、新技能，并鼓励他们将新知识、新技能运用到工作中，是否在运用出现偏差时不会严厉惩罚，都会对员工的培训成果转化产生重大的影响。

组织特征

传统的培训开发转化研究中所涉及的组织特征沿袭了 Baldwin 和 Ford 的研究模式，大多只包括了与培训开发直接相关的因素，如上级、同事对应用培训所学的支持，组织持续发展与竞争的机会等，而一些与培训没有直接关系的重要组织因素则甚少被考虑，如组织文化、管理制度等，其实这些因素也能在很大程度上影响培训转化效果。

2004 年，Kontoghiorghes 研究发现，除了积极的培训转化气氛以外，高绩效团队、风险任务、革新文化（Innovation Driven Culture）、质量文化（Quality Driven Culture）对培训转化有显著的预测作用。自从彼得·圣吉提出学习型组织概念后，它也作为一种组织文化，被纳入研究者的视线范围。Rousseau 指出，存活下来并能兴旺发展的企业需要以更快的速度进行学习。学习型组织的目标是鼓励组织中的每一个人更积极地投身到扩展他们技能和提高组织效率的行为中去，参加培训与运用培训所学易于被组织成员接受。学习型组织文化会从以下几个方面来影响培训成果的转化。

首先，学习型组织文化最重要的特点就是创造并保持了一个持续学习的环境。研究表明具有持续学习特点的工作环境有利于受训者在工作中转化培训所学。

其次，学习型文化对培训转化动机具有良好的预测作用。动机是培训成果转化中一个重要的个人特征因素，它是受训者将所学的知识和技能运用到实际工作中的渴望程度，是受训者学习和行为改变的中介变量。研究发现这使管理者意识到可以通过培养学习型组织文化来提高培训转化的动机，最终提高培训成果的转化效率。

再次，学习型文化能够预测学习迁移气氛，它们共同作用能够有效地预测组织的创新能力。

Kontoghiorghes 进一步地将组织变量用社会性组织和工作设计来定义，革新、竞争、鼓励参与、提供更多的培训机会、信息共享等是社会性组织的特点。此外，在工作设计上，突出工作的多样性和对技术要求的多样性，从更具体的工作任务角度讨论了培训转化与组织特征的关系。

在考虑组织特征时，很少有研究提到组织的工作节奏（the Pace of the Work Flow）。工作节奏能够影响在一段具体的时间内员工完成工作任务的数量和质量。在快节奏的组织中，有经验的成员可能很少有时间帮助新来者完成更多、更复杂且有一定难度的工作，于是，新来者就只能被安排去完成那些简单的任务，长此以往，他们就会很少获得在实践中运用培训所得的机会。当然，也有相反的情况，组织工作节奏快，新来者很可能被要求尽快地适应工作环境，甚至没有过渡阶段就被安排到相应的岗位上，去完成那些本应该由更有经验的员工来完成的工作，从而获得更多的运用培训所学来完成复杂、困难、有挑战的任务的机会。Ford 与 Quinones 在他们的研究中引入了工作节奏这个组织变量，用问卷法测量在组织中是否有很多工作要做，或者员工是否经常没事可做等，结果显示，工作节奏越快，可以应用培训所得的实际工作任务的数量就越少（任务广度），受训者在工作中应用培训所得的次数就越多（任务活动水平），任务就越难、越复杂（任务类型）。

最后，组织特征对受训者学习动机、转化动机有显著的影响，越是绩效好的组织，受训者越是相信自己的学习努力能够带来预期的回报，进而越有可能将培训所学应用到工作中，实现培训成果的有效转化。

5.4 培训开发成果转化效果提升的措施

要提高培训开发成果转化的效果，需要注意以下几方面的工作。

科学的需求评估

需求评估是培训开发工作的第一步，也是关系到培训开发转化效果的至关重要的一步。良好的培训开发效果是建立在合理的需求分析评价基础上的。需求评估可以保证后续培训开发工作的有效性，如果培训开发内容不是基于需求分析而设计的，成果转化将难以保证。

需求评估对培训开发成果的转化影响是一个传导的过程。在现实情况中，培训开发需求并不是清清楚楚地摆在眼前的，需求往往是来源于企业自身目标未能实现，于是在各方面寻找原因，最终在员工的工作能力上发现其与预期能力的差距；或者是企业寻求进一步的发展，而需要对内部人才进行培养。这一正一反两种需要产生了企业要培训、员工要受训的动机。通过对培训开发需求的正确评估才能找准受训人员的培训动机并进行激励，受训人员在收到激励后，学习的热情才会提高，为培训开发成果的转化提供了先决条件，如图5-3所示。

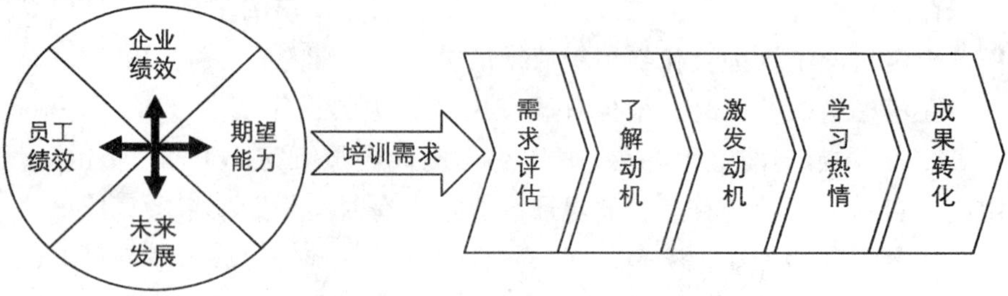

图5-3 需求评估对培训成果转化的影响传导机制

合理的培训开发设计

培训开发的设计对后期成果的转化具有重要的影响，具体而言，培训开发目标的设计、内容的设计和方法的设计都会对成果的转化产生重要影响，如图5-4所示。

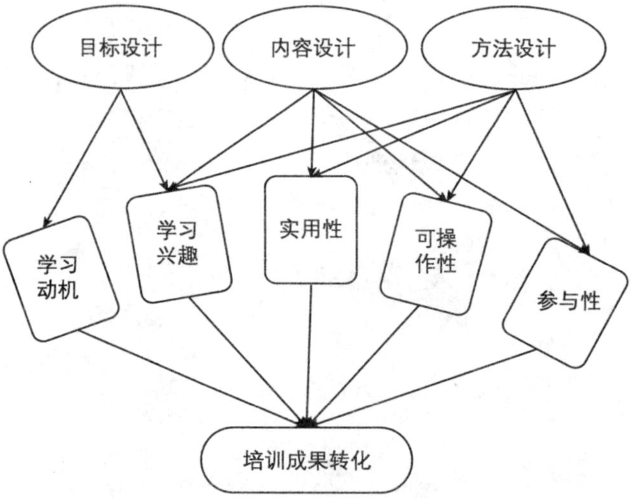

图5-4 培训设计对培训成果转化的影响图

依据目标设置理论，在参加培训开发之前培训者要为受训者设立目标，或者让受训者自己设立目标，如果目标具体、富有挑战性，会使受训者具有增进工作技能、改进工作绩效的强烈愿望与动机，能够提高员工对培训开发的兴趣程度、理解能力及努力程度，那么效果就会比较理想。这些目标包括数量、质量、时间和成本等。

培训开发内容设计方面，要与员工当前工作经验及任务紧密结合。培训开发的初衷是要提高员工的绩效，实现组织的战略目标。因此内容与员工的任务紧密相关是培训开发的前提，这样做，一方面使得培训开发内容对于员工有一种熟悉的感觉，将工作中遇到的难题带到培训开发中来解答，使得培训开发对于员工具有吸引力，吸引受训员工逐渐全身心投入到培训开发中来，为培训开发成果转化打下知识的基础；另一方面，内容与员工的工作紧密相关，也能够让受训员工在培训开发之后有机会在工作中实践，知识只有通过反复的练习才能最终成为自身技能、提高培训成果转化的效果。培训开发可以是对员工未来能力的培养，但是企业的这一长远眼光必须是在与员工沟通过后的结果，归根结底还是要在员工认为该培训开发有意义的前提下设计培训开发的内容。比如，针对营销类人员的客服技巧培训，或针对技术人员的专业技术培训。另外，培训开发的内容要是受训人员感兴趣的，这就是为什么在作需求评估的时候一定要对受训人员的需求进行调查。培训开发内容至少在某一方面应当是能够引起受训者的兴趣的，如培训开发内容是时下最为流行或新潮的理论，或具有一定挑战性的相关课题等。

培训方法设计方面，可以通过结合受训者的个人特征进行培训方法的选择来最终对培训成果的转化产生推动作用。教育理论上，一直强调因材施教，必须关注受训者的个体差异。不同性别、年龄、岗位、职务的员工对培训课程的兴趣点和期望都会不一样。企业的员工都是成年人，成年人的学习目的和动机一般都较为明确，但是他们一般都有着来自工作、家庭等各个方面的琐碎事情的干扰，学习的集中力较差，容易分心。因此，要让他们在受训之时集中精神努力吸收知识、技能，为后续培训开发成果转化打下基础，培训方法设计上就一定要注意趣味性、实用性、参与性和可操作性。培训方法多种多样，如设计与员工工作环境相似的情景，或者让员工进行小组讨论，或者运用多媒体等技术，以及培训师的跟踪调研，其目的都是为了寓教于乐，真正地将知识吸收进去，提高培训成果的转化。

阅读材料5－1　课题研究式培训——促进培训成果转化的新方式

课题研究式培训是解决理论联系实际的过程中非常有效的、得到普遍认可的培训方式，与传统的课堂讲授相辅相成，形成了一个有机的整体。它能够在有限的培训时间内，成功地将培训内容转化为培训成果，解决培训对象在管理实践中遇到的热点、难点问题，对培训对象的能力进行全方位的锻炼。这种方法的基本操作程序如下。

培训开始前，培训师在深入企业调研的基础上，根据本次培训的主题，结合企业当前关注的热点、难点问题，拟订几个课题研究方向；根据培训对象的工作岗位与题目的相关度，将其分成若干研究小组并确定负责人。提前1周给培训对象发课前作业，介绍本次培训的内容与方法，要求培训对象进入培训状态，抓紧时间收集课题资料、案例，准备笔记本电脑等必要学习工具。

培训实施中，课题研究要在教师的指导下进行，培训对象针对参加培训时带来的管理问题，结合培训期间学到的管理理论，设计一个切实可行的管理方案，形成研究报告。期间要把握的重点是培训师、学员和上级管理者之间的沟通，针对研究的问题，培训师与上级主管要对学员的学习和问题研究进行指导，以保证学员的受训效果。

培训结束时，由公司领导及专家对各组的研究报告进行答辩和评价。

课题研究式培训具有形式新颖、与授课相辅相成、与实践紧密结合、团队学习的特点，而且能够使得受训人员在培训的全程中感受到企业尤其是直接上级对其培训的支持与指导，大大提高了培训成果转化的效果。

良好的培训开发前的准备

培训开发前的准备工作做得好，对后期培训开发成果的转化有重大的意义，具体内容在前面章节已有论述，本节只针对其如何对培训开发成果的转化产生作用进行分析和解释。培训开发前的准备工作具体包括人员准备和环境准备。

1. 人员准备

人员准备的工作一般是要确保受训人员在身体上和心理上都作好接受培训的准备。身体上指的是受训人员对此次培训开发应当提前有个全局性的理解：为什么培训？培训谁？什么时候培训？在哪里培训？培训后要达到什么目标？如何达到？等等。心理准备指的是受训人员已经被激发出足够的学习热情，准备好在培训开发中努力学习。这两个方面都会让受训人员理解培训、接受培训，甚至为自己能够接受此项培训开发而感到欢欣鼓舞，从而最大限度地激发受训人员的学习动机，使得培训开发到来之时会积极地进行学习；另外，提前告诉员工培训开发流程也能帮助受训人员做好各方面资料的收集和整理工作，让员工安排好自己的本职工作和受训的计划，毕竟现在大多数的培训开发并不脱产，这些准备工作本身也能够提高学员学习的效果，为后续的培训开发成果转化作好铺垫。

2. 氛围准备

环境准备主要指的是要为受训者营造一个倡导学习和有利于学习的环境以保证培训的效果。

首先，要让高层管理者以及受训人员的上级作好支持受训人员进行培训开发的准备。高层领导的参与影响力是很大的，请高层领导出面观看培训开发成果汇报，能让学员感受到企业对培训开发的重视程度，激发他们培训开发的热情。企业高层领导还应该关注培训开发方案制订的合理性，并鼓励技术管理创新，营造良好的沟通氛围，努力创建学习型组织等，这有利于促进培训开发成果转化。同样，上级对于受训人员的培训开发动机和热情也起到了很重要的作用。因此，受训人员的上级或管理者必须做到以下几点：

- □ 对员工此次的培训开发进行训前沟通，明确表示对其此次培训开发的支持和肯定；
- □ 充分了解此次培训开发的进度安排，根据安排表来减少或不安排员工受训期间的工作任务，以免员工在受训期间由于工作压力而逃避培训；
- □ 对员工表明培训开发期间会尽可能地参与，并就培训开发内容与下属进行讨论，给予指导和监督；
- □ 承诺并实际提供员工在工作中应用新技能的机会，以及受训后的收益，如薪酬、职位晋升等，强化受训人员的学习动机。

其次，是要受训人员的同事和下属也作好支持受训人员进行培训的准备。在受训人员要接受培训之前，只有同事及下属做好了为其分担工作任务的准备，并鼓励其好好接受培训，承诺对其工作的支持，受训人员才能安心地去接受培训，集中精力搞学习，最终才能保证培训成果的转化。

注意培训过程中的转化工作

培训过程中同样有一些环节必须要注意，以便为培训成果的转化做好准备。

1. 沟通

这里的沟通有几个方向的沟通：受训人员与培训师的沟通、受训人员之间的沟通和受训人员与管理者的沟通。

受训人员与培训师的沟通。在培训开发过程中，培训师作为知识的传播者，应当深入地与受训人员进行沟通。而且，管理理论本来就是实践经验的总结，多年来，管理理论被神化，各种使人觉得深不可测、捉摸不透的理论和概念层出不穷，离基层的管理实践却越来越远。培训师将理论授予受训者时，受训者也根据自身工作的实际经验结合理论与培训师进行沟通，在这一来一回中，培训知识的深入理解和细化就完成了。

受训人员之间的沟通。每位培训人员所拥有的丰富工作经验，都是珍贵的资源，必须进行充分的开发与利用。然而在以往的培训开发中，由于缺乏适当的沟通方式与话题，培训对象彼此之间的关系比较松散，交流的内容只限于浅层次，缺乏深度的思想碰撞。培训过程中要注意为受训人员搭建好交流平台，让面临着相同的工作环境和相似难题的受训员工利用这样一个难得的交流机会，就共同关心的问题进行热烈的探讨，互相启发，互相支招，打破思维的樊笼，迸发思想的火花，一个个难题迎刃而解；更重要的是在浓厚的学习氛围中，培训对象之间增进了感情，加深了了解，许多培训对象由此结下了深厚的友谊，对减少日后工作中的沟通成本、加强多方面的合作起到积极的促进作用。

受训人员和管理者的沟通。管理者对受训人员最大的支持就是参与到培训开发中来，作为受训人员的导师，与受训员工就培训内容进行共同的探讨，并对受训人员进行指导。因此，二者之间的沟通也变得尤为重要。通过沟通，管理者了解到了员工的真实想法和对培训内容的深层思考；而员工也在得到指导性的工作方法的同时得到了来自管理者的激励，这对于培训成果的转化起到了促进的作用。

2. 反复练习

认知心理学认为，如果受训者能够清楚地了解工作环境中常见的刺激因素以及由此而产生的反应，那么通过强化训练，不断重复这样的刺激—反应模式，相应的绩效就会得到提高。因此，培训中要讲“三习”，即上课之前先预习、上课中要练习和上课之后要实习。要使所学知识与技能易于理解、消化和被掌握，实习是不可或缺的重要手段。而只有重复实践才能使所学知识与技能转化为员工的自然反应，成为其整体技能和行为模式中的一部分，才能真正达到学习的目的。

注意培训后的转化环境培养

不少企业往往只做到培训开发评估就结束了，殊不知培训开发成果转化的关键在于培训开发后转化环境的继续支持。

转化环境培养主要是培训开发成果转化氛围的培养，具体而言就是企业文化、培训开发内容的实践机会、管理者支持、同事和下属支持、制度支持、培训师的持续跟进、人力资源部门的持续跟进等。

1. 塑造学习型企业文化

企业文化具有六种正功能，它们是区分功能、导向功能、约束功能、凝聚功能、激励功能和外部功能。区分功能指的是企业文化会造就独特的企业和企业成员，与其他的企业区分开来。导向功能指的是企业文化对企业的整体和企业的每个成员的价值取向及行为取向起引导作用。约束功能指的是企业文化对员工的思想、心理和行为具有约束和规范作用。凝聚功能指的是企业文化具有凝聚企业成员的作用。激励功能指的是企业文化能够激发企业成员的积极性和首创精神。外部功能指的是企业文化一旦稳定下来，不仅会对企业内部的成员产生影响，而且也会通过各种渠道对社会产生外部作用。

企业文化的这些功能，对培训开发成果转化产生着巨大的作用。若企业文化以学习为导向，那么就可以通过激励企业内部形成良性的学习风气，提高创新能力来促进企业绩效的提高，同时约束人们的行为，使企业成员在大家都学习的氛围下不得不也开始努力学习，在学习中感受收益，从而受激励进一步加强学习。因此，要提高培训开发成果转化的效果，就一定要培养学习型的企业文化。

学习型企业文化是指通过营造弥漫于整个企业的学习氛围而建立起来的一种向导性的、符合人性的、创新的企业精神价值观体系和行为制度体系。学习型企业文化依存于学习型企业，是学习型组织的本质特征。学习型企业文化具有以下基本特征：

- □ 学习型企业文化的核心是学习型的思维方法，主要是系统思维方法和心灵转向的自我超越修炼。这是学习型企业文化不枯竭的主体创造源泉。
- □ 学习型企业文化是自适应的企业文化。学习型企业是通过"系统基模"分析建立起来的自企业系统，是具有自我调节反馈机制的企业，是能够适应环境的变化的企业。
- □ 学习型企业文化是开放的企业文化。它通过系统思考和自身反省而实现"整体观照"并达到与外部世界和未来的和谐。
- □ 学习型企业文化是实践的、行动的，它来自企业的修炼实践，目的在于指导组织的修炼，而不是脱离于企业之外的东西，是个人学习和企业学习相统一的产物，是共同的价值观和目标。

阅读材料 5－2　GE 打造学习型企业文化的 11 步*

杰克·韦尔奇的学习型企业文化将 GE 从一家老迈的制造业官僚机构改造为世界上最大、最具有价值的跨国企业之一。在韦尔奇打造学习型企业文化的过程中，有 11 步至关重要：

- □ 夯实公司的财务根基。
- □ 确定权威的战略方向，确保向企业所有人解释清楚其战略构想。
- □ 确保公司有一套确定的价值观。
- □ 建立一个信任和开放的环境。
- □ 创建一个"无边界组织"。
- □ 速度、灵活、创新是无边界组织的三大特征。
- □ 确保企业中的每个人都受到鼓励，随时准备去寻求最佳方案。
- □ 实施最有效的执行计划。
- □ 对那些促进学习型企业文化的行为和行动给予褒奖。
- □ 建立充分利用学习收益的基础设施。
- □ 利用遍及全公司的创新活动传布福音。

2. 培训开发内容的实践机会

既然员工接受了培训开发，学习了技能，那么要员工将培训开发内容成功地转化为自身的能力，就需要在实际工作中不断地实践。如果仅仅告诉受训者应该

---

* 改编自刘希珍，王梅．人力资源开发与管理案例［M］．天津：天津大学出版社．2008：93.

怎么做，学习是不会产生的，就更谈不上转化了。而且人的记忆分为短期记忆和长期记忆，培训开发内容在短时间内员工尚可记住，但是时间一长，又没有实际操作的经验，那么自然而然就会忘记。例如，学习一种软件，如果只是看书而没有去实际操作，那么学习就会仅停留在书本的层次上，遇到真正的问题可能还是无法解决，并且随着时间的流逝，最后连在书本上学到的也会全部慢慢忘记。

因此，在培训开发后要提供给受训者进行培训开发内容实践的机会并激励员工去使用新学到的技能。具体做法可以为安排受训人员在培训开发后去从事那些需要运用到培训知识的岗位或任务。或者对受训人员的工作进行重新设计，加入能够运用培训所学新知识的任务。如何判断已给受训人员安排足够的实践机会?可以从三个维度来判断，包括运用的数量、频率以及难度。对实践机会的评价可以找出是什么原因造成了受训者进行培训成果转化的困难。实践机会少可能是工作环境对应用新技能的影响，比如，管理者没有支持培训开发活动或不给员工提供能够应用培训开发所强调的技能的工作机会，还可能是培训内容对员工的工作并不重要、在培训项目设计等环节上有待改进。

3. 管理者支持

在培训开发前和培训开发中都提到，管理者对受训人员的支持对于受训人员的受训动机和学习愿望会产生强烈的影响，在培训结束后，管理者的支持同样起着强大的作用。

在培训开发后，管理者要扮演监督者、激励者和导师的角色。扮演监督者的意思是管理者要监督员工的培训开发后的技能修正或者绩效的改进。人都是有惰性的，很容易在学习了新的知识以后仍然按照原来旧的方法来工作，就是俗话说的“穿新鞋，走老路”。培训开发后的监督工作也不是只有人力资源部门去跟进就行了，毕竟人力资源部门不是受训人员的直接上级，并不能完全了解员工培训后的效果和对工作的改善与否。受训人员的管理者才是真正了解受训人员绩效和工作的人，管理者一定要做好监督的工作，督促员工按照培训开发的技能来完成工作或达成培训前制订的目标。

激励者的意思是管理者要激发受训人员运用培训所学到的新知识、新技能。培训开发后将内容运用到实际工作当中对于培训开发成果的转化是具有相当重要的意义的，只有实践了，而且反复实践了，理论才能真正转化为能力。受训者是否会运用培训知识取决于环境的影响和自身的动机，管理者担当激励者的角色，可以对这两个方面都起到激励的作用。一方面，管理者可以通过工作上的安排，为受训员工提供运用新知识、新技能的机会；另一方面，也向受训者运用新知识、新技能的行为表示明确支持，甚至在运用过程中出现小的失误不会受到严厉的惩罚，在成功时就大加赞赏或奖励，都能够极大地激励受训人员去运用培训所学到的知识、技能，提高培训成果转化的效果。

管理者要扮演好导师的角色，尤其是受训员工的直接上级，一方面，他们最了解受训员工的工作和绩效，对于受训员工的优点和劣势都了如指掌；另一方面，他们也与员工最接近，在员工的工作出现问题的时候，能够最快发现并予以指导。同样，在培训开发后，受训员工将培训所学的知识带到了真实的工作场景中，运用得到位不到位还是值得商榷的，因为就算是运用情境模拟的培训方式，也毕竟和真实的工作场景有着区别，真实的工作环境会由于各种各样的因素而变得尤为复杂。管理者在此时就要做好导师的工作，对受训人员运用新知识和新技能进行指导，不能对其听之任之，或一味鼓励其运用，而不管其运用得是否正确。

4. 同事及下属的支持

同事及下属是工作中的分担者和协调者。受训员工要想真正运用培训中所学的新知识、新技能，还要靠同事和下属的支持与协助。具体说来，同事对受训者运用在培训中所学到的新技能和行为方式予以支持，对失败的结果予以宽容和谅解，而不是嘲笑、讽刺或挖苦。而下属对参加受训的上级管理者将在培训中所学习到的新的管理理念、领导风格、领导方法和行为方式运用到工作之中时要积极配合。

5. 制度支持

制度支持指的是在组织的制度层面上，要制定一些能够对受训人员培训成果转化产生激励性作用的政策、制度。主要就是奖惩机制和升迁机制。首先，奖惩机制的配合。要使受训者主动积极地进行培训成果转化还应从动机问题上加以考虑，薪资、晋升等方面的因素能够影响受训者的动机水平。受训者所拥有的知识、技能的提高与薪资直接挂钩，能够调动受训者进行培训成果转化的积极性，使其积极创造条件，主动寻求各类相关人员的配合，从而促进成果顺利转化。其次，晋升机制的配合。培训成果的转化与受训者的职业生涯规划相结合，能够调动员工的主动性和积极性，特别是针对晋升进行的培训开发活动，员工的技能提升使其能够适应高一级的工作岗位，受训者因而具有进行成果转化的内在动力。

6. 培训师的持续跟进

培训师作为受训人员知识的来源者，其对培训开发成果的转化起到了根源性的影响。在以前的培训中，往往培训师在培训开发课程结束以后就与受训人员断了联系，至于受训人员接受培训开发以后的效果如何，完全抛给了企业去负责，这是不正确的。当今时代，培训师的作用已经由课堂延伸到了工作环境和非培训时间。

培训开发成果转化的攻坚时期就是课堂结束后返回到工作岗位上的运用、思考、再运用、再思考这一循环过程。培训师在这一过程中要对受训人员进行持续的跟进指导和考核。指导的含义是在员工将培训开发知识运用到工作中出现疑问时，员工应当与培训师及时联系，解决问题，同时培训师还应当根据问题对员工进行引导性的思考，和员工一起完成培训开发内容由知识到能力的转化。具体做法可以为：企业可要求培训师在培训开发结束后进行长期的跟踪服务，根据课程实施阶段组成的学员组织，推选班长，形成特定课程结业团，定期回顾并更新学习内容，选取学员将培训开发内容应用到实际工作的例子进行分享，培训师随时支援学员有关培训开发内容的各种问题。通过建立课程讨论专区、课程内容回顾电子刊等形式，加强学员对课程内容的理解和应用，激发学员持续学习，将学习内容转化为自己所掌握的工作技能。

考核的含义是培训师必须在固定期限内对受训员工进行定期的考核，以检验其培训成果转化的进度和程度。由于现实情况中培训师常来自于外部，或者不是员工的直接领导等缘故，培训师不可能在员工培训开发结束后还一直观察员工培训成果转化的情况，但又不能只被动地等待员工来主动联系进行解答，所以最好是有定期的考核，以便检查员工的转化情况；定期的考核也可以影响培训知识的沉淀、稳定化和最终转化为能力。

7. 人力资源部门的持续跟进

人力资源部门是培训开发工作的计划、组织、实施者，培训开发成果的转化成功与否与人力资源部门有着重大的关系。在培训开发后的环境培养中，人力资源部门担当了协调者、辅导者、评价者的角色。

协调者指的是在培训结束之后，受训员工的培训转化工作主要应当由受训员工所在部门的管理者来承担，人力资源部门应当起到协调的作用。实际在企业当中，绝大多数的人力资源活动的实施，都需要由部门经理和人力资源部门共同完成，人力资源部门是无法做到明晰企业的每一个员工的详细情况，只有部门管理者才对自己的下属员工的状况与需求最为了解。因此，由部门管理者对受训员工的培训转化情况主要负责，而人力资源部门作为协调者，应当就员工的情况与部门管理者进行经常性的、有效的沟通，双方共同努力，完成培训成果的转化。

辅导者指的是，人力资源部门作为培训工作的负责部门，还要对员工的受训情况进行监督、跟进和辅导。明确掌握员工的转化情况，并了解当中的缘由，分析具体是哪一环节出现了问题，针对问题提出解决方案。

评价者，评价是培训开发的一个重要环节，评价的组织实施者应当是人力资源部门中的培训开发部门，只有通过评价，才能真正了解到培训开发的实际效果，有效的评价对于培训开发成果的转化也是非常必要的。另外，绩效管理中的考核也是包括在内的，如果在对受训人员的季度或年度绩效考核中加入所受培训开发成果转化这一部分，并与薪酬、晋升都挂钩，则对受训人员的学习会产生很大的激励作用，从而促成培训开发成果的转化。具体做法可以在培训管理制度中正式体现，让员工在培训之前就知道这一政策对其工作和自身发展的影响。

8. 反馈

培训开发成果转化的过程中，培训开发部门和各级管理者都要注意跟踪和督导员工的应用行为，指导员工将所学知识、技能运用于实际工作，对其运用正确与否给予反馈。通过反馈，员工可以了解到自己的优势和不足以及学习的情况，从而能够更有方向性地进行自我调整。

阅读材料5-3　麦当劳是如何保证培训成果的转化的

小时工人员的培训

(1) 单项工作检查表（SOC）：所有的麦当劳工作站都有一份单项工作检查表，清楚地说明每一个操作步骤。

(2) 训练的方式。

- 训练的四大步骤：

准备──→呈现──→试作──→追踪

- 肩并肩：

训练必须要所有经理人员支持及鼓励；

所有经理人员都知道如何运作训练系统；

每位经理人员都能够示范正确的训练过程；

经理人员定期追踪；

经理人员提供必须的资源、资料、时间、人员或金钱；

订立标准，并达到标准。

- 追踪训练成果

经理人员的训练

(1) 品质参考手册、录像带、管理课程、管理组发展手册（MDP，不同的职位会有不同的管理发展手册，以协助在每个职位发展所需的能力）。

(2) 训练流程。

- 前：自修管理发展手册内容完成活动及检定以落实
- 中：鼓励并创造一个互相学习分享的环境
- 后：课后行动计划带回工作上以实际应用所学并且有辅导人员协助检定

训练与绩效的联结性

麦当劳强调培训绩效与工作绩效结合。以汉堡大学课程为例：从学员对课程的意见反映、学员的学习成果、学员的行为表现与绩效成果四个层面来评估训练成效。绩效成果包含了是否能与公司目标、工作联结以及与自我绩效、上司的绩效联结。

本章小结

培训开发只有真正地转化为员工自身的技能或能力，才能提升员工的绩效，培训开发才是切实有效的。

本章首先介绍了培训开发成果转化的概念和意义；然后讲解了相关的理论，包括传统的迁移理论和现代迁移理论；影响培训开发成果转化的影响有很多，我们主要讲了三个因素；最后本章提出了提高培训开发成果转化效果的五项措施。

复习思考题

1. 什么是培训开发成果转化？有何意义？

2. 传统迁移理论有哪些？各自的内容是什么？

3. 影响培训开发成果转化的因素有哪些？请具体阐述。

4. 如何提升培训开发成果的转化效果？

案例分析

毁掉的“完美”培训*

早晨，卢静刚刚走进办公室，就被叫到总经理室。这次培训效果的评估结果非常差，作为人力资源部门负责人的卢静受到了总经理严厉的批评。如何做好培训工作，让卢静伤透了脑筋，这次批评让卢静的脑海里又开始浮现这一年培训工作的烦恼。

年初，在非常重视人力资源发展的总经理的支持下，卢静制订了一系列的员工培训计划，尤其是对品控与设计这两个对公司业绩有着重大影响的部门，特别制订了针对性的岗位技能培训计划。

从培训的实施上来看，卢静认为培训方案基本上不存在问题。培训需求进行了调查、反馈，技能培训师也进行了筛选，培训课程的实施和转化也都有跟进计划，从整体上来说，培训方案是相当完善的。

但在第一轮培训过后，卢静就着手进行了培训成果转化的跟进，结果却让人非常失望。那些在课堂上看起来相当认真的一线员工，其技能改善完全不明显，有的甚至忘记了培训的内容，对培训显得满不在乎，不当回事。卢静对此感到困惑，立即与部门经理进行了沟通，他们虽然对培训表示出兴趣和重视，但也表示最近的工作任务相当繁重，公司今年定下的目标十分具有挑战性，在时间上无法完全满足培训的需要，而且当卢静详细指出其下属员工哪些地方存在不足时，他们也一概否认，并不承认其在培训转化方面存在问题。

卢静经过分析发现，虽然在培训之前人力资源部门与各部门经理一起设定了严格的培训目标，要求员工在培训后的一段时间内必须达成。但在培训结束后，尽管人力资源部门在作持续的跟进，部门经理却对目标的达成与否漠不关心。卢静就此向部门经理提出了强烈建议，要求部门经理严格执行培训目标的跟进，对不愿意或勉强改变工作技能的员工予以一定的惩戒。

四个月后，针对品控和设计这两个部门的第二轮培训又开始了。这次卢静一有时间就亲自监督培训的实施。但在监督时，卢静发现有不少员工持续缺课，于是与部门经理进行沟通，部门经理表示了对培训的大力支持，但也表示了时间上的难处，最近处于产品的大力攻坚期，设计人员都相当繁忙，培训可能造成项目的延误。

培训结束后，卢静又开始着手培训效果转化的工作，但她很快又失望了。部门经理对于员工培训目标的落实并不关心，似乎他们更关

---

* 改编自吴冬梅，等．人力资源管理案例分析［M］．1版．北京：机械工业出版社，2008：282－287.

心与下属的人际关系。也就是说部门经理希望通过良好的人际关系来推动员工努力工作做出绩效，并不希望因为这些“无谓”的目标而严格管控员工，从而影响与员工的良好关系。

针对整个第二轮培训，卢静进行信息的收集，与两位经理进行了一一面谈，但都与两位部门经理发生了激烈的争论。首先，他们认为培训当然是应当支持的，但培训比起工作来说还是次要一些，应当首先完成本职工作。另外，他们也认为良好的人际关系是在本部门所必需的，因为品控和设计部门都是经常要突然加班的部门，缺乏良好的人际关系很多事情都摆不平，培训的转化需要一个过程，严格的管理不仅伤害员工感情，而且操之过急也不会有什么效果。

而卢静的想法是，工作技能培训与理念培训不同，具有即时性，短期内没有转化，时间长了会更糟。尽管卢静非常努力地做了很多工作，第三轮培训的效果仍然十分不理想。总经理对此十分不满，认为人力资源部门有着不可推卸的责任，卢静对此也十分委屈。

【案例问题】

1. 针对该公司的培训转化情况，你认为具体哪几个方面出了问题?

2. 针对该公司培训转化的问题，你认为人力资源部门在培训转化中应当扮演一个什么样的角色?

3. 请你针对案例，给卢静提出一些总结性的建议。

第 6 章

培训开发效果的评估

【学习目标】

- 掌握培训开发效果的概念和定义
- 掌握培训开发效果评估的概念和意义，清楚培训开发效果的评估过程
- 掌握柯氏评估模型
- 了解其他培训开发效果评估模型
- 掌握培训开发效果的评估方案设计
- 了解培训开发效果的评估方案

【关键概念】

培训开发效果评估
柯氏评估模型
CIRO 评估模型
CIPP 评估模型
汉姆布林（Hamblin）模型
考夫曼（Kaufman）五级评估模型
菲利普斯五层次模型

引导案例：A集团培训效果为何不佳

A集团是行业内管理比较领先的民营企业，但是，人力资源部经理却为了培训的事情一筹莫展。精心准备的培训方案上报审批，被老总束之高阁、没了下文；轰轰烈烈制订的培训计划，却得不到预算支持；好不容易“难产”出一次培训，员工的积极性却不高，培训效果不明显，公司的培训业务一直“发育不良”。

而A集团正处于快速发展期，公司规模的不断扩张和业务的不断发展，相应地对人员素质提出了更高的要求，培训就显得尤为重要，但培训工作的组织和开展步履艰难。

其实，A集团人力资源部经理的困惑并不鲜见，很多人力资源工作者都感叹培训工作就是一块难啃的硬骨头，费尽心思也不见得有所回报。为什么呢？

首先，企业高层对培训重视不够。

A集团的老总认为，所谓的拓展训练，无非就是游山玩水，而其他的培训也没有对企业的发展起到什么作用。老总对培训的这种态度，反映了他的价值观。在老总看来，培训是一件可有可无的事情。假如让老总把公司各项管理职能作一个重要性排序的话，培训无疑是排在最后面的。价值观决定了人的行为，也就不难理解，为什么培训方案不被审批、培训预算总是不断“缩水”了。

其次，受训者内部动机不强。

A集团的培训实施还面临这样的问题：明文规定了培训考核制度，却仍有许多员工用各种理由和借口请假，无法保证令人满意的出勤率；即使一些员工参加培训，往往也是精力不集中，表现得心不在焉，兴趣索然。

最后，从培训内容来看，不符合公司对员工的发展需求。

内容是培训的核心和关键。A企业培训之所以收效甚微，最重要的原因是培训内容脱离公司实际发展需要，远离业务实践，或者对员工来说过难或过简单。

培训开发作为一种人力资本投资，越来越受到企业的青睐，但如果只重视培训过程，而忽视对培训开发效果的评估，会使培训开发的作用和意义大打折扣。不能够有效地评估培训开发结果，会使受训者及组织者对培训的作用和意义不了解，产生怀疑。

本章主要介绍培训开发评估的内容，从而获得对培训开发效果的有效评估，进而提高企业培训开发的有效性以及开展培训开发的积极性。

6.1　培训开发评估概述

培训开发效果的概念及类型

企业在培训开发项目上投入了大量的人力、物力和财力，想以此赢得竞争优势。相关数据表明，2001年各企业在培训开发上的直接费用占工资总额的2%。不分所处行业，不论规模大小，各类企业都对培训开发进行了相当大的投资，例如，参与美国培训与开发协会基本服务项目的小规模企业（员工数量为1~499人）花在每个雇员上的培训费用为1027美元，而大企业（员工数量在2000人以上）花在每位雇员上的培训费用是660美元。企业之所以对培训开发进行投资，是因为学习能够创造知识，从而将那些成功的企业和雇员与不成功的企业和雇员区别开来。正是由于企业在培训开发上花费了巨大的成本，并且将培训开发作为企业获得成功的一项策略，因此他们希望培训开发获得的效果和收益是可以测量的。

培训开发效果是指培训开发以后所达到的状态，以及企业或受训者从中获得的收益。对受训者来说，他们可以学习各种新的技能和行为方式，而企业则可以获得销售额的上升及顾客满意人数的增加。

培训开发效果可分为培训开发有效性和培训开发效益性两方面。有效性是指培训开发工作对目标的实现程度。效益性则是判断培训开发工作给企业带来的经济效益和社会效益，而不仅仅是判断培训开发目标的实现程度。这两方面可以细分为五种类型的培训效果。

1. 认知效果

可用来衡量受训者对培训开发项目中强调的原理、事实、技术、程序或过程的熟悉程度。认知效果用来衡量受训者从培训开发中学到了什么。一般要用笔试来测评认知效果。

2. 技能效果

用来评价技术或运动技能以及行为方式的水平，包括技能学习和技能转换两个方面。技能成果通常是用观察法来判断的。

3. 情感效果

情感效果包括态度和动机在内的效果。情感效果的一种类型是有关受训者对培训开发项目的反应。反应是受训者对培训开发项目的感性认识，包括对设施、培训师和培训内容的感觉。反应有助于明确受训者的哪些想法是有助于或阻碍学习的。评估也应包括对多样化的忍耐力、学习动机、安全态度和顾客服务定位等情感因素。情感效果要通过调查来进行衡量。

4. 绩效效果

用来决策组织为培训开发计划所支出的费用。绩效效果包括由于员工流动率或事故发生率的下降而导致的产量的提高及产品质量或顾客服务水平的改善。

5. 投资回报率

指培训开发的货币收益和培训成本的比较。培训成本包括直接成本和间接成本；收益是指公司从培训计划中获得的价值。

表 6 – 1 给出了这些成果及它们如何被衡量的例子。

表6-1

培训开发项目成果评估

成　果	举　例	如何测量	测量什么
认知成果	• 安全规则 • 电子学原理 • 评估面谈的步骤	• 笔试 • 工作样本测试	• 获取的知识
技能成果	• 使用拼图 • 倾听技能 • 指导技能 • 飞机着陆	• 观察 • 工作样本测试 • 等级评定	• 行为方式 • 技能
情感成果	• 对培训的满意度 • 对其他文化的信仰	• 访谈 • 焦点小组 • 态度调查	• 动机 • 对培训项目的反应 • 态度
绩效成果	• 缺勤率 • 事故发生率 • 专利	• 观察 • 从信息系统或绩效记录中收集数据	• 公司收益
投资回报率	• 收益值	• 确认并比较项目的成本和收益	• 培训的经济价值

培训开发效果评估的概念及意义

培训开发效果评估是指系统地收集必要的描述性和判断性信息，以了解培训开发达到的状态，并帮助作出培训开发项目修改或继续使用的决定。

从上述定义可以看出，培训开发效果评估就是收集用于决定培训开发是否有效的结果信息并对培训开发项目进行进一步改进的过程。要真正提高对培训开发效果评估的重视，就要了解培训开发效果评估的重要意义。

- □ 效果评估能够反映培训对组织的贡献，并以此体现人力资源部门或培训部门在组织中的重要作用。
- □ 效果评估可以为决策者提供有关培训项目的反馈信息，从而作出正确的判断，在不同的培训项目之中选择最为科学的培训方案，或对时间跨度较长、投入资本较多的培训项目作出继续或终止的决定提供较有价值的参考意见。
- □ 效果评估可以帮助培训管理者对培训需求确定、培训计划调整、培训资源分配、培训实施操作等影响培训效果的工作及时提供信息，获得反馈及有价值的经验教训，以便更好地开展下一步的培训。
- □ 效果评估中的心得交流环节，能够帮助受训者在工作中运用培训所学，取得工作的进步，使得培训资源得到更广泛的推广和共享。同时，会使培训对象更加清楚自己的培训需求与目前水平的差距，从而产生参与下一阶段培训的愿望。

- 全程培训效果评估可以实现对整个培训过程的全面质量控制，从而使培训需求更加有针对性，培训动员性更有效，培训计划更加符合实际需要，培训资源分配和经费时间投资更加有效。

评估过程概览

在详细讨论培训开发效果评估模型之前，需要先了解整个评估过程。图6－1总结了培训评估过程，强调管理者和培训者应在培训开发之前就考虑一次评估。

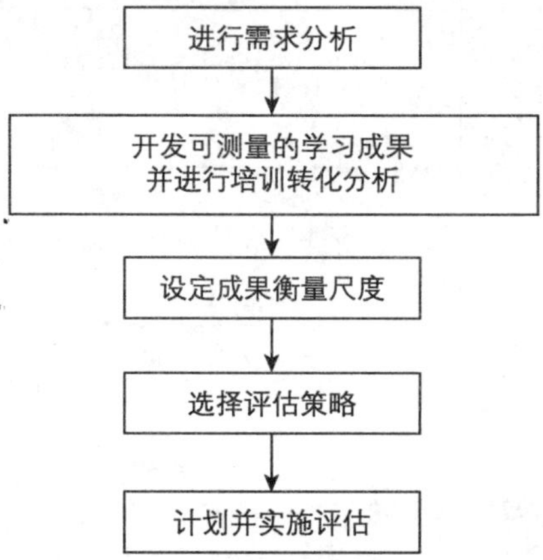

图6－1 培训开发评估过程

资料来源：Based on D. A. Grove and C. Ostroff, "Program Evaluation", in Developing Human Resources, ed. K. N. Wexley (Washington, DC: Bureau of National Affairs, 1991): 5－185 to 5－220.

评估过程应从培训开发需求的决策开始，需求评估有助于确定需要哪些知识、技能、行为方式或其他能力。一旦明确了所需要的能力，评估的下一步就是要确立能够指导项目实施的具体的、可测量的培训目标。成果衡量尺度建立在学习目标和培训转化分析的基础之上，它们是用来评价学习和培训成果转化发生的程度的。一旦选定了成果，接下来就是决定评估策略。选择方案时要考虑诸如专业技术、获得信息所需的时间、变化的可能性及企业文化等因素。规划和实施一项评估包括进行项目预测及根据评估方案收集培训成果。评估的结果可用于项目的改进、营销或赢得更大的支持。

6.2 培训开发效果的评估模型

对培训开发效果的评估，可以从多个角度展开。迄今为止，研究者已经提出了多种评估模型，就是希望给出适用于不同种类的项目及不同评估目标要求的评价框架。本节将介绍几种主要的培训开发效果评估模型。

柯式评估模型

广泛用于培训有效性评估的是美国人力资源管理专家唐纳德·柯克帕特里克（Donald L. Kirkpatrick）在1959年提出的四个层次的评估模型，简称柯氏评估模型，如表6-2所示。该模型的提出，使得培训评估进入了系统化、结构化发展的轨道，理论模型在大量实证研究的基础上层出不穷。

表6-2

柯氏评估模型

层次	重　点	评估方法	评估时间	评估单位
1. 反应	受训者的满意程度	• 问卷调查 • 面谈观察 • 综合座谈	课程结束时	培训单位
2. 学习	知识、技能、态度、行为方式方面的收获	• 纸笔测验 • 绩效测验 • 模拟测验 • 角色扮演 • 演讲 • 心得报告与文章发表	课程进行时 课程结束时	培训单位
3. 行为	工作中行为的改进	• 主管的绩效评估 • 同事的绩效评估 • 顾客的绩效评估 • 下属的绩效评估	三个月或半年以后	学员的直接主管上级
4. 结果	受训者获得的经营业绩	• 事故率 • 品质 • 生产率 • 流失率 • 士气 • 成本 • 收益	半年或一年后	学员的单位主管

资料来源：Kirkpatric, D., Evaluating Training Programs, Berrett-Koehler Publishers, 1994

柯氏评估模型非常有利于确定需要收集数据的种类。对四个层次具体评估情况及需要注意的方面详述如下。

1. 反应层

第一层次评估学员反应，是指参与培训者的意见反馈。这个层次关注的是受训者对项目及其有效性的知觉。用这个指标来评估人力资源开发项目的局限在于，它只能反映受训者对培训的满意度，不能证明培训是否实现了预期的学习目标。在对培训者的反应进行评估时，需要注意以下方面：

- □ 确定你需要调查什么；
- □ 设计可以作为量化反应的条件；
- □ 鼓励写出意见或建议；
- □ 达到100%的立即回应率；
- □ 发展可以接受的标准；
- □ 根据标准评价反应并采取恰当的行动；
- □ 切实地沟通反馈。

2. 学习层

第二层次评估学习成果，是指培训之后的测试。用来衡量受训者对原理、事实、技术和技能的掌握程度，即受训者是否掌握了人力资源开发目标中要求他们学会的东西，这是一个非常重要的指标，许多组织都希望有效的人力资源开发项目应该满足这个指标。在对学习进行评估时，需要注意以下方面：

- □ 如果可行，采用控制组进行对照；
- □ 评价培训前后的知识、技能、态度，例如利用纸笔测验评价知识和态度，用实际操作评价技能掌握情况；
- □ 达到100%的回应率；
- □ 运用评价结果以采取恰当的行动。

3. 行为层

第三层次评估工作行为，是员工接受培训后行为的改变，即受训者是否在实际的工作中运用了从培训中学到的东西。也就是为了确定从培训项目中所学到的技能和知识在多大程度上转化为实际工作行为的改进。

在对行为进行评估时，需要注意以下方面：

- □ 如果可行，采用控制组作对照；
- □ 有足够时间；
- □ 如果可行，评价培训前后的情况；
- □ 重复进行评价；
- □ 考虑评价成本和潜在收益。

4. 结果层

第四层次评估经营业绩，是企业培训的投资回报率，即培训或人力资源开发工作是否改善了组织的绩效，这涉及对组织绩效改进的监控。经过培训后，组织的运作效率是否提高了，赢利是否增多了，服务水平是否上升了。对大多数经理来说，他们的工作至少要达到这个标准。另外，这个层次的指标也是最难评估的，因为除了员工的绩效还有许多因素会影响组织的绩效。通常在测量这个指标时需要搜集和分析经济和运营方面的数据。在对结果进行评估时，需要注意以下方面：

- □ 如果可行，采用控制组作对照；
- □ 有足够时间；
- □ 如果可行，评价培训前后的情况；
- □ 重复进行评价；
- □ 考虑评价成本和潜在收益。

柯氏培训评估模型提出后，便在企业中得到了广泛应用。但是遗憾的是，在长期的人力资源开发评估研究中，经常发现大多数的组织并没有同时在四个层次上去搜集信息。根据调查结果显示，组织不仅应重视对人力资源开发项目的评估，尤其应注重对工作行为改变和经营结果这两个层面的评估。

1978 年，纽斯托等一些学者研究认为，柯氏评估模型基于以下四个重要的假设：

- □ 培训评估有四个不同的准则，分别是反应、学习、行为和结果。
- □ 这四个准则的排列，是依据从培训评估所获得的信息价值的增加。
- □ 反应层次是最常采用的，因为这个层次的评估非常容易被广泛采用。
- □ 四个准则之间存在着次序的交互关系，也就是说，若受训者的反应是正面的，他们可能学习更多；学习得越多，他们行为改变得越多；他们的行为改变则通常是绩效改善的标志。

以上四个假设可以用表 6-3 表示。

表 6-3

柯氏评估模型的四个重要假设

准则	信息的价值	采用频率	评估的难度
反应 学习 行为 结果	最低 ↓ 最高	经常采用 ↓ 不常采用	容易 ↓ 困难

其他培训开发效果评估模型

1. CIRO 评估模型

1970 年伯德（M. Bird）等人开发出另外一种与柯式评估模型不同的四水准评估架构，称为 CIRO 模型。这套方法最初在欧洲被广泛采用。与柯氏评估模型中使用的"评估"一词相比，这个评估模型的范围更加广泛。该模型描述的四种基本评估级别的首字母为C、I、R、O，从而形成了该模型的名称CIRO。

- □ 情境评估（Context Evaluation）：依据目前的环境背景以决定培训需求及目标。在这一水准中必须建立三种目标：短期目标、中期目标以及最终目标。
- □ 输入评估（Input Evaluation）：搜集有关培训资源方面的资料并据此决定人力资源开发的投入。
- □ 反应评估（Reaction Evaluation）：取得受训人对方案的反应资料以便改进人力资源开发方案。
- □ 输出评估（Outcome Evaluation）：取得人力资源开发结果的资料以便和前面的三个目标作比较并作为下次方案实施的参考。

2. CIPP 评估模型

与柯式评估模型的研究对象不同，斯塔夫尔贝姆（Daniel Stufflebeam）将培训项目本身作为一个对象进行分析。根据项目组织过程的规律，提出了关于培训效果评估的CIPP模型。他认为，培训效果的评估包括四个方面：情境评估、输入评估、过程评估和成果评估。它是1965年美国通过初等及中等教育法案时，联邦政府要求的所有州接受该法案时应采用的评估方法。所以，该方法最早应用于教育的评估，后来逐渐推广应用到其他项目的效果评估。各项评估的具体内容如下：

- □ 情境评估（Context Evaluation）：主要用来确定培训目标；对环境进行描述和分析，发现机会与需求，并对特殊的问题进行诊断，包括政策背景、环境背景以及需求背景的评估。
- □ 输入评估（Input Evaluation）：其目的主要用来决定何种资源可用来实现目标，包括工作计划、所需设备、经费预算和人力资源等，对各类资源进行分析，确定资源配置使用的策略。
- □ 过程评估（Process Evaluation）：主要是培训方案的监督控制与信息反馈，包括可能存在的问题，潜在的失败因素等，有助于对培训计划进行修改和调整。
- □ 成果评估（Product Evaluation）：主要对培训的结果进行衡量，并与培训的目标之间进行比较分析，找出原因，为以后的培训提供参考依据。

从这四个方面的分类看，斯塔夫尔贝姆的CIPP评估模型其实质更应该是对培训项目的评估，而不仅仅是培训效果的评估。其目的不单纯是对培训效果的评价，而且还用来指导培训的优化设计。该模型后来得到更广泛应用的事实也证明了这一点。为了顺应时势与应付实际需要，IBM教育小组在20世纪90年代结束前将公司的教育体系作了巨大的改变，在教育训练的评估上采用所谓投入－过程

-产出（Input-Process-Output，简称 IPO）的培训评估模式，其指导思想就来自于 CIPP 评估模型。

3. 汉姆布林模型

该模型由汉姆布林（Hamblin）于1974年提出。他认为，培训效果评估应该增加两个方面，一是对行为产生的结果进行成本效益分析，二是要评估培训结果对组织战略目标的影响。汉姆布林模型与柯氏模型基本相似，他将培训评估划分为五个等级，分别是：

- □ 反应评估：主要了解学员对培训相关要素的看法，包括培训内容、方式、培训师的教学水平等，通常在培训过程中以及培训结束后进行该项评估。
- □ 学习效果评估：主要了解培训对于学员的影响，在培训项目之前和培训之后进行测评，评价学员的知识、技能和态度的进步。
- □ 工作行为评估：确认由培训项目导致的学员在工作中行为表现的变化，在培训项目之前和之后进行。
- □ 执行评估：量化培训项目给学员所在的部门、组织带来的影响，多数情况下，采用成本—收益分析法评估。
- □ 组织目标评估：评估培训项目对组织赢利能力和对抗危机能力的影响，对培训结果和组织战略目标一致性进行检验，以评价组织培训是否达到了预定的效果。

汉姆布林模型的重要贡献在于提出评估培训对组织战略目标的影响，建立了组织培训评估与组织战略发展之间的关系，这也反过来提醒培训部门在进行培训项目设计时，应多问几个为什么、会不会对公司的发展有利、能不能帮助组织实现经营目标，提高培训设计的针对性和战略一致性。

4. 考夫曼的五级评估模型

考夫曼（Kaufman）对柯氏评估模型进行了改进，他认为培训能否成功，培训前的各种资源的获得是至关重要的，因而应该在评估模型中加入这一层次的评估。并且培训所产生的效果不应该仅仅对本组织有益，它最终会作用于组织所处的环境，从而给组织带来效益。于是他将柯氏评估模型拓展至五层次，即加上评估社会和顾客的反应。

考夫曼在研究过程中发现，第一级的评估，即反应层次的评估应增加一部分关于培训项目背景方面的评估，主要是关于培训项目实现目标所需的资源基础和条件分析，包括人力、物力、财力的有效性、可用性和质量。另外还应该评估培训对组织周边环境的影响，主要包括客户、供应商，甚至是竞争对手的影响。评估培训产生的社会效益，不单单是培训组织获得的结果。拓展后的五级评估模型如表6-4所示。

表 6 – 4

考夫曼的五级评估模型

层级	评估重点	具体评估内容
第一级	准备工作评估	一是关于培训项目所需资源的可能性评估，分析组织的各项人力、物力和财力，能否保证培训的成功；二是反应内容的评估，包括培训的方法、手段和程序的接受情况和效用情况。
第二级	掌握评估	了解受训人员对所培训的知识和技能的掌握情况。
第三级	应用评估	评估个人和团队在受训后工作中的表现情况，以及对所培训知识和技能运用的情况。
第四级	组织效益评估	主要评估由培训所带来的行为变化产生的组织结果、培训对于组织的贡献和回报情况。
第五级	社会效益评估	评估培训项目对于组织外部主体的影响，包括客户、供货商等相关主体的获益情况。

考比曼的评估模型中，既有对培训项目的评估，也有对培训效果的评估，综合了两个方面。另外，扩展了培训收益计量的范围，不单单是组织，还应该评估利益相关者的收益。

5. 菲利普斯五层次模型

1996 年杰克·菲利普斯（Jack Philips）在柯氏四层次模型基础上增加了一个第五层次的评估——财务评估。它是对培训效果的一种量化测定，通过财务数据来说明培训对组织经济利润的影响。其具体内容如表 6 – 5 所示。

表 6 – 5

菲利普斯五层次模型

层级	评估重点	具体评估内容
第一级	评估反应和既定的活动	评估的是学员的满意程度，但是良好的意见反馈并不能确保学员学到了新的技能和知识。应该注意的是，受训人员积极的反应仍不能说明培训已经取得了成功。
第二级	评估学习	测试受训者是否真正学到知识。
第三级	评估在工作中的运用	评估的是学院应用培训知识后对组织产生的影响。
第四级	评估业务结果	评估标准包括产量、质量、成本、时间和客户满意度。对培训结果的评估主要测量培训的效益性，即衡量培训成本是否合算、利润是否大于成本。
第五级	评估投资回报率	将培训结果的货币价值以及培训项目的成本用百分比的形式表示。评估的重点是培训项目的货币利润与其他成本进行比较。只有将第五级评估结束之后整个评估过程才算完成。

6. 布林克霍夫六阶段模型

布林克霍夫（R. O. BrinRerhoff）将培训评估模型拓展成了六个阶段。

□ 目标设定：培训需求是什么？
□ 项目策划：怎样做才能满足培训需求？
□ 项目实施：项目运作得好吗？
□ 即时的结果：受训者学到东西了吗？
□ 中间产出或使用结果：受训者是否在工作中运用了他们所学的东西？
□ 影响和价值：培训是否对组织的运作作出了有价值的贡献？

在布林克霍夫的模型里，评估是由相互连接的几个步骤构成的一个圆环，前一个步骤的工作为下一个步骤的工作提出了需要解决的问题。

7. 布什内尔的四阶段模型

布什内尔（D. S. Bushnell）的模型也以系统的观点来看待人力资源开发的职能，即把人力资源开发看成是一种投入—过程—产出的过程。它包括四个阶段。

□ 投入：对培训有哪些投入？这里的投入包括绩效指标，比如受训者的资质和培训者的能力。
□ 过程：指人力资源开发项目的策划、设计、开发和实施。
□ 产出：指受训者的反应、获得的知识或技能，以及工作能力的提高。
□ 结果：指培训对组织的影响，包括培训对利润、生产率和消费者满意度的影响。

布什内尔认为，在这四个阶段之间以及在过程阶段的四项工作之间，可以而且应该进行评估，这样可确保项目是精心设计的，是能够实现培训的目标的。

8. 劳施厄满意效用比（Content Validity Ratio）

劳施厄（Lawshe）的此种评估方法是先由一定的培训人员和老师以及刚完成培训的学员根据KSAO（知识、技术、能力和其他人员特征）运用头脑风暴法进行指标体系的建立，然后运用专家打分法对KSAO指标体系进行评估，根据统计得到的数据，运用CVR方法进行计算：

$$CVR = \frac{N_i - N_u}{N_t}$$

N_i 表示认为选定的KSAO指标重要的专家数；
N_u 表示认为选定的KSAO指标不重要的专家数；
N_t 表示参加评估的专家总人数。
$CVR < 0$ 时，表示少于半数的专家认为KSAO指标重要；
$CVR = 0$ 时，表示正好一半的专家认为KSAO指标重要；
$CVR > 0$ 时，表示多于半数的专家认为KSAO指标重要。

此后Schipper在1980年提出了满意效用指数CVI（Content Validity Index），是通过对CVR的统计数据总结得到的CVR的均值。

9. 评估模型的发展

为了将有关学习成果及其影响因素的研究和理论囊括到培训评估模型中来，以便扩展现有的模型，研究者至少作出了两个方面的努力。为了改变培训评估模型缺乏理论基础的现状，克里格尔、福特和萨拉斯综合了多个领域的研究成果和理论，朝着建立以理论为指导的评估模型迈出了第一步。注意到学习的成果可以分为三类（认知、技能和情感），他们提出了一个评估分类框架，分别对这三类学习成果进行评估。这个框架的内容非常具体，它给出了每类学习成果的测量指标，如表6－6所示。

表6－6

培训评估所用的学习结果分类框架

类别	学习结构	测量的重点	备选的培训评估方法
认知		**认知结果**	
言语知识	陈述性知识	储存的知识量 回忆的准确性 速度，知识的可获取性	再认知和回忆测验 能力测验 速度测验
知识的组织	脑海中的模型	类似于知识各部分之间的最佳联系 排列知识各部分间的等级次序	自由分类 结构分析，比如路径搜寻
认知策略	自我洞察 认知技能	自我觉察 自我调控	探索性的口语分析
		自我报告 测验的准备状态	
技能		**基于技能的结果**	
组织和分析	组合 程序化	操作速度 操作的流畅性 错误率 组块 区别 加强	对目标行为进行观察 动手测验 结构化的情景访谈
评价和创造	自动加工 调整	要求注意 可利用的认知资源	次级任务操作 干扰问题 内置的测量
情感		**情感结果**	
态度的	针对的目标 态度的强弱	态度引导 态度的强弱	自陈的测量
动机	动机倾向 自我效能 目标设定	学习取向和绩效取向 取向是否恰当 知觉到的操作能力 目标的层次 目标结构的复杂性 目标承诺	自陈的测量 自由回忆 自由分类

资料来源：K. Kraiger, J. K. Ford, & E. Sales (1993). Application of cognitive, skill-based, and affective theories of learning outcomes to new methods of training evaluation. Journal of Applied Psychology, 78, 323.

6.3　培训开发效果的评估方案设计及实施

培训开发效果评估方案的设计是评估的关键环节。不仅因为评估方案类型各异，而且影响评估方案设计的因素以及实施评估的原则也有很多，本节将依次介绍影响评估方案设计的因素、评估方案的种类、评估实施的操作流程以及评估实施的主要原则。

影响评估方案设计的因素

评估方案的选择没有最佳，只有最适合。在方案选择时要注意依据表6－7所列的评估因素来选择。

表6－7

影响培训效果评估方案类型的因素

影响因素	该因素如何影响评估方案的类型
修改的可能性	培训项目能够修改吗？
重要性	无效的培训会影响顾客服务、产品开发或雇员间的关系吗？
范围	有多少雇员参与培训？
培训目标	培训是为了学习、成果，还是两者兼顾？
组织文化	对结果的展示是公司准则和期望的一部分吗？
专业技术	能分析复杂的研究成果吗？
成本	评估是否太昂贵？
时间限定	我们何时需要信息？

有的公司并不进行培训评估，只是采用不太严谨的评估方案，原因有三点：第一，管理者和培训者可能不愿意为收集培训成果投入大量的时间和精力；第二，管理者和培训者可能缺乏进行评估研究的专业技术；第三，公司可能认为培训是一种没有或只有很少回报的投资。

但是，在以下情况出现时就必须考虑使用更严谨的评估方案（有对照组的前/后测方案）。

- □ 要利用评估结果修改培训项目。
- □ 培训方案正在执行中且可能会对许多员工（和顾客）产生影响。
- □ 培训方案包括不同级别的班和为数众多的受训者。
- □ 培训成本的确定取决于多个指标（公司对评估的定位很明确）。
- □ 具有设计和评价培训评估研究数据的专业技术（或有从公司外购买专业

技术的资金)。

- □ 培训耗费成本，因此需要证实它确实可以发挥作用。
- □ 有足够的时间进行评估。在这种情况下，并不需要立即获得有关培训有效性的信息。
- □ 对与培训前水平相比发生的变化（在知识、行为方式、技能等方面）很感兴趣，或想要比较两个或两个以上不同的培训项目。

假如要判断员工的沟通技能在培训后发生了多大的变化，那么有必要采用对照组及前后测的方案，应该随机把员工分为受训和不受训的两个小组。这一评估方案的特点是可以确定沟通技能的变化是由培训项目造成的。如果要比较两个培训项目的效率，那么这种评估方案也是必要的。没有前测或对照组的评估方案最适用于想确认绩效水平是否达到特定水准这种情况，例如，参加培训项目的员工是否可以与他人沟通自己的想法等。

评估方案设计种类

1. 方案设计及信度与效度

一般而言，培训开发效果评估的方案设计有前实验设计、准实验设计和实验设计等，其中比较科学的是实验设计。实验设计采取严谨的实验来控制情境，遵循随机化原则，以实验组、控制组进行实验研究，并运用统计方法考验分析实验结果，验证假设，比较符合科学研究精神。

信度是指衡量工具的准确性。信度包括两方面的意义：一是稳定性；二是一致性。

效度是指我们采用的评估方法是否真正地测到了我们想要测的东西，也就是说，这种方法有没有击中目标。

实验者从事一项实验研究时必须考虑研究结果的可靠性（内在效度）和能将评估结果推广到其他受训者和其他情况的程度（即外在效度）。

内在效度是指一个实验研究能够有效地测出所要实验额因果关系，若实验的干扰越多，正确性越差，则该实验的内在效度便越低；反之，如果干扰项能完全控制，其正确性越高，则该实验的内在效度便越高。表 6 - 8 列举了影响内在效度的因素。

表 6 - 8

影响内在效度的因素

影响因素	内容描述
历史	历史效果使得两次衡量间隔产生变量的变动
成熟	试验单位本身日渐成熟

（续表）

影响因素	内容描述
测试	第一次实验对第二次实验产生影响
工具	衡量工具无法同时、同地点地衡量实验组与控制组
回归	选定特定样本受测产生回归效果
抽样	没有以随机方式产生样本
死亡率	实验者中途脱离
交互作用	实验组与控制组之间产生互动

资料来源：徐芳主编．培训与开发理论及技术［M］．上海：复旦大学出版社，2005.

外在效度是指实验结果的可推论性程度的大小，实验结果的可推论性越大，即其适用性和代表性越大，实验的外在效度则越高。简而言之，就是指实验研究结果是否可推论到研究对象以外的其他受试者，或研究情境以外的其他情境。表6－9列举了影响外在效度的因素。

表6－9

影响外在效度的因素

影响因素	内容描述
对预试的反应	预试使得被实验者对实验感到敏感
对评估的反应	受训者由于要受到评估而在培训项目中更加努力
甄选与培训之间交互作用	受训者的人格特质影响培训成效，所以研究成果只能类推到具有相同特性的人身上
不同方法的交互作用	受训者接受不同的研究方式，所以研究结果只能类推到相同的实验情境上

资料来源：徐芳主编．培训与开发理论及技术［M］．上海：复旦大学出版社，2005.

2. 评估方案设计种类

培训项目评估有许多不同的方案，它们的设计思路、实施过程都有所不同，能够避免误差程度存在的差异。一般看来，误差越小的实验设计，所需的投入就越大。我们将培训效果评估的涉及种类从是否有对照组、是否进行培训前评估和培训后评估两个方面来考虑，分为多种类型，见表6－10。

表6－10

培训效果评估方案设计种类

设　计	评估对象	评估（测量）是否进行	
		培训前	培训后
仅有后测，无对照组的设计	培训组	否	是
前测—后测的设计	培训组	是	是
后测—对照组的设计	培训组和对照组	否	是

（续表）

设　计	评估对象	评估(测量)是否进行	
		培训前	培训后
前测后测—对照组设计	培训组和对照组	是	是
所罗门四组设计	培训组 A 培训组 B 培训组 C 培训组 D	是 否 是 否	是 是 是 是
有对照组的时间序列设计	培训组和对照组	是	是,分时间进行多次

上表中使用的是实验设计的常用方式和用语。前测是指在培训前对学员某方面的测定，如学业水平、能力水平、智力、个性特点、态度和技能等。后测是指在培训后对他们再次进行测定。对照组是指在企业中和受训者有差不多的背景，但没有接受培训的那些员工构成的群体，用他们来与培训组进行对照，从而发现培训的效果如何。下面对每种设计详细解释。

仅有后测，无对照组的设计

定义：指收集培训成果的评估方案。

组数：1 组

实验过程：（R）实验组　T　X1

内涵：由于缺乏参照体系，无法说明培训有效。

（T 表示培训，X 表示测量，R 表示随机抽样，1、2、…8 表示时间序列）

前测—后测的设计

定义：对培训前后都进行评估的方案。如图 6－2 所示。

组数：1 组

实验过程：实验组　X1　T　X2

内涵：只要 X1 和 X2 之间存在显著不同，就说明培训有效。不足之处在于，由于没有控制组，分析出来的差异可能不是由培训所致，而是由于企业中其他方面的变化造成的。例如，工作态度的变化很可能不是由企业文化培训所致，而是由于企业中采用了新的奖金制度所致。

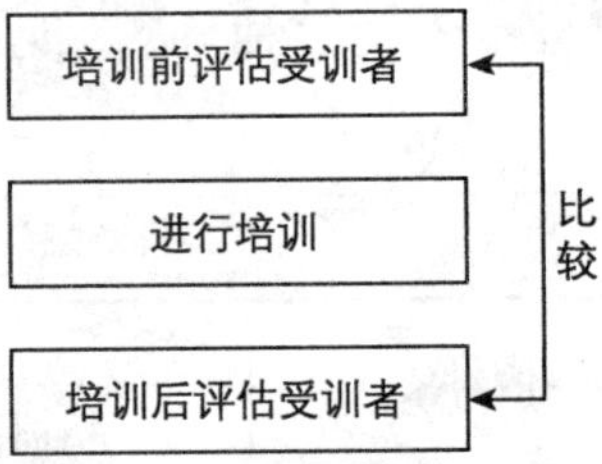

图 6－2　前测—后测的设计

后测—对照组的设计

定义：通过将后测附加一个对照组获得。如图 6－3 所示。

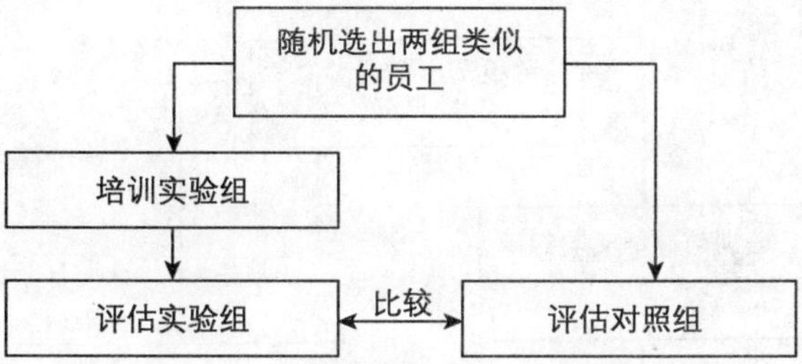

图 6－3　后测—对照组的设计

组数：2 组

实验过程：（R）实验组　T　X1

对照组　X2

内涵：有时候测验测量本身有缺陷，使受训者在接受第一次测验后就能应付相类似的测验。为了避免这种不良的效果，测验不在培训前进行，而只是在培训后加以测量。为了证明培训有效，必须由两组加以比较，所以如果接受培训的实验组比没有接受培训的对照组更好，就表明培训是有效的。

前测后测—对照组设计

定义：包括受训者和对照者，需要收集两个小组培训前后衡量数据的评估方案。如表 6－11 和图 6－4 所示。

表 6－11

前测后测—对照组设计

	培训前的工作态度	培训后的工作态度
培训组 1	前测 1	后测 1
对照组 2	前测 2	后测 2
培训效果	（后测 1－后测 2）－（前测 1－前测 2）	

组数：2 组

实验过程：（R）实验组　X1　T　X3

（R）对照组　X2　X4

内涵：有时候接受培训开发者在发生改变，没有接受培训开发者也在改变，所以方案设计上分成两组，都通过抽样获得。一组是对照组，一组是实验组，在培训开发过程中，只有实验组接受培训开发，对照组没有。对这两个组都有培训开发前的测量和培训开发后的测量。这样就可以剔除那些可能由于公司中其他方面的条件发生变化而导致的变化。在这种设计下，如果前测培训开发组和对照组之间并没有显著性差异而后测有显著差异，就可以认为这种差异是由培训所产生的。

这种设计可以比前几种更明确地看出培训开发的效果，同时也使得培训开发

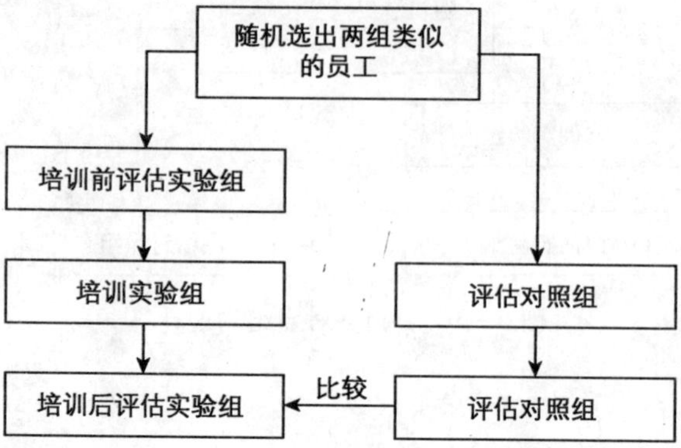

图 6－4　前测后测—对照组设计

管理者或培训师更有把握确定培训开发的效果。前测后测—对照组的设计是在研究设计中用得较多的一种，它不仅可以用于评估单一培训开发的效果，同时也可以用来衡量不同培训开发方式的效果。

所罗门四组设计

定义：综合运用了对实验组进行前后测以及对对照组进行前后测的设计方案。如图 6－5 所示。

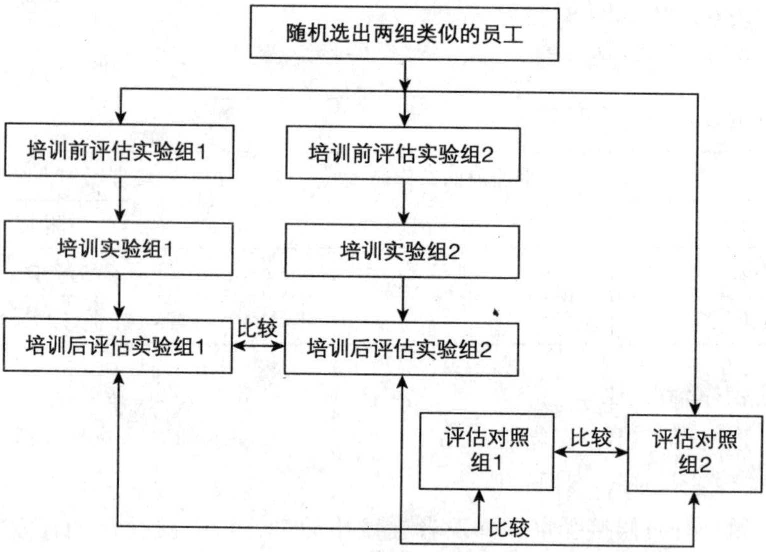

图 6－5　所罗门四组设计

组数：4 组

实验过程：（R）实验组　X1　T1　X3

（R）实验组　X2　T2　X4

（R）对照组　X5　T1　X6

（R）对照组　　　　　X7

内涵：这样做的好处是可以把干扰培训效果的其他因素的影响减少到最低限度。在具体操作时，可以把受训者随机分成两组，接受培训，同时另外设置两个相应的对照组。

这种设计可以用来评估不同培训方式的效果。比如我们想要了解采用角色扮演的培训方式和传统讲授法对培训效果有何影响，可以采用如表 6 - 12 所示的设计。

表 6 - 12

所罗门四组设计应用

	前　测	培　训	后　测
第一组	有	角色扮演	有
第二组	有	传统讲授	有
第三组	没有	角色扮演	有
第四组	没有	传统讲授	有

有对照组的时间序列设计

定义：包括受训者和对照者，在培训前后每隔一段时间检测一次培训成果的评估方案。如图 6 - 6 所示。

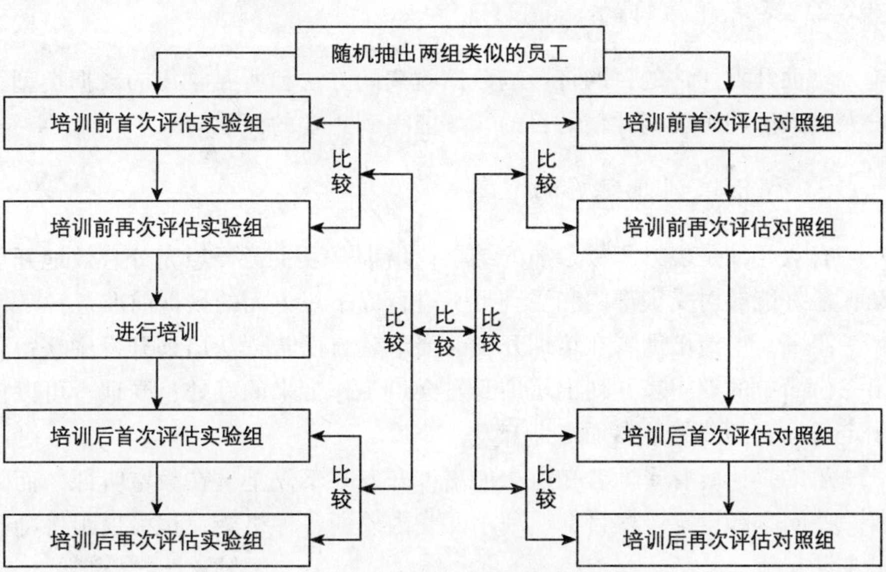

图 6 - 6　有对照组的时间序列设计

组数：2 组

实验过程：（R）实验组　X1X2　T　X5X6

（R）对照组　X3X4　　X7X8

内涵：这是时间因素和控制因素的综合设计。两组的产生依然是随机抽样方式进行，只有实验组接受培训，对照组没有。当实验组在培训前后有显著差异，而对照组没有差异时，培训的效果便可以证明。该设计是由库克和坎贝尔在他们的《准实验设计》一书中提出的。时间序列设计指在培训前一段时间和培训后一段时间里对学员在某方面进行多次测量，以观测培训的效果。它的假设是如果受训者在培训后持续地表现出某种变化，则可以认为这种变化是由培训引起的。在时间序列设计中，由于要在较长一段时间里对员工进行测量，很容易受到历史因素和员工发展因素的干扰，为了避免这些影响，就采用对照组的方法。

评估实施的操作流程

良好的培训开发评估流程，是有效进行培训开发评估活动的基础。其流程通常包括以下主要环节。

1. 培训开发需求分析

进行培训开发需求分析是项目设计的第一步，也是培训开发评估的第一步，细致深入的需求分析有助于对培训开发课程及其实施进行合理的设计，避免培训开发的盲目性和随意性。典型的需求分析方法有访谈法、调研法和问卷调查法。

2. 界定评估目的

培训开发评估的目的将影响数据收集的方法和所要收集的数据类型，培训开发人员必须明确培训评估的目的，才能得到想要的评估结果。

3. 评估培训开发前的准备

有效评估是多方积极参加的结果，培训开发主管要想充分有效地开展评估活动，最好能够对受训部门和受训员工进行以下三方面的培训前准备：

第一，申请培训者在培训开发前要清楚自己希望从培训开发中获得什么，写出一份简单的期望表并列出培训开发会给工作带来的好处；受训者可以依据这些预定目标有的放矢地参加培训开发。

第二，让所有受训者知道参加培训开发并不仅是坐在教室听课，而是应该带着一些问题和设定一些目标，利用课堂内外的各种机会，积极地跟讲师和其他学员主动交流。

第三，参加培训开发后，应该要求受训人提出口头与书面报告，呈交上级；如有可能，最好能与相关学员分享，并探讨如何将所学运用到实际工作中。

这样，不仅可以剔除一些不切实际的培训开发申请，而且也能在较大程度上保证培训开发的质量，从而让培训开发工作为组织创造更多价值，也能够让评估有效地开展。

4. 选定评估对象

培训开发的需求呈增长趋势，因而实施培训开发的各种费用也在持续攀升，因此不一定在所有的培训开发结束后都进行评估。下列几种情况是一定要进行评估的。

□ 新开发的课程：应着重于培训需求、课程设计、应用效果等方面。

□ 新教员的课程：应着重于教学方法、质量等综合能力方面。

□ 新的培训方式：应着重于课程组织、教材、课程设计、应用效果等方面。

□ 外请培训组织进行的培训：应着重于课程设计、成本核算、应用效果等方面。

选定有效的评估对象，才可以有效地针对这些具体的评估对象开发有效的问卷、考试题、访谈提纲等，实现培训开发评估的目标，提高培训开发的效果。

5. 整体考虑评估活动

在进行评估前，培训主管应全面筹划评估活动。一般应该考虑下面几个问题：从时间和工作负荷量上考虑是否值得进行评估，评估的目的是什么，重点对培训的哪些方面进行评估，谁将主持和参与评估，如何获得、收集、分析评估的数据和意见，以什么方式呈报评估结果，评估需要什么样的资源（如时间、设备、人力等）。整体计划评估活动，有助于合理配置资源、安排时间和人员，提高评估的效率，应对可能出现的突发事件。

6. 构建培训评估数据库

进行培训开发评估之前，培训主管必须将培训开发前后发生的数据收集齐备，因为它是培训开发评估的对象，尤其是在进行三级、四级评估过程中必须要参考这些数据。培训开发的数据按照是否能用数字衡量的标准分为两类：硬数据和软数据。硬数据是对改进情况的主要衡量标注，一般以比例的形式出现，是一些易于收集的无可争辩的事实。这是最需要收集的理想数据。硬数据分为四大类：产出、质量、时间和成本，几乎在所有组织机构中这四类都是具有代表性的业绩衡量标准。有时候很难找到硬数据，这时，软数据就显得很有意义。常用的软数据类型可以归纳为六个部分：工作习惯、氛围、新技能、发展、满意度和主动性。

7. 确定培训开发评估层次

从评估的深度和难度看，柯克帕特里克的模型包括反应层、学习层、行为层和结果层四个层次。培训主管要确定最终的培训评估层次。多年来，业内权威人士认为要使与工作相关的培训做得好，至少对一部分培训课程要进行三级评估甚至四级评估。

8. 选择评估衡量方法

评估内容主要包括对培训课程本身的评估和对培训效果的评估。评估的方式有问卷调查表、评估访谈、案例研究等。需要说明的是，评估是为了改进培训质量、增强培训效果、降低培训成本。针对评估结果，重要的是要采取相应的纠偏措施并不断跟踪，而不是评过就草率结束了。

9. 统计分析评估原始材料

将收集到的问卷、访谈资料等进行整理合并、统计分析，剔除无效资料，同时得到相关结论。

10. 撰写培训开发评估报告

评估报告主要内容包括：评估目的概要、评估过程及方法、结果、讨论分析与建议、结论、附录。

11. 调整培训开发项目

提交评估报告并不是培训评估的最终目的，根据收集到的信息对培训项目进行针对性地调整，或重新设计以提高培训效果才是目的。

12. 沟通培训开发项目结果

很多组织非常重视培训开发评估，但是其评估却与实际工作脱节。培训开发效果的检验仅局限于培训开发过程中，而没有在实际的工作中进行，造成培训开发与实际生产服务脱节。在培训开发评估过程中，往往忽视对评估结果的沟通。一般来说，组织中有四类人是必须要得到培训开发评估结果的。

第一类是培训主管，他们需要根据评估结果来改进培训开发项目。第二类是管理层，因为他们中有决策人物，决定着培训项目的未来。第三类是受训者，他们应该知道自己的培训开发效果怎样，并且将自己的业绩表现与其他人比较，这种效果反馈可以帮助他们自我调整培训计划，更加努力地参加培训项目。第四类是受训者的直接经理。

评估实施的主要原则

在进行培训评估的各个环节时，应该掌握一些实施原则，包括定性与定量结合原则、科学性与可测性结合原则、综合评估与重点评估相结合的原则、实事求是原则、参与性和团队协作原则。

1. 定性与定量结合原则

单纯定性评估会存在主观性，单纯定量分析会出现机械性，因此必须定性与定量相结合。培训评估的第一阶段先进行定量分析，将培训成果分解为多项评估要素，再给每项要素分派数值，最后计算出培训成果的得分。定量评估是定性评估的基础和依据，定性评估是第二阶段。这个阶段要对培训结果的整体水平作出判断，确定培训成果的等级。此时作出的定性评判，因为有严谨的定量评估作为基础，因此结论更加可靠。

2. 科学性与可测性结合原则

培训评估是一个复杂的过程，因为培训的效果具有多因素、多变量、界限模糊等特点，坚持科学性就是要努力做到合理分解评估项目与要素，合理确定各项指标的权重及各项评估要素的分值。而可测性就是要对每一具体评估要素作出定性规定，使评估指标具有可操作化的定义。

3. 综合评估与重点评估相结合的原则

综合评估与重点评估的结合是指在设计评估要素时要全面考虑，将培训效果的多方面都纳入评估体系中，但是又要根据评估目的的不同抓重点因素进行评估，且不可因贪图面面俱到而缺乏重点，偏离设定的评估目标。

4. 实事求是原则

培训评估应该是客观可信、符合实际的，要切实反映培训的真实水平，既要对现状作出判断，又要对其发展趋势和规律作出判断。

5. 参与性和团队协作原则

培训评估要求所有人力资源开发培训的人员都积极参与协作评估。评估不仅仅是培训的开发者或管理者的工作，也需要受训者，投资者等多方参与及支持，才能很好地完成培训评估工作。

6.4　培训开发评估工具设计及数据处理

评估工具的种类

评估工具是在培训项目的适当实施阶段收集数据的手段，对于培训评估具有关键意义。培训评估者应该根据培训评估目标，灵活设计和选择评估工具，提高培训评估的有效性。现在较为通用的培训评估工具包括调查问卷、测试、面谈、核心小组、观察、业绩报告等。

1. 问卷调查

问卷调查是培训项目最常用的一种评估方式。其格式有很多种，可用于获得关于受训者感受的主观信息，并且还可用于对投资回报率进行分析的可参考性文件。评估的主要内容包括授课准备、对主题内容的熟悉程度和理解的深度、交流技巧（语言的运用、真实生活的案例以及鼓励受训者展开讨论的能力）、对受训者理解程度的评估，并以适当的方式满足学员的需求和解决学员的问题、运用适当的技术、联系实际等。最常用的问题如下：

☐ 目标进度在多大程度上满足了既定目标？
☐ 课程内容是否恰当？
☐ 教学资料是否有用？
☐ 课前资料是否必要？是否有用？
☐ 课外作业是否有用？
☐ 授课方式是否达到既定目标？
☐ 授课方式是否有效？
☐ 你是否渴望学习本资料？
☐ 本培训项目是否与你的需求相关？
☐ 时间安排是否连贯？
☐ 设施是否能改善学习环境？
☐ 你对本培训项目的总体评估如何？
☐ 针对培训资料的应用还存在哪些潜在的障碍？
☐ 你将如何应用你所学习的知识？
☐ 你认为哪些人员比较适合参加本培训项目？

表6－13是一个培训评估问卷的例子。

2. 测试

利用测试对接受培训前后的学习效果进行衡量，是培训评估中常用的方法之一。测试分数的提高可以表明培训项目队学员的技能、知识或态度所带来的改变。编制测试问卷的原则与设计和编制问卷调查的态度调查表格原则类似。测试种类有：

☐ 书面测试、模拟工具、计算机辅助测试
☐ 能力测试与成就测试
☐ 平均值参照测试与准则参照测试

表6-13

培训评估问卷示例

××学员：感谢您参加了本次培训。为了改进课程与服务质量，请您配合我们完成关于本次培训的调查。您的评价将帮助我们改进这个培训。您可以作无记名的答复，希望您客观地发表意见。谢谢！

培训课程名称：　　培训时间：

课程讲师：　　培训地点：

1. 总体评价（目的、内容、资料、接受程度、讲师、板书或投影、讨论、环境、服务、收获等）

很差	较差	一般	较好	非常好
1	2	3	4	5

请简单说明您这样认为的理由：

2. 总的来说，您觉得这次培训是否满足了您的预期？

完全没有	较差	一般	较好	非常好
1	2	3	4	5

请简单说明您这样认为的理由：

3. 总的来说，您对培训讲师的评价：

非常差	较差	一般	较好	非常好
1	2	3	4	5

您对培训师有什么建议或意见吗？

4. 请根据下列项目对其评价：

	极差	较差	一般	良好	优秀
陈述培训目标和培训					
调动课堂气氛,保持学员学习兴趣					
沟通					
使用辅助设备(投影仪、板书等)					
态度(友好,愿意帮助学员)					
讲师课前准备					

5. 总的来说，您觉得这次培训的设备如何？

极差	较差	一般	较好	非常好
1	2	3	4	5

（续表）

请简单说明您这样认为的理由：

6. 总的来说，您觉得这次培训的时间安排如何？

极差	较差	一般	较好	非常好
1	2	3	4	5

请简单说明您这样认为的理由：

7. 总的来说，您觉得这次培训的内容如何？

极差	较差	一般	较好	非常好
1	2	3	4	5

评估项目/是否同意	不同意	勉强同意	同意	很同意	绝对同意
培训涉及的内容和我的工作有关	1	2	3	4	5
培训材料的编排让人有兴趣读	1	2	3	4	5
培训讲义对我有帮助	1	2	3	4	5
我能够将培训应用到工作中去	1	2	3	4	5
培训材料印刷很清晰	1	2	3	4	5

8. 您觉得这次培训与上次培训相比是否有所改进？

极差，没改进	较差，略有改进	一般，有改进	较好，有改进	非常好，进步显著
1	2	3	4	5

请简单说明您这样认为的理由：

3. 面谈

面谈是开展培训评估中重要的数据收集手段之一，主要运用于第三层次的数据收集。其优点在于，可以收集工作记录之外或者难以通过书面问卷和观察得到的数据。一个训练有素、善于运用调查技巧的面谈主持者，可以通过面谈获得参与者可能不愿意在一张问卷中描述的感受。面谈的局限性在于费时，且面谈主持者须经训练和作充分准备，以确保整个过程的一致性。

面谈类型分为结构性面谈和非结构性面谈两种。结构性面谈要设定一系列问题，要求参与者回答特定问题，答案范围受到明确限制；非结构性面谈可以引发更细节化的信息和重要数据。

4. 核心小组讨论

核心小组讨论，是为征求学员对于所计划的主题或问题的定性意见或看法，由一位经验丰富的主持人主持小规模的分组讨论。这里要求小组成员提供各自的意见，然后汇总为小组意见。核心小组的讨论，是面谈方法的一种延伸，适用于第三、第四级评估。该方法适用范围包括：

□ 评估学员对特定练习、案例、模拟或培训项目的反应。
□ 培训后对学员在培训中所取得的总体效果进行评估。
□ 在培训后，通过后续跟踪评估对培训效果进行评估。

5. 观察

在工作中观察学员并记录学员行为的变化情况，是培训评估数据收集的方法之一。观察员可以由人力资源开发的专业人士、受训者的主管或是同一小组的成员、外部第三方人员构成。观察方法通常有五种：复选列表法、延迟报告方法、录像记录法、电话监听法和计算机监控法。

6. 业绩报告

通过业绩数据进行监控可使经理人员从产量、质量、成本、时间和满意度等方面衡量组织的业绩。

一种是利用现有的业绩数据和报告来判断培训的成效。此时，需要确定用于培训评估的业绩衡量指标。通过对这些指标进行审查，确定与培训项目相关的指标。

另一种是在没有现成的业绩数据和报告的情况下，培训评估者需要开发新的评估方法。这要求培训评估者与相关部门合作，开发出记录保存系统，以便记录业绩，开展培训效果的评估。

7. 制订行动计划

行动计划方法已经成为针对评估和投资回报率分析的一种重要的数据收集工具。这种方法要求学员在培训项目期间制订以书面表格形式编制的行动计划，内容包括完成与培训项目有关的特定目标的具体步骤、内容及完成者、完成期限。采用这种方法，有助于人们了解和掌握诸如“经培训，学员在工作上获得哪些改进”、“这些改进是否与培训相关”、“有什么因素阻碍学员完成特定的行动任务”等方面的信息。

8. 业绩契约

业绩契约基本上是制订行动计划的一种变体。根据相互订立目标的原则，业绩契约实际上是学员与其主管人员之间的书面协议。协议中应该规定学员将要完成哪些任务、应该何时完成这些任务以及应该达到什么效果。

9. 后续跟踪活动

在某些情况下，还应对培训项目进行重新设计，使其包括后续跟踪活动，进而对其他培训开发活动进行评估。例如，可以将最初设计为连续进行三天互动式销售技能的培训项目重新设计为讲授销售技能的为期两天的讲座，在三周以后再安排一次为期一天的课程。后续跟踪活动提供了进行额外培训和评估的机会。在授课当天的上午，可以利用小组讨论方法收集第三季评估数据，还可以对在应用技能时遇到的特定障碍和问题加以讨论。在当天的下午，可以讲授和阐述其他技能，以及克服运用技能时遇到的障碍。这样，从效果上看，重新设计的培训项目就提供了一种进行后续跟踪的机会。

评估工具的选用

选择什么样的培训评估工具，取决于想要获得什么样的培训结果数据，同时还要充分考虑现实的工作环境是否能够帮助评估工具发挥最佳效应。

根据培训评估四层次模型：反应、学习、行为、绩效，各层次所选择的评估工具有所不同，具体如下表 6－14 所示。

表 6－14

培训评估工具层次选择表

层次	测量目标	责任人	时间间隔	评估工具								
				问卷调查	测试	观察	面谈	核心小组讨论	业绩监测	行动计划	业绩契约	后续跟踪
1. 反应	受训者对培训内容和培训实施的反应及其满意度	培训师	第 2 天结束 第 3 天结束	√								
2. 学习	能力、知识或者态度的改变	培训师	在培训中		√	√						
3. 行为	在工作中行为的改变	培训协调员 培训师	培训后 3 月 培训后 3 周	√		√	√	√	√	√	√	√
4. 结果	接受培训对经营活动和过程的影响		培训后 3 月	√					√	√	√	√

评估的数据收集

培训评估的前提是要准确地收集与培训项目直接相关的数据。通常培训评估所需的数据包括硬数据和软数据。硬性数据一般具有以下特点：

- □ 一般是定量化的数据；
- □ 容易测量；
- □ 是衡量组织绩效的常用标准；
- □ 比较客观；
- □ 比较容易转化为货币价值；
- □ 衡量管理业绩的可信度较高。

软性数据一般具有以下特点：

- □ 有时难以量化；
- □ 相对来讲不容易测量；
- □ 作为绩效测评的指标，可信度较差；
- □ 在多数情况下是主观性的；
- □ 不容易转化为货币的价值；
- □ 一般是行为导向的。

硬性数据有四种主要类型，参见表6-15。

表6-15

硬性数据的四种主要类型

产　出	质　量	成　本	时　间
• 生产的数量	• 废品	• 预算的变化	• 运转周期
• 制造的吨数	• 次品	• 单位成本	• 对投诉的应答时间/次数
• 装配的件数	• 退货	• 财务成本	
• 售出件数	• 出错比率	• 流动成本	• 加班时间
• 销售额	• 返工	• 固定成本	• 设备的停工时间/次数
• 窗体加工数量	• 缺货	• 营业间接成本	
• 贷款批准数量	• 产品瑕疵	• 运营成本	• 每日平均时间
• 存货的流动量	• 与标准的差距	• 延期成本	• 完成所需时间
• 对申请的处理数量		• 罚款	• 贷款的处理时间
• 毕业的学员数量	• 生产故障	• 项目成本节约	• 管理时间
• 任务的完成数量	• 存货的调整	• 事故成本	• 培训时间
• 订货量	• 工作顺利完成的比例	• 规划成本	• 开会时间
• 奖金		• 销售费用	• 修理时间
• 发货量	• 事故数量	• 管理成本	• 效率
• 新建的账目数量	• 客户投诉	• 平均成本节约	• 工作的中断时间

软性数据通常包括以下几个方面：组织氛围、满意度、新技能、工作习惯、

发展以及创造性，如表6-16所示。

表6-16

软性数据的主要类型

组织氛围	满意度	新技能
• 不满的数量 • 歧视次数 • 员工的投诉 • 工作满意度 • 组织的承诺 • 员工的离职比率	• 赞成性反应 • 工作满意度 • 态度的变化 • 对工作职责的理解 • 可观察到的业绩变化 • 员工的忠诚程度 • 信心的增加	• 决策 • 问题的解决 • 冲突的避免 • 提供咨询的成功机会 • 倾听理解能力 • 阅读速度 • 对新技能的运用 • 对新技能的运用意图 • 对新技能的运用频率 • 新技能的重要性
• 矿工 • 消极怠工 • 看病次数 • 违反安全规定 • 沟通破裂的次数 • 过多的休息	• 升迁的数量 • 工资的增加数量 • 参加的培训项目数量 • 岗位轮换的请求次数 • 业绩评估的打分情况 • 工作效率的提高程度	• 新想法的实施 • 项目的成功完成 • 对建议的实施量 • 设定目标

评估数据的分析

1. 培训评估数据分析的原则

☐ 审查一致性和准确性

☐ 使用所有相关数据

☐ 保守个人数据秘密

☐ 尽量使用简单的统计方法

2. 评估数据分析的主要方法

在培训评估中一般采取统计的方法汇总、整理、分析数据。根据不同的目的，采用不同的分析方法。第一，在汇总、整理数据阶段，主要采取两种方法：一是集中趋势或平均值（即中数、中位数和众数），表述小组的特性；二是差量或方差，以表示小组中每个项目的偏差程度。第二，在确定两个或多个项目之间的关系时，主要采取相关系数来表示项目之间互相关联的程度，并用一个系数来表示，需要指出的是，相关系数用于描述变量之间的相关性，并不揭示两个变量组之间的因果关系。第三，对两个小组之间业绩的差别进行比较时，多采用差异检验的方法。这些常用的统计方法在统计学里均有介绍，这里不再赘述。

6.5　培训开发效果的经济价值分析

培训开发成本的测量

培训成本可以采用由奎因（Quinn）等人在 1996 年提出的资源需要模型（Resource Requirement Model）来衡量。该模型也可以被认为是培训成本矩阵。它从培训在不同阶段所要求的资源入手，分析整个培训过程所花费的成本，如表 6 – 17 所示。

表 6 – 17

培训成本矩阵

	人员费用	场地设施费用	设备材料费用
培训前(设计)	1 (a)	1 (b)	1 (c)
培训中(实施)	2 (a)	2 (b)	2 (c)
培训后(评估反馈)	3 (a)	3 (b)	3 (c)

应用该模型还可以对不同培训的成本进行比较，从而为后面进行成本有效性分析或成本收益分析提供基础。表 6 – 18 是根据康奈尔大学和上海交通大学在 1999 年和 2000 年合作的远程人力资源管理课程中对应用传统的面授方式和多媒体远程教学进行国际人力资源管理培训的预计成本的比较。

在计算培训项目的成本时，人力资源开发人员需要考虑五种支出，分别为直接成本、间接成本、设计与开发成本、一般管理费用和培训课酬。

6 – 18

培训成本比较

	多媒体远程教学(WHRM)	传统的面授方式
1 (a)	培训需求分析 开发课程 计划项目 **技术支持** **更多的准备时间**	培训需求分析 开发课程 计划项目
1 (b)	办公室 电话 传真	办公室 电话 传真
1 (c)	计算机/扫描仪/网络 培训教案 胶片等 印刷,复制	计算机 培训教案 胶片等 印刷,复制

（续表）

	多媒体远程教学（WHRM）	传统的面授方式
2（a）	讲师费用 学员工资成本 **较少的差旅费** **较少的离开工作的时间** **较少的旅行时间**	讲师费用 学员工资成本 **差旅费** **住宿和饮食费用**
2（b）	**可视电话会议室** 培训设备 **更多的电子设备**	**教室/会议室** 培训设备
2（c）	**网络传输** 投影 录像机 计算机/网络 培训讲义	投影 录像机 计算机/网络 培训讲义
3（a）	设计问卷 追踪访谈 数据收集和分析 评估报告	设计问卷 追踪访谈 数据收集和分析 评估报告
3（b）	办公室 电话 计算机/**网络**	办公室 电话 计算机
3（c）	测验 问卷 **计算机/网络**	测验 问卷 **邮寄**

说明：表中黑体的部分表示在两种方式中产生的不同的成本，以便于进行成本的比较。

培训开发收益的测量

培训收益是指企业从培训项目中所获得的价值，具体的衡量指标包括劳动生产率的提高、产品质量的改进、产品销售量的增加、成本的降低、事故的减少、利润的增长、服务质量的提高等。通过培训对经营业绩的整体影响，进行培训的投入产出分析。通常对收益进行分析的做法主要有以下几种：

- □ 通过以往研究和培训记录，确定培训的收益；
- □ 在公司范围内进行小样本试验，由此来确定某一培训可能带来的收益，这在公司推行一些大的培训项目之前尤为重要；
- □ 通过观察培训后绩效特别突出的员工，来分析培训的收益，往往和生产力的提高、事故的减少、离职的降低等联系在一起。

培训开发的投资回报率计算与分析

在分析了培训开发的成本与收益之后，就可以计算投资回报率了。投资回报（Return on Investment，ROI）这个概念最初来自于财务和会计领域，被用于表明资本投资回报的价值。在这里，我们进行培训投入产出分析，是为了评估培训资金投入的利用效率，以此来判断某个培训是否合算、为股东创造了多少价值。评估组织培训投入产出基本上有八种方法。

1. 培训成本收益率（Benefit Cost Ratios，BCR）

计算公式为：培训成本收益率 = 培训收益 / 培训成本

当培训成本收益率大于1，假设为4.5，则表明向员工培训每投入1元，将获得4.5元的培训收益。因此，培训成本收益率越高，其收益相对于成本而言，也就越高；反之，培训成本收益率越低，则收益相对于成本，也就越低。

2. 投资回报率（Return on Investment，ROI）

计算公式为：培训投资回报率 =（培训收益 - 培训成本）/培训成本

虽然前两个公式都可以用来评估培训的投入产出，但是在成本效益分析和投资回报率之间存在理念上的差异。利用成本收益进行分析时，更多的是从财务的角度，将培训看做是一项成本和费用支出；而在计算投资回报率时，将培训的支出理解为一种投资行为。因此，两者所蕴含的意义是有区别的。

3. 效用分析

计算公式为：效用 = 单位产出的绩效 × 产出的数量 - 成本

效用分析是指对各种方案的损益进行分析，效用分析的主要意义在于为管理层在作出决策时提供依据。

4. 培训贡献率

计算公式为：培训价值贡献率 = 培训总收益/组织价值新增

培训贡献是指培训活动对组织价值增长的贡献。说明了培训为组织创造多少价值、为股东创造了多少财富。评估培训贡献的指标是培训价值贡献率。

5. 培训投资回收期（Payback Period）

计算公式为：培训投资回收期 = 成本/月收益

培训投资回收期计算在多少个月内，培训的收益与培训支出持平。如果投资回收期的数字相对较小，只有几个月的话，则管理者将被鼓励进行培训投资。优点在于计算简便；缺点在于没有体现时间对现金流入价值的影响，也不能体现不同项目所承担风险大小的不同。对于较为复杂，不断有资金流入流出的项目来说，可能有多个回收期，或者在回收后出现新的资金流出，计算不容易正确。

6. 舍贝克和科恩效用公式

计算公式为：Utility = YD × NT × PD × V − NT × C

其中：

YD——培训对工作产生影响的年数；

NT——接受培训的人数；

PD——接受培训者和未接受培训者在工作上的差异；

V——价值，对工作成绩的货币计算；

C——为每一位成员提供培训所支出的费用。

7. Brogden-Cronbach-Gleser 模型在培训评估中的应用

计算公式为：$\triangle = T \times K \times S_{dy} \times r_{xy} \times K - C$

其中：

T——培训项目发生作用的时间长度；

K——参加培训的员工数；

S_{dy}——用货币单位表示的以前曾经培训过的员工的绩效的标准差，此时设 $S_{dy} = 1$，也有根据 40% 规则，将平均工资的 40% 作为 S_{dy} 的估计值；

r_{xy}——代表的是经过培训之后评估学习者的得分和培训者今后在工作岗位上获得绩效之间的相关关系，或者说 r_{xy} 代表培训项目的准则关联效度。

C——培训成本。

8. 还本期计算

计算公式为：还本期 = 投资总额/年度净节余

还本期是对资本开支进行评估的常用方法。采用这种方法时，某项投资所产生的年度现金收入（节余）等于该项投资所要求的最初现金支出，衡量单位一般为年月。

收益估计的货币化

对培训进行投资回报率分析的关键是将评估数据转化为现金。菲利普斯是这一领域的主要贡献者，他提出了很详细的分析模型和分析步骤。

菲利普斯确定了将数据转化为现金的基本步骤：

1. 确定每个单位的价值
2. 计算业绩数据的变化

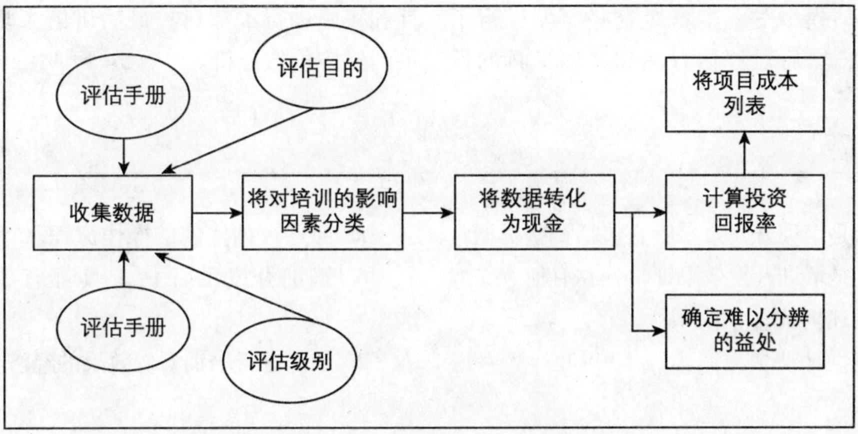

图 6－7　投资回报率运作模型

资料来源：杰克·菲利普斯．培训评估与衡量方法手册［M］．3 版．

3. 确定该变化的年度数量
4. 计算改进的总价值

表 6－19 给出了一个将评估数据转化为现金的具体实例。

表 6－19

将数据转化为现金的步骤实例

背景：一家制造厂的团队建设培训项目
第一步：重视衡量单位 投诉解决的次数
第二步：确定每个单位的价值 利用内部专家，在考虑了时间和直接成本的情况下，一次平均投诉的成本估计约为 6500 元
第三步：计算业绩数据的变化 在完成培训项目后的 6 个月内，每个月中投诉总次数减少了 10 次。根据主管人员的判断，所减少的 10 次投诉中有 7 次与培训项目有关（分解培训效果）
第四步：确定该变化的年度数量 利用 6 个月的数值（每月 7 次），可以计算出年度改进量为 84
第五步：计算改进的年度价值 年度价值 = 84 * 6500 = 546 000 元

资料来源：谢晋宇．人力资源开发概论［M］．北京：清华大学出版社，2005.

本章小结

效果评估是员工培训开发过程中的一个重要环节，只有通过效果评估才能做到心中有数，更好地改进或提高培训开发效果。

本章首先讲解了培训开发效果以及培训开发效果评估两个概念，阐述了评估的过程。在效果评估方面，已经有了一些比较成熟的模型，例如柯式评估模型等，本章对这些模型进行了简要的讲解，然后对评估方案和评估工具的设计和实施进行了探讨，最后讲解了培训开发效果的经济价值分析。

复习思考题

1. 什么是培训开发效果？它包括哪些类型？
2. 什么是培训开发效果评估？它有何意义？
3. 请简述柯式评估模型。
4. 如何设计评估方案？
5. 简述评估实施的操作流程。
6. 培训开发的评估工具都有哪些？如何选用？
7. 如何进行培训开发效果的经济价值分析？

案例分析

一个培训师的感触：培训无效是谁的错？

引言

作为一名培训师，蜜蜂瓷砖的培训给我很大感触和体会，这次培训效果很好，切合了我的渗透式培训理念。

蜜蜂瓷砖是世界知名品牌，来自意大利，1999 年进入中国市场。十多年来，不断坚持技术创新，研究流行趋势，在设计中主动将中国当地的传统古朴元素与产品相融合。数据统计显示，蜜蜂瓷砖在所有进口瓷砖品牌中占据 50% 以上的市场份额。

前奏

培训前我先与该公司人力资源部接触，了解蜜蜂瓷砖的企业文化和价值观，深刻理解其文化的深层含义——激情、拥抱变革、敬业、团队。在这个基础上调整大纲，根据他们的文化与职业化、执行力的理念，找到切合的案例和素材。授课前与企业负责人面对面地沟通，充分把握学员的情况和负责人培训发展的意图和思维，在沟通领悟中发展思维，完善调整课程体系，形成有针对性的培训内容和框架。

培训过程

必须观点鲜明，案例生动，用图片与视频冲击学员的视觉，达到爱听、融入。在此次培训的第一天进行了有效导入，会上 150 人全部放开，主动发言、表达，课程效果活跃、学员全部投入。一天 7 个小时的培训很快过去，意犹未尽。课堂效果超过预期，是我这么多年培训效果最好的一次，真正意义上满意度 100%。企业文化不断深入每个人的内心，有效生动的案例触动以往的困惑；辅以特别安排的游戏让学员体会到培训的乐趣，学习就是为自己成长；企业文化达到有效的统一、思路达到新的改变。

下面我想要表达的是培训有效落实的另一个关键点：一把手绝对的重视和对培训的高度认可；培训后马上的落实和持续的回顾和应用。

在培训过程中，要求学员必须早到 15 分钟，8 点 30 分上课，全体学员必须 8 点 15 分到位；授课期间不得走动，除非特殊情况（要主动找负责人登记），小组成员要踊跃发言；铁的纪律才能保证执行力。比较之下，其他企业培训迟到是必然，走动是放松的情况，培训效果可想而知。

课程结束后我针对此次培训专门设置了作业思考题目，题目包括选择题和问答题目。

两天课程结束了，当晚必须马上再复习、

再反思。公司负责安排当晚分组讨论所学。(1) 分组，每组一组长、一记录员安排房间谈论。(2) 记录拍照片（我想一个是留念，更重要也是一种监督）。(3) 定时间。(4) 第二天每组要汇报昨晚讨论的要点，放到大会议室，领导高层都必须参与。比较之下，其他一些企业课后学员无影无踪，不闻不问，只讲课堂激动和感动，而课后不动，培训效果不可能好。

回去后大家把几天所学的知识和感悟记录在一个本子上，工作中就把这个本子带在身边。每个经理必须在这一年把这个本子带在身边，有空就学习、反思，企业一把手把这个作为考核内容，如果发现一次你一天没看，就把你口袋里的钱当场交上去，这样在口袋里放钱的时候就想到本子也是钱。这样才能把复杂的理论变得简单化。简单化的事情重复做，做到极致，这才叫做品牌。

培训效果不好究竟是谁的错呢？

□ 老板的错，不是发自内心的重视和坚持落实；

□ 培训师的错，培训无针对性、主动形式，忽视每家企业的背后是文化，缺乏对企业的有效性；

□ 培训市场的混乱和浮躁；

□ 只重视培训的新鲜，不知道企业管理的本质不是天天换鲜，而是要保鲜（对文化、方法的再思考）；

□ 学员对学习的不强烈和无动于衷；

□ 没有后续的监督体系；

□ 管理层的错，没有起到带头和以身示范的作用；

□ 企业文化中少了“激情”两个字，只有激情的文化才能超强的团队执行力；

□ 培训师授课呆板和无实践经验、悟性不强，无能力理透企业的真正培训需求点。

系统培训、反复培训、针对培训、监督培训、落实培训，方叫培训。

【案例问题】

认真阅读案例材料，思考如何才能提高培训开发效果。

第 7 章

培训开发的方法

【学习目标】

- 掌握信息传递式培训开发方法
- 掌握模拟式培训开发方法
- 掌握在职培训式开发方法（OJT）
- 掌握应用新技术式多种培训开发方法

【关键概念】

敏感性训练
角色扮演法
游戏法
虚拟现实
师带徒
工作轮换
继任计划
团队建设法
E-learning

引导案例：杜邦独特的培训方法*

作为化工界老大的杜邦公司在很多方面都独具特色。公司的企业理念的第一条就是重视人才，其中，重视对员工的培训尤为突出。杜邦公司不仅注重对每一位员工的培训，而且培训方法也很独特，现归纳如下。

1. **系统的培训方案**。杜邦公司不仅具有严密的管理体系，而且拥有一套全面的、独特的培训体系。公司的培训协调员只有几个人。每年，他们会根据杜邦公司员工的素质、工作经验、各部门的业务发展需求等拟出一份培训大纲。此份大纲上清楚地列出了下一年度培训课程的题目、培训教员、培训内容、拟达到效果、授课时间及地点等，并在每年年底前分发给杜邦各业务主管。公司的各位业务主管会根据培训大纲的内容结合下属的工作经验及需求有针对性地选择课程，为下级员工报名参加培训。

2. **平等的培训机会**。公司中每个员工的教育背景、工作经验都有所不同，因而要根据员工不同的需要给予不同的培训。在年度工作总结中，每位员工都可以向自己的上级提出自己的培训需求。上级主管会根据员工的工作范围，并结合员工自己的需求，参照培训大纲为每个员工制订一份培训计划，员工会按此计划参加培训。

为了保证员工的整体素质，每位员工都有机会接受某些基本培训，如公司概况、商务英语写作、有效的办公室工作等。杜邦公司一直很重视对员工的潜能开发。它会根据员工不同的职位给予不同的培训。从前台接待员的“电话英语”到高级管理人员的“危机处理”，每一位公司员工都会在各自职位上有机会接受不同的培训。除了公司的培训大纲里的内容之外，如果员工认为社会上的某些课程会对自己的工作有所帮助，就可以向主管提出，只要合理，公司会安排员工参加。

3. **特殊的培训教员**。杜邦公司的培训教员一部分是公司从社会上聘请的专业培训公司的教师或大学的教授、技术专家等，而更多的则是杜邦公司内部的资深员工。在杜邦，任何一位有业务或技术专长的员工，小到普通职员，大到资深经理都可作为知识教师给员工们讲授相关的业务知识。

杜邦公司如此特殊的培训方法，令员工素质普遍提高。杜邦的人员流动率一直保持在很低的水平，在杜邦总部连续工作30年以上的员工随处可见，这在美国是很难得的。

在知识经济时代，人才成为企业最根本、最重要的竞争资源。在这样的时代，员工培训开发成为个人和组织的共同需要。加强对员工的培训开发可以帮助企业提升其核心能力，获取更多的竞争优势。目前，企业培训开发的方法众多，不同的培训开发方法有不同的特点，并且各有优劣。

在熟悉各种培训开发方法的同时，企业应注意培训开发方法的选择，企业培训开发的效果在很大程度上取决于方法的选择，要选择合适有效的培训开发方法，需要考虑到培训开发的目的、内容和对象的自身特点等多种因素。在本书里，我们将培训开发方法分为三大类：信息传递式、模拟式和在岗培训式培训开发方法，除此之外，还包括应用新技术培训开发方法。这些方法本章都进行了讲解，论述了其优缺点、在现实中的应用情况和其适用范围，并为培训者提供了如何选择的建议。

---

* 引自：人力资源开发网 http://www.chinahrd.net

7.1 信息传递式培训开发方法

信息传递式培训与开发方法是指培训开发者通过一定方式将培训开发信息（知识、技能和解决问题的方法等）传递给受训者，使他们能够接收和吸收这些信息的培训开发方法。其中最具代表性的方法之一就是演示法（Presentation Methods）。演示法是指在向受训者传授知识和技能的过程中，培训者以演示的方式主动将培训信息灌输给受训者，而受训者被动接受这些信息的培训方法。演示法包括讲授法、研讨法和视听法。

讲授法

讲授法（Lecture Methods）又称讲座法、演讲法，它是应用最为普遍，同时也是最传统的一种培训开发方法。讲授法是指培训者通过讲授或演讲的方式对受训人员进行知识、技能和态度的培训。

优点是：成本低、耗时少，且培训者能够对培训过程进行有效的控制；能够在短时间内将培训信息传递给大规模的学习群体；可作为其他培训开发方法的辅助手段，如行为模拟和培训方法。

缺点是：单向交流，缺少受训人员的参与、反馈，不能根据学员在知识、能力、态度上的不同进行差异化教学；培训效果易受培训者讲授水平、受训者的特质和培训环境等诸多因素的影响。

因此，讲授法多用于对员工一般性的知识培训，更适用于员工对学科知识、前沿理论的系统了解，在对管理常识、产品知识、营销知识、财务知识和作业管理等内容的培训中经常使用。针对讲授法的优点和不足，我们在采用这一方法时应充分认识到它存在的不足，并有效地利用其优点。如：将讲授法与图示（如幻灯片、图表和地图等）和音像资料等结合使用时，就能克服讲授法的缺点，其培训效果也会更好。一般来说，在企业培训开发中，讲授法与讨论、角色扮演法、案例研究法和录像等结合是比较好的选择。与这些方法结合的主要目的就是加强培训过程中的互动性和提高受训者参与培训的积极性。除此之外，讲授法稍作改进就可变成一种比较新的方法，如研讨法，它是以培训者和受训者、受训者之间的双向交流来进行教授的一种方法。

阅读材料 7－1　三星公司的员工教育计划

三星历来重视人才的培养，为每一个职员都制订了非常系统的教育计划。员工进公司前三个月，主要了解公司的组织部门、营销思路、经营理念、企业文化等，对于管理人员和营销人员的工作流程进行分析，就质量管理、谈判技巧等深入训练。此后随着职务的升迁，新的培训接踵而至：一线的基层经理，一年内要接受 80 小时的课堂培训，培训内容包括公司的历史、信念、政策、习惯做法以及激励、赞扬、劝告等管理技巧；部门经理则专门设立中层管理学校，内容以公关外交、人员管理、经营思想以及战略为主，其佼佼者，将被要求学习哈佛、麻省理工学院以及斯坦福大学的相关课程，时间为一周到一年不等。至于公司的 2300 名高层部门经理，则要参加为期两周的跨国公司经理培训，内容五花八门，只要与本公司有关，从南美到中东，从贸易逆差到联邦预算，无所不包。

研讨法

研讨法（Conference Method）也叫会议法，是指培训者就工作中存在或遇到的问题有效组织受训人员进行讨论，由此让受训人员在讨论过程中互相交流和探讨，以提高受训人员知识和能力的一种培训方法。研讨法培训开发的主要目的是提高能力、培养意识、交流信息、产生新知。

研讨法比较适宜于管理人员的培训开发或用于解决某些有一定难度的管理问题，如战略决策、领导艺术等内容的培训开发。需特别提醒的是，每次讨论要建立明确的目标，并让每一位参与者了解这些目标；要使受训人员对讨论的问题发生内在的兴趣，并启发他们积极思考，这样才能达到培训预期的效果。根据研讨组织的形式，可将研讨法分为演讲讨论式、小组讨论式、沙龙式、集体讨论式和系列讨论式。表 7－1 对这几种方式进行了详细的解释。

表 7－1

研讨法的组织形式

组织形式	具体内容
演讲讨论式	首先由培训人员就某一题目发表演讲，然后由受训人员就该问题进行分析、讨论，该方法提供了少量的双向沟通，常以演讲者为主角。
小组讨论式	该方式可分为三种： □ 首先由主持人以提问的方式发起讨论话题，然后由几位专家就该问题进行讨论，受训人员作为听众不参与其中； □ 在上述基础上，增加部分听众参与讨论； □ 分成人数均等的几个小组进行讨论，但最后只是派小组代表就小组观点进行发言。
沙龙式	类似于小组讨论式，但话题较为自由，没有听众也没有主持人，属于非正式研讨。沙龙式并不指望解决问题，主要为促进受训人员之间彼此交流信息，互相启发。
集体讨论式	通常由 20 余人组成，在团队领导的带领下，就某一问题进行专门探讨，每人都有发言机会。该方法通常作为成人培训课程。
系列讨论式	对某一专门领域的系列问题或信息，持续数日、数周、数月和数年召开研讨，逐一地对这些问题进行分析。如长期研讨结束，受训人员可获得结业证书，通常该研讨由较权威的机构或学校组织。

研讨法的优点是：强调受训人员的积极参与、积极思考、主动提出问题、表达个人的感受，有助于激发学习兴趣，培训效果理想；讨论过程中，培训者与受训人员之间、受训人员之间的信息可以多向传递，信息交流充分，知识和经验可以相互交流，有利于受训人员发现自己的不足，开阔思路，加深对知识的理解，促进能力的提高。

研讨法的缺点是：话题准备和对现场的控制能力对培训师的要求较高；受训人员自身的水平也会影响培训的效果；不利于受训人员系统地掌握知识和技能。

阅读材料 7-2 摩托罗拉混合培训

在摩托罗拉大学，有员工、客户与供应商共同参加的混合培训课程，不仅改变了客户与供应商的思维模式，也能让员工更加了解客户与供应商的需要和遇到的困难，这种互动式的讨论往往能激发出有用的新意，促使产品、服务与流程作出有效的改革。

视听法

视听法（Audiovisual Instruction）就是利用现代视听技术（如投影仪、录像、电视、电影、电脑等工具）传递信息对员工进行培训。这种方法通过视听的官能刺激，使受训者留下深刻印象，录像是最常用的培训开发方法之一。该方法被广泛运用在提高员工沟通技能、面谈技能、客户服务技能等方面。但录像很少单独使用，与讲授法结合使用会达到很好的效果。

视听法的优点是：由于视听培训是运用视觉和听觉的感知方式，直观鲜明，所以比讲授或讨论给人更深的印象；教材生动形象且给学员以真实感，所以也比较容易引起受训人员的关心和兴趣；视听使受训者收到前后一致的指导，使项目内容不会受到培训者兴趣和目标的影响；视听教材可反复使用，从而能更好地适应受训人员的个别差异和不同水平的要求。

视听法的缺点是：视听设备和教材的成本较高，内容易过时；选择合适的视听教材不太容易；学员处于消极的地位，反馈和实践较差，一般可作为培训的辅助手段。

在使用视听法时应该注意以下几个方面：播放前要清楚地说明培训的目的；依讲课的主题选择合适的视听教材；以播映内容来发表个人的感想或以“如何应用在工作上”来讨论，最好能边看边讨论，以增加理解；讨论后培训师必须作重点总结或将如何应用在工作上的具体方法告诉受训人员。

7.2 模拟式培训开发方法

模拟式培训开发方法是指将受训者置于模拟的现实情景中，让他们依据模拟的现实工作环境作出及时的反应，分析在该环境中可能出现的各种问题，培养分析问题和解决问题的能力的一种培训方法。这种方法是希望通过各种方法和技术营造在环境上尽量接近实际的情景，在这样的环境中，受训者能感觉到现在或以后要面临的问题和挑战，这样他们在探索知识、技能和能力时会全身心地投入进去，从而有利于开发特定的技能和将行为应用到工作中。这种培训开发方法越来越受到企业的重视。企业常用的模拟式开发方法包括案例研究法、角色扮演法、游戏法（普通游戏和商业游戏法）和虚拟现实，下面我们逐一介绍。

案例研究法

案例研究法（Case Study）是指为参加培训开发的人员提供员工或组织如何处理棘手问题的书面描述，让受训者分析和评价案例，提出解决问题的建议和方案的培训方法。案例研究法由美国哈佛大学商学院推出，该方法旨在给受训者提供一种体验、一个认识和分析实际管理情景并提出对策的模拟实战机会，从而培养受训者分析、解决问题的智力方面的技能。这些技能通常是管理者、律师、教师和医生等专业人士所需要的。该方法一般适用于新进员工、企业管理人员的培训，目的是训练他们具有良好的分析能力、解决问题能力和决策的能力，帮助他们学习如何在紧急状况下处理各类事件。在对战略决策、营销知识财会知识等专业知识方面的培训中经常使用该方法。

在使用案例研究法时，学习的案例既可以是现实世界中实际发生的，也可以是杜撰的，但杜撰的案例，也需要以现实世界发生的事件为蓝本进行概括和浓缩。除此之外，一个案例可以是十分复杂的，有的时候，学习者需要阅读多达几十页的案例描述，这种案例学习需要受训者大量的阅读和学习，同时还要有充足的时间进行讨论，才能从中获益。有的案例也可能很短，不超过一页，供小组进行讨论，有一些案例是用录像和电影的形式代替文字，这种案例学习常常比文字案例更加有效。但无论如何，案例都应该给予学习者充足的信息，学习者通过这些信息对案例的情景进行分析。

案例主要包括四种类型，如表7-2* 所示。

---

* 卿涛．人力资源管理概论［M］．北京交通大学出版社，2006：177.

表 7－2

案例研究法的类型

类　型	阐　述
高结构性问题解决型案例	案例篇幅短，言简意赅，可以根据一些现成的公式或模型提出解决问题的方法。这类案例编写的结构性强，问题解决办法有一定的规律。
短篇性小品案例	案例篇幅小，提出的问题不局限于某一科，不能根据一定的公式或模型得到问题的答案，需要受训员工充分调动自己各方面的知识分析问题、解决问题。
长篇无结构性案例	案例篇幅长，材料组织没有一定的规律，各种信息穿插其中。这类案例与社会和工作更接近，需要受训人员排除无关信息的干扰，诊断式地考虑问题，抓住问题的关键，寻找问题的解决方案。
启发开拓性案例	案例的内容对受训人员和培训者而言是新的领域，需要双方共同研究、发挥各自的知识和经验寻找案例的解决方法。这类案例的难度相对较大。

案例研究的程序为：首先是培训者编制或挑选案例。确定案例后，培训者要投入时间充分熟悉案例材料，做好准备，培训者在阅读的过程中，最好对案例中的背景、主要事实及意见、面临的问题、利弊条件及重要论点等内容熟悉。然后是案例简介，案例简介并不只是简单地告诉受训人员培训的内容，培训者需要通过案例简介，引起受训者对整个案例的关注、提出案例分析的基本原则和预期的结果、强调案例分析方法的重要性等。接下来就是开始案例讨论，在受训者进行讨论时，培训者可在旁边巡视，必要时也可参与讨论。在案例讨论后，培训者要对案例进行讲解，这是案例研究法当中最重要的阶段，在这一阶段要对培训目标加以讨论。尤其重要的是，对关键的培训要点进行总结，总结时要密切联系预期的培训目标。如果案例分析的解决方案由受训者进行正式陈述或演示，培训者应与受训者进行密切的讨论，以确定其是否完成了必要的学习或培训。最后，还要保持对案例分析的资料记录，记录的目的是提高和保持案例分析的完整性，可供查阅学习。图 7－1 为案例研究法流程图。

图 7－1　案例研究法流程图

案例研究法的优点：(1) 调动了受训者的学习主动性，参与性强，变被动接受为主动参与。(2) 将解决问题能力的提高融入知识传授中，有利于使受训者参与企业实际问题的解决。(3) 培养团队合作精神。容易使受训者养成积极参与和听取他人意见，并对他人的意见发表自己见解的习惯，这样就锻炼了团队的合作意识和协调能力，同时也增强了沟通能力。

对于案例研究法的批判也不少，其缺点主要有：(1) 案例的来源往往不能满足培训的需要；案例所提供的情景不是现实生活中的真实情景，有的案例与真实情况相差甚远。(2) 案例的准备需要的时间较长，且对培训师和受训人员的要求都比较高。(3) 案例过于概念化并带有明显的倾向性。

角色扮演法

角色扮演法（Role Play）指在一个模拟的工作环境中，指定参加者扮演某种角色，借助角色的演练来理解角色的内容，模拟性地处理工作事务，从而提高处理各种问题的能力。角色扮演最常用的方法是让受训者根据简单的背景资料或规定的情景扮演分配给他们的角色。通常将受训者分成两部分，一部分进入角色情景去处理各种问题和矛盾，让其通过表演去体验他人感情或体验他人在特定环境中的反应和处理方式。对扮演者来说，从角色扮演中获得影响很大，扮演者实际上获得了自我发现和自我认知的机会。另一部分受训者要认真观察扮演者的行为，在表演结束后要对扮演者的行为进行评价，发表自己的看法。这样保证了台上台下的受训者都能从这一过程中获益。

这种方法的适用范围比较宽泛，可应用于训练态度仪容和言谈举止等人际关系技能，如询问、电话应对、销售技术、业务会谈等基本技能的学习和提高。它不仅适用于培训生产和销售人员，更适用于管理人员的培训。除此之外，角色扮演特别适合矫正员工的工作行为，采用这种培训方法使受训者能易地而处，真正体验到所扮演角色的感受及行为，能较深入思考、分析不同角色所担当的任务与困难，经过观察，改正自己原先的态度与行为。最常见的例子是生产部门与销售部门的经理常因业务性质不同，不能体会对方的处境及权责而发生冲突。销售部门常指责生产部门所生产的产品不符合要求，不能如期完成所需产量等。而生产部门同样责怪销售部门所接的订单分布不均，有时订单太多并非生产设备所能负荷。由于彼此立场不同，很难理解对方的处境。如运用角色互调的方法，则能亲自体会对方的困境，有助于减少彼此间的误解。

角色扮演是在管理培训中使用得最广的一种模拟式培训开发方法。其优点决定了它的受欢迎程度。

角色扮演的优点主要有：(1) 参与性强，培训者与受训者之间的互动交流充分，可以提高受训者培训的积极性；(2) 特定的模拟环境和主题有利于增强培训的效果；(3) 通过扮演和观察其他学员的扮演行为，可以学习各种交流技能；(4) 重塑或改变受训者的态度或行为。通过模拟后的指导，受训者可以及时认识自身存在的问题并进行改正。

角色扮演也存在着一定的缺点：(1) 角色扮演法效果的好坏主要取决于培训教师的水平、受训者碍于表演或过深的自我意识的影响；(2) 扮演中的问题分析限于个人，不具有普遍性；(3) 容易影响学员的态度，而不易影响其行为；(4) 在角色扮演中扮演者所能获得的情景信息是比较少的，这不利于扮演者的正确参与。

阅读材料7-3 利用角色扮演法进行教学活动

首先，课前以寝室为单位将学生分成小组，每组6~8人，选一名组长负责安排、协调。要求每个小组在预习的基础上，在老师指导下设计一病人入院情景，然后就所设情景和根据自己对教材知识的理解，编写剧本，分配角色（选出三名同学分别扮演病人、病人家属和护士）并排演。

上课时，选择其中的一到两个小组进行表演，然后讨论、总结。表演同学首先自评，谈表演的感受和体会，组内其他同学补充；然后请其他同学评价，谈他们观看时的感受；最后由老师作总体评价。

为增加表演场所的真实感，使学生有身临其境的感觉，环境布置方面将课堂的一侧设计成模拟护士站，另一侧设计成模拟病房，备齐床单及病人入院时所需物品。

游戏培训法

游戏培训法是一项具有合作及竞争特性的活动，它综合了案例研究与角色扮演的形式，要求参与者模仿一个真实的动态的情景，参与者必须遵守游戏规则，彼此互相合作或竞争，以达到某种目标的方法。游戏培训法能够激发受训者的学习兴趣，使员工在不知不觉中巩固所学的知识、技能，开拓思路，提高解决问题的能力。目前，已经有专门的培训公司开发各种游戏供企业使用，而且他们会根据培训的目的和对象的不同设定不同类别的游戏方法，如团队建设类、沟通技巧类和激励类等。

游戏培训法包括两种类型：普通游戏法和商业游戏法。普通游戏培训法是由两个或更多的受训者在游戏规则的约束下，相互竞争达到某种目标的培训方法。这种培训法一是穿插在讲授培训法中，二是与拓展训练结合，通过活动达到培训目的，常见的游戏活动如沙漠遇险、孤岛求援、红黑游戏、海上沉船等。商业游戏法（Business Games）也叫管理游戏法（Management Games），是采用游戏的方式来开发学员管理技能的一种培训方法。该方法仿照商业竞争的规则，由两个或更多的受训者相互竞争以达到预期目标；或者是众多受训者通过合作来克服某一困难以实现共同目标，要求受训者在游戏中收集信息，进行分析和决策。这里我们将着重讲述商业游戏法的内容和特点。

商业游戏法是一种以完成某项“实际任务”为基础的团队模拟活动，通常采用小组形式进行，数名被测评者组合成一个小组，就给定的材料、工具共同完成一项游戏任务，并在任务结束后就某一主题进行讨论交流。在游戏中，每个小组成员各被分配一定的任务，有的游戏还规定了小组成员的角色，不同的角色权限不同，但不管处于什么角色，要完成任务，所有的成员都必须合作；在游戏的过程中，测评者通过观察被测评者在游戏中的行为表现，对预先设计好的某些能力与素质指标进行评价。商业游戏是一种社会性的游戏，它通常经过严密的组织和设计，要求参与者必须严格遵守游戏规则，通过团队合作，解决某些问题，进而完成任务。根据游戏要解决的问题类型，可以将商业游戏分为会议游戏、销售游戏、创造力游戏、破冰游戏、团队建设游戏、压力缓解游戏和激励游戏等。

由于游戏的趣味性和竞争性的特点，它常常能激发参与者的兴趣和学习主动性，游戏强调的是解决问题和决策，因此是管理开发中运用得比较广泛的一种方法。

商业游戏的优点主要是：(1) 能较好地激发受训者的积极性。(2) 受训者将学到的东西与直观、复杂的情景相联系，理解和记忆深刻得多，学到的知识也容易迁移。(3) 游戏可以使受训者充分发挥自己的想象力，在改变自我认知、改变态度和行为等方面具有神奇的效果。(4) 有利于营造团队。为了使自己的团队在游戏中取胜，受训者需要不断地沟通、交流，以交换经验，通过共谋计策，增强了他们之间的信任感，有助于团队凝聚力的形成。

商业游戏法的缺点是：(1) 可能将现实过分地简单化，这会影响到受训者对现实的理解。尤其表现在游戏不能很好地模拟出企业的历史、文化，也很难模拟出企业所处的大的社会环境，如其面临的社会压力、社会价值观等，因此，很难让参与者看到另外一种选择可能造成的影响和后果。(2) 管理游戏的设计和操作比较浪费时间，游戏设计和实施的费用也比较昂贵，而且需要经常对其进行修改，有的甚至是从头设计。(3) 因为游戏与模拟毕竟不是现实，受训者也能意识到这一点，因而在活动中他们的决策可能相当随便，所以这种方法容易使人缺少责任心。(4) 在游戏中，决策者往往在有限制的条件下进行决策，这在一定程度上会影响决策者的创新或革新能力的充分发挥。

商业游戏法的适用范围也比较广泛，可以适用于各种管理开发，尤其是高层管理者的开发；也适用于人际能力的提高，如集体合同签订、市场营销（如为新产品定价、提高市场份额）等方面的培训。商业游戏法也特别适合以财务为衡量目标的培训，例如财务预算方面的培训。

阅读材料7-4　康佳集团的新员工入职培训

极限能力（自我挑战）培训。通过一次长途拉练来锻炼学员的意志力和团队合作精神（如爬深圳梧桐山）。

野外郊游。全部培训结束，学员们在宁静的大海边放松自己，体会生活的美好。同时，还对培训进行最后的总结，提交书面的培训总结报告，并评选出本次培训的各种奖项（如最有成就的小组、最富有合作精神的小组、康佳之歌唱得最好的小组、本次培训最潇洒先生和最靓小姐、最有前途的组长等），由康佳学院予以表彰。

组织理解游戏。通过游戏，让学员认识到组织中不同的成员对目标理解存在的差异，并初步认识个体与组织间的关系。

虚拟现实

虚拟现实（Virtual Reality）是为受训者提供三维学习方式的计算机技术，即通过使用专业设备（佩戴特殊的眼镜和头套）和观看计算机屏幕上的虚拟模型，让受训者感受模拟环境并同虚拟的要素进行沟通，且利用技术来刺激受训者的多重知觉。在虚拟现实中，受训者获得的知觉信息的数量、对环境传感器的控制力以及受训者对环境的调试能力都会达到“身临其境”的感觉。虚拟现实适用于工作任务较为复杂或需要广泛运用视觉提示的员工培训，这种方式给予受训者在受控制环境中检验各种假设的机会，这样在操作中既不承担现实世界的后果，又不浪费资源。摩托罗拉在高级生产课程上对员工进行寻呼机自动装配设备操作培训时，就采用了虚拟现实的技术，在显示屏上，学习者可以看到实际的工作场所、机器人和装配操作的虚拟世界，他们能听到真实的声音，且机器设备还能对员工的行动（如打开开关或者拨号等）有所反应。

它的优点和一般的非计算机的虚拟一样，在于能使员工在没有危险的情况下进行危险性操作；虚拟现实的环境与真实的工作环境无太大差异，而且虚拟现实可以让受训者进行连续学习，还可以增强记忆。

虚拟现实也存在着一定的缺点：设备和设计方面的问题都可能使受训者所获得的感觉是错误的，如空间感是失真的，触觉的反馈不佳，或者感觉和行为反应的时间间隔不真实等，而一旦受训者的感觉被歪曲，他们就有可能容易出现被称为模拟病的症状，如恶心、晕眩等，也可能使受训者回到现实工作场景时把握不住真实世界的空间和时间。

阅读材料 7－5　渣打银行“模拟培训中心”

对于刚入职的新员工，渣打银行向来会对其进行系统的培训，公司会为新入职的员工规划一个培训范围，比如如何与客户打交道、熟悉业务等，没有“模拟培训中心”之前，课程中也有这些实操环节，但操作练习的机会却比较有限。

“现在不一样了，有什么个案会拿到这里来做情景再现”，渣打银行（中国）有限公司人力资源总监柯黄秋梅介绍说，“模拟培训中心”此前已经在渣打新加坡、渣打印度推出了。“模拟中心”的好处在于，除讲课外员工有更多的机会进行实地演练、有机会接触小型银行的实操系统，“这是一种新的尝试，使我们的员工在上班第一天就能为客户提供高质量的服务，这无论对我们的业务还是客户都会有帮助。”

模拟培训是针对新员工开展的一系列培训中的最后一个环节。

7.3 在职培训开发方法

在职培训开发方法是为了避免所学知识和实际工作相脱节的问题，在岗进行培训的方法。这类方法与信息传递式培训和模拟式方法有所不同，它将工作与学习融为一体，是在工作中学习的一种方法。虽然模拟法强调对实际工作情景的真实模拟，但这是一种虚拟感觉，和现实工作有一定的距离。而在职培训可以使得受训者真正将学习与工作融入一体，很容易解决培训中许多根本性的问题。正因为如此，很多企业还在使用这种方法。在职培训开发方法主要包括师徒制、职务轮换、继任计划和团队建设法。

师徒制

"师徒制"（Apprenticeship）即所谓的学徒式培训，有些企业称之为"导师制"、"指导人制度"等，它是一种既有在职培训又有课堂学习的培训方法。这一方法的适用范围主要是在技能行业，如木工、车工、电工管道工等，主要用于新员工的培训。传统的师徒制没有固定的模式，师傅凭借自己的知识和技能指导徒弟，先给徒弟讲解一些基本要点，然后自己示范，徒弟通过观察和模仿获得经验，因而这种培训方法比较迟缓，适合于生产规模小、技术独特的场合，如技术复杂、要求操作方法应变性强的工作、科学研究的某些阶段等。在我国，师徒制由来已久，曾一度成为青年掌握技能的重要途径。过去新工人进厂，均由企业指定技能高超的师傅进行传帮带，两三年学徒期满后，则由企业对其进行技能考核，确定徒弟的技能等级，达不到要求者还要延期出徒。

新式的师徒制要求根据学习的技术程度，制订学习计划，并指定专人负责，采用在职培训和课堂培训相结合的方式分几段进行培训，因而效率大大提高。新式的师徒制不仅适用于技能行业，也适用于工作结构性差的工作，如经理的管理工作就可以使用这种培训方法，做一个阶段的经理助理，可以在很大程度上提高其管理能力。在实际的培训过程中，该方法可以与讲座、录像、图形演示、计算机等方法结合使用。许多研究发现，对正式或非正式师徒制有较高满意度的徒弟，在工作满意、组织认同、升迁机会的满意度、职业生涯认同、以组织为基础的自我尊崇、程序正义等项目上，比起低度满意的徒弟有较低的离职倾向。在有的国家，新的师徒制是需要国家或地方政府机构的认证的。如在美国，通过认证的项目至少应该包括144小时的课堂学习时间，包括2000小时或者1年的在职工作体验。师徒制在欧洲的发展也比较广泛，实际上，它是欧洲国家教育体系的一部分，学习者通过师徒制获得知识技能和学历证明。如在德国，师徒制体系确定了300多种职业，有2/3的高中毕业生参加师徒制的学习计划，每个职业都有自己的一整套标准和课程安排。德国产品的高品质，在一定程度上是师徒制的结果。

师徒式的有效应用应该包括两个关键环节：一是选拔合格的师傅或指导人，这些人应该是业绩突出、有良好的职业道德、熟知和认同企业文化的人；二是要建立对师傅或指导人的考核、激励制度，明确他们的责任，对其履行职责的情况进行考核，对优秀的师傅或指导人给予奖励等。

师徒制是被实践证明比较好的培训方法，其主要优点是：（1）可以利用企业现有的机器设备和技术力量，节约人、财、物等资源；（2）可以理论与实践相结合，不但提高受训者的技能，还会提高其理论水平；（3）可以让受训者在学习期间获得工资收入，其收入随着技能的提升不断增加。

但是，师徒制也存在其缺点：（1）培训的效果受到师傅个人素质的制约；（2）学习的持续时间比较长，通常需要几年的时间；（3）不能满足大规模现代化生产的需要，不能指望企业所有的员工都采用这种培训方法，否则会导致效率低下，因此，这种培训方法的适用范围很狭窄。

阅读材料 7-6　西门子的“学徒”培训

西门子早在 1992 年就拨专款设立了专门用于培训工人的“学徒基金”。现在公司在全球拥有 60 多个培训场所，它们都配备了最先进的设备，每年投入巨额培训经费。目前共有 1 万名学徒在西门子接受第一职业培训，大约占员工总数的 5%，他们学习工商知识和技术，毕业后可以直接到生产一线工作。此外，西门子计划每年在全球接收 3000 多名大学生，公司根据考核的结果安排适当的工作岗位，并从大学生中选出 30 名尖子进行专门培训，培养他们的领导能力，培训时间为 10 个月。

职务轮换

职务轮换（Job Rotation）也称岗位轮换，是企业有计划地按照大体确定的期限，让员工或管理人员轮换担任若干种不同工作，从而达到考察员工的适应性和开发员工多种能力的目的。职务轮换作为培训方法也常被称为是交叉培训法。历史上早期出现的轮换，是以培养企业主的血缘继承人（例如企业主的长子要继承父业等）为目的，并不是制度化的管理措施。在现代企业中，这一方法被推广应用到更大的范围，成为能力开发系统中一项重要制度。特别注意的是，职务轮换是通过横向的交换，使管理人员或员工从事另一岗位工作，使他们在逐步学会多种工作技能的同时，也增强其对工作间、部门间相互依赖关系的认识，并培养对组织活动的更广阔的视野，如招聘主管与培训主管进行职务轮换。目前很多知名公司都在使用该方法，例如，美国电报电话公司通过多专业交叉的团队参与整个工作流程的工作，而不是围绕狭窄的职能任务来开发新产品，团队成员要参与整个过程。在其部分下属单位进行的年度预算中，也不再基于职能部门进行，而是建立在像提供世界性通讯网络服务这样的过程之上。这种经营方式要求部门经理从整体上把握企业的运作，从专才变成通才。这时，部门经理是在为一个共同项目而工作，有助于互相激发，充分发挥其创造力。

职务轮换主要适用于以下几种情况：（1）新员工巡回实习。新职工在就职训练结束后，根据最初的适应性考察被分别分配到不同部门去工作。（2）培养“多面手”职工的轮换。企业为了适应日趋复杂的经营环境，都在设法建立“灵活反应”式的弹性组织结构，要求职工具有较宽的适应能力。职务轮换等于配合公司人力长期规划并储备了人才。（3）从企业长远发展考虑，培养经营管理骨干的轮换。现代企业中越是大型企业越不会出现预选内定“接班人”的概念，所有下级干部都是上级职位的潜在接班人，能否及时晋升，完全决定于各人的工作成绩、能力水平和适应性。（4）消除僵化，活跃思想的轮换。（5）其他轮换。企业需调整某些部门的年龄构成，或职工出现不能适应工作的情况，或需加强，或合并某些业务部门，等等，都可能相应发生职务轮换。在大企业中，每年都有相当数量的职工，被宣布进行横向流动，这已成为现代企业的普遍特征。

职务轮换是避免职务专业化及其缺陷的一种努力，能够使员工的活动多样化，从而避免产生厌倦工作的一种培训方法。

职务轮换的优点有：（1）通过丰富员工工作的内容，减少员工的枯燥感，激发员工的工作积极性，提升员工的自身竞争力。（2）对于管理人员来说，该方法能够使得他们更深入地了解各部门的工作内容和流程，能够进行换位思考，增加部门之间的合作；而且有利于形成对组织工作的全面认识，提升认识问题的高度。

职务轮换的缺点是：（1）工作轮换会使培训费用上升；（2）当员工在原先的岗位上工作效率已经很高时，如果这时将其轮换到另一个工作岗位，势必会影响到组织的现有生产力；（3）当员工工作环境改变以后，需要重新适应，调整和适应自己与周围人的关系，这需要管理人员付出很多精力来处理这些来自人际关系方面的问题；（4）易造成进行轮换的管理人员与其同事的短期化行为。

在实行职务轮换时，应该注意以下几个方面：（1）在实施之前应建立完整的各项职位的岗位说明书以及作业流程书；（2）有些工作性质非常不同的职位是无法轮换的，如人事、财务人员调到技术开发部门，这一般是行不通的，有的大公司配有医务人员，也是万万不能换其他人来尝试一下的；（3）有的职位过于敏感或有高度机密性，也不适合经常调动；（4）调动之前要征求员工意见，对于不愿意换岗位的员工也不要勉强，否则一旦调动他就辞职，公司反而是损失人才。

阅读材料7-7 摩托罗拉的工作轮换

摩托罗拉公司普遍实行工作轮换制度，只要有能力、有要求，公司就给员工各种机会和权利，尽可能做到能上能下和民主决策，这样既使更多的人得到锻炼，也便于每个人发现自己最合适的工作岗位。管理人员之间也采用轮换的方式进行培养，人力资源、行政、培训、采购等非生产部门的领导多数具备生产管理经验，不但有利于各部门更好地为生产服务，也有利于管理人员全面掌握公司的情况并成为合格的管理人员。生产工人的前道工序和后道工序、装配工人和测试检验工人也经常进行岗位轮换，这样可以使员工成为多面手。

阅读材料7-8 管理培训生的前途

三年前，沈雯婧从一所重点大学的生物专业本科毕业，成为一家世界级航运物流公司的管培生。两年内，在公司安排下，她在不同城市分公司的销售、客服、操作等部门间轮岗，每隔三个月赴海外总部培训，并通过了最后的管培生终期考核。她发现，不同的管培生最后会有完全不同的发展境遇，这取决于个人的态度和素质。“作为公司将来的管理者，必须要对公司最基层的业务有很深的理解。”沈雯婧说，管培生的经历让她对“从基层干起”有了更深的认识，“轮岗绝不是走走过场，一定要深入体会那些最基层的工作。”

继任计划

继任计划（Succession Planning）又称“接班人计划”，它与企业战略尤其是企业人力资源管理战略相统一、相协调，通过结构化的流程来识别、评估、培养和发展有潜力的经理人，以获得当前和未来核心职位所必需的能力。对于企业而言，这个计划能确保其随时有一支优秀的后备队伍，确保管理层的连续性，并缩短填补职位空缺的周期，不断满足将来的业务需要。实际上，继任计划是发现并追踪具有高潜质员工的过程，高潜质员工是指能够胜任公司高层管理职位的人员，如副总理、首席执行官（CEO）、职能部门的高层主管等。高潜质员工一般要参加快速路径开发计划，包括教育、培训，通过工作分配进行职务轮换等来开发他们的潜在能力。吉姆·柯林斯（Jim Collins）和杰里·波拉斯（Jerry I. Porras）在所著的《基业长青》中曾提到：所有世界500强的企业当中，有超过75%的企业领导人是从内部提拔的。目前，越来越多的企业开始意识到，实施继任计划能够保持企业核心竞争力，有助于企业的长远发展。全球顶尖的20家公司中全部建立了正式的继任计划体系，尤其是IBM、GE、SOUTHWEST等一些优秀的企业。但在我国，目前真正建立有效的继任管理体系的公司还很少，几乎为零。有效的继任计划是一个连续的管理战略，而不仅仅是在一个公司的老板打算退休或遭遇不测时为其寻找一个合适的继任者。它所涉及的内容非常广泛，起到的作用也非常重要：从企业所有权和其他贵重财产的转移到使企业在遇到特殊情况时保持正常的生产和财务秩序以及继续为客户提供有效的服务等。总而言之，继任计划的总体目标就是确保企业拥有顺利向前发展下去所需的人力和其他资源。因此它必须成为企业整个规划过程中的一部分，同时还要与企业的战略计划紧密相连，企业领导者也要为这个计划提供所有必要的资源，以保证它的实施。继任计划要考虑到与企业经营有关的所有关键因素的继任问题，包括设备、服务以及人力资源等。

事实上，也有一些知名企业很早就开始了人才梯队建设与继任计划的实施，并取得了不俗的成效。如通用电气前 CEO 杰克·韦尔奇就是通过继任者计划走上了 CEO 的位置。这些知名公司通过人才继任计划的实施，为公司输送了源源不断的人才，对企业的战略实现和业务增长提供了持续的人力资本支持。每个企业的继任计划略有不同，但是值得借鉴的大致有四个基本步骤[*]。

第一步，成立人才继任计划实施机构。人才继任计划涉及企业各个业务单元和不同层级人员的评价与发展，因此企业应成立规范的人才继任实施机构负责这些工作的推进与实施。例如，企业可成立人才发展与评鉴委员会，其成员一般由高管层、中层和人力资源部相关人员组成。下表 7－3 为某企业人才发展与评鉴委员会构成情况。

表 7－3

某企业人才发展与评鉴委员会构成情况

名　称	功能描述	组成人员	职责	任职条件	备注
人才发展与评鉴委员会	人才胜任素质和发展力评估的实施机构，负责企业人才梯队建设和才能评鉴工作，负责制订人才继任计划，实施流程和规范，提交企业关键人才评估报告和发展建议，并跟踪发展计划的实施。	主任1人	领导人才发展委员会的各项工作，并对委员会成员评估工作进行考核评价	总裁	不参与评估打分
		副主任1人	协助主任开展人才评估与发展工作，对秘书组织与协调工作提供支持	分管人力资源的领导或部长	
		秘书1人	组织、协调人才发展委员会的各项评估工作，人才评估资料的收集、整理、报告撰写和人才发展计划的起草	由人力资源部选派人员担任，具备组织协调能力，对人才发展和人才评估具有理论知识和实践经验	
		常务委员9人	具体执行人才发展委员会的各项评估工作，并对人才发展评估工作提出反馈意见	由各专业线各分管领导、中层经理和员工代表担任	

* 引自：http://alexanderching.spaces.live.com/Blog/cns!9619873FF71929C!970.entry

第二步，确定企业关键岗位层级图。人才继任计划的实施并不是覆盖企业所有的层级和岗位，应重点针对关键岗位实施，且需要有步骤、有计划地分批进行。确定企业关键岗位也就是确定人才继任计划的实施对象。关键岗位可以根据企业核心价值与关键业务流程，结合组织架构、岗位说明，通过综合评审来确定。一般来说，企业关键岗位包括经营班子、中层经理和其他关键岗位。其他关键岗位的确定可通过企业内部管理层综合评审和外部专家评审等方式来确定，并参考同行业其他企业关键岗位设置情况，最终形成企业关键岗位层级图。图 7－2 以某企业财务部为例说明（图中阴影部分为关键岗位，粗斜体部分为已选定的上一级岗位继任者）。

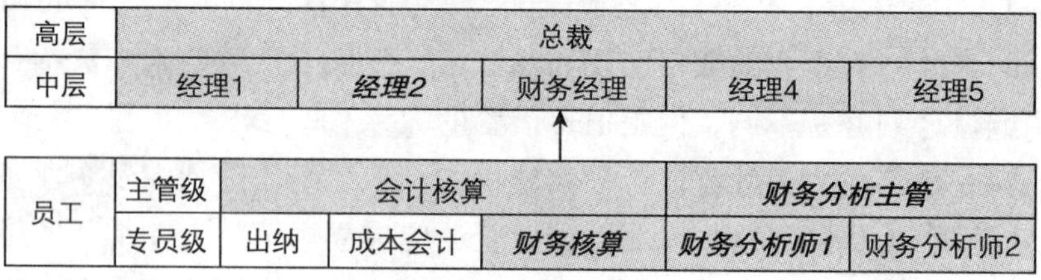

图 7－2　某企业财务部关键岗位层级图

需要指出的是，企业关键岗位确定后并不是一成不变的，而应根据企业发展战略、经营目标和经营环境的变化，不断重新审视和更新企业的关键岗位层级图。

第三步，人才盘点与发展力评估。关键岗位层级图确定后，针对这些关键岗位层级图确定具体在职的关键人才，对这些人员进行盘点和发展力评估。对关键人才的发展力评估主要从两个方面来考察：绩效和潜能。将绩效和潜能分别分为高、中、低三个等级，由此形成九方格，根据员工绩效表现和潜能评估的结果确定其在九方格的具体位置。被列入继任者的员工在九方格所处位置必须是绩效和潜能评估同时在“中”以上，即图 7－3 中阴影部分。

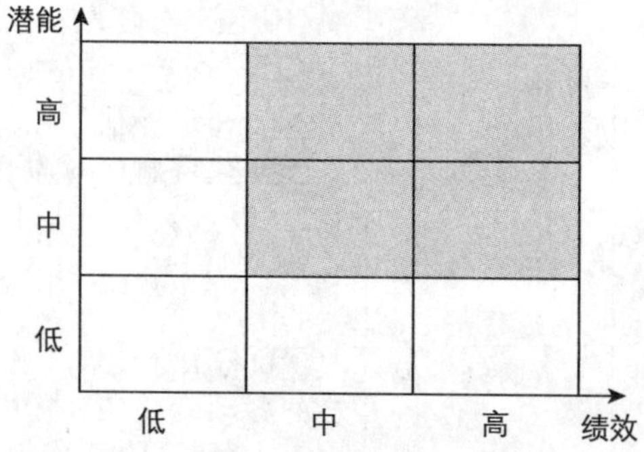

图 7－3　继任人员发展力评估图

对关键人才的盘点和发展力评估最终要形成关键人才发展力评估报告，作为员工重要的个人发展资质档案。报告应主要包括以下内容：（1）个人基本信息；

(2) 截至评估日之前的现任职位任期内的绩效考核记录和总体绩效评价；(3) 胜任能力评估，包括优缺点、个人胜任能力、培训与发展建议等；(4) 结论，包括员工在九方格图所处位置及其是否合适列为上一级岗位的继任者。

第四步，制订并实施继任者发展计划。通过第三步对关键人才的盘点和发展力评估，企业确定了关键岗位的继任者，并根据关键人才发展评估的结果，制订个性化的继任者开发计划。继任者开发计划可通过多种方式进行，如设计系统的培训课程、有计划的轮岗锻炼和考察、继续教育计划以及参与项目工作等手段。企业要建立继任者个人培训与开发档案，通过个体辅导、参与项目、岗位轮换、培训等方式帮助他们提升自身知识和能力，并加强管理沟通和过程监控反馈，使继任者按照既定的成长和发展路线稳步前行。企业通过确定关键职能领域和关键岗位，施以人才盘点和评估，不仅能够明确企业人才现状和需求，更为重要的是，企业将形成关键岗位人才梯队，拥有一支关键领域后备人才队伍，为企业长期发展提供了持续而强有力的人力资源支持。

阅读材料7-9　雀巢中国管理发展计划

当其他公司将培训作为一项员工福利或辅助性人力资源策略时，雀巢（中国）用它来留住人才，并且把它当作是一项需要长期、持续投入才会见效的战略。

在陆明的职业生涯里，只经历过雀巢这一家公司。1990年，陆明加入黑龙江双城雀巢公司，从农业服务部的奶源督察员做起，10年后升任青岛雀巢有限公司生产部经理。2007年底，他被送往海外及国内研发中心培训半年后，成为青岛雀巢有限公司总经理。

雀巢中国自2000年开始就启动了每批为期两年左右的“雀巢中国管理发展计划”，旨在到2010年培训500名具有发展潜能的中国本土管理人员，为其提供更广阔的成长和职业生涯空间。雀巢未来的领导人会从这里选拔，目前已经培养出4期毕业生，正在选拔第6期。通过这一培训项目，越来越多的学员已经开始取代外籍管理者，成为雀巢（中国）培养的一批本土中高层经理人。陆明就是这一培训班的首批学员之一，其他仍有多个像他这样的员工分别在不同的岗位上任职。

团队建设法

团队建设法是用以提高团队或群体成员的技能和团队有效性的培训方法。它注重团队技能的提高，以保证有效的团队合作。这种培训包括对团队功能的感受、知觉、信念的检验与讨论，并制订计划以将培训中所学的内容应用于工作当中。团队建设法包括探险性学习、团队培训和行动学习。

1. 探险性学习

探险性学习也称为野外培训或户外培训。它是利用结构性的室外活动来开发受训者的团队协作和领导技能的一种培训方法。该方法最适用于开发与团队效率有关的技能，如自我意识能力、问题解决能力、冲突管理能力和风险承担能力等。利用探险性学习的方法，其户外练习应和参与者希望开发的技能类型有关。练习结束后，应由一位有经验的辅导人员组织关于学习内容、练习与工作的关系，以及如何设置目标、将所学知识应用于工作等问题的讨论。探险性学习的不足在于：它对受训者身体素质的要求高，以及在练习中常常会让受训者之间发生接触，会给组织带来一定风险，这些风险有时是因私怨、感情不和而导致的故意伤害，而不能将其归咎于疏忽。因此，探险性学习的采用应慎重。

2. 团队培训

团队培训是通过协调在一起工作的不同个人的绩效从而实现共同目标的方法。团队培训方法多种多样，可以利用讲座或录像向受训者传授沟通技能，也可通过角色扮演或仿真模拟给受训者提供讲座中强调的沟通性技能的实践机会。团队培训的主要内容是知识、态度和行为。

团队行为是指团队成员必须采取可以让他们进行沟通、协调、适应且能完成任务以实现目标的行动；团队知识是使团队队员记忆力好、头脑灵活，使其能在意料外的或新的情况下有效运作；团队队员对任务的理解和对彼此的感觉或态度因素有关。同时团队的士气、凝聚力、统一性与团队绩效密切相关。研究表明，受过有效培训的团队能设计一套程序，做到能发现和改正错误、协调收集信息及相互鼓舞士气。

例如，波音公司利用团队培训提高了设计波音 777 的工作团队的有效性。在波音公司有 250 个工作团队，每队有 8～15 个成员从事飞机设计工作。队员包括不同专业背景的工程师、可靠性能专家、质量专家及市场营销专业人员。这种类型的团队叫做同期工程团队，其优点在于设计和营销方面的问题可在组装过程前期被发现，这正是工程师与市场营销人员在一起工作的结果。

团队培训的方式有交叉培训、协作培训与团队领导技能培训。交叉培训即指团队队员熟悉并实践所有人的工作，以便团队队员离开团队后其他成员容易承担其工作。协作培训即指对团队进行确保信息共享和承担决策责任的培训以实现团队绩效的最大化。团队领导技能培训即指团队管理者或辅助人员接受的培训，包括培训管理者如何解决团队内部冲突、帮助团队协调各项活动或其他技能。

3. 行动学习

行动学习法即给团队或工作群体一个实际工作中所面临的问题，让团队队员合作解决并制订出行动计划，再由他们负责实施该计划的培训方式。一般来说，行动学习包括6~30个员工，其中包括顾客和经销商。团队构成可以不断变化。第一种构成是将一位需要解决问题的顾客吸引到团队中；第二种构成是群体中包括牵涉同一个问题的各个部门的代表；第三种构成是群体中的成员来自多个职能部门又都有各自的问题，并且每个人都希望解决各自问题。例如惠而浦公司（Whirpool）利用行动学习来处理公司曾多支付了从巴西进口的压缩机关税的问题。行动学习法涉及的是员工实际面临的问题，所以可使学习和培训成果的转化达到最大化，它有利于发现阻碍团队有效解决问题的一些非正常因素。

阅读材料7-10　摩托罗拉行动学习法

在摩托罗拉大学里，教学活动一直强调行动学习（Action Learning）。学校创建的六西格玛黑带培训，是一个为期20天的课程，却要经过4个月才能完成。整个培训会被分成4个阶段：即4×（5+25）——5天的理论学习、25天的工作实践。从应用中发现问题、验证解决方案。

阅读材料7-11　IBM行动学习

1992年，郭士纳入主摇摇欲坠的IBM，他放手让全球高级管理发展项目经理罗恩尝试行动学习项目。正如后来罗恩所言："从一开始我们便下定决心要采用最好的学习方法，着手改变企业文化，通过行动学习的方式帮助一切工作走向正轨。我们已经对此着迷，事实上这个项目可以使双方达到双赢。我们可以解决政策上的主动性问题，并且可以一边学一边做。因此，行动学习成了整个项目的核心。"项目结束后，几乎100%的项目参加者都说："当我重返工作岗位的时候，我的行为真的在好多方面已经或将要改变。"

7.4　应用新技术的培训开发

随着计算机、多媒体和网络等新技术的发展和普及，人们发现利用这些新技术进行培训，可使得培训工作发生巨大的变化。虽然这些新的培训方法并不能完全取代传统的培训方法，但在与传统方法的配合使用中能够对培训工作产生深刻的影响，它不仅改变了培训观念与方式，还在很多时候对学习理念产生革命性的影响。新技术培训开发方法包括：以计算机为基础的培训、多媒体培训、远程培训和E-learning，下面将逐一阐述。

以计算机为基础的培训

以计算机为基础的培训（Computer-based Training，CBT）是指计算机给出培训的要求，受训者作出回答，然后由计算机分析这些答案并将分析结果反馈给受训者的一种互动式培训方式。它包括一系列的互动性录像、计算机硬件和计算机应用程序等，主要通过设计一些课程程序和软件来帮助受训者进行自主学习，因此，CBT多数为自适应培训，尤其适合于对一些基本知识和概念掌握的培训。以计算机为基础的培训最大的优势在于其互动性，但这种互动主要是受训者与计算机之间的互动，除此之外，CBT也存在其他的优缺点，如表7-4* 所示。

表7-4

CBT的优缺点

优　　点	缺　　点
很好的互动性 自我控制学习过程 几乎适用于所有的培训工作 常以个人方式进行 提高了培训时间和培训资源的利用率	培训内容在一定程度上受到限制 培训成本较高 开发难度大 难以保证受训者切实有效地完成培训内容

CBT是最早应用于培训的新技术之一，最普遍的计算机培训项目是通过电脑的光盘或软盘来运行软件。随着教学软件的发展和网络的日益广泛应用，计算机培训也日趋先进。以计算机为基础的培训主要有两种形式：计算机辅助教学（Computer-Assisted Instruction，CAI）和智能化计算机辅助教学（Intelligent Computer-assisted Instruction，ICAI）。

CAI的培训过程是受训者在特定的软件环境下，通过键盘向计算机提出有关学习项目的请求，计算机接收信息后，通过显示装置向受训者提供其所需要的信息，受训者依此评估自己掌握的程度和了解需要进一步学习的内容。CBT早期的应用主要是讲授受训者在工作中所需要的计算机操作过程和技能。编程人员创建了自动操作系统，并在显示器上示范，使用者可以按照指示完成自己的工作。CAI主要包括四种形式：个人练习方式、游戏方式、虚拟现实和考试方式。

由于CAI系统是将全部培训信息以编程方式预置于课件中的，学员学习时，信息按预置的教学流程提供给他们。也就是说，无论受训者的起点如何，面对的都将是完全一致的教学过程，这显然不利于受训者主观能动性的发挥。而且，这样的课件一旦制作完成，任何较大的教学改进都可能会导致整个软件系统的重新编译，给维护工作带来极大的不便。

ICAI不同于CAI的是它将人工智能技术应用于CAI中，是智能化的CAI，比CAI要更高级。ICAI主要运用人工智能来进行指导培训，受训者在自己的界面就能与系统进行互动式的沟通。如专家系统（Expert Systems）把专家的知识组织和运用于某一特定问题的技术（通常指软件），当员工遇到的问题和需作的决策超

* 谢晋宇. 人力资源开发概论［M］. 北京：清华大学出版社. 2005：209.

出其现有的知识技能范围时，就可利用专家系统寻求帮助。所以说，ICAI比CAI高级就在于它加入了人工智能技术，如传统的CAI会让学习者从几个水平的学习材料中选择适合自己的材料，如初级、中级和高级，而ICAI可以做到在选择之前对受训者进行测试，根据学习者对计算机所提的问题的错误程度来确定学习者的能力。虽然ICAI有很多的发展潜力，但它比传统的CAI开发起来更困难，也没有那么多的可供选择的项目。不过对于技术培训和高级技能的培训，ICAI是最有效的培训开发方式。

阅读材料7-12 ICAI系统用于教学培训

ICAI系统将教学内容与教学策略分开，按照一定的模型，以知识库的形式予以存放，根据学生资料库提供的学生模型，通过智能系统的搜索与推理，动态生成适合于个别化教学的内容与策略；通过智能诊断机制判断学生的学习水平，分析学生产生错误的原因，同时向学生提出更改建议以及需进一步学习内容的建议；通过对学生资料库中全体学生出现错误分布的统计，智能诊断机制向教师提供教学重点及方式、测试重点及方式、题型的建议；为教师提供友好的教学内容、测试内容维护界面，无需改变软件的结构即可调整教学策略；通过对学生模型、教学内容、测试结果的智能分析，向教学督导人员提供对任课教师教学业绩评价的参考意见。

多媒体培训

多媒体培训（Multimedia Training）是将各种视听辅助设备（或视听媒介，包括文本、图表、动画、录像等）与计算机结合起来进行培训的一种现代技术。多媒体技术是以计算机为中心，综合处理和控制多媒体信息，并按人的要求以多种媒体形式表现出来，同时作用于人的多种感官。因此多媒体培训技术使得原来抽象、枯燥的知识变得生动、形象，能够更加直观地把内容传递给受训者，激发其学习兴趣和求知欲望。由于多媒体培训以计算机为基础，受训者可以用互动的方式来学习内容，让他们通过亲自参与来发现问题，系统可以进行及时引导，提供帮助，这就大大加深了受训者对尚未掌握知识的理解，提高了受训者处理实际问题的能力。在培训中可采用交互式录像和利用网络等方式进行培训。

虽然目前多媒体培训的使用频率较高，在进行管理技能和技术技能培训时也有一定的应用，但它仍存在一些缺点，如培训费用较高、不适合人际交往技能培训等。制约多媒体培训的最大问题是开发费用，多媒体培训教材开发的费用大致在25000~25万美元不等，而且培训内容需要不断更新，这使得开发费用大大增加。因此，培训者应该正视其优缺点，如表7-5所示，合理利用多媒体培训技术。

表 7-5

多媒体培训的优缺点

优　　点	缺　　点
自我控制进度 互动性 内容具有连续性 不受地理位置限制 反馈及时 内置式指导系统 可利用多种知觉 可检测和证实掌握程度 可以不向外公开	开发费用较高 对某些内容并不适用 受训者对运用新技术有所顾虑 不能快速更新 对其效用缺乏统一认识

远程培训

远程培训（Distance Training）是为分散在不同地域的公司提供关于新产品、政策、程序的信息和技术的培训和专业讲座。远程培训通常采用两种技术使学员之间进行双向沟通：一种是受训者同时性学习，即通过培训设备，受训者可以和培训者（位于其他地方）及其他使用个人电脑的受训者进行沟通，这包括电话会议、视频会议、录像会议及文件会议（让员工可以通过计算机来合作制订一份文件）；另一种是通过个人电脑进行的个人培训。这种方式可以包括网络培训等多媒体培训方式。通过公司的内部网、录像、教学软件，可以分发课程材料和布置作业。而培训者和受训者之间则可以通过电子邮箱、公告栏和电子会议系统进行沟通。远程培训的最大优点在于能为公司节约交通费用。通过这种方式可以使处于不同地区的员工获得专家的培训。远程培训的缺点在于缺乏培训者和受训者之间的沟通。要使培训能产生良好的效果，必须在培训者和受训者之间形成良好的互动。而远程培训项目只利用了广播技术来为不同的人提供培训，因此不能产生良好的沟通效果。目前，随着多媒体、互联网等技术的发展，很多企业把这些新技术应用到远程培训当中，我们把这种改进过的培训方式称为现代远程培训。现代远程培训方式是指借助卫星电视网络、电信网络和计算机网络及（数字）多媒体三大网络实现人员异地交互的一种培训方式。目前，这种方式不论在大学教育还是在企业培训中都被广泛应用。

阅读材料 7-13　中石油远程培训

中石油华南销售公司负责广东、福建、海南三省的成品油批发及零售业务。为确保管辖区内的油库油站的人身、财产安全，满足各库站人员能实时召开视频会议、参加远程学习培训的需求，采用 AVCON 远程视频监控指挥系统，实现了库站之间、库站与公司总部之间点对点、一点对多点和多点对多点的视频信息实时传输，实现公司统一对库站远程监控、指挥和调度。

电子学习（E-learning）

1. E-learning 的概念

E-learning（Electronic learning）这个概念来自于国外。2000 年底，美国教育部教育技术办公室提出了美国国家教育技术计划——“信息化学习：把世界教育放到每个儿童的指尖”，将 E-learning 作为国家教育计划的总标题。2000 年以后，E-learning 在国内外专家学者的报告中开始出现。关于 E-learning 的译法目前主要有三种：电子化学习、网络化学习和数字化学习。根据美国教育部 2000 年度《教育技术白皮书》，E-learning 是指通过因特网或其他数字化内容进行教育和提供相关服务；它充分利用现代信息技术所提供的具有全新的沟通机制和交互方式以及具有丰富资源的学习环境，实现了一种全新的学习方式。基于以上概念以及 E-learning 这个词由 E-commerce 迁移产生，我们把它翻译为电子学习。电子学习简单地说，就是在线学习或网络化学习，即通过建立互联网平台，受训者通过 PC 上网，通过网络进行学习的一种全新的学习方式。当然，这种学习方式离不开由多媒体网络学习资源、网上学习社区及网络技术平台构成的全新的网络学习环境。在网络学习环境中，汇集了大量数据、档案资料、程序、教学软件、兴趣讨论组、新闻组等学习资源，形成了一个高度综合集成的资源库。在企业中，电子学习一般指企业开展的借助网络的电子培训或远程培训。

2. E-Learning 的特点

虽然对于 E-learning 的内涵学界存在着不同的见解，但对于 E-learning 的特点还是形成了共识，主要有以下几点。

基于计算机网络。计算机网络是 E-learning 赖以存在的物质基础和技术支持，它主要使用标准的网络技术，如 TCP/IP 协议将各个电脑终端连接在一起，将知识内容标准化。网络化的技术背景，促使培训资料优势互补、资源共享，培训内容及时更新，打破了时空限制，使异地学习成为可能。

充分利用多媒体资源。E-learning 充分利用文字、课件、电视、光盘录像及动画等多媒体资源，使得培训内容更加形象和生动，增加了学员学习的兴趣和动力。

更注重宏观学习。E-learning 优于传统的培训在于它不仅仅局限于多媒体课程教学，还包括传送有助于提升绩效的信息和工具，重点在于它给受训者提供了一种学习的解决方案。

3. E-learning 的优缺点

作为一种基于网络技术的新型学习方式，E-learning 的优点主要表现在以下几个方面：

大众化与个性化兼容。电子学习使每个员工都不受时间和地点的限制，从而实现了真正意义上的全员培训；同时它又能实现个性化的学习，使员工按照所学专业、所在职务和从事业务的不同来选择自己所需的课程。

高效率和低成本。从效率上看，电子学习能促进知识不断更新，同时员工能更好、更快地吸收新知识，进而适应企业发展、技术更新和市场不断变化的情况，提高知识的更新频率，大大提高了培训效率。从成本上看，电子学习节省了差旅、住宿、培训师、租赁教室和培训设备等费用，同是还可在职学习，不影响工作，节省了大量的机会成本。

可跟踪，易管理。电子学习可对员工的学习时间、内容、进度和成绩等信息进行记录和追踪，并能自动生成所需的各种报表，这为人力资源管理考核提供了重要的依据。

尽管当前电子学习在全球范围内都得到了广泛的认可，但它也存在着一定的缺点：

对硬件要求较高。电子学习需要计算机网络设备作为基础才能发挥其独特的培训优势，如果企业需要电子学习方式进行培训，需要有高配置的电脑、稳定的网络。

缺少情感沟通。应该说情感沟通是网络培训所遇到的最大难题，电子学习也不例外。从目前电子学习发展的情况看，互动的交流在技术上已不是难题，如电子邮件、BBS 等交互平台，但和面对面的直接交流相比，它还是缺少情感之间的交流。培训者和受训者之间不能够进行充分的情感和情绪上的沟通，使得培训效果大打折扣。因此，我们要考虑电子学习这种方式是否适合培训内容，如人际交流技能就很难通过网络学会。

培训内容需不断更新，与时俱进。培训的一个主要目的就是让员工学到最新、最重要和最好的信息和知识，这就要求培训者要根据各种环境的变化，及时对培训内容作出与时俱进的更新和完善，保持电子学习的优势，但事实上，电子学习体系所采用的课程大部分都是标准化的，不易修改，在解决问题的针对性和学习的互动性方面还存在很多缺陷，使得电子学习体系在课程选择和应用方面受到一定的限制。

阅读材料 7－14 IBM 运用 E-learning

IBM 既是 E-learning 的提供商，同时也是 E-learning 的用户。它在 Dynamic Workplace 中所作的投资得到了很大的回报，员工通过 E-learning 培训，节省的培训资金以亿美金计算。

据介绍，IBM 每位员工在年初时都要提

出个人发展计划，根据这个计划可以参加相应的培训，比如某员工对软件感兴趣，希望学习这方面的知识，只要轻点鼠标进入IBM全球学习界面，就可以轻轻松松随时随地学习想要的知识。如果有些课程是必须学的，也别想偷懒，因为整个系统可以随时监控你的学习状况，包括什么时间学习的、学习频率、成绩记录，都会有翔实的记录，不给懒惰者任何机会。据内部人士透露，IBM目前大约有30万人通过IBM全球性大学进行在线培训与学习。

7.5 培训开发方法的比较与选择

从以上内容我们可以发现培训开发的方法有很多，那么企业该如何选择呢？这就需要企业对这些培训开发方法进行分析和比较，找到适合自己的最佳方法。

一般情况下从学习成果、学习环境、培训成果转化、成本等几个方面对培训开发方法进行比较和选择。首先要确定希望培训开发能够达到什么样的学习成果，这些成果包括言语信息、智力技能、认知策略、态度和运动技能。培训开发方法可能会影响一种或几种学习成果。接下来还要考虑对培训开发环境的要求、培训成果的转化、培训成本预算和评价培训的效果等因素。确定了培训开发方法后，紧接着就要考虑这种方法对学习和培训开发成果转化的有利程度、开发和使用这种方法的成本及其有效性问题。

培训开发方法的选择

对于培训开发方法的选择，本书按照传统的培训开发方法和应用新技术的培训方法分别进行了比较，如表7－6和表7－7所示。

表7－6

传统培训方法的比较和选择

		信息传递式			模拟式		在岗培训式						
											团队建设		
		讲授	研讨	录像	角色扮演	案例分析	游戏	职务轮换	师徒制	继任计划	探险性学习	团队培训	行动学习
学习成果	言语信息	是	是	是	否	是	是	是	是	是	否	否	否
	智力技能	是	是	否	是	否	是	是	是	是	否	是	是
	认知策略	是	是	否	是	是	是	是	否	是	是	是	是
	态度	是	是	是	是	否	否	是	否	是	是	是	是
	运动技能	否	否	是	否	否	否	是	是	是	否	否	否

（续表）

		信息传递式			模拟式		在岗培训式						
											团队建设		
		讲授	研讨	录像	角色扮演	案例分析	游戏	职务轮换	师徒制	继任计划	探险性学习	团队培训	行动学习
学习环境	明确的目标	中	高	低	中	中	高	高	高	是	高	高	高
	实践机会	低	低	低	中	中	中	高	高	高	高	高	中
	有意义的内容	中	中	中	中	中	中	高	高	是	低	高	高
	反馈	低	中	低	中	中	高	高	高	高	中	中	高
	观察并与别人交流	低	中	中	高	高	高	高	高	高	高	高	高
	培训转化	低	低	低	中	中	中	高	高	高	低	高	高
成本	开发成本	中	中	中	中	中	高	高	高	高	中	中	低
	管理成本	低	低	低	中	低	中	高	高	高	中	中	中
	效果	对言语信息来讲效果好	对言语信息来讲效果好	一般	一般	一般	一般	好	好	高	差	一般	好

表 7-7

新技术培训方法的比较

		计算机培训	光盘培训	国际互联网	内部网	远程培训	E-Learning	虚拟现实
学习成果	语句信息	是	是	是	是	是	是	是
	智力技能	是	是	是	是	是	是	否
	认知策略	是	是	是	是	是	是	是
	态度	否	是	否	否	否	否	否
	运动技能	否	否	否	否	否	是	是
学习环境	明确的目标	中	高	高	高	中	高	高
	实践机会	中	高	中	中	低	高	高
	有意义的内容	中	高	高	高	中	高	高
	反馈	中	高	中	中	低	高	高
	观察并与他人交流	低	高	中	中	低	低	低
	培训转化	中	高	中	中	低	高	高

（续表）

		计算机培训	光盘培训	国际互联网	内部网	远程培训	E-Learning	虚拟现实
成本	开发成本	高	高	高	高	中	高	高
	管理成本	低	低	低	低	低	低	低
成效		中	高	不确定	不确定	中	不确定	高

表7-6主要是针对一些传统培训开发方法进行的比较，在人力资源管理实践中，有一些新的方法逐渐流行起来，应用新技术方法的特点是开发费用高，需要资金来购买硬件和软件、开发项目或使用新的媒体等对原有项目进行改进。尽管开发费用十分高昂，但大大节省了管理费用。应用新技术的培训开发方法，其优势在于：员工可在家或办公室里随时接受培训开发，可以节省培训开发费用。而且，随着远程教育培训的日益盛行，这些方法将融入更多的学习所需要具备的特征（如实践、反馈等）。与传统方法比较，新技术培训方法适用于如下情况：有充裕的资金；受训者在不同的地域，且培训的交通费用较高；新技术的日益推广是公司的一项经营战略，新技术可以运用于产品制造或服务过程中；员工的时间与培训项目日程安排发生冲突，等。

各种方法的使用情况

从以上对传统培训方法和现代培训开发方法的比较可以看出，每种培训开发方法都有其各自侧重点。可以说帮助员工获得知识、技能和改善行为、态度的方法很多。图7-4* 展示了使用各种不同培训方法的公司所占的比例。调查结果表明，课堂讲授和观看录像带是使用频率最高的两种培训方法。其他经常被使用的培训开发方法包括：案例分析法和角色扮演法。一些企业还开始使用新技术来进行培训。

虽然几乎所有公司都使用面对面讲授的课堂培训法，但是利用新科技进行培训的做法也变得越来越普遍，这是因为，随着技术的不断完善以及技术的成本变得越来越低，越来越多的公司认识到，利用电脑进行培训具有节约成本的潜在优势，如上面提到的E-learning自助式培训方法。此外，随着整个经济正在从用一种产品或服务来满足所有人的需要，向大规模的客户化转移，对于客户化培训的需要也在不断增长。如图7-4所示，76%以上的公司利用光盘阅读器来对员工进行培训，51%的公司使用互联网来进行培训，2%的公司利用虚拟现实技术来进行培训。尽管新技术日益得到广泛应用，但是大多数培训仍然包括课堂讲授法（在所有的培训计划中，大约75%的培训是通过课堂讲授来进行的，与此相比，

* 雷蒙德·A. 诺伊. 人力资源管理赢得竞争优势［M］. 北京：中国人民大学出版社，2005.

只有20%的培训使用了新技术)。因此，最好的一种培训方式将是面对面的课堂讲授法与新的培训技术的结合（即所谓的“复合培训”），从而使培训的效用实现最大化。

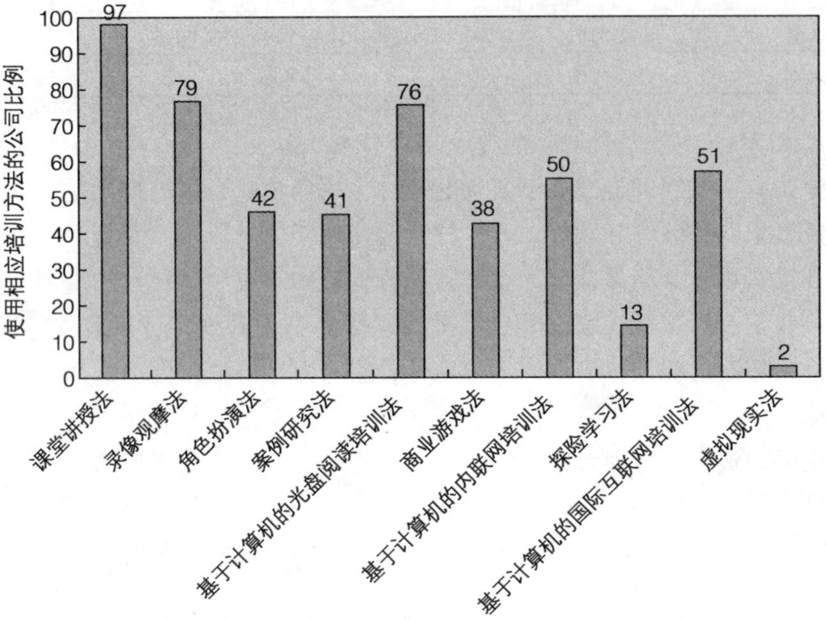

图7-4　各种培训方法的使用情况概览

本章小结

本章详细阐述了培训的主要开发方法，共分为三大类：信息传递式、模拟式和在岗培训式。对各种方法本章都进行了概述，论述了其优缺点、在现实中的应用情况和其适用范围，为培训者提供了如何选择培训开发的建议。随着科技与各种学习理论的发展，人力资源开发的新方法亦不断出现。面对众多的培训方法，如想自其中选用适合的方法以达到令人满意的培训效果，这就需要对影响培训方法选择的一些主要因素以及各种培训方法的优缺点等进行适当的分析与考虑。企业培训方法各有特色，只要是适合自己的，就是好的方法。在挑选培训方法时，应结合企业自身的实际情况，采取最合适的方法或将各种培训方法优化组合，配合运用，才会取得理想的培训效果。

复习思考题

- 信息传递式培训开发方法有哪些？其各自的特点和优缺点是什么？
- 模拟式培训开发方法有哪些？其各自的特点和优缺点是什么？
- 在职培训式开发方法有哪些？其各自的特点和优缺点是什么？
- 应用新技术的培训开发方法有哪些？

案例分析

沃尔玛独特的交叉培训

沃尔玛的飞跃发展离不开它一套完整的科学的人力资源管理，也离不开它那世界上独一无二的交叉培训。

优势一：有利于员工掌握新职业技能。

所谓交叉培训就是一个部门的员工到其他部门学习，培训上岗，实现达到这位员工在对自己从事的职务操作熟练的基础上，又获得另外一种职业技能，从而使这位员工在整个商场的其他系统、其他角落都能够提供同事或者顾客希望给予的帮助，促使员工能够完美、快速地解决他们所面临的问题，从而避免了同事或者顾客浪费宝贵的时间，提高工作效率和缓解顾客的购物心理压力，让其轻松愉快地度过购物时间，即一才多用。

优势二：有利于员工提高积极性，祛除以往只从事一种完全没有创新和变革的单调的职务的不利心理因素。

零售业是人员流动最大的职业之一。而造成这种现象的原因是员工对职务的厌烦；还有一种人是认为他所从事的职务没有发展前途，不利自身以后的发展，就会选择离开。

优势三：交叉培训可以祛除员工之间的利益冲突。

在生活当中，我们往往会听到有的人会抱怨自己和同事一样的学历和一样的劳动，就因为自己的工作职务低，拿的工资就少，低人一等。这会造就等级分化，消减员工的积极性，不利于为公司创造更多的利润，阻碍了公司很好的发展；同时也不利于员工追求新技术和探索创新，让其满脑子就是“当一天和尚敲一天钟”。而沃尔玛不仅做到了这一点，优势互补，同时处理上下之间关系也变得随意亲切。沃尔玛的“直呼其名”就是很好的证明。不再有上下之间的隔阂，让员工有一种思想认识，我和总经理是同事，所以我也就是总经理，同时我也就是老板，这家店我也就有了份，从而全心全意地投入经营，处理事件正当，为沃尔玛更加茁壮成长打下基础。因为一个很简单的道理，没有一个人会让自己的投资付诸东流。

优势四：可以让员工在全国的任何一家店相互支援。

这种优势也就是沃尔玛的骄傲所在，因为它是世界零售业巨鳄，分店多，开新店如家常便饭。比如要到新的城市开店，假如招聘新员工来完成开店前的准备，常常会由于新员工处事不够老练，导致顾客对公司品牌的不满，同时也无法提高工作效率。而让老员工去支援，就避免了这样风险。

优势五：有利于不同部门的员工能够考虑到其他部门的实际情况，减少公司的损耗，达到信息分享。

优势六：可以快速地完成公司的“飞鹰行动”。

在周末和节假日，特别是圣诞节到春节期间，是沃尔玛销售业绩最疯狂的时间，顾客的热情采购使卖场水泄不通，造成顾客排队结算时间长，所以公司就启动“飞鹰行动”，让不是前台的员工也能够从事收银台的工作，让顾客快速地完成购物，减少顾客的购物时间。

【案例问题】

沃尔玛交叉培训的优点是什么？有何不足？

第 8 章

新员工的培训开发

【学习目标】

- 熟悉新员工培训开发的概念、内容、意义、注意问题及相关原则
- 了解新员工培训开发的具体内容，包括企业文化、公司制度政策和部门及岗位说明
- 熟悉新员工培训开发流程，包括岗前培训、岗后培训、岗位知识培训
- 了解管理培训生项目的概念、意义及典型模式

【关键概念】

上岗引导
组织社会化
岗位前培训开发
岗后培训开发
管理培训生

引导案例：新员工失望的第一天

一想到明天就要正式到公司报到上班了，李阳内心别提多高兴了。这家公司是业内很有实力的“新生企业”，名牌大学毕业的他要到该公司网络中心开始自己人生的第一次工作。虽然他的专业不是计算机方面的，而是市场营销，但他对计算机玩得很棒，还是在大三时，他就开始帮一些公司编程和开发应用软件系统。想到在最后一轮面试时总经理对他的欣赏，李阳认为明天公司肯定会为他们这几个新招来的大学毕业生安排一些“精彩节目”，比如高层管理者的接见与祝贺、同事的欢迎、人事部对公司各种情况的详细介绍和完整的员工手册等。李阳的同学有的已经上班半个多月了，有不少同学都欣喜地告诉他自己的公司如何热情地接纳新人。

然而，第一天是令他失望的。

他首先来到人事部，人事部确认李阳已经来到公司，就打电话告诉网络中心的王经理让他过来带李阳到自己的工作岗位。过了一段时间，王经理才派自己的助手小陈来，小陈客气地伸出手，说：“欢迎你加入我们的公司！王经理有急事不能来，我会安排你一些事情的。”来到网络中心，小陈指着一个堆满纸张和办公用品的桌子对他说：“你的前任前些天辞职走了，我们还没有来得及收拾桌子，你自己先整理一下吧！”说完，小陈自顾自忙了起来。到中午，小陈带李阳去餐厅用餐，告诉他下午自己去相关部门办一些手续，领一些办公用品。在吃饭时，李阳从小陈那里了解了公司的一些情况，午休时与办公室里的一些同事又谈了一会儿，但他感到很失望，公司并没有像他想象的那样热情地接待他、重视他。

第二天，王经理见到李阳，把他叫到自己的办公室开始分派他的任务。当王经理说完之后，李阳刚想就自己的一些想法同他谈一谈，一个电话来了，李阳只好回到自己的电脑前开始构思他的工作，他的工作是网络制作与维护。他知道，他需要同不少人打交道，但他还不知道谁是谁，只好自己打开局面了。

就在第三天，李阳被王经理“教训”了几句。原来，王经理是让李阳送一份材料到楼上的财务部，李阳送去之后，就又继续自己的工作了。过了一会儿，王经理走了过来，问他：“交给财务了吗？是谁接过去的？”李阳回答：“交去了，是一位女士接的，她告诉我放那儿好了。”王经理一脸不悦地说：“交给你工作，你一定要向我汇报结果，知道吗？”李阳虽然嘴上说“知道了”，但脸上却露出了不满的神情。王经理便问他有什么意见，李阳忙掩饰说：“王经理教导得很对，希望你以后多多指导！”李阳认为，这些细节也太多余了，自己把工作完成就行了，无非是王经理想显示一下自己是领导。

这几天里，李阳想到好受一点的是另外两个同事对自己还算很热情。一个女孩是自己的前两届的校友，另一个男孩是那种爱开玩笑、颇能“造”气氛的人。李阳曾经问过他俩：“难道公司总是这样接待新员工？”校友对他说，“公司就是这种风格，让员工自己慢慢适应，逐渐融入公司。公司的创始人是几个工程方面的博士，他们认为过多的花样没多大用处，适应的就留下来，不适应的就走人。不少人留下来是因为公司的薪水还不错！”。

到了周末，李阳约了同学出来吃饭，谈起自己的第一周工作，李阳望着窗外明媚的阳光、川流不息的车辆，茫然地说：“糟糕极了！”

新员工培训开发就是要解决引导案例所述的问题，解决新员工的社会化问题，使新员工尽快适应新组织、提高知识技能并接受企业的文化和价值观。

8.1 新员工培训开发概述

新员工培训开发，又称职前教育，对新员工来说是一个从局外人转变为企业人的过程，对企业来说是一个吸收新鲜血液、提升组织活力、开发新人力资源的过程。新员工培训开发可以提高员工知识技能，传递企业价值观和核心理念并塑造员工行为，为新员工迅速适应企业环境并与其他团队成员展开良性互动打下坚实的基础。

新员工上岗引导

1. 新员工上岗引导的含义及意义

新员工的来源有两类：一类是首次参加工作的应届毕业生；另一类是有工作经验的人，即在其他企业或组织工作过的员工。

新员工来到一个陌生的工作环境，虽然对企业只是停留在感性认识阶段，但往往雄心勃勃，积极热情，对公司、工作和个人的前途充满了憧憬。他们希望自己能尽快熟悉、适应新的工作环境，尽快融入新的团队中，正确定位自己的角色，进而开始发挥自己的才能。但是，他们在工作中也容易出现急躁、冒进情绪，工作中容易出错。与此同时，新员工初入职场还抱有打工的心态，会依据自己对企业的观察来检验自己的选择并决定是否长期为企业工作。他们急切关注着自己能否被新的群体接纳，企业能否兑现当初的承诺，企业的真实情况究竟如何，自己具体的工作环境、职责如何，自己是否能得到重视，是否有晋升或加薪的机会等问题。

因此，新员工来到企业后，需要进行入职培训，国外将这种培训称为“员工引导”（Employee Orientation）。新员工引导要给新员工提供有关组织的基本背景情况，使之对于新的工作环境、条件、人员关系、工作内容、规章制度、组织期望等有所了解，尽快安下心开始工作。新员工导向是一种组织社会化过程，通过向新员工灌入组织及其团队所期望的主要态度、规范、价值观和行为模式等，培养其组织归属感，即：对自己组织认同、忠诚、承诺和责任感，成为组织的“自己人”。

2. 新员工引导的内容

新员工引导要为新员工提供以下信息：

□ 新员工成为正式成员的信息；
□ 企业制度信息；

□ 建立员工归属感的信息；
□ 公司的历史和经营哲学；
□ 公司的目的和目标信息；
□ 使员工熟悉自己岗位职责的信息。

3. 新员工引导的意义

减少新员工的压力以及焦虑感。刚刚步入一个组织的新员工，面临新的环境，思想上会出现一种不确定感，行动上不知所措，从而会产生心理上的紧张和不安；或者由于原来对工作有过高的期望，而进入企业后发现事实并非像个人预想或者组织介绍的那样好，心中会感到震惊和焦虑，学者称之为"现实震动"(Reality Shock)。因此，进行新员工引导，有助于稳定员工的情绪。

帮助新员工尽快实现"组织社会化"。组织社会化是指将新员工转变为精干的组织成员的过程，包括为胜任本职工作做好准备、对组织有充分的了解以及建立良好的工作关系等内容。社会化是一个不断给员工灌输企业所期望的主流态度、标准、价值观以及行为模式的持续过程。只有当新员工完成"组织社会化"的全过程，他们才能全力以赴为企业作出贡献。

有助于增进新员工的认同感。企业通过与新员工进行沟通，或者开办团队协作课程等方式，使新员工树立团队意识，也使得老员工与新员工充分接触、相互交流，形成良好的人际关系，有助于新员工融入公司的文化氛围。如果缺乏上岗引导或者上岗引导做得不好，将会导致新员工无法有效地融入新的组织环境，使他们产生距离感，变成企业内部的"外人"。

总之，有效的岗前引导培训开发应当完成以下几个主要任务：新员工应当感到受欢迎和自在；应当对组织有宏观上的认识（组织的过去、现在、文化以及未来的愿景），并且了解组织政策和程序等关键事项；应当清楚在组织工作和行为方面对他们的期望；应当开始进入按企业期望的表现方式和做事方式行事的社会化过程。

新员工组织社会化

1. 组织社会化概念及意义

组织社会化（Organizational Socialization）是指把新进员工或新上岗员工转化为组织所需要的合格员工和有效工作者的过程。有效的组织社会化一般包括使员工熟悉了解组织和工作，建立有益的工作关系，以及在知识、技能、态度、行为、精神等方面为有效完成工作做好准备等三方面内容。

组织社会化过程包括预期社会化、实际社会化和融入组织三个阶段。预期社会化阶段发生在员工进入组织或走上新岗位之前，由于各种直接间接的信息和个人类似的工作经验所形成的关于组织、工作条件、机会以及人际关系方面的期望。实际社会化阶段发生在员工开始从事一项新工作之际，他们需要接受组织运作规则，调适自己的行为和心理，经历现实的冲击和震荡。融入组织阶段发生在员工能够顺利开展工作之际，他们开始对所面临的社会关系和工作要求感到适应和自在，开始在言行上与老员工合拍，开始想办法也有办法处理各种工作和人际关系的矛盾冲突，并对组织和他人对自己绩效的评价开始感兴趣，关注自己在组织中的潜在职业发展机会。新进员只有充分完成这三个阶段的组织社会化过程后，才能成长为合格员工。

组织社会化的理论和实践对于组织和员工个人都具有非常重要的意义。对于努力追求职业生涯成功的个体而言，除了充实自身的智力资本之外，还需要采用多种职业发展策略以提高整体职业效能。其中积极提高自身在组织内的社会化程度便是非常重要的职业策略之一，通过组织社会化可以帮助员工迅速适应全新的组织环境或顺利转型，有效降低他们的角色模糊、角色冲突、工作压力以及焦虑等。就企业或组织而言，员工的组织社会化将有助于降低企业的人力资源管理成本，并提高员工的工作满意度、组织承诺和工作绩效等正面的组织结果，进而改善企业的整体效能。

2. 组织社会化的内容

在诸多组织社会化过程模型中，由 Feldman 提出的组织社会化权变模型较具代表性，并受到了学者们的广泛关注。

Feldman 认为组织社会化过程包括前社会化、适应以及角色管理三个阶段。这三个阶段是依次发展的，每一阶段均会直接影响下一阶段社会化的效果如图 8－1。

前社会化阶段	适应阶段	角色管理阶段	社会化结果
1. 真实性 2. 一致性	1. 投入工作 2. 融入团体 3. 角色界定 4. 评估一致性	1. 外在生活冲突的解决 2. 冲突性要求的解决	1. 一般满意度 2. 相互影响 3. 内在工作动机 4. 工作卷入

图 8－1　组织社会化过程图

前社会化阶段。该阶段主要是指个体进入组织前的时期（即招聘或甄选阶段），此时个体收集和评估与组织相关的信息，同时将自己的情况传递给组织招聘者，并评估所收到的信息，从而决定自己接受哪一份工作。本阶段关切的重点是真实性（应聘者表现出真实的自我，组织提供真实的工作方面信息）和一致性（应聘者的需求及技能与组织的资源及要求相契合）。

适应阶段。新员工在进入组织后，开始面对组织的真实情况，并尝试成为组织的一分子。在这一阶段，新员工必须了解和学习新的工作职责和任务要求，接触同事并建立新的人际关系网络，明确自己在组织中担当的角色，并且评估个人在组织中的发展前景。衡量该阶段社会化程度的指标包括投入工作、融入团体、角色界定以及评估一致性（即个体对绩效的自我评估与组织的评定相一致）。

角色管理阶段。在此阶段，员工要处理和解决好外在冲突和内在冲突两方面的冲突。前者属于工作—家庭冲突，工作本身或组织对个人在工作或非工作方面的要求都有可能会影响家庭生活质量，从而造成工作与家庭之间的冲突；后者是指员工个人所属的工作团体与组织内其他工作团体之间的冲突，如对于职务范围的界定以及处理工作优先顺序等问题。

对于员工组织社会化的结果，Feldman 认为可以从以下四个变量加以衡量：

- □ 一般满意度，在不同的情况下，员工对工作满意及快乐的程度。
- □ 相互影响，表示个人可以掌控工作状况或有权力决定工作方式的程度，也就是员工具有提出建议的权力且被主管接受的程度。
- □ 内在工作动机，指员工能够自我激励去有效地完成工作的程度。
- □ 工作卷入，表示员工承诺和投入工作的程度。研究表明，如果员工组织社会化程度良好，则新进员工会顺利成为组织的一分子，并具有较高的工作满意度和工作卷入、较强的内在工作动机以及较低的离职倾向。

8.2　新员工培训开发内容

新员工培训开发内容概述

新员工培训开发的内容很广泛，这些内容的先后顺序也要事先设计好。应该将薪酬、晋升、培训、企业发展愿景等新员工最关心、最具有吸引力而且关系到员工自身成长的内容放在前面，这样更能激发员工的热情。表 8－1 是新员工培训开发的基本内容和基本方法。

表 8－1
新员工培训开发基本内容

培训内容	培训方法
企业文化	讲授法，主要用典型事例和故事来影响员工
企业历史	讲授法，配合动画演示，激发员工自豪感
企业战略	讲授法，描绘美好的蓝图，激发员工责任感
企业经营状况及产品介绍	讲授法，结合实地参观，使员工进一步了解企业

（续表）

培训内容	培训方法
公司相关制度（绩效考核、薪酬设计、福利、请假、晋升、危机处理等）	通过发送 E-mail 的方式，员工自学。对于员工关心的内容和容易出现的问题结合实例讲授，可以通过 E-mail 向导师提问或者在 QQ 群内发起讨论
工作职责	发放工作说明书
沟通技巧	讲授法、案例分析法、情境模拟法相结合，强调操作
团队合作	游戏设计、拓展训练，培养员工的团队精神，促进角色转换
礼仪	讲授法、情景模拟，维护企业形象
时间管理、压力管理	讲授法、案例分析法，提高解决问题的能力
角色转变	讨论、游戏、情景模拟、新老员工见面会等方法，使员工理解个体与组织的关系以及团队协作的重要性

上述培训内容可以归纳为企业文化、公司制度和政策、部门及岗位职责及能力三个方面，下面我们将详细讲述。

企业文化培训

企业文化是企业的灵魂，是推动企业发展的不竭动力。其核心是企业的精神和价值观。这里的价值观不是泛指企业管理中的各种文化现象，而是企业或员工从事生产与经营中所持有的价值观念。

新员工尤其是刚出校门的新员工，脑子中没有条条框框，是进行企业文化培训的最好时机。通过企业文化培训，从企业的使命、愿景、宗旨、精神、价值观和经营理念全面对新员工进行塑造，新员工感触到了企业的灵魂，认同了企业文化，才能在工作中秉持企业的使命和宗旨，追求企业的愿景和价值观。

因此，成功的企业并不一定拥有最先进的文化，但一定有比较成功的企业文化培训，培训使企业文化在新员工心中生根。但目前，很多企业对企业文化培训依然不够重视，“说起来重要、做起来次要，忙起来不要”，这是非常可惜和不足取的。

公司制度和政策培训

1. 公司基本情况和制度培训

向新员工介绍公司的基本情况和相关的规章制度，主要包括以下内容。

- 公司的性质、经营范围、注册资本、现有资本及利税等情况，同时还要向新员工介绍企业的社会存在意义、对社会有何贡献等，让新员工感觉到在这样的企业工作有一种荣誉感和自豪感。

□ 组织结构与部门职责。可以利用组织结构图与各部门工作职责书进行讲解，让新员工明白组织的部门设置情况、纵横关系以及各部门的职责与权利，在将来工作中遇到问题应该找哪一个部门解决。

□ 产品及市场。让新员工了解公司的主要产品的种类及性能、产品包装、价格、市场销售情况、市场同类产品及竞争对手等。

□ 其他公司知识。例如公司的发展历史、经营理念、公司传统、创始人的故事、公司标志的意义等。

□ 人事政策与制度。这一部分与员工利益密切相关，应详细介绍并确认新员工全部理解。内容有工资构成与计算方法、奖金与津贴、福利项目、绩效考核办法、晋升制度，以及更详细的劳动纪律、上下班时间、请假规定、报销制度、安全制度、保密制度等。

规章制度的培训是企业新员工培训中不可或缺的一部分，关系到新员工正式工作以后生活的方方面面。它是员工在企业生活中的工作标准、获取报酬的标准、个人与企业权利义务关系的标准；从另一角度来说，企业规章制度是企业文化的实施基础，没有良好规章制度作为保障，企业文化是很难建立起来的。

企业规章制度的培训可以采取课堂学习或培训者讲解的方式进行。培训部门首先要将企业的规章制度印制成内部刊物、员工手册或规章制度手册等形式，然后发放给每一个员工，期间安排时间进行讲解。

2. 基本礼仪与工作基础知识

主要包括两方面的含义，一是服务意识的培养，二是礼仪常识的掌握。在服务培训上我们往往有一个误区，即认为只有第一线的员工才存在服务质量问题。其实，内部也有服务问题。礼仪常识培训则包括形体礼仪、社交礼仪、电话礼仪和美容化妆等各个方面的训练。对不同岗位的新员工可有选择地实施培训。这一部分对于企业特有氛围的养成与维护有着特别的意义，新员工了解并运用以后，也能够较快地融入企业的氛围之中。

问候与措辞。例如，早上同事之间一句问候不仅能促进员工之间的和谐关系，也能体现出公司的精神。至于措辞，应要求以文明、礼貌为基础，摒弃不文明的用语。

着装与化妆。公司可对员工着装、化妆方面提出要求，以体现公司风貌。

电话礼仪。包括接听电话的应答方式，及电话交谈的基本礼仪等。

指示、命令的接受方式。在接受指示时，有时需要记录备忘；若有不明之处，要确认明白；接受命令之后，要重述以确认。

报告、联络与协商。包括如何向上级作报告、通过何种方式与其他部门进行联络、如何与同事协商工作等。

与上司或同事的交往方式。让员工知道与领导、下属同事保持关系的重要性，以及团队精神的重要性。

个人与企业的关系。让新员工认识到，企业的成长与个人的成长是息息相关的，每个人要在不断提升个人素质的同时为企业创造利益。

对企业文化、产品认知、公司制度、行为规范的培训最好是通过大课进行宣讲，因为企业文化的培训需要一种氛围，它本身就是一种影响力。有的公司则是录制光盘组织大家来看，然后进行讨论，这种做法也是可以的。

对于基本常识（包括入职流程、日常工作服务、信息平台管理、办公环境维护等），由于其内容的琐碎性和实效性，一般穿插在日常工作的过程中实施，例如入职流程须知和日常工作服务手册的内容由人事专员在入职过程中进行；信息平台的管理和办公环境的维护可以采用宣导、自学和即时指导相结合的方式进行。

部门及岗位职责及能力培训

1. 部门培训

部门培训由所在部门的负责人负责。部门负责人应代表部门对新员工表示欢迎，介绍新员工认识部门其他人员，并协助其较快地进入工作状态。

部门内工作引导主要包括：介绍部门结构、部门职责、管理规范及薪酬福利待遇、培训基本专业知识技能，讲授工作程序与方法，介绍关键绩效指标等。要向新员工详细说明岗位职责的具体要求，在必要的情况下作出行为的示范，并指明可能的职业发展。

部门间交叉培训是企业所有部门负责人的共同责任。根据新员工岗位工作与其他部门的相关性，新员工应到各相关部门接受交叉培训。部门交叉引导主要包括该部门人员介绍部门主要职责、本部门与该部门联系事项、部门之间工作配合要求等。

有效入职培训的关键要素之一是新员工与其直接上级管理人员、同事以及其他组织成员之间频繁的互动。在培训早期阶段的这种互动越频繁，新员工的社会化进程越快。有研究表明，新员工认为与同事、直接上级管理人员以及高级同事之间的互动对他们的帮助最大。而且，这种互动与新员工往后的态度工作满意度、组织承诺、离职倾向有关。直接上级主管在新员工培训过程中既是信息的来源，又是新员工的向导。

直接主管可借助于向新员工提供实际信息和清晰而现实的绩效期望、强调员工在组织内取得成功的可能性，来帮助新员工克服焦虑感。除此之外，直接上级主管还可通过鼓励同事接纳新员工来帮助他们。有些企业的主管还为每一位新员工安排一位伙伴帮助他们适应工作环境。导师制，即为每位新员工配备一名经验丰富的老员工，也可起到同样的作用。另外，直接主管可协助新员工开发他们在组织中的角色，以减少达不到期望而产生的负面结果。

组织的新成员把与同事之间的互动看做在他们组织社会化过程中极其有帮助的活动，因为，通过互动，他们可以获得支持、信息和培训。此外，同事的帮助有助于他们了解工作小组和组织的规范。同事还可以通过减少一些过激的做法，如取笑新员工缺乏对某些信息的了解或使其处境尴尬等，来缓解新员工的焦虑。

协助新员工与同事之间的互动的一种方法是建立伙伴制度，即新老员工的配对帮助制度。被指派帮助新员工的同事应该获得相关的材料和培训以便帮助他们完成其职责。

2. 岗位职责及能力说明

新员工的岗位职责及能力说明包括岗位知识培训、岗位技能培训以及职业道德规范培训三个方面。

岗位知识培训主要包括介绍工作的地点、任务、安全要求等内容，最重要的是和其他部门的关系问题，把这些都明明白白地写下来，以免员工不知道哪件事该找谁、找哪个部门。

岗位技能培训包括新员工岗位的工作标准及操作要求、产品判定、与上下游流程的关系、对他人的影响等。技能培训应多辅以成功的个案，“榜样教学法”比较好。岗位技能培训是提高实际操作能力和适应能力的基本训练，是岗位培训的主要内容。

职业道德规范培训包括岗位职业道德规范和理想、纪律等思想政治教育以及有关法律法规、方针政策教育。俗话说，百业德为先。对职工进行科学文化教育和技术技能培训的同时，要十分注重思想道德教育、职业道德规范教育，提高他们的思想道德水平和职业道德水平。

这部分培训可以由新员工所在部门实施，必要时部分内容可以外包培训。主要目的是通过对岗位知识及技能的培训，使其达到上岗的基本要求。

针对岗位职责、工作流程、工作技能的培训，在入职的基础培训过程中可以采用讲解、教材自学和即时训练相结合的方式实施。另外，有些工作需要动手实践，这种情况下传统的“传帮带”方法效果较好。

8.3　新员工培训开发的流程和方法

新员工培训的流程如图8－2所示。

表8－2是某公司新员工引导活动的检查清单表。

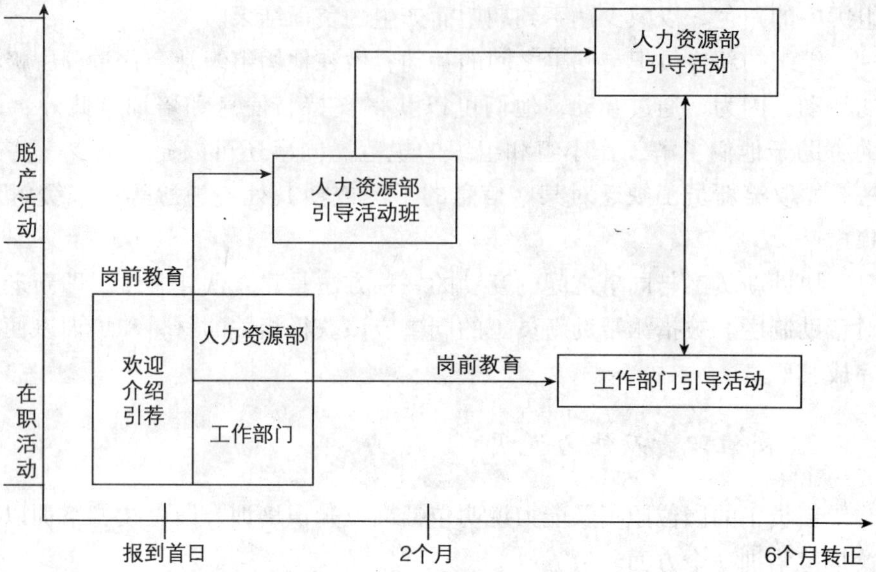

图 8－2　新员工培训流程图

表 8－2

新员工引导活动检查清单表

新员工刚来报到	第一天工作之后
• 欢迎加入本公司及担任此职务	• 介绍奖酬情况
• 指引更衣箱及厕所的地点	• 介绍存车及公司交通车情况
• 指出员工食堂及饮水点	• 介绍公司医疗卫生设施
• 介绍进、出厂区及门卫检查制度	• 进一步自己研究安全规程
• 引领参观工作地点状况	• 介绍本班组（科室）中各职务间关系
• 介绍作息与考勤制度	• 下班前检查其绩效、讲评并答疑
• 本班组（科室）工作简介	**前两周**
• 介绍安全规程与安全设备的使用	• 介绍公司福利待遇
• 引导新员工开始工作，介绍工作规程	• 介绍投诉及合理化建议渠道
• 提醒员工在有问题或需帮助时找 HR	• 检查工作习惯是否有违安全要求
	• 继续检查、讲评和指导其工作

新员工的培训可以分为岗前培训开发以及岗后培训开发两个阶段，我们下面将分别讲解。

岗前培训开发

1. 岗前培训开发概念

岗前培训开发是指尚未正式上岗前的系列培训活动。一般包括聆听企业领导人或其他人（如先进、英模等）的报告，学习有关本企业的规章制度、所需的知识，到各部门进行参观、现场实习、集训等岗前教育，然后再正式分配到各个部门。这种培训开发一般由人力资源部门组织，短则一个月，长则半年，也有将近一年的。这种训练的目的是要解决新进员工工作和生活中的一些共同问题，让新进员工尽快熟悉企业。

岗前培训开发是新员工融入企业的第一步，非常关键，活动组织的好坏将直接影响到新员工对企业的第一印象的好坏，而改变第一印象将会需要很长一段时间。

2. 岗前培训开发的原则

效益原则。不同的企业对岗前培训开发的方案选择是不一样的，有些企业采用聘请专门的社会培训机构进行，有些企业则自己承担，但不论是何种做法，都会发生成本支出，因而在培训开发方案的选择中要进行成本与效益的对比，要明确培训开发内容、培训开发地点的确定与支出预算。

效率原则。培训开发是需要时间的，时间是有价值的，所以在培训开发内容与时间上要注意效率原则。

效果原则。所有的培训开发都应当以效果为最终标准。但在实践中却往往会被一些培训开发内容的光环迷惑而选择了无效果的培训开发。

3. 岗前培训开发的内容与时间

岗前培训开发的内容是什么？时间多长？不同的企业的做法各不相同。有些企业一周就结束，有的需要一个月甚至一年。

抛开不合理因素（例如借延长培训时间以减少薪酬支出等），新员工培训开发时间越长，熟练程度越高，出错的可能性及后果的严重性就越低。但实际上，如果在一年中，新员工什么工作也不做，只是跟着师傅看，听师傅讲，那是一种人力资源浪费。如果他们已经开始操作了，则不能再称为“岗前”培训了，这是一种“在学中干，在干中学”的培训开发方法。

岗位前培训开发的内容，一般包括如下：

基本培训项目。包括熟悉性培训（含见面会）、安全培训（含环境培训）、企业制度培训和职业生涯发展培训等，一般在一至两周内完成。

熟悉性培训。熟悉性培训是基本培训项目中最重要的，不仅能够消除新员工的陌生感，而且对调整新员工的心理状态有重要作用。首先是新员工之间的熟悉，其次是新员工与企业高管之间的熟悉。

安全培训。对于生产型企业而言，安全培训是至关重要的一项培训，要让员工对企业的环境与布局有所了解，必须让员工掌握安全生产制度和自我保护及避险的意识。这种培训不是只针对生产线员工，而要针对全体新员工。

要注意的是安全培训有一个重要的构成部分就是要让新员工熟悉企业的环境，熟悉各部门的位置，尤其是高危环境部门的详细情况，以降低工伤事故发生的可能性。

企业制度培训。企业制度培训，指对新员工进行企业常规管理制度的培训。包括考勤制度、请假制度、着装制度等，这些制度是对员工进行规范化管理所必须的。

职业生涯发展培训。消除员工的迷茫感，是精神层面培训的核心。职业生涯发展培训则是专门针对消除新员工的迷茫感而进行的培训。

从统计资料来看，员工离职的第一个高峰期就是新员工刚入职时期。导致新员工离职的原因固然有很多，但核心原因就是这种迷茫感。如果不能消除新员工的迷茫感，导致新员工的流失，那么对企业来说，不仅有前期招聘成本的直接损失，还有后期的二次招聘及对生产经营影响等间接损失。

因此在新员工培训开发计划中，有必要专门设置职业生涯培训。要让新员工了解企业，了解在企业中的个人发展前景，看到希望。要让新员工清楚地知道企业的未来发展、奖励政策、晋升制度等。但是要注意这种培训开发不是理论上的职业生涯知识教育，而是针对本企业的情况，说明员工在本企业中的前途及发展。

拓展培训项目。如果条件允许，还可以进行拓展培训，如：礼仪培训、激励培训、团队协作培训等。这些培训内容可以在一至两周内完成。

岗后培训开发

新员工通过上岗前的培训开发，就分配到各个部门的具体岗位上了。报到后的培训主要是部门的组织文化培训、业务能力培训和实际操作能力培训。组织文化培训属于公共教育，其目的主要是增强新员工对企业、对岗位、对同事的亲切感。业务能力培训的主要内容是：表达能力的训练、人际关系以及岗位专业技能的训练。

1. 组织文化培训

组织文化培训属于通识教育，通过培训让新员工了解并接受公司的理念、价值观，增加员工的自豪感和组织的凝聚力。

2. 业务能力培训

表达能力培训。常采用的方法是询问员工对当天学习内容的看法，或指定题目，要求新员工就这一问题发表感想。当然，还可以采用三分钟即兴演讲等方法。不管采取何种方式，培训者在最后都要对新进员工表达能力训练中存在的问题逐一点评。

心理素质培训。特别是对于由学校毕业刚踏入工作岗位的新员工，那种无忧无虑的学生时代已经成为过去，而对新的生活，心理上一时还难以适应，常常会以学生的眼光看待工作、处理人际关系。因此，需要尽力消除他们心理上的失落和畏惧，使他们客观地面对变化了的环境，用新的标准来安排自己的生活，处理好理想与现实的关系，重新调整人生的目标。

在此培训中可以采用自由讨论的方式，让新员工充分表达自己的心理感受，在此基础上再统一他们的认识。对那些自恃学识过人的学生来说，克服以自我为中心的思维方式，学会设身处地地为他人着想、虚心向同事和老员工学习，是很重要的。

个人行为培训。对新进员工的个人行为训练主要包括：有计划地使用日常开支，并且需要一定的储蓄。此外，作为企业的一名新员工，应格外重视个人与企业的社会信用，为维护个人和企业的信誉而努力。而且，作为一个完全独立的社会人开始社会生活，个人的信誉将决定一生的发展。

人际关系培训。新进员工从走上工作岗位的第一天起，人际关系的含义就在他们的生活中发生了根本性的变化。学校里，人际关系相对比较简单，他们可以只跟自己喜欢的同学交往。然而，一旦走上工作岗位，在生活与工作的环境中，他们必须面对同事、客户、企业领导等，与各种各样的人打交道，不能凭个人好恶决定与什么人交往。因此，要学会接纳和适应。在与同事、上司、客户交往时，应注意处理同事和上下级之间的关系，注意谦语的使用。牢固树立感激客户、感激领导、感激同事的理念，这样才能保持良好的人际关系。

3. 实际操作培训

对新进员工的实际操作训练来说，往往要求部门领导和资深员工发挥示范作用。要承认个性差异，用统一的方式难以做到因材施教。因此，针对不同情况采用不同方法是新进员工实际操作培训中尤为重要的原则。在实际操作训练时要注意以下内容：

- ☐ 确定正确的步骤。
- ☐ 认识新员工的优点，针对其特长安排工作。
- ☐ 教会新员工养成随时汇报工作、与上级联络、与同事商量的习惯。
- ☐ 不仅注重工作结果，还要注意工作过程、方式、方法，先求质量后求数量。
- ☐ 使新员工了解工作的严格性，不走样地执行上级意图。
- ☐ 培养新员工的时间观念，尽量不给别人添麻烦。

8.4　管理培训生项目

在国外，管理培训生已是相当普遍的现象，已成为企业获取竞争优势的人力资源管理利器，企业高度关注和大力推行。注重实际操作的各大公司都会安排应届生时间不等的实习和培训，从中挑选优秀者进入公司初级管理层。

在国内，“管理培训生”还是个比较新颖的概念，处在起步阶段。在中国由于传统和历史的原因，优秀、成熟的企业经理人才极其缺乏，但有着众多极具潜质的应届毕业生。因此，对中国企业而言，管理培训生制度对于将应届毕业生造就成优秀管理人员有十分重要的意义。

管理培训生项目介绍

1. 管理培训生项目概念

管理培训生项目（Management Trainee Program）是指企业对经过筛选的、富有管理潜能的一批新员工（通常是应届本科毕业生或研究生），采取系统的培训、锻炼等培养措施，快速地提升其管理技能和相应的职业素养，然后逐渐安排其进入企业管理类岗位承担管理责任的人才培养模式。由于管理培训生计划适合于企业大批地培养新人，培养那些经过本企业文化熏陶的“子弟兵”，因此它是许多著名企业新员工培养的常用方式。如联合利华、通用电气、沃尔玛、强生、欧莱雅、ABB 集团等都在实行该项目。

管理培训生项目的目的，就在于为企业培养未来的管理者，所以在设计项目的初始就大多安排了内部的跨部门轮岗、领导力培训、企业文化培训等内容，以期让管理培训生得到足够的锻炼，使得他们在 10～15 年后能够成为公司的高层管理者。

管理培训生计划培养模式的特点：

- □ 主要对象为高等院校应届毕业生，包括应届本科生和应届研究生；
- □ 适合企业批量培养人才，满足企业经营的整体需求；
- □ 培养开发的主要方式包括培训、轮岗、内部导师的辅导等，同时强调以企业文化全面的熏陶和塑造；
- □ 有较长周期的培养计划来培养培训生的业务能力和综合管理能力，并通过职业生涯管理，让员工实现职业发展，企业实现“人尽其才”。

2. 管理培训生项目的意义

管理培训生项目一般是指企业集中各种资源对具备高层管理潜能的年轻人进行一定时期的，较为系统、全面培训的长期项目，是为企业发展和员工管理生涯打下良好基础的一种制度。作好管理培训生的培训与开发具有非常重大的意义。

公司储备人才。管理培训生项目具有储备人才的作用，可以缓解企业用人需求的仓促性，不仅满足了企业现行战略执行的需要，同时也为企业长期的发展奠定了人力资源基础。而且这种战略性人才储备手段正好起到了平缓人才变换和企业需求之间的缺口的作用，不仅使组织在紧急关头有人可用，而且保持了公司人员政策的稳定性。

吸引优秀的毕业生。参与管理培训生竞争这个具有挑战性的过程对于那些渴望接受挑战的毕业生极具吸引力。各家公司对培训生的选拔条件十分苛刻，GE和西门子在招募培训生时，除了在专业技能和工作经验上要求有所降低外，对学生的专业背景、个人素质等方面的考察基本与正式员工招聘相同，并且管理培训生在培训时采取轮岗制度，MTP项目无形中给管理培训生提供了多于普通员工的学习机会。

为公司人力资源战略开发节约成本。在传统的管理人才培养体系下，培养一名中层管理人员至少需要5~6年时间，而管理培训生在经过1~3年的培训后就可以独当一面。作为未来中高层领导者候选人的管理培训生们，在经过密集而高强度的管理培训后，至少能够承担主管级别的工作。虽然在短时期看来投入的时间和成本都比较高，但从公司的整个人力资源战略来看，管理培训生不仅可以防止人才断代，还节约了开发成本。

提高忠诚度，降低流失率。企业人力资源的最大危机就是人员流失，花钱为竞争对手培养人才。根据对流失员工的调查显示，员工流失的原因主要是：晋升机会居第一位，占21.2%；领导重视为第二位，占20.5%；居第三位的是人际关系和谐，占18.6%；物质待遇占14.4%，仅为第四位。从这组数据中我们可以看出，员工对于工作各方面都很重视，作好培训与开发，真正地让员工有发展通路才能留住员工。可预见的职业发展通道正是管理培训生吸引众多企业和员工的地方。

提高企业文化认同感。好的企业文化不仅有利于树立好的企业形象，而且有利于建立和提高企业核心竞争力，而培训是塑造、传播企业文化的重要方式。管理培训生项目从一开始的宣讲会到之后各方面培训都是围绕培养适合自己企业需要的人才，因此有利于真正形成员工对企业文化的认同。

3. 管理培训生素质要求

由于管理培训生的特质，公司能够对他们进行较为系统的培训，因此，对于管理培训生的专业知识要求并不是很严，而更看重他们的综合素质。虽然各个公司的分类方法众多，不一而足，但是主要有5种素质，如图8-3所示。

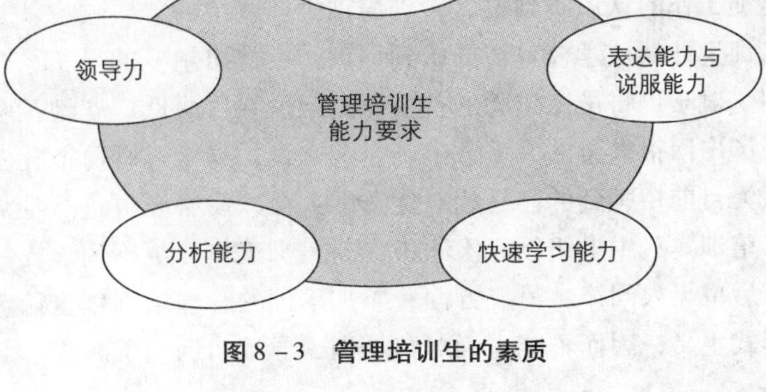

图8-3 管理培训生的素质

事业心。公司一般希望管理培训生能够通过锻炼而成为公司的高层管理人员，但是这个过程注定是辛苦并且充满挑战的，注定要牺牲掉许多。如果没有一颗事业心、一股不服输的精神，很容易在这个辛苦的过程中放弃，因此，远大的目标、不懈的追求，对于管理培训生来说尤为重要。

领导力。对领导力的理解有很多，但大体上都要求能够带领团队完成预定的目标。而这样的能力，很大程度上是在过去的管理实践中锻炼出来的。因此，在招聘管理培训生的时候一般都会偏向于有过社团领导经验或其他类型领导经验的毕业生。

分析能力。领导者必然会面临许多复杂的情况，如何在复杂的情况中迅速找出线索，理出头绪，是一个领导者必须解决的问题。因此在培训生的招聘中，解难类的问题会经常出现。一般来说，除却敏捷的思路，熟悉商业环境、具有商业经验，很大程度上有助于培训生解决这类问题。此外，适当掌握一些商业分析框架对于解决这类问题也有很好的效果。

快速学习能力在分析事物的基础上能够快速地学习使用知识，对于管理培训生快速进入行业和接手工作尤为重要。

表达能力与说服能力。具体说来就是阐述自己观点，并达到交流效果的能力。比如如何针对不同的谈话对象使用不同的语言、如何正确使用身体语言、如何设定谈话场景，等等。

4. 我国当前管理培训生项目培训与开发现状

管理培训生这个概念首先是借由大型跨国企业这个媒介而进入中国的，目前国内很多大型企业也纷纷采用这种方式来储备人才，经过几年的发展，管理培训生这个项目在本土化的过程中产生了一些具有中国本土特色的东西，当然也碰到了很多问题。对管理培训生进行有计划地培训与开发就成了解决这一问题的重要方案。

管理培训生项目需要有较强的实力才能完成，没有经验或企业没有真正去了解管理培训生培训与开发的重要性，致使现在企业总体上在管理培训生的培训与开发上是做得非常不成熟的。现在影响管理培训生培训与开发的主要因素包括培训期跨越时间长、显性成本高、牵涉部门和岗位较多，具体的表现有：

对培训工作的认识不到位。管理培训生实践中的首要顾虑就是实施时间相对较长。培训生计划从学校宣传开始到培训结束选出想要的员工，总共要花费两三年的时间。对于仍将员工招聘的首要目的定位在尽快低成本地招募到能在短时期看到投入产出回报人员的大多数中国企业来说，这个过程可能比较漫长。况且有些企业认为目前招聘到的已是相对优秀的人员，没必要再进行计划性的培训，结果导致了培训实践中上级领导不积极参与培训工作，更不用说支持，而且在培训工作结束后也无人问津；另一方面，参加培训的管理培训生也认为培训是摆花架子、搞形式主义，因而不能正确对待培训，导致培训流于形式。

培训需求分析不到位。现代企业组织结构的多样性、多变性与复杂性使得企业员工培训需求分析的内容更加繁多，因而造成培训需求分析的技术性、复杂性和难度增强，使之成为员工培训工作的一个难点和薄弱环节，针对管理培训生的培训需求分析更是欠缺。管理培训生是将来可能成为企业中高层的管理者，对他们的培训应区别于一般的员工，而目前存在的问题基本就是企业没有真正意识到管理培训生的角色，培训的内容太过单调、简单，不能引发培训生的兴趣和斗志。而有的企业只看到了眼前的利益，培训只涉及当前实习的内容，使得很多培训生在工作中迷失了方向，反而会觉得自己的工作没意义和挑战。

培训讲师选择不当。很多公司没有意识到管理培训生的培训是一个跨度很大的培训，要联系紧密才有作用，特别是针对年前年后的培训更是如此，有的企业年前使用一个特别幽默的讲师，年后却用了一个比较稳重的老师，其实这种安排是很不恰当的，因为年后大家都很放松，这样的话如果是不太活跃的老师，他带动不起来学员的兴趣，最终将会达不到培训的目的。针对不同课程的培训目的启用不同的老师，对管理培训生的培训与开发非常关键。

管理层的重视程度不够。管理培训生项目是一个很大的项目，一个完好的管理培训生项目包括以下九个要素：企业现状、管理层重视程度、投入资金、培训计划、培训师技能、培训环境、培训生素质、培训生工资和培训反馈。公司的管理层对于管理培训生项目的投入资金和实施有着决定性的作用，只有得到管理层足够的重视，管理培训生项目才更能得到支持，发挥出这个项目的作用。大多的企业在做这个项目时只是简单地把它归结于人力资源部的事，然后人力资源部用一周的封闭式的培训来结束，剩下的工作直接交给管理培训生所在的部门或者门店，忽略了培训的后期工作。

对培训效果评估和反馈的忽视。培训评估不仅仅是培训结束后的培训结果评估，在制订培训决策、实施培训决策的过程中都必须贯穿评估，最终使培训效果最大化。然而很多企业实施了几年的管理培训生项目却未对培训项目进行系统且深入的评价。无培训效果评估就不能做到优胜劣汰，最后导致公司花了很多钱却可能是养着一群自高自大不求进取的人，或者使有志者的流失率增大。

典型管理培训生模式

1. 制订方案

企业根据自身的发展需要，制订出管理培训生的实施方案，包括培训生招聘的数量、要求、选拔方式和期望达到的目标，针对培训生的培训体系和考核指标以及培训过程中的调整机制和培训期结束后的录用机制。

2. 招聘

在最初的招聘阶段，企业采用比招聘普通员工更加严格的方式对报名者进行选拔，通常要经过网申、笔试和多轮面试，最终从数以千计的报名者中挑选出几名至几十名不等的优胜者加入到真正的培训生队伍当中，在招聘时，企业更多地注意应聘者的领导能力、适应能力、沟通能力和决策能力等。

3. 培训

在接下来的培训过程中，培训生会根据企业相应的计划接受培训，大部分企业主要采用轮岗的形式，在培训的1～3年间，让培训生在2～3个不相关联的部门任职，如生产部、销售部、财务部，这样做的目的是让培训生尽可能多而全面地了解企业的运营机制、价值链以及不同的生产及管理职能，以使培训生对企业的经营管理有更好的把握和审视。除了轮岗，企业还会为培训生提供专题培训、导师辅导和专案管理等其他形式的培训，更好地满足培训生的发展要求。在整个培训过程中，企业不仅将培训生看做一般的员工，让他们完成各部门的基础性工作，更重要的，企业会着重培养他们的领导才能，让他们处理很多重要事务，如开发和管理生产线、完成大宗客户的销售任务等。企业要提供给培训生一种高压的环境，从而更多地激发他们的潜能。

管理培训生制度的一个巧妙之处在于实施导师辅导计划——系统化的高层管理人扶植方式。目的是让培训生获取更广阔的视野。除业务上的“教练”——第一线经理外，企业会指派一位资深高层经理（导师）协助每个培训生。“导师”教授的不仅仅是业务技能，还包括如何在企业成长、如何培养领导能力、如何坚持不懈、如何良好沟通等许多职业经理人的处事规则。通过分享知识、传授工作经验及提供意见的机制，减少培训生自己摸索求解的过程，引领培训生发展自己的领导能力和思考自己的职业发展方向，使其在个人和事业上得以成长。

培训过程中，企业会根据不同培训生的能力特点对他们的培训计划进行安排，同时也会分阶段对培训生的表现进行考核，培训期结束后，企业会根据培训生在各部门的考核结果，进行不同的安排，包括将培训生派往国外继续深造、将培训生升职至部门的管理层职位等；对于那些考核结果并不理想的培训生，企业一般也不会辞退，而是为他们安排其他适合的职位，并保持持续的关注。

管理培训生项目实例

1. 可口可乐管理培训生项目

可口可乐中国公司是地区总部性质的投资公司，全部员工只有500人左右，但算上可口可乐在中国各地跟其他公司合资建设的装瓶厂，整个可口可乐中国系统的员工有3万多人，这就注定了可口可乐中国公司是架构非常扁平化、效率很高的一个公司。

正基于此，可口可乐中国公司在应届大学生的招聘上非常严格和慎重，其招聘形式就是管理培训生项目（Management Trainee，简称“MT”）。

对这些管理培训生的培养有一个为期3年的发展计划。以2008年即将进入公司的6名管理培训生为例，这个发展计划分为3个阶段，第一阶段为期6个月，前2个月是安排这些培训生到财务、人力资源、生产、研发、市场、营运等各个部门去做初步的了解和学习，由各个部门的主管介绍部门的运作情况、基本制度；第3个月则要去北京参加可口可乐支持北京残奥会的工作；接下来3个月去可口可乐在全国各地的装瓶厂实习。

第二阶段为期18个月，在这18个月里，这6名培训生将进入可口可乐中国的三大核心部门，即市场、商务和营运部门，分别在这三大部门中的某一岗位各工作6个月。

第三阶段为期1年，这6名培训生按照2人一组的原则，分别进入三大核心部门的其中一个部门，在1年的时间里，把整个部门的各个工作岗位都走一遍，进行轮岗。

在这3年时间里，公司会给每名培训生安排一名导师（mentor）、一名教练（coach）、一名主管（supervisor），再安排一名高级主管做他的教导人（sponsor）。这样在整个发展计划实施过程中，会有4个人一直关注和帮助他们的发展。

这段时间里，每6个月会对他们作一次严格的绩效评估，这跟他们未来的正式工作岗位和薪酬结构都紧密挂钩。绩效评估的具体做法是，在到每个岗位工作之前，公司先给他们设定一个学习的目标，这个目标具体体现为需要完成的任务计划。比如去市场部工作的话，设定的任务计划可能是学会怎么去组织和分析消费者调研报告，并根据这一报告提出有价值的建议。而到了绩效评估的时候，公司就会按照这一任务计划考查他是否达到要求。

3年的发展计划完成后，可口可乐中国才正式给这些培训生确定工作岗位。工作岗位由分管三大核心部门的3名人力资源经理和3名教练共同分析研究确定，最终定岗主要由两方面因素决定：一方面是看他本人的性格特质适合哪个岗位；另一方面是看他轮岗期间各个岗位上的工作表现比较。可口可乐的原则是，为管理培训生确定的工作岗位要尽可能发挥他的长处。

与岗位同时确定的是他们的职位。其中最优秀的直接成为经理，不优秀的可能连助理经理都达不到。由于管理培训生是培养未来领导者的项目，如果在这过程中考查认为其潜力不够，可能会对其进行调岗，变成一个普通员工。

由于可口可乐中国公司人员有限，因此在应届大学生招聘上本着“贵在精，不在多”的原则。

目前，管理培训生项目得到了可口可乐中国总裁和美国总部的支持，之前招来的4名培训生当中，最优秀的一名已经去美国参加一个为期18个月的轮岗培训。

2. 汇丰管理培训生项目

汇丰银行一百多年以来的管理培训生制度，就是一个能够持续找出“大娃娃”的人力资源“游戏”，不过，是那种极其严苛的“生存者游戏”。汇丰管理培训生的目的，就是要招募到最有天分的年轻人，进行严格的训练，然后将他们培养成训练有素的职业经理人。只有依靠这种制度的保障，汇丰的“人力资源”才能得到足够的供应，业务才不会在激烈的竞争中败下阵来。

与其他公司管理培训生不同的是，汇丰的整个管理培训生周期有 3 年之久。其中包括 12 ~ 18 个月的短期课堂学习、近两个月的国外培训，其余大部分时间为岗位实战。能够顺利入选的管理培训生们，可以选择将“个人金融业务”作为自己的发展方向，也可选择对“企业银行业务”感兴趣，最近，为了应对电子银行业务的发展，管理培训生又多了一项选择——最新的“信息科技”方向。

第一阶段：为期 9 个月的培训生涯。管理培训生在每年 12 月份通过了所有的考试，开始了他们长达 9 个月的第一阶段培训生涯。通常，管理培训生这时候都才发现，自己所学到的东西，远远不能解决工作当中的所有问题。

好在每个管理培训生有 3 位“导师”可以请教：第一线的经理、一位资深高层经理，以及一位人力资源部的导师。

公司的企业文化在这里得到了很好的体现。因为汇丰银行内部像一个大家庭，鼓励合作，所以当员工遇到问题的时候，可以拿起电话直接向其他人请教。

当然，作为未来的经理人，除了必需的业务能力以外管理培训生还需要展现的是他们的管理、规划和解决问题的能力。一个从校园里没有走出多久的新人，要想一开始就领导五十多人的工作团队，仍然需要展现自己的过人之处。

第二阶段：七周英国之旅。9 月份，管理培训生完成第一阶段的培训，开始其七周的“英国之旅”。

有一个细节可以显示汇丰对这些“天之骄子”的投入有多大：据汇丰人力资源部的统计，平均每位培训生的英国之行要花费 20 万港币。加上他们按照经理级别领薪水，从16500 港币到最高35000 港币，39 个月的“边干边学”中，花在每位培训生身上至少 100 万港币。而平均每年光香港地区的管理培训生就有二三十位，在这一项上的花费就相当可观。另外，因为有资深经理要投入时间指导培训生，所以这部分的费用更无法计算。

英国之行给管理培训生最明显的感受就是，来自全球各地的管理培训生汇聚在一起，带来了许多想法上的交流和冲撞。因为各个地区的商业发展水平及模式均不相同，所以每个人对同一件事情的理解可能都不一样，让管理培训生得到了“国际化”的最切身体验。

另外，汇丰培训生制度比较完善的地方是，有一位富有经验的资深经理可以“引领”培训生们发展自己的领导能力。当培训生在工作中遇到管理方面的问题，经验不足、不知如何处理时，可以向他们求教，减少培训生自己摸索求解的过程。这些资深经理还可以引领他们思考自己未来的职业发展方向。

每一位资深经理会负责两至三名培训生，而且互相之间都认识，可以很好地交流一些心得体会。这样的网络交际，无疑加快了培训生们成长的速度。

当管理培训生们汇聚在英国总部，总部的集团主席与他们对话交流时，是以非常平等的态度来进行。尽管他们还是最基层的经理，但是主席给他们的感觉是，他们就是未来的公司领导人。

第三阶段：为期二年的实习阶段。从第二年年初起，管理培训生开始进行第三阶段的实习。次年他将会是一个负责 30 ~ 50 名客户的客户经理，权限是每位客户 500 万港币左右的信用额度，而到第三年，他会正式结束这为期三年的培训计划。

本章小结

新员工培训开发非常重要，若做得好，可以提高员工知识技能，传递企业价值观和核心理念并塑造员工行为，为新员工迅速适应企业环境并与其他团队成员展开良性互动打下坚实基础。

本章详细讲解了新员工培训开发的内容、流程和方法，第四节专门讲了管理培训生。在国外，管理培训生已经是个相当普遍的现象，已成为企业获取竞争优势的人力资源管理利器。在国内，管理培训生还处在起步阶段，管理培训生制度对于将应届毕业生造就成优秀管理人员有着十分重要的意义。

复习思考题

1. 什么是组织社会化？它的内容是什么？它的意义是什么？
2. 新员工培训开发的基本内容是什么？
3. 如何进行岗前培训开发？
4. 如何进行岗后培训开发？
5. 什么是管理培训生项目？如何做好管理培训生项目？

案例分析

陶氏化学的新员工培训

陶氏化学在新员工培训开发方面做得卓有成效，主要体现在通过四个计划促使新员工融入，并关注新员工的成长。

四个计划保证新员工融入

1. 对于刚入职的员工，他们首先要参加为期一个月的“陶氏路引”引导课程。在大中华区，此项目将由业务、研发、人力资源管理和法律等方面的高层领导者亲自挂帅，集中授课。该课程帮助新员工深入了解陶氏，迅速上轨并获得自信；同时，集中学习还便于新员工建立在公司内的个人网络，并获得其他员工的帮助，分享知识与体验。

2. 在入职后的三个月内，陶氏为新员工通过在线培训的方式提供职业道德、企业文化、化学基础知识等课程讲授。同时还开设若干学习小组，让新员工有机会在接受新知识、新技能的同时接触不同部门、不同层级的陶氏人。另外，“一帮一伙伴”项目由资深员工参与，为新员工顺利解决其主管可能没有顾及的一些问题提供指引。再有，人力资源部还会定期邀请高层管理者，如陶氏大中华区总裁等，参加专门针对新员工的公开课，回答新陶氏人提出的各种问题。通过这些方式，新员工不仅可以提升自己的职业化技能，而且还会对陶氏各部门、领导团队、组织氛围等有更多的感性认识，便于他们更好地融入组织。

3. 新员工入职三至六个月后，陶氏还可以利用其全球共享的资源平台为他们提供短期或长期的全球配置项目。分派部分优秀的专业人员（如研发人员、工程师、销售人员、市场开发人员、HR 等）到其他国家的陶氏公司工作一段时间。一方面，使其与那些今后将有工作汇报或协作关系的海外员工进行面对面的接触，以便于今后更好地开展工作；另一方面，也可以让新员工在海外工作经历中加深对陶氏文化的理解。

4. 三年期的培训项目，全方位满足新员工对职业发展的需求。第一年主要集中在与岗位要求相关的基本技能培训；第二年，当员工掌握了岗位所需的基本技能后，陶氏将提供管理能力、沟通技巧等软技能培训；第三年，员工可以依据自己的职业发展计划，自主选择培训项目。

成长是永恒的主题

陶氏对各层级新员工开发了一系列职业发展项目，在扁平化组织有限的结构层级中尽量通过轮换岗位、允许员工根据自身兴趣选择发展路径、在员工团体中承担角色等方式，在公司发展壮大的同时为员工提供不断成长的机会。

1. 员工发展计划。该计划让员工有机会为自己未来的职业发展作出选择并定出目标。员工加入陶氏 18 个月后，按照 EDP 的要求，与他相关的员工将对其作出 360 度反馈，分别指出他的长项和弱项、优势与不足；再由主管和该员工共同分析现状，制订未来三到五年的职业发展计划，并记入“员工职业发展手册”；之后，由员工定期找主管沟通，遵照职业发展手册上的阶段目标与主管共同回顾进展与不足，并制订下一步的培训计划，或者根据情况修正发展方向，以保证员工想要的发展结果和陶氏可以给他的培训和发展机会相吻合。陶氏明确规定，主管和领导有责任对员工发展提供支持和持续的咨询反馈与指导，并保证员工能够制订可行的员工发展计划。

2. 内部轮岗。由于校园招聘的新员工在入职之初对自身的职业发展定位尚不明确，职业方向也难确定，因此，陶氏专门为他们提供了为期三年的内部轮岗项目。加入该项目的员工有机会到各个岗位工作和学习，然后根据自己的职业发展计划选定一个适合自己长期发展的部门。在整个过程中，公司将提供相应的资源、工具等支持。

内部轮岗除了给新员工一个试探职业兴趣的机会，也给了他们一个了解各部门协作流程、换位思考的机会，比如，商务发展项目中，经常鼓励销售人员做一段时间的市场工作，这样再做销售时，他们便可以更好地理解市场部定价策略的内涵，从而更好地完成销售任务。当然，内部轮岗也并非简单的工作内容轮换，参加项目的员工都需要将自己定位在未来的高级经理等中层领导者，从而加紧学习、掌握技能。

3. 内部职位发布系统。在“尊重员工”的价值理念指引下，陶氏强调“员工的发展由其自己控制”，并为员工提供了诸多内部竞争与晋升的机会。已入职的员工可以通过内部职位发布系统在陶氏全球平台上寻找自己感兴趣的职位，与主管商议后，如果员工和主管都认为这一工作机会符合职业发展计划设定的目标，员工便可以申请该职位，与来自全球各地的陶氏员工平等竞争。与内部轮岗不同，员工需要在本职工作领域工作满一定年限才能通过JAS寻找公司内部的职业发展机会。陶氏认为员工一般需要在自己的业务范围内工作三年左右，才能掌握并发挥工作专长。

该项目也经常与导师制相结合，比如，曾经出现过没有HR背景的工程师申请HR职位的事情，其主管建议他找一位资深HR经理做导师，用一段时间为这种跨越式的职业发展作准备，效果良好。

4. 自发团体。虽然员工在陶氏有多种职业发展机会，但毕竟不可能所有人都有机会成为领导者，尤其在扁平化组织中。为此，陶氏鼓励员工在公司内组织各种自发团体，使大家在非工作空间内有机会成为团体中的领袖，发挥或者进一步培养自己的领导力。

目前，陶氏大中华区中的员工自发团体众多，如女性组织“Women Innovation Network”(WIN)、关注亚洲员工生活工作状况的“Asian Diversity Network”（ADN）等。每个月这些自发团体都会组织许多丰富多彩的团体活动。这种员工网络给那些有着共同点的员工提供了一个交流的平台，有效弥补了管理层级有限带来的职业发展限制。

虽然扁平化组织结构是否适合在中国这类发展中国家广泛推行还有待于实践检验，但对陶氏而言，在扁平化组织中，同样可以通过充满竞争力的全面薪酬和广阔的发展空间构建自己的雇主品牌，推动着陶氏大中国区业务的迅速拓展。

【案例问题】

1. 陶氏新员工培训的核心理念是什么？

2. 陶氏新员工培训为什么具有很高的绩效？

第9章

管理技能的培训开发

【学习目标】

- 熟悉管理培训开发概念、重要性、现有误区
- 熟悉管理人员培训开发目标、内容及四种常见模式
- 了解管理培训开发的系统及实施流程
- 熟悉管理技能培训开发的常用方法
- 了解企业接班人计划、典型模式及实施流程

【关键概念】

管理技能培训开发系统
职务轮换
替补训练
敏感性训练
企业接班人计划

引导案例：“工作狂”经理

刘某是深圳一家消费电子产品公司的策划部经理，农村出身的大学生，由于工作颇有成就，深得公司管理赏识，从一线摸爬滚打到现在这个位子。他对工作要求特别严格，经常废寝忘食地全身心投入到工作，甚至从来没有时间去谈恋爱。他希望他的员工也像他一样，全心全意投入到公司事务上，一心为公，敬业奉献。口头禅就是“公司事再小也是大事，个人事再大也是小事”。

他要求下属员工上班时间不得闲聊、不得接打私人电话、不得做与岗位工作无关的事情，所有时间都得用在工作上。要求下属员工养成“早到晚归”的习惯，让下属员工每天陪自己加班到十一二点，即使下属员工真的无事可做，也不能随便回去。假如下属员工没有养成这种习惯，那么加薪晋职的机会就很渺茫，而且很可能被他冷藏，再无出头之日，要么就是莫名接到调职或解雇的通知。另外，无论什么节假日，他都会为下属员工重新规划，以满足他工作的需要，根本没有什么周末、国家法定节假日的概念。

在他的管理下，下属员工总有做不完的工作，即便有些工作没有任何意义。他的举措果然引起下属员工的怨言，他们抱怨自己完全没有私人的空间，随时都被经理管理和监督，好像自己是被卖掉给了公司，身心受到严重的限制，他们快要疯掉了。一次其中一个下属在内部网站的BBS牵头讨论加班要给加班费、工作应该劳逸结合问题，被他得知，没几天这位员工就在绩效考评中被合理规范地“处理”掉了。随后一个深夜召开的部门会议上，下属员工终于爆发了自己的情绪。显然下属员工被尊重的需求没有得到满足，刘某的工作也因此陷入了被动，士气低落、效率下降、人员流失、管理混乱等，不久他被撤职调离。

刘某的例子较为极端，但类似这样的公司管理者在企业中却不少见。这些事例都反映出当前公司管理者存在诸多问题：管理者角色定位不明确、工作计划性不强、管理跨度不合理、企业文化建设不成功、管理监控不力，等等。而这些现状的改善都需要一个系统科学的管理者培训与开发过程。优秀的管理者的形成不是一蹴而就的事情，对管理者的培养是每个企业都需要重视的。

本章将对管理者管理技能的培训与开发的相关问题进行全面的探讨。包括管理技能培训开发的重要性、目标、内容和四种模式，然后介绍其流程设计以及方法选择，最后讲解了企业接班人计划。

9.1 管理人员培训开发概述

管理人员在加强企业管理、促进企业技术进步等方面起着非常重要的作用，是企业兴衰成败的关键，是企业宝贵的财富。管理人员在组织中担任着重要责任，他们的行为对组织的影响至关重要。因此，管理技能的培训开发也成为组织培训的一个非常重要的内容。

管理技能培训开发简介

管理人员是企业的支柱，企业为了改善绩效和提高绩效，就必须对管理人员进行管理技能的培训与开发。

简单地说，管理技能培训开发是指通过传授知识、转变观念、提高技能来改善企业管理人员当前或未来管理工作绩效的活动。

管理技能培训开发的重要性

管理人员培训开发的重要性体现在以下几个方面：

示范作用。管理人员是组织中的主导力量，在组织的一切活动中处于管理或领导地位，管理人员水平的高低直接决定着组织活动的成绩。管理人员的行为方式对企业的其他人员会有很大的影响。一定程度上，管理人员对培训开发的认同、支持和参与程度直接决定了企业培训开发的效果。如果管理者在培训过程中深有体会，不仅可以提高自己的管理效能，而且会起到很好的示范作用。在履行培训开发本企业或本部门其他员工责任的时候，他们就会积极参与和支持，起到模范作用。

角色转换的需要。在人员晋升上，大多数企业都会把那些精通技术的人员选拔到管理岗位上，或者把在基层做得很好的管理人员晋升到更高的管理岗位上。这些人员虽然是现有岗位的精英，但未必是所晋升岗位的合格管理者。毕竟技术与管理存在很大的差别，而且被管理者的角色和管理者的角色有很大的不同。因此，有必要及时补充管理知识。但实际上，不少企业或者认为这些人理所当然应该已经掌握了管理技能，或者认为即使有所欠缺，也会通过自我学习，很快掌握相关的管理技能。但是事实并非如此，致使常常出现“彼得原理”所说的不称职的管理者，轻则贻误战机，重则影响组织绩效，甚至危及企业的生存发展。所以那些提拔到管理岗位上的人，要更好地完成现有工作，就必须进行必要的管理技能的培训开发。

现代经营管理方式的要求。现代企业经营管理方式已经发生了很大的变化，社会转型牵动管理转型，新兴的管理技术和管理方法不断涌现，如个体管理模式向团队管理模式转变等，均对管理人员提出了新的要求。管理人员不能仅仅满足于现有的知识结构和以往的管理经验，必须与时俱进，否则就可能被现代管理淘汰，因此需要管理方面的系统培训开发。

阅读材料 9－1 高管为什么离职？

北大国际 MBA 和美国光辉国际公司对 160 名企业高级管理人员作了一次调查。被调查的人 53% 年龄为 35～40 岁，25% 大于 40 岁，22% 小于 34 岁。其中，来自国有企业的占 30%，来自外资企业的占 33%，来自股份制企业的占 23%，来自私营企业的占 14% *。

* 总监学习网：http：//www.zongjian.org/majordomo/read.asp？articleid＝4472

调查结果显示：160名高级管理人员中，70%没有国际管理经验，90%以上的人认为他们的企业在今后3年内，仍将不具备足够的管理人才储备。

当调查问到“在今后两年内是否可能离开公司？”时，9%的人认为很可能，45%的人说有可能，而倾向于“坚守阵地”的不足半数。

表9-1提供了不同层次的管理人员对该问题的回答情况。此项调查结果显示：高级管理人员离开企业的主要原因是企业没有建立经理职业长远发展规划。

表9-1

不同层次管理人员情况

	很可能	有可能	不太可能	绝不可能
董事长/董事长兼CEO	0%	14%	12%	47%
CEO/总裁/总经理	7%	20%	30%	32%
COO/副总裁/副总经理	15%	45%	38%	2%
部门或地区负责人/其他	12%	54%	28%	6%

现实是：中国的企业（包括国有、私有、跨国公司、合资公司）普遍就事论事地用人，而不注重培训人和开发人。培训开发制度或许存在，但培训开发选择是随机的，没有全面的培训开发制度。

上述阅读材料说明了管理人员培训开发的重要性，调查结果反映了当前培训开发机制不健全可能造成的严重后果，即：如果不能给这些原来拥有专业知识的骨干以培训和发展的机会，一方面使他们无法发展成为合格的管理者，另一方面有可能流失。因此，管理技能的开发培训非常重要。

另外，由于世界经济形势的变化和我国经济体制的变革，组织的管理与发展不断遇到挑战，管理任务日益复杂。而目前中国企业在技术上落后，在管理上更落后，亟须一大批懂得市场经济的基本规律和企业管理的基本规范并了解最新理念的管理者。因此，管理人员的培训开发在我国具有突出的重要性。

我国管理人员培训开发的误区

大多数企业已经认识到了培训开发的重要性，而且对管理者的培训开发也比较关注，经常投入大量的人力、物力和财力，组织各种形式的在职培训开发活动。然而，培训开发的效果并不是很好，常常达不到预期目的，主要是由于以下误区所致。

对管理者培训开发理念的认识较为模糊。管理者培训是一项系统工程，与企业发展战略和竞争策略密切相关。但是，有些企业培训开发目的比较盲目，认为培训开发是包治百病的万能药，希望通过培训开发解决工作中的所有问题，经常采用通用型培训开发课程，课程设计对所有的企业都适用，参训者学到的是一些学术性大道理，真正管用的东西很少。

有些企业将培训开发当作一种福利，对参训者没有要求和压力，培训开发期间享受优厚的生活待遇，培训只是“养养神，认点人，学点词”。还有的企业认为管理者学历越高越好，不惜花费很高的费用，举办各种证书或其他学位证书培训班，其实，个人学位证书的获得与企业核心竞争力的提高并无必然联系。

企业对培训开发需求缺乏科学、细致的分析，往往为培训而培训，培训成了应急式的、偶然性的工作。企业领导没有将培训开发放在战略的高度来考虑，对于不少企业领导人来说，培训开发工作经常是“说起来重要，做起来将要，忙起来不要”。有些企业没有长远系统的培训开发计划，不进行培训开发需求分析，培训开发缺乏针对性，项目设置不合理，社会上流行什么就培训什么，例如，中国加入 WTO，就办 WTO 培训班；互联网热门，就办 IT 培训班；执行力受到媒体炒作，就办执行力培训班。企业请领导捧场，请名家授课，利用各种媒体宣传造势，耗费巨大，形式上热热闹闹，其实是“无的放矢”，受训者只是了解了几个新词，没有多少实际意义。

缺乏符合企业培训开发需求的培训师，培训开发形式落后和单一。有些企业将管理培训当成大学教学，请一些名牌大学的知名教授或研究型的专家讲课，这种培训开发效果往往很差。有些培训师只是看重课酬，讲课之前对企业知之甚少，往往将相同的内容在不同的公司讲，整日忙于赶场走穴，根本不了解参训者的真实需求。还有少数培训师授课“重技巧、轻内容”，一味取悦学员，课堂里热热闹闹，不过培训结束后，实际收获却甚微。在培训形式上，企业管理者培训大多仍然采用静态的单向教学为主，“培训师讲，学员听”，这种以知识为主体的传统培训开发模式，缺少参与互动机会，很难调动参训者的积极性，培训开发效率与效果都大打折扣。

“重培训、轻使用”现象比较突出。企业一般比较重视管理者培训资金的投入，以及培训前期的策划和准备工作，然而不关心培训开发质量过程的监控，更谈不上培训开发结果的使用问题。

部分企业没有完善的企业培训开发体系及人才评估提拔体制，缺乏培训开发效果评估机制，培训开发与人才使用相脱节。企业管理人才的提拔、重用和薪资，很少与培训开发挂钩，使得参训者觉得“学不学一个样”，培训开发没有严格的结业标准，学习无压力，学什么全凭个人兴趣，培训开发成为一件“联系感情，散心养神”的舒服事情，企业和个人都难以得到预期的培训回报。

企业没有建立有效的培训开发效果评估体系，培训开发效果测评方法单一，造成培训开发与实际工作脱节。即使个别企业考虑到培训开发的评估工作，可是对评估的投入不足，评估不深入，培训开发后没有跟踪调查环节，企业大都关心眼前的效果，只做一些表面的、短期的和零散的培训开发评估工作，培训开发长远的实效性问题很少有人关心。

管理技能培训开发的目标及内容

1. 管理技能培训开发的目标

管理有层次，不同层次的管理者（高层、中层、基层）扮演着不同的角色，具有不同的工作目标，需要不同的管理技能。管理者一般应具备三种最主要的技能，即业务技能、人际技能和概念技能，见表9－2。比较而言，基层管理者需要有较强的业务技能，高层管理者需要有较强的概念技能，而所有层次上的管理者都需要人际沟通技能。因而，对他们的培训与开发应根据不同的层次有所侧重。

表9－2

管理人员三种技能定义

概念技能	展示全球视野的能力：了解影响全球经营的各种因素，了解本公司在业界扮演角色的整体状况。充分认识企业全球化的价值与挑战，具有跨文化沟通的能力，可与外国合作伙伴一起合作完成任务。
	以顾客为导向的能力：从顾客立场思考各项相关产品与服务，尊重顾客的选择，努力为顾客创造价值，并与顾客建立长期稳定的关系，熟练地掌握顾客管理的各种工具。
	规划能力：掌握公司运行的内外部环境特征，运用推理思考策略性建议协助决策，具体规划达成目标所需的行动以及评估顾客资源的能力。
	决策能力：依据所设的目标，利用所掌握的各项信息，在各种限制条件下，在多项备选方案中选择最佳方案，并有承担决策风险的准备。
	组织资源的能力：了解资源的各种用途和来源，并在最短时间内判断所需的资源组合，以最有效的方法获取所需资源，快速形成项目策划或项目小组落实执行。
	创新能力：愿意接受新观念，能以创造性思维思考企业议题，能具体运用新观念来持续改善流程和开发产品与服务。
人际技能	人际沟通与协调能力：能清楚表达自己的想法，以坦诚开放的态度与人沟通，具备建立双赢人际关系的能力。
	领导能力：能以诚信的价值观与信念影响他人的能力，同时勇于承担决策的风险，并能以专业或良好的沟通技巧获得别人的信任，激发及领导下属达到预定目标，善用各类奖酬措施鼓励士气，提升自己的人格魅力。
	培育部属的能力：正确地评估部属，提供员工职业生涯发展的机会与挑战，并构建改善绩效的技巧与信心以及及时的反馈。
	情绪控制能力：认识、接纳自己的情绪，在不同的情境下表达适度的情绪，并在压力或不确定情境时，能维持稳定的工作表现与情商，也不因对下属或同事的好恶而区别对待。
	处理冲突的能力：认识到一定程度的冲突水平是保持组织有活力的观念，掌握冲突管理的技能，包括冲突水平较高时降低冲突和组织处于一潭死水时激发冲突的技能。
	团队建立与运作能力：具有建立团队共识与目标，积极努力创造具有高绩效团队的能力，在团队运作过程中，熟悉团队动力的相关运作工具与改变行为的技巧，积极支持团队的目标与策略的达成。

（续表）

业务技能	分析与解决问题能力：勇敢面对问题，用最有效率的方法解决问题，提出根本解决之道，具有创造力，提供各项相关工具及论点以利于他人参考，落实带领并执行问题解决过程。
	安全与环保意识：尊重系统与工作安全守则，并能了解影响员工安全的环境因素，能有效落实各项安全与环保规范，随时可感受潜在的问题，并反映到相关单位。
	积极行动的能力：能以较快的速度采取行动，反应环境的需求与挑战，具有较强的事业心和一定的弹性，追求即知即行的实践成效。
	质量管理的能力：在组织内倡导追求质量的文化，并以质量作为追求竞争优势的根本，以计划、组织、领导及控制落实质量管理活动。
	学习能力：持续学习，提升自我知识与理解力，将学习成果纳入组织管理目标体系中，并愿意与他人分享新知识、新视野。
	自我管理能力：对于组织内的会议管理、时间资源的规划与分配具有完整的构想，具有反省自己能力的习惯，并及时弥补自身的不足，成为团队成员的榜样。
	专业知识：在不同职能领域中，工作所需应用的系统性、基础性、理论性的知识及经验。
	运用 IT 的能力：积极学习电脑操作技术，从网络中撷取知识与信息，加以分类、整理以支持各部门的决策，并以此提升组织管理的效率。

管理技能培训开发除了具有提升上述三种管理技能的目标以外，还包括更新观念和传承企业文化。

更新观念。管理人员都是一个组织或团队的领导者，他们最重要的职责是明确组织的努力方向和调动组织成员的积极性，为此，他们首先要知道的是“做什么”和“为什么”而不是“怎么做”，越是高层次的管理者，这一点就越重要。管理者要了解已经或将要影响企业实践的新的管理思想和管理理念，了解优秀企业的实践经验，了解宏观经济形势、社会价值观的动向，只有这样，他们才能保持对环境和人的敏感性，在需要变革的时候积极顺应变革，在员工提出意见或建议时从善如流。

传承企业文化。管理人员是企业长期稳定发展的重要力量，他们完成这一使命的主要方式之一就是传承企业文化，每一个管理者都是企业文化的重要传播者。而管理者要传承企业文化，需要有深刻的理解和高度的认同，这就离不开培训开发，尤其是管理方面的培训开发。

2. 管理技能培训开发的内容

管理人员培训内容很多，除一些职能部门特定的业务培训项目之外，还有下列特定的培训项目：追求卓越心态、领导技能、人际关系技能、聆听技能、团队建设技能、时间管理技能、解决问题技能、决策技能、开会技能、沟通技能、员工指导技能、员工激励技能、公共演讲技能、谈判技巧、阅读技巧、目标管理、多元化管理、计划、战略管理、授权、管理变化、员工道德、组织发展、企业再造等项目的培训。上述培训项目可以分为品性、能力、知识三大块，不同层次管理者的培训重点不同。必须针对特定受训管理人员工作和自身特点，有选择地整合以上培训项目，进行培训。具体各层次的管理人员需要培训的内容在下面详细论述。

1. 高层管理者培训开发

高层管理者是企业战略的制定者和企业发展方向的把握者。高层管理者的决策关系到一个企业的兴衰，对企业的意义重大，因此高层管理者在具备必要的行业技能和基本沟通技能的基础上，必须具备较强的概念技能。具体表现为：思维决策能力、规划能力、判断能力、洞察能力、说服能力、对人的理解能力、培养下级的能力、调动积极性的能力、鼓动才能、创造性思考问题的能力、严密推理的能力、解决问题的能力、综合能力、表达能力和谈判能力、团队精神、企业家精神等。除此之外，高层管理者的知识结构也会存在老化衰退的问题，因此对高层管理者进行有效地知识更新也是企业培训与开发要解决的问题。具体而言，对高层管理者的培训内容见表9-3。

2. 中层管理者培训开发

中层管理者介于高层与基层之间，起着上传下达的作用，因此必须具备有一定的本行业的专业技术和对整个企业整体运作的概念，更需要对上对下的沟通技能。中层管理者往往是未来的高层管理者，因此培训与开发的重点不仅仅是对现有技能的培养，更要开发其潜在能力。中层管理者的工作是组织目标的落实和整体管理水平的提高，因此更要注重管理科学性的培训。主要培养他们的主动性、执行力、关注细节、影响力、培养他人的能力、带领团队的能力以及专业知识与技能。具体内容见表9-3。

3. 基层管理者进行培训开发

基层管理者是企业战略传达的最终执行者。企业战略通过决策层、中层再到基层。没有基层的传达实施，企业战略就成为一纸空文，所以必须重视对基层管理者的培训。由于基层管理者最接近公司基层员工，其应具备很强的自我约束力、亲和力，了解公司的目标和原则，具有责任感、勇气、诚实可信赖等基本素质。对基层管理者的培训与发展具体内容见表9-3。

表9-3

各层管理者培训与开发的内容一览表

层次＼内容	品性（包括态度、价值观等）	能力（包括经验、技能等）	知识（包括信息等）
高层	经营思想与观念更新 能力与修养的提升 社会责任探讨	企业发展战略研究 对策研究 组织设计和领导 现代管理技术	国家政策 行业形势 对手信息

（续表）

层次 \ 内容	品性（包括态度、价值观等）	能力（包括经验、技能等）	知识（包括信息等）
中层	对待领导、下属、改革以及组织的态度 树立乐于为组织服务的正确价值观与态度	理解把握创新能力 组织实施能力	组织内外的政策、法规与现代化管理知识
基层	对待领导、下属、改革以及组织的态度 树立充分体现组织与领导先进的思想与能力的服务态度	操作实施能力 理解把握能力 解决实际矛盾与问题的技能技巧	组织内外的新知识、新政策、新法规

9.2 管理技能培训开发的流程设计

管理技能培训开发系统的组成

确定了管理技能培训开发的目标后，接下来就要制订相应的培训开发计划和方案，建立科学的培训开发系统。管理培训开发系统必须包含指导性和逻辑性的培训开发计划，以保证培训开发的顺利进行。下面以一家汽车公司培训管理人员的系统模型为例，具体讨论管理人员的培训开发问题，见图 9－1。

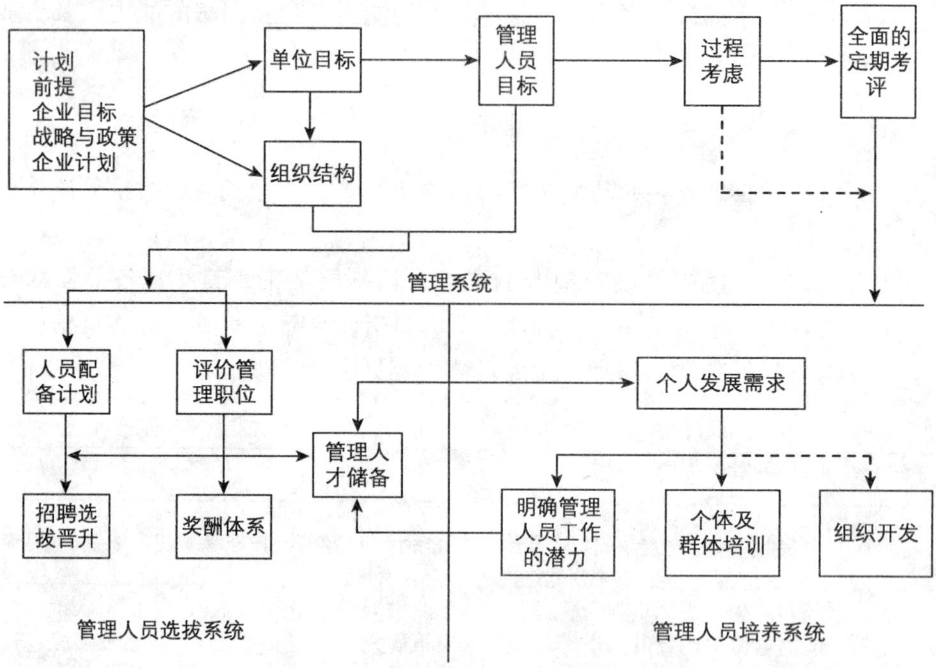

图 9－1 管理人员培训开发系统模型

首先要对企业面临的竞争环境、市场潜在需求、国内外汽车特点及建立销售网络的可行性进行充分研究，然后再为工程技术、生产、服务、销售、财务及人力资源部门制订更为详细的计划和政策。同时，该企业的计划也要求建立一个生产分部来生产这种新的汽车投入美国市场。该生产分部的目标（模型中“单位目标”）为两年的时间内满负荷运转。反映其“组织机构”状况的工作计划也编制出来了。生产分部的目标又派生出了管理人员的目标，即在18个月内使生产线的产量达到设计能力的80%。

根据管理人员的目标和分部的组织结构制订“人员配备”计划后，需要更为详细的计划，划分分部内个人的“管理职务”，从而使有能力的员工被选拔上来充实新的管理职位。同时，也把目前尚不够条件但可以通过适当的培训胜任工作的人员确定下来。此外，每年再进行一次“全面的考评”。根据对考核目标的完成程度及履行职责时所取得的个人业绩的评价，决定个人是否需要培训。

结果可能发现，管理人员及其下属在领导方式和拟订目标方面存在缺陷。“个体及群体培训”就是为了满足这种需要而制订的。潜力考核（本模型称为“明确管理人员工作的潜力”）是为了确定绩效优良的管理人员，作为分部管理职位的候选人员，从而肩负起更大的职责。随后，还要确定人员培训在市场营销和财务方面的需求。

在考评过程中，企业确定了另外一些培训需求。主要涉及组织机构中各组织单位之间的矛盾冲突，从而综合了“组织开发”的计划。

以上所述表明，管理人员的培训开发工作是整个管理过程的组成部分，从全面的计划开始，到组织机构的发展提高、人员配备制度的建立，以及管理人员目标的确定，最后是考评管理人员，进而能为培训提供依据。这个过程说明，企业的需要和个人对专业发展的要求是能够通过系统方法结合起来的。

管理人员培训开发的过程

在实际操作中，管理人员的培训开发过程还要分为更为详细的几个步骤，如图9-2所示。一个优秀的培训计划并非一成不变，既要考虑管理人员目前的工作，又要考虑其下一个工作职务的培训需要，还要考虑企业更为广泛的需要，并为将来做好准备。

培训实施

按拟订好的计划，准备好相关的培训器材，安排好师资、场地、时间、参训者通知等事宜，按计划开始培训。每一次培训要有独立的学习目标和学习重点，作好培训记录，并在实施中搜集反馈意见，不断修正和完善培训计划。此外还需

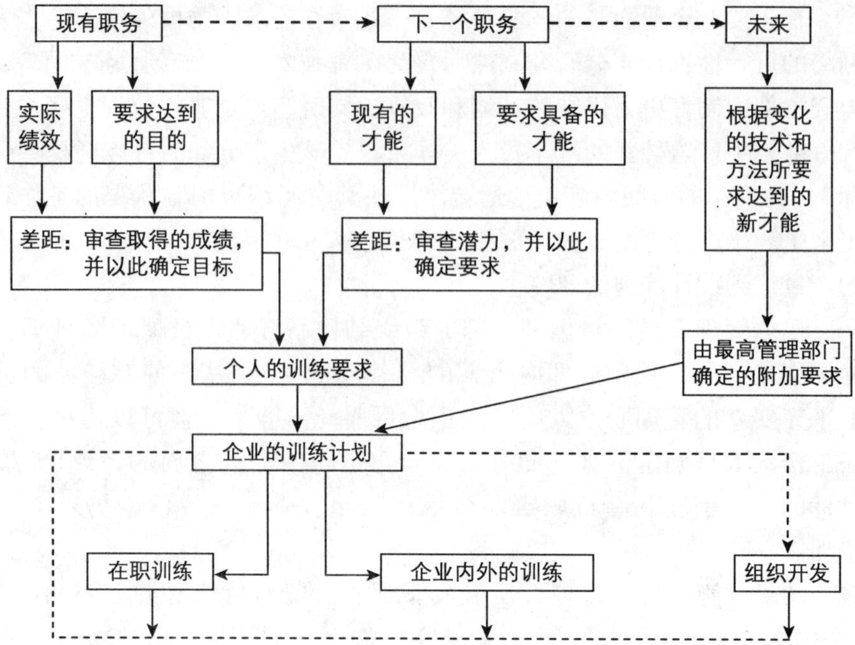

图 9－2 管理技能的培训与开发过程

做好相应的服务工作及沟通工作，准备好相应的应急方案，确保培训工作的顺利进行，努力做到让管理人员在最适宜的环境中学到更多、更有用的知识，以达到培训效果的最大化。

效果评估

培训质量问题是培训的一个核心问题，建立企业管理人员培训工作质量评估体系，可以解决培训针对性和实效性不强的问题。科学评估某项工作是提高工作质量的保证。评估应该包括：

□ 学员的反应。在培训结束时，向学员发放满意度调查表，征求学员对培训过程的反应和感受、对讲师培训技巧、对课程内容的设计、课程组织、时间安排等方面的反应。通过对培训的计划环节和教学活动、教学方法、教学主体等实际需求和预期目标的比较，评估出教学质量的优劣。

□ 学习的效果。确定学员在培训结束时，是否在知识、技能、态度等方面得到了提高。这一阶段的评估要求通过对学员参加培训前和培训结束后知识技能测试的结果进行比较，以了解他们是否学习到新的东西，同时也是对培训设计中设定的培训目标进行核对。每次培训之后都应该进行培训效果评估，及时总结反馈信息，总结经验教训，在下一次的培训中改进。这样周而复始地不断改进，培训的效果才能提高。

培训转化机制

培训转化机制是解决培训有效性的关键。培训成果转化是一个动态的过程，培训项目设计、受训者特点以及环境因素都会影响培训成果的转化。企业选派员工参加培训项目，尤其是参加时间长、费用大的高层次管理培训项目，除了应考评管理者的专业素质和学习能力外，还要重视对管理者忠诚度的考察。因为培训项目的成功，还有赖于受训人员是否可以持续地将所学知识和技能运用于实际工作当中。根据人力资源管理的相关理论，企业必须为受训员工提供充分发挥其知识技能的工作环境，包括有竞争性的薪资待遇、职业晋升前景、更广泛的工作权利和更高的工作挑战。为此，企业在设计培训方案过程中，为确保双方的利益，要求受训人员与企业签订培训费用支付合同，防止培养的人才流失。同时，本着为企业长远发展的需要，企业应通过坚持实施以人为本的管理理念，尊重员工、尊重人才，使管理人员的个人发展与企业目标规划结合，建立管理人员与组织间的心理契约，积极创造有利于培训成果转化的制度环境，有效降低员工的流失率，提高培训开发效率。

9.3 管理技能培训开发的常用方法

下面是大众汽车公司对其管理人员实施的培训开发材料，可以较好地了解管理人员的培训开发方法。

阅读材料9-2 大众汽车的管理人员训练

大众汽车公司对管理人员训练的要求很严格。它要求受训者必须根据自己的具体情况，配合公司一起制订一套优化的训练计划。

这种训练是提供给在专业上、经营管理上和领导任务中已经受过考验的人的，同时也提供给具有远大目标而考虑发扬自己长处、发展个性的人。

大众汽车公司训练过程由以下几点构成：确定目标成员愿意接受训练；咨询谈话，明确训练目的；在自我评价的基础上进行管理人员的检查；训练教师的选择和介绍；签订训练合同；根据发展计划进行个人训练；进行最后的成果检验。

要使训练达到很高的目标，就必须使受训人明确自己正处在什么位置上。作为定位的手段，在商定训练措施之前，要借助自我评价问卷进行自查（在内部/外部顾问的指导下进行，作为基础的判断性和成功训练的第一步）和360度的外查（由顾客、同行、上级和职工判断全面的外部形象）。自我评价问卷应激发起受训人自我检查的热情，并使其变得敏感。360度的外查提供来自顾客、同行、上级和员工角度的，从四周对自己人格的观察。对管理人员进行的这种检查，是专门针对大众汽车公司管理人员进行开发和测试的。

检查以后，在人事优化目标的基础上开始训练过程。这时，管理人员也一起参与进来制订训练战略。受训者可以希望自己得到一名在具体场合下能对其进行挑战，并能推动自己继续前进的训练员。

训练过程作为个人的变化过程，要经历三个阶段：第一个是过时的、熟悉的行为和感知方式的解冻阶段；第二个是真正的转变阶段；第三个是新的成功的行为模式的强化阶段。

对以往的实践实施“解冻”以后，紧接着便审查和决定掌握新的行为方式和知识水准的正确途径。途径是多种多样的，但并不是每一种抉择都是可以达到目标的。例如，对某个人来说，也许掌握专业技术或由专家来进行人格训练更为重要。而对另一个人来说，可能实际场合更加适合，即在实际的场合中通过训练得到反馈。解决方法可以是：反复地创造需要优化的场合。

最后，训练员与被训练的管理人员共同着手强化新的行动方案，力求制订出更适合受训者的实际情况的训练计划。

管理技能的在职培训开发方法

在职培训开发的好处在于让管理者在实际竞争中各显神通，而不用通过正式的培训开发。同时，这种晋升管理人员的方法不会使替补培训开发的人产生不切实际的奢望，也不会使那些未被推荐晋升的人有所抱怨。但在职培训开发如果不设专人指导，有时会造成浪费甚至失败。在职培训开发的主要方法有职务轮换、设立副职和临时提升三种。

1. 职务轮换

职务轮换是使管理者在不同部门的不同管理岗位或非管理岗位上轮流工作，以使其全面了解整个企业的不同工作内容，得到各种不同的体验，为今后在较高层次上任职作准备。

职务轮换主要是拓宽管理人员或潜在管理人员的知识面。通过各种不同岗位的职务轮换，使受训者全面掌握企业各种职能的管理知识、技能或艺术。职务轮换的表现形式比较多，如各种主管人员之间、副职与副职之间、正职与副职之间、各种不同的管理职位之间等都可进行不定期的职务轮换。日本丰田公司每五年对各级管理人员进行一次职务轮换，调换幅度为5%左右，调换的工作目标通常是本单位相关部门。

职务轮换的作用显而易见，但在实施过程中却也存在一定的困难。在某些职务轮换的计划中，参与者并不具有管理权限，只是观察或者协助直线管理人员工作，并不承担真正进行管理工作时所应承担的责任。在轮换过程中，由于留在该职位上的时间很短，也难以证明他们在未来作为管理者的工作能力。此外，在职务轮换计划完成以后，可能没有安排他们合适的岗位。尽管存在这些缺陷，职务轮换对于提高管理技能、开阔视野还是有重要作用的。

2. 设立副职

设立副职，可以通过受训者与有经验的管理人员共同工作和管理人员对受训者的特别关注，从而拓展受训者的思维，增加他们的管理经验。管理人员可以从众多的业务工作中选择一些来测验受训者的判断力。当管理人员也是一名合格的受训者，能够指导并开发受训者，使其足以承担主管人员的全部职责时，这种方法与职务轮换一样相当有效。

3. 临时提升

就是人们常常说的“代理”主管，例如主管休假、生病、出差或者由于其他原因导致职务空缺时，常常采用这种方法。因此，临时提升既可作为一种培训开发方法，对企业来说，也是一种便利措施。如果代理主管制定决策，并充分履行职责，那么这种实践经验是很宝贵的。反之，如果临时提升只是挂名，不作相关决策，就很难在培养期间得到成效。

管理技能培训开发的一般方法

除了在职培训开发外，还有许多其他被大多数企业运用并证明有效的传统的管理技能培训开发方法，它们既可能是在企业内部实施的，也可能是由外部的培训开发机构进行。

1. 替补训练

把一些工作较为出色的管理人员指定为替补训练者，除原有责任外，要求他们熟悉本部门的上级的职责。一旦其上级离任，替补训练者即可按预先准备接替其工作。如果其他上级职位出现空缺，替补训练者也可填补之。

这种方式的优点是：由于是为晋升作准备，因此其训练积极主动；在替补发生后，受训者可较快地适应新的工作。

这种方式有三个明显的缺点：第一，渴望晋升但又未被选为替补训练者的人可能感到自己前途渺茫，积极性下降；第二，已经等候不少时间的替补训练者可能变得垂头丧气，特别当他们看到空缺被其他部门的替补训练者填补时更是如此；第三，某些上级唯恐被取而代之，因而不向可能的取代者传授他们的所有知识和技能。

2. 敏感性训练

敏感性训练又称为“T 小组”、“恳谈小组”，或者“领导能力培训”，这是一种颇有争议的管理人员培养方法。敏感性训练的目标一般包括：使个人能更好地洞悉自己的行为，明白自己在他人心目中的“形象”；更好地理解群体活动过程；通过群体活动培养判断和解决问题的能力。

在敏感性训练过程中，人们坦诚地相互交流，并从培训者和小组其他成员那里获得对自己行为的真实反馈。小组成员的反馈可能是坦率的、直接的，受到负面评语的人可能接受这个评语，且决心改正其行为，但也可能感到受到了伤害，并退出小组。T 小组可能引起人的担忧和灰心，但若管理得当，会促进合作和支持。

在考虑敏感性训练优点的同时也不能忽略其不足。有些人可能在心理上受到伤害，因为他们受不了这种挫折。敏感性训练也可能侵犯个人隐私。由于群体压力及动力的影响，参与者暴露自己的程度很可能超过原先的打算。值得注意的是，有些培训者可能不适合指导容易引起感情冲突的课程。最后，对于敏感性训练的结果是否切合实际工作情况，仍然存在疑问。

为了提高敏感性训练的效果，避免其不足，必须坚持以下准则：

- □ 自愿参加“T 小组”。
- □ 筛选受训者。避免让那些受不了批评、敏感易怒的人参加这种培训。
- □ 慎重地评选培训者，而且要确认他们具备必要的能力。
- □ 在培训之前，应该向有可能受训的人介绍培训的目的和方法。
- □ 应该在敏感性训练之前确定培训的要求和目标，并在此基础上使用一些更为传统的方法。

3. 案例评点法

企业管理人员管理技能的培训最为关键的是决策能力的培训，而案例评点培训正是提高管理人员决策艺术及其分析解决问题的能力的有效培训方法。案例评点培训的程序主要表现在以下几个方面。

注重案例的遴选。培训师选择案例要注意三个条件：一是案例要有真实性，是社会经济生活中确实存在的事例，切忌哗众取宠，虚构案例；二是案例要有结合性，培训师应结合教学内容和培养目标选用案例；三是案例要有启发性，启迪管理人员阐述自己的看法、分析问题并提出解决问题的手段。

实际角色分析案例。培训师将案例发给学员并提出问题让学员预习案例，在粗略提示中引而不发，含而不露；然后要求学员进入角色，在独立分析思考问题的基础上拿出解决问题的方法和途径；随后进行课堂发言，在交流中培训师引导发言，鼓励交锋，提倡创新，控制课堂局面。这样，既贯穿了学员的实践经验，又体现了学员的思想理论水平，还能碰撞出新的智慧的火花。

案例点评和升华。同一案例，由于学员能力、经历和水平不同，可能解决案例中问题的手段和方案也各不相同，甚至完全相悖。解决问题的方法可能多达几十种。实际上，现实社会经济生活中的许多问题多半没有一种精确的答案，也没有一种凝固不变的结论。因此，培训师在进行案例评点时要注意激发学员去思考、去探索、去创新。这样，在点评中，要结合学员的实践；要结合每一方案的闪光点；要启发学员去联想、对比、创新；不要把结论约束在某一方案的窄巷里。总之，让学员多角度、多层次、多渠道去解决案例中的问题，使点评升华，使学员有显著提高。

4. 事件过程法

事件过程法是有组织的、带有戏剧性的处理案例的一种方法。事件过程法包括五个步骤：

- □ 培训者给出一个事件简短的描述。
- □ 受训者询问主持人以得到更多的事实，主持人预先只是向他们简略介绍，一个受训者概述他们所获得的事实。
- □ 再由受训者作出决定，比如中心议题是什么。
- □ 每个受训者都被要求写一个简短的决定，由小组进行讨论。
- □ 小组力图把这一案例与类似的情形联系起来，讨论这一案例更广泛的意义，或者提出制止这类问题在将来发生的手段。事件过程法常常被用于人事关系案例的讨论，有时也可以用于生产、销售、购买等问题的讨论。

5. 理论培训

理论培训是提高管理人员的管理水平和理论水平的一种主要方法。这种培训的具体形式大多采用短训班、专题谈论会等，时间都不长，主要是学习一些管理的基本原理以及在某一方面的一些新的进展、新的研究成果，或就一些问题在理论上加以探讨等。

6. 专家演讲学习班

专家演讲学习班可用作企业内部或外部培训。用这种方法可以使管理人员或潜在管理人员倾听各个相关领域专家的演讲。在企业内部，可介绍企业发展的历史、目标、宗旨、政策，以及企业与顾客、消费者、其他团体之间的关系。外界的专家演讲学习班内容可以多种多样，范围可以从具体的管理方法到广泛的课题。

如果能针对受训者的需要并精心计划，这样的方法是很有价值的。仔细挑选讲题和演讲人会提高这种培训方法的效果。此外，如果在使用演讲学习班这种培训方法时考虑到讨论的时间安排，将会取得更好的效果。

阅读材料9－3 通用电气的领导能力培养

鲍勃·科卡伦是美国通用电气公司副总裁兼首席教育官，领导通用电气知名的杰克·韦尔奇领导发展中心，负责通用电气公司全球经理人的培训与发展。鲍勃·科卡伦介绍，对于中层管理人员来说，公司给他们提供了正式的机会来管理一个团队或者一个业务部门，同时提供管理方面的专业培训，他们会有机会接触公司更高层领导，身体力行地学会如何成为一个高层领导。通用电气认为，培养领导能力的最好方式就是由领导人授课，而不是请大学教授专家讲授，这样才能传授实际的经验和教训。在韦尔奇担任首席执行官的20年中，共举办了280次这一类的课程，他每次都参加授课，每一次都要讲2~6个小时，教授领导能力。“对于他们，我们教会他们怎样做事，而非做什么事。”

7. 大学管理学习班

许多大学现在都在举办各种实习班、报告会、讲座和正式的学习班，如工商管理硕士（MBA）教育、高级工商管理硕士（EMBA）教育，用以培养管理人员。这些学习班向管理人员讲授管理理论与实务、发展趋势和案例研究经验。此外，管理人员之间通常能进行有益的交流，构建多方面的联系，从而拓展他们的社会资本。

8. 阅读训练

有计划地阅读有关当代的管理文献是一种自我培养的主要方法。为使管理人员获得帮助，培训部门往往会编辑一些有价值的阅读书目。通过与其他人就有关论题或书籍内容的讨论，可获得更多的学习经验。

管理技能培训开发的新方法

随着时代的进步，尤其是信息技术的高速发展，企业的管理实践经验日益丰富，管理也更趋向于科学化、信息化和多样化。管理技能的培训与开发方法也同样如此，在多年的实践中，企业在运用传统方法对管理人员进行培训的过程中结合自身实际情况，开发出一些新的方法与方式，并通过不断完善和测试，这些新的方法和方式被事实证明对现代企业管理人员的培训和开发有着很大的作用。本节主要介绍五种较为新颖的并开始被广泛运用的管理技能培训与开发的方法。

1. 文件事务处理训练法

文件事务处理训练法也称一揽子事件法。这是一种训练企业管理人员快速有效地处理日常文件和事务的方法。在受训中，各参加者都有一大堆有待处理的文件和事务，且必须在规定的时间内完成这些文件的阅读、指示和事务的处理。培训师提供的文件和事物一般没有什么条理，有些需要紧急处理，有些需要常规处理，这就要求学员进行分析研究，分清轻重缓急，统筹规划，合理安排时间规定时间到了之后，由培训师和学员一起对每个人的处理结果进行比较、评价和总结。

2. 角色扮演法

“角色扮演”也是一种管理人员开发的常用方法，即把一组主管人员集合在一起，设定某种带有普遍性的、比较棘手的情况，让几个人分别饰演其中的角色，把事件的过程表演出来。例如，一名雇员要求调动工作。可选一人扮演雇员，一人扮演主管。然后把各人的角色资料提供给他们，在稍作准备后，让两个人即兴地模拟这一事件的交涉过程。

在两人进行模拟表演时，其他成员在一旁进行观摩、思考和评论。模拟结束后，也可请另外一些人模拟表演同一情节，最后组织全体讨论。还可以将表演过程进行录音、录像，表演者可进行自我检查，也供大家仔细研讨。

在涉及人际关系的培训中几乎离不开角色扮演法，这种方法的优点是真实性强，表演者身临其境，可在模拟实践中加深对管理的领会和对管理技巧的把握，对提高管理人员的演讲能力和表达能力也有一定价值。它还可以在决策、管理技能、访谈等培训中使用。受训者扮演的角色往往是工作中经常碰到的人，如上司、下属、客户、其他职能部门经理、同事等，处理的也常常是实际工作中可能遇到的具体问题。表演结束后，其他学员作为“观众”，需对扮演者完成任务的情况加以分析、评价，评论完后还可以再轮换表演这种角色间的交往和博弈过程有助于学员体验各类人物的心理感受，处于他人的位置考虑问题，从而培养其多角度看待问题的思维能力和自我控制的能力，提高人际关系技能。

3. 管理游戏法

管理游戏法中游戏方式有对抗赛、模拟市场竞争等，可以按一个市场划分，也可以按一家企业或一个职能部门划分。这种方法要求学员在一定的规则、程序、目标和输赢标准下竞争，往往是全组合作达到一个共同目标。它能通过调动学员的参与热情和兴趣来训练他们的合作意识、相互协作的方法与技巧，以及由此及彼的思维能力与创造力。这一方法的关键在于管理游戏的设计，一个好的管理游戏能够使受训者在行为中不自觉地展现自己在实际组织或群体中所扮演的角色并有所感悟，这要比单纯地讲授知识收效更大。除此之外，培训师还应尤其注意事后的归纳与总结，因为游戏后的启示要比游戏本身更为重要。

4. 无领导小组讨论法

无领导小组讨论法要求将学员集中起来组成小组，就某一给定的主题展开讨论，事前并不指定讨论会的主持人，学员在讨论中可以自由发挥。培训师可以从中观察每个人不同的语言表达、逻辑思维、组织协调、应变和环境适应能力，从而针对各人的特点给予不同的指导。

5. 实验室培训法

实验室培训法主要适用于以人际关系和领导技能开发为主要目的的培训，其目标在于改变学员的态度和行为。典型的做法是把学员安排在一个群体的情境中活动。可以是一天，或是一周不等，这种情境设计和实际的工作、生活情境相类似。培训中去除日常情境中的种种人际关系的约束，学员之间、学员和培训师之间没有地位的差别，不指派任何人充当领导、下级，没有成文的规范，也不制订活动日程。当学员处于这种情境时自然就会产生一种紧张和焦虑的反应，为了减少这种紧张和焦虑，他们就会想办法在小组内重新建立人际关系的种种规范和约束，从而实现提高人际关系技能的培训目的。在这种培训活动中，其他学员还可以根据某一学员的表现提出自己的意见、看法和改进的建议等。这样受训者就有可能得到从别人的角度观察自己的结果，从而矫正自己的行为或是强化有效的行为，而这是在日常的管理、领导工作中不易得到的。

有效的培训开发方式必定是多种培训开发方法的组合与并用。在企业管理人员的培训开发实践中，培训组织者应根据培训开发的目的和各种培训开发方法的特点，精心选择和配合，以取得期望的培训效果。

9.4 企业接班人计划

企业接班人计划非常重要，而且一般都和管理技能培训开发有着密切的联系，因此我们专设一节讲解。

接班人的成功会给企业带来质的飞跃。比如，GE 的杰克·韦尔奇、英特尔的安迪·格鲁夫，都带领企业创造了辉煌。相反，失败的接班人计划给企业带来灾难性的后果。例如，可口可乐前 CEO 道格拉斯·埃尔维斯特、宝洁公司前 CEO 迪克·雅格，这些继任者将辉煌的企业带入泥潭，不仅如此，在他们离职时，企业还要支付高昂的解聘费和各种补偿。

阅读材料 9－4 韦尔奇对人才问题的认识

杰克·韦尔奇认为，他最重要的职责就是激励和评估通用电气现任和未来的领导人。他如此强烈地坚信这一点，以致把 50% 的时间花在人才问题上。韦尔奇把自己在继任管理中的角色比作园丁。“你得一只手拿肥料，另一只手拿水，不停地给花施肥、浇水。”他强调自己花园里的所有植物都需要浇水和培育，但是一些植物需要施更多的肥料和格外关照以确保都能开花结果。但同样重要的是，某些植物需要铲除，以便让最强壮的植物能够茁壮成长，发挥潜力。

在市场环境多变和竞争日益激烈的情况下，企业接班人的好坏直接关系到企业未来的命运。不管是世界500强企业，还是小型的家族企业，几代人甚至几百年的努力很有可能因为选错了接班人而毁于一旦。企业接班人计划对企业未来战略的实现和可持续发展有着非常重大的意义。

企业接班人计划介绍

所谓企业接班人计划（Succession Planning），是指企业通过确定、评价关键岗位的高潜能的内部人才，对其进行系统开发和培养，以便为企业未来的组织战略和管理发展提供人力资本方面的储备和保障。

企业接班人计划的主要任务是为企业储备未来的管理人员，它关注组织经验的延续和继任人员未来的发展，是企业长青的保证，对企业的现状及未来发展意义重大。企业接班人计划，依据管理方式和管理重点的不同，可以分为领导人员接班人计划和管理人员接班人计划。领导人员的接班人计划侧重对其战略意识、影响力和价值观方面的考查，关注接班人的深层次特征；而管理人员处于组织的中低层，其接班人计划应注重从其绩效、技能和能力方面进行考核，侧重于对接班人进行选拔和培养的技术。企业要想成为“百年老店”，除了需要注重培养高层管理岗位的接班人，还需要系统地培育一大批招之能战、战而能胜的中低层管理岗位的接班人。

阅读材料9－5 新西兰航空公司的接班人计划

新西兰航空公司的总经理戴维斯非常注意培养自己的接班人。他一上任就制订了一系列的措施，为自己若干年后离职时选拔继任者提前做一些准备。他在公司内建立了两个经理小组，一个小组成员的年龄为38～42岁，将来的高级经理就从这个小组中选拔；另一个小组成员的年龄为28～45岁，将来的中级经理就在这个小组中产生。当然，该公司也不完全是根据年龄来培训接班人，如果有的管理人员具备了接班人的条件，即使不符合上述年龄要求也会得到提升。同时公司对已提升的高级经理进行考核，如果有人不称职，就会失去晋升的机会甚至被降职。

为了对公司负责、对员工本人负责，新西兰航空公司各部门定期推荐自己认为可以提升的候选人。这些候选人必须参加为期两天的讲习会。在讲习会上，候选人要认真分析自己的优点、能力和缺点，同时还要提出今后五年的发展方向、工作设想。公司选派一些有经验的经理充当讲习会的顾问，这些顾问将帮助候选人对就任后的工作设想提出自己的建议。不过，如果候选人对顾问的建议有异议，也有拒绝的权利。

新西兰航空公司正是通过实施这一系列的用人措施，培养造就了合格的接班人，使得公司管理秩序井然，没有因权力交接而导致混乱。

企业接班人计划模式

综观国内外，接班人选拔的模式大致分为两类，一类是内生培养，包括宗亲接替、从优秀员工中培养提拔；一类是外部引进，如空降富有经验的职业经理人。

1. 从企业内部或家族内部选择接班人的内生模式

该模式的优点：

企业自己培养的或具有血缘纽带联系的接班人对企业忠诚度相对较高。能够成为接班人候选者的管理者，大部分是在企业工作了相当长一段时间的优秀员工，或者同创办者有着血缘关系，这些接班人一旦成为企业的负责人，由于其命运与企业的发展息息相关，因而会持之以恒地付出心力。比较而言，一个引进的接班人，可能会因为文化认同或者其他各方面的原因，不易在企业扎根。

内生的接班人对所在行业和企业有深刻的理解和运作能力。现代市场竞争比较激烈，专业分工又非常细致。隔行如隔山，外行指挥内行还是有很大难度的。企业内部培养的接班人，一般都是从企业基层一步一步走上来的。他们深谙行业运行之道，在业内有足够的资源，与供应商、客户、金融机构等都有密切的联系。因此，较易调动资源，带领企业发展，塑造企业竞争力。

内生的接班人能够保持企业战略的连续性。很多领导人在退任之前，已经高瞻远瞩地制订了企业的发展方向和目标，但由于健康、年龄等原因，不能继续贯彻实施。他也非常希望下一继任者能够延续现有的路线，不要轻易改变企业的发展方向。在这方面，内部培养的接班人更容易理解和执行前任的意图。

由于具有足够的人际资源，内生的接班人更容易在企业内部开展工作。内部接班人在企业内部有一定的威望，熟悉企业文化和内部规则。而引进的接班人也许能力比内部接班人更强，但他的行事作风可能会存在遭到企业内部抵抗的风险。

企业处于以下情况时，可以考虑采用内生式的接班人：所在行业变化较为缓慢，发展平稳，且本企业已经在行业中树立了较为领先的地位；企业发展战略非常明确，内部各层面对于战略目标及相应行动计划都有较深刻的了解和认同；企业具备较为成熟的人才储备、培养机制，内部人才资源较为丰富。

2. 引进式接班人选拔模式的优点与适用情景

引进式接班人选拔模式的优点：

由于引进的外部接班人多为本行业经验丰富的企业家，他们的综合能力、经验可能比内生式接班人更强。一般情况下，引进的接班人有过多年在大型企业担任一把手的经验，甚至有些空降接班人曾经有过非常辉煌的业绩。而内生的接班人可能是企业的第二甚至第三四把手。高度不同，考虑问题的角度和综合能力就不一样，这也是内生接班人的弱项。

可能会具备内生的接班人所不具备的特殊能力。当企业面临重大变革时，比如规模迅速扩大、运作方式发生变化、经营区域发生变化、市场需求发生重大转变等，企业对接班人的素质和能力便会有特殊要求，需要具有处理过此类问题经验的外部企业家。

会带来全新的视角。他们受企业内部各种错综复杂人际关系的束缚更少，当企业处于危难之时，具备更大的勇气和魄力进行改革。

企业处于以下情况时，则可以考虑引进式的接班人选拔模式：经营活动发生巨大变化、出现行业性整合、企业出现重大危机时等，企业面临着从未经历过的局面，这时从外部引进具有丰富实战经验和良好业绩的接班人，较能帮企业应对混乱和危机。

空降兵面临着是否能“服水土”的问题，而内部提拔的接班人又会有“近亲繁殖”的担忧。事实上，许多世界卓越的大企业一直秉持接班人内生的传统，但同时也不拒绝优秀的外援。所以说，在接班人的问题上并没有绝对正确的模式。无论内生的接班人，还是从外部引进的接班人，都有可能使企业平稳前进或绝处逢生，也可能将企业引入深渊。

接班人胜任力维度分析

接班人的胜任力包括六个方面，如图9－3所示，我们分述如下。

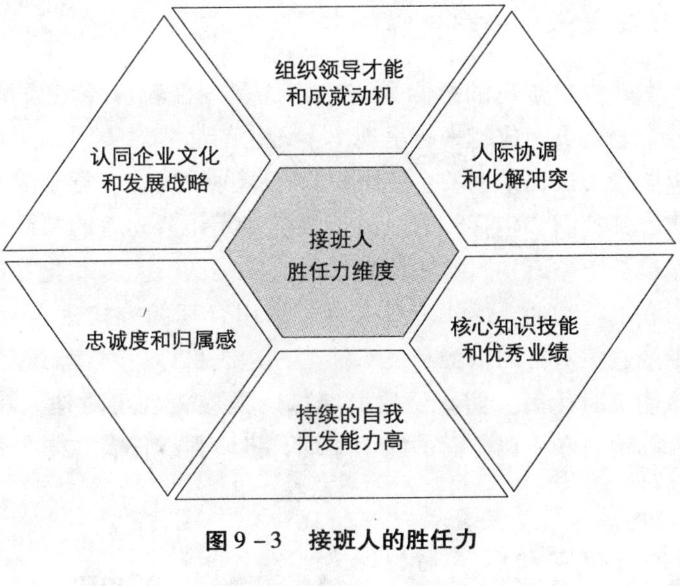

图9－3　接班人的胜任力

1. 认同企业文化和发展战略

企业文化是企业价值观和发展理念的外显形式，在企业形象塑造、组织愿景生成、内部人际互动、个体价值创造等方面起着不可或缺的作用。业绩突出的企业都有自己独特的企业文化，并成为企业发展的重要组织资源。作为继任者，首先应认同自己的企业文化，并成为该文化的积极倡导者、忠实履行者和维护者。其次，继任者应善于在企业文化的土壤中培植出企业的共同愿景，并对共同愿景的演进保持一种前瞻的维护姿态。正如彼得·圣吉在学习型组织的创建中提到，领导者应该更新自己的角色意识，将自己定位为组织的设计师、仆人和教师，能够“引导组织发展核心价值观与使命（最终目标），以及不断演进的愿景”，系统思考并整合组织。实践中，继任者对企业核心价值观的理解与尊重的行为选择表现在：不论处在何种职位上，都对企业发展有强烈的责任感和使命感，遵守企业规章制度，具有奉献精神并激励他人仿效，站在全局考量企业的经营战略和服务理念，对企业文化有深刻领悟并内化为信念和价值准则。

2. 具备组织领导才能和成就动机

作为继任者应该具备卓越的领导才能，善于配置企业的人力和物力资源，采取有效方式凝聚众人达成共同目标；在面对问题时，勇于承担责任，这有利于增强自身感召力和组织权威，从而提高领导效能。无论是在领导职位上还是普通雇员，应该对自己的下属或同事进行直接和持续的正向激励，鼓励其设定并完成富有挑战性的工作，实现企业收益的最大化。继任者还应有强烈的成就意识，能够以积极的行为达成期望的目标，在正式或非正式场合中，运用各种方式，增强自己的公众影响力和亲和力；同时还应具有较强的抗挫折能力，以自信和顽强的毅力克服困难。

3. 擅长人际协调和化解冲突

管理实践中最常见的行为是与人沟通，继任者应该具备出色的人际协调能力。当前企业人员构成越来越呈现出多元化的趋势。美国多元化管理专家小罗斯福·汤姆斯曾指出，未来的企业组织将在一种不确定、竞争激烈、业务复杂的环境中运作，其利润和生存能力取决于日益多元化劳动者的共同努力，特征是管理人员和雇员都千差万别，并坚持自己的差异被认可。多元化管理中不可缺少的是上下沟通和平行沟通，继任者只有善于运用合理的方式达成清晰、有效的沟通，才能减少或避免对方的抵触和反对情绪，达成目标。对待工作中的冲突，继任者不仅应该能及时化解，防止矛盾升级，而且应表现出对他人和结果的宽容与尊重。在人际沟通和协调方面的能力显现，将增强继任者在未来管理行为中的回应性和灵活性。

4. 拥有核心知识技能和优秀业绩

企业的核心能力是其持续发展的关键。企业核心能力是指：组织自主拥有的、能够为顾客提供独特价值的、竞争对手在短时间内无法模仿的各种知识、技能、技术、管理等要素的组合。

企业核心能力的来源是智力资本，即企业的组织资本和人力资本。作为继任者，在形成企业核心能力的过程中扮演着重要角色，应该拥有推动企业发展的核心知识或技能，并对市场发展有深刻的洞察力和预见性，以应对管理实践中的复杂状况。同时，继任者在工作中应该有出色表现，能成功完成各项业绩指标，完成的方式和对结果的评估，与企业的经济效益和社会效益一致，实现企业和社会协调发展的双赢；其所在的团队具有比较优势和整合功能，能创造更多的价值，并成为企业绩效体系中的支撑力量。这是继任者能够引领企业或部门实现良性循环的业务能力指标。

5. 持续的自我开发能力

对人力资源的开发包括组织开发和自我开发两个方面。企业继任者应该具有自我开发的敏感性和规划性。

首先，继任者能够客观全面地评估自己，善于从工作过程中总结自己的优势和不足，判断分析相应结果的环境因素和人员因素。知人者智、自知者明，继任者如果对自己的角色扮演、能力素质、思维方式等缺乏一个清晰的认识，很难在战略和决策选择等重大问题上表现出全局观，也难以做到知人善任，用好人才。

其次，继任者应该拥有开放心态，并不断拓展它的应用范围。积极应对环境变化，更新自己的经营和管理理念；对待下属和同事的建设性意见，积极回应并虚心接受；善于平衡柔性管理和刚性制度的隐性或显性冲突，寻找创造性的解决方式。

最后，继任者应该保持学习的热情，构建与岗位匹配并能持续增长的知识、能力体系。关注专业领域发展趋势、市场运行变化特征，不断探寻企业新的生长点；丰富自己的管理思想和交往艺术，善于领悟并运用沟通技巧与人相处，乐于接纳自己，实施全过程的自我激励，保持高昂的斗志和充沛的精力。

6. 保持高忠诚度和归属感

当前，企业为了应对激烈竞争，在管理手段上采取了更富弹性的雇佣机制，在战略选择上更强调顾客导向原则，在组织建构上趋向于“扁平化”结构，而日益完善的市场体制和人才流动机制、社会保障体制为人才流动和职业转换提供了宽松的外部环境。企业员工在职业生涯规划上具有更强的自主性和发展空间，对增强雇佣能力的关注逐渐取代对终身契约的信奉，成员的组织承诺在很大程度上取决于企业的发展现况和对企业的满意度。企业的继任者面临着同样的冲击，而企业也因为继任者的卓越才能而承受着更大的人才流失风险。因此，是否具有对企业的忠诚意识和强烈的归属感与责任感，是对继任者适应性的重要考量指标。继任者应该对组织发展采取包容姿态并充满自信，不断调适自己的价值观以契合企业的核心价值，对企业的共同愿景满怀激情并全心投入其中，同时应具有基于个人和企业互动促生关系为导向的价值评价体系，勇于面对困难和承担责任，善于在企业成员中营造进取团结氛围，使对企业的强烈归属感和责任意识成为群体行为选择的驱动因素。企业内部的凝聚力将有效抵御环境变化的冲击，增强企业的回应性并拓展生存空间，这将进一步强化员工的忠诚意识和归属感。显然，企业继任者在这一过程中的角色扮演将起到举足轻重的作用。

接班人计划的实施流程

接班人计划的实施流程图如9－4所示。

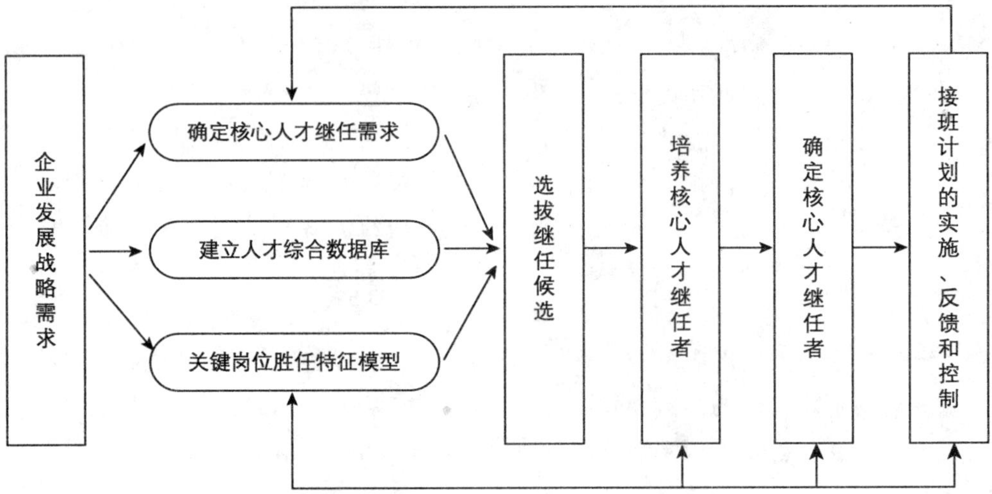

图9－4 核心人才继任计划流程图

1. 评估关键岗位确定继任需求

明确企业战略和核心能力。不同的企业战略和核心能力决定了组织中有不同的关键岗位与核心人才。例如，一家以产品为导向的企业其核心能力可能就更强调产品的创新、研发能力，以及产品领先上市的能力，其关键岗位也主要集中在研发部门和销售部门等，企业的战略和核心能力只有转化为对关键岗位的职责，才能保证核心能力的构建和战略目标的实现。因此确定关键岗位、识别核心人才首先要明确企业战略和核心能力需求。

通过岗位评估来确定关键岗位识别核心人才。企业如果只顾着发掘和培养顶尖人才，其实并没有抓住重点，比较好的方法是先找出战略上不可缺少的职位，然后大力投资，以确保合适的人在合适的位置上做对的事。因此通过岗位评估来确定关键岗位、识别核心人才是制订和实施核心人才继任计划的首要环节。岗位评估是确定企业中各个工作岗位相对价值的过程，主要是从岗位职责、工作强度、工作环境、任职资格、社会对该岗位的评价和岗位产生的心理压力等特性方面进行评估企业，可以根据具体情况选择岗位评估方法。系统的岗位评估一般采用定量与定性相结合的方法，其中定量评估是核心、基础，定性评估是参考和调整的依据。

绘制核心人才继任需求表。核心人才继任计划的目的是发现并追踪高潜力人员，为关键岗位培养合格的继任者。因此继任需求就要从数量和质量两个方面来确定。在数量方面，评估企业现有继任候选人的需要量、现有量、短缺量；在质量方面，评估继任候选人的素质现状。在评估后，将继任需求信息汇总形成核心人才继任需求表。核心人才继任需求表基本内容包括核心部门和关键岗位名称，核心人才继任者需要量、现有量、短缺量、核心人才继任者素质状况评估。一般来说，继任者候选人的考核采取"差额制"，即候选者的数量大于继任者需求量，从而为核心人才计划的实施和控制阶段的调整留下余地。

2. 确定核心人才素质特征，构筑素质模型

确定企业核心能力和企业战略目标。不同的企业战略目标和核心能力对企业核心人才的知识结构、能力要求和技术水平等素质特征的要求是不同的，例如，以顾客满意度为导向的企业，核心人才必须具备从客户的角度思考问题，充分了解他们的需求并不断根据客户的需求变化来提供整体解决方案的能力。但如果是一家以产品和技术创新为导向的企业，核心人才更强调产品的创新、研发能力，以及产品领先上市的能力等。因此企业要把对企业的核心能力和战略目标的追求转化为核心人才素质特征的要求，才能确保合适的人在合适的位置上，透过合适的能力做合适的事情。

确定素质类别相应的定义和典型的行为表现。在结合企业发展要求和文化特点的基础上，企业通过对优秀与一般业绩人员的行为特点的对比提取胜任素质特征，并予以准确的定义，列举出典型的行为表现。不同种类核心人才的素质类别及其权重、相应的定义和典型的行为表现是不同的

3. 选拔继任计划候选人

企业核心人才继任计划选拔候选人的步骤。进行人才储备，建立人才综合数据库。企业储备人才大致有四类：具有适应面窄的单一能力人才、具有适应面宽的单一能力的人才、具有多方面能力的人才和具有潜在发展能力的人才。通过绩效评估以及评价中心等能力测试手段定期充实人才信息。人才数据库除提供关于候选者的姓名、职务、学历、专业、工作经验和研究成果等常规性描述外，其个性特征、兴趣爱好、社会关系、处事风格、特殊需求、价值观、工作态度或敬业精神等，也应尽可能详细地揽入库中。日积月累的人才数据库可以为核心人才继任计划提供大量准确的候选人信息。

以素质模型为依据，识别人才发展潜力，为继任计划挑选候选人。继任候选人的筛选关键在于人才发展潜力的识别。素质的内在特征，如动机、自我评价、

社会角色等，决定着人们的行为与工作绩效，是鉴别性素质，可以有效地区别高绩效与低绩效人员；而且这些特征是内在的、难以测量的，不太容易通过外在的影响来改变和发展。候选人发展潜力的识别应该以内在的素质作为主要评估因素，具体可以从对企业文化和发展战略的认同度、成就与权力需求、个性特征、持续自我开发能力和对企业的忠诚度和归属感等方面来识别。

4. 培养核心人才继任者

以素质模型为基础对每个候选人量身定做培训方案。以素质模型为基础对候选人的素质进行综合测评，分析得出继任者的胜任素质排序。根据综合测试结果确定各项胜任素质的培训需求程度，为培训课程体系设计提供依据，使候选人培训做到有目的性、有针对性。此外，核心人才具有很强的自我成长意识，因此在制订培训计划时核心员工的期望也是应该考虑的因素。

培训的实施与控制。在培训过程中，候选人在岗位胜任力方面的优缺点也会在培训过程中暴露出来，企业通过进行定期或不定期考核，将评价结果及时总结、反馈，帮助他们及时调整培养方案，来对继任者培养进程进行控制。在企业外部环境或内部战略发生变化时，对核心人才培养计划进行相应的调整。在确定候选人确实无法胜任相关职位的，或候选人离职的情况下，更换候选人。

5. 确定核心人才继任者

对确定核心人才继任者确定一直存在两种观点：相马与赛马。

相马即按照特定的评估标准，对候选人素质进行测评和排序，综合测评成绩最优者成为继任者。相马之法的关键在于伯乐，现代企业伯乐可以引入“人—机”系统，尽量减少人才选拔中的主观因素，实现由制度选才。在继任者选拔中可以引入素质模型，把个人评价分解为具体指标，如思想品格、心理素质、专业知识、业务能力、工作态度、组织协调能力、创新能力、开拓市场能力、健康情况等，将之与关键岗位素质进行匹配。

另外一种观点是赛马，即通过公开竞争、优胜劣汰的“跑马比赛”的方式来确定继任者。例如在海尔信奉的是“人人是人才”的理念，坚持竞争激励机制，坚持“赛马不相马”的做法，给所有员工公平参赛的机会，每个人都有权利参加竞赛。在具体操作上，海尔每个月由人力资源开发中心公布一次招聘岗位、招聘条件、工作目标和招聘程序及动态激励情况。符合条件的人员根据自己的能力与条件选择竞争方向，大家机会均等。联想柳传志在选择接班人时，因人设事将联想拆分为两大块，让心目中的接班人互相竞争。

6. 接班计划实施与反馈

岗位交接不是一蹴而就的，必须采用渐进的方式，选择适当的时机，逐步实现关键岗位的权力、职责业务和职位的交接。继任计划并非随着交接完成而结束。交接后企业要将继任计划的实施效果列入企业督查范围，定期检查，跟踪问效。通过督查工作，查找薄弱环节，分析原因，制订改进方法，不断优化程序，对较好的做法与经验及时总结推广。

本章小结

管理人员是企业成败的关键，他们在加强企业管理、促进企业技术进步等方面起着非常重要的作用，因此，对管理人员的培训开发就显得非常重要。

本章首先简要介绍了管理技能培训开发，论述了它的重要性、目标、内容和四种模式，然后讲述了其流程设计。在管理技能培训开发方面，有一些方法需要有针对性地选用。最后讲解了企业接班人计划。

复习思考题

1. 管理技能培训开发有什么重要性？
2. 简述管理技能培训开发的目标和内容。
3. 管理技能的培训与开发常用方法有哪些？请简要阐述。
4. 什么是企业接班人计划？如何作好企业接班人计划？

案例分析

GE的管理者培养之道

GE造就了很多优秀的企业管理者，据统计，世界500强公司中有168家公司的CEO曾在GE工作过，其完善且卓越的人力资源管理，赢得了全球范围的尊敬，被评为全球最受推崇的公司（《财富》1998、1999、2000）；全球最受尊敬的公司（《金融时报》1998、1999、2000）。培养企业管理者是GE最为擅长的事情。GE每年用于员工培训的投入高达10亿美元。

在GE公司的各项管理经验中，如何培养管理者是一个非常重要的方面，而且GE做得卓有成效。

GE培训的三个阶段

第一阶段是员工入职的头5年，公司提供帮助他们从大学生到职业者转变的初级培训项目，这些培训项目在增强新员工专业技能的同时，也提供了管理能力的培训。

第二阶段是员工入职后的5~15年。此时他们通常已成为一个团队的负责人，公司的任务就是将他们培养成为真正的经理人。这一阶段的培训围绕着管理技术、策略以及技巧展开，涉及课程包括“新经理发展课程”、“中级培训项目”和“中级经理课程”。GE会给学员范围广泛的有关公司整个业务的作业和任务，培养他们跨越职能部门看待问题的能力。

第三阶段是使他们成为该机构的决策者。此时他们对工作负有全权责任，这意味着如果有什么事没有完成，他们不能指责别人，因为那是他们自己的责任。在这个阶段，GE设置了“高级经理发展课程（MDC）”、“商务管理课程（BMC）”、“高层管理人员发展课程（EDC）”，这三门课程是GE最高管理人员的发展课程。在这些课程里，并不总是依赖于职业教师，GE内部高级管理人员经常会承担授课任务。管理力最好的培养方式就是管理人亲自传授。

GE对企业接班人的选拔

GE选择接班人的做法是投入大量的时间去了解几位竞争者，同时，花更多的时间去讨论他们的情况。有许多现行的董事会确定继任人的程序方案需要董事投入的时间超不过100个小时，而GE的董事会却要花几千个小时。

GE对管理者培训与开发的经验总结

1. 确立“管理者是公司最重要产品”的理念

GE公司的管理者认为自己最擅长的事情，就是培养管理者。GE公司由于长期重视管理人才的培养，不但懂得人力资源是信息时代企业最重要的资源，而且懂得管理人才作为企业的核心人力资本必须放到首要位置来考虑，坚持“管理者是公司最重要产品”的理念。松下公司曾提出“造产品先要造人”，而GE公司更进了一步，实行了“造人先造管理者”的信条。一流的企业要有一流的管理者，不可能由二、三流的管理人去管理。韦尔奇在20世纪80年代制定了“第一，第二”战略之后，正是因为从底层培养了大批忠实执行企业战略和坚持企业价值观的管理者，才保证了GE公司战略目标的实现。

2. 建立一套培养管理人才的基本原则

GE公司建立了一套培养管理人才的基本原则，这就是：

□ 招聘聪明而有进取心的优秀人才；

□ 创建强有力的绩效文化，以绩效作为评价人的标准；

□ 不仅看业绩，也要看价值观，用诚信、注重业绩和渴望变革的共同价值观去规范管理者的行为；

□ 为管理者（特别是年轻管理者）提供表现机会，同时也提供培训机会；

□ 建立一套完整的人才评估、奖惩、升迁制度。

3. 给人才培训提供充足的财力支持

GE公司为培训提供充足的经费，不仅反映出管理者对人力资本的认识是十分明确的，而且证明了他们对自己信奉的理念是非常真诚的。表里一致的理念才能产生出现实的威力。

4. 采取以内部为主、从基层培养的策略

采取主要从内部培养企业管理者的策略，这是目前许多先进企业培养管理人才的通行做法，GE公司也采用了这一策略。

5. 高层管理亲自挂帅，身先士卒抓培训

在GE公司培训管理不仅是人力资源职能培训部门的职责，也是企业管理者要抓的重要工作。高层管理不但要为经理人员讲授课程，而且还要参与培训人员的选拔，这是GE公司培训文化的一大特色，也进一步显示出其管理者在行动上对人才理念的真诚实践。

6. 采取“干中学、学中干”的培养方法

GE公司的培训之所以非常有成效，还在于该公司在管理人才培养中采取了“干中学、学中干”的方法，不仅通过培训向学员提供知识与技能，而且努力把课堂与企业实际问题结合起来，让他们能将学到的知识技能变为在不确定环境中处理实际问题的本领。为了把“学”与“用”结合起来，GE公司主要抓了两个方面，一是在培训中力求理论与实际相结合；二是向接受过培训的人提供进一步发展的锻炼机会。

7. 完善培训管理，建立相关的人力资源管理配套措施

GE公司之所以能够在管理人才培养上取得

显著成绩，还在于它的人力资源管理者很好地掌握了各项培训与人才开发技术，建立了配套的人力资源管理制度，形成了严密的培训体系。

GE 公司的培训文化从一个侧面向我们很好地展示了一个优秀企业人力资源管理的榜样。

【案例问题】

1. GE 管理培训开发的经验是什么？

2. GE 的培训开发和它的辉煌业绩之间有什么关系？

第 10 章

外派人员的培训开发

【学习目标】

- 掌握外派人员的界定及外派的四个阶段
- 掌握外派人员培训开发的内容与方法
- 掌握外派人员培训开发的效果评估工具
- 了解国际人力资源管理的基本职能

【关键概念】

外派人员
全球心智模式
柯氏四级培训评估模式
360 度评估法
文化敏感性

引导案例：全球化的员工队伍

起源于芬兰的诺基亚（Nokia）是世界上最大的移动电话生产商，也是全球移动操作的无线通信基础建设的领先供应商之一。可谁能够想到，就在十几年前，它还只是一家以做灯泡和纸品生意起家的百年老店。1992年，随着Jorma Ollila出任公司的首席执行官之后，诺基亚开始了在无线通信领域的集中发展。随后，当公司进行全球范围内的扩张时，诺基亚向外国输送了大量的本国人员，外国子公司大多数都由芬兰的外派人员管理，负责实现销售和预算目标。总公司的文化强调快速创业的决策，这种文化通过外派网络在外国子公司中得以良好地传播开来，从而促进了诺基亚的全球扩张。1999年末，诺基亚已经成为欧洲最有价值公司之一、手机市场上的领先者，以及无线基础设施的第二大供应商*。

吉列（Gillette）是家喻户晓的美国公司，它知名的产品有男性剃须刀、牙膏、牙刷和办公用品等。公司在国际市场上得到的利益占公司总销售额和利润的70%以上，其员工至少有75%在美国以外的公司。为了在200多个国家和地区开展业务，公司在世界各地招聘了一大批MBA毕业生作为其全球化经理人的培训生。这些符合条件的候选人一旦进入公司，将面临为期两年的经营业务、内部流程、文化理念的培训。随后的两年，他们将担任一些基层管理职务，在实践中应用知识和技能。这些培训大部分时间都在外国进行以便让这些培训生更早地开始适应在外国的工作经历。虽然吉列在培训上的投资不菲，公司认为这是很值得的。这些年来，吉列培养了大批全球化经理人，在吉列的高管层中，有80%的人至少有过一次外派经历，50%以上至少在3个国家工作过。有了这样一支精良的队伍，吉列在全球化的道路上可谓遥遥领先。

自20世纪末以来，世界经济的热门话题之一就是全球化。随着全球化进程的加速，越来越多的企业开始在全球范围内寻求资源配置的有效方案。企业的跨国经营成为其发展的一种必然趋势。到2003年，大约有6万家跨国公司在世界范围内雇佣了超过4500万的员工，这一数字是1990年的两倍。到2010年，这一数字会增加到7500万。这种全球化经济发展的新格局不但要求跨国公司具有全球化的战略眼光，而且需要建立一个全新的、更高标准的国际人力资源管理，以实现全世界范围内的人力资源开发与配置。其中，外派人员的管理是国际人力资源管理的一个重要方面。

10.1 国际人力资源管理与外派人员

国际人力资源管理

国际人力资源管理就是国际化的人力资源管理，它的出现是与跨国公司经营的全球化扩展紧密联系在一起的。国际人力资源管理具有许多新的特征，面临着更多的挑战，体现为更多的职能与管理活动，在更大程度上涉及员工的个人生活以及面对更多的外部影响，等等。随着我国经济的开放和发展，越来越多的跨国

* 改编自埃文斯，帕西科，巴苏科斯．国际人力资源管理［M］．唐宁玉，等．译．北京：机械工业出版社，2007.

公司落户中国，我国企业也越来越多地踏上了跨国经营的道路。研究国际人力资源管理对于我国的经济发展与对外开放具有重要的理论意义和现实价值。

1. 国际人力资源管理的定义

Schullion（1994）把国际人力资源管理定义为“由于业务国际化而产生的人力资源管理事项和问题，企业应对业务国际化而采取的人力资源管理战略、政策和实践”。Taylor、Beechler和Napier（1996）把国际人力资源管理定义为“一系列用于吸引、开发和保持跨国公司人力资源的活动、职能和流程，它是用于管理跨国公司人员的各种体系的总和，母国和海外都包括在内”。这一定义将母国的人力资源管理也纳入认识范畴，更具有“全球理念”。

人力资源管理专家Morgan（1986）认为本土与国际人力资源管理的区别在于国际人力资源管理的三个独特维度：

- □ 国际人力资源管理活动的内容更加广泛；
- □ 国际人力资源管理的对象不仅仅是母国的员工，还包括东道国、第三国及其他来源的员工；
- □ 跨国公司在全球不同国家和地区的不同的经营战略，使国际人力资源管理职能和任务有显著的不同。如图10－1所示。

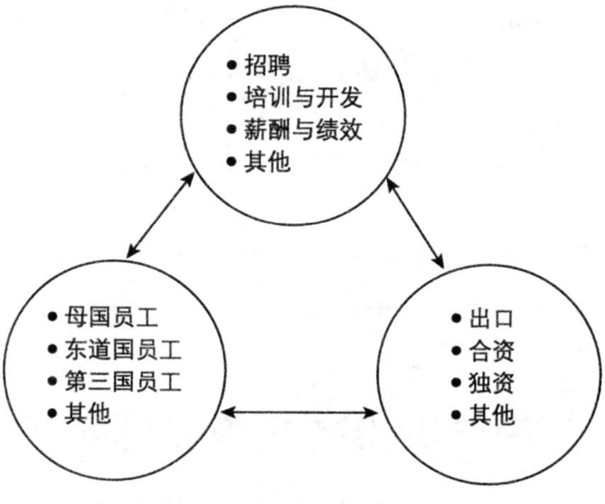

图10－1　国际人力资源管理的三个独特要素

2. 全球化进程与国际人力资源管理

在全球化的进程中，不同的跨国公司在走出本土、迈向国外的过程中会经历不同的情况，各自采取的策略也不尽相同。就国际人力资源管理而言，早在1990年，国外学者Adler和Ghadar就指出跨国公司会根据其公司自身的全球化模式特点而采用不同的人力资源管理的政策和方法。跨国公司在处于不同的全球化阶段时，公司的人力资源管理部门的工作重心、人力资源管理政策和实践都将有着巨大的差异。表10－1较好地诠释了全球化进程与国际人力资源管理职能的权变关系。

表10－1

全球化进程与国际人力资源管理

	Ⅰ 国内阶段	Ⅱ 国际阶段	Ⅲ 多国阶段	Ⅳ 全球阶段
主要导向	产品/服务	市场	价格	战略
战略	国内	多国/国际化	全球化	跨国化
世界范围内的战略	少量出口	国际营销、技术转移	供应、生产和营销国际化	全球战略竞争优势
外派人员	无	很多	一些	很多
外派动机	无	销售、控制或技术转移	控制	协调与整合
外派对象	无	优秀销售人员	优秀管理者	高潜质经理人
培训与开发	无	有限的	更长期的	贯穿整个职业生涯
培训对象	无	外派人员	外派人员	外派高管
绩效评估	公司基础的	分公司基础的	公司基础的	全球性战略定位
奖励	绩效基础的	为国外的艰苦条件给予额外补贴	倾向于成本控制	全球性薪酬计划
主管人员国籍	母国	母国	母国/外国	多国
必要技能	技术和管理	加上文化适应	加上文化差异敏感性	加上跨文化交流、影响和整合

外派人员概述

1. 外派人员的界定

跨国公司人力资源管理的一项重要职能就是人员配置，而外派是跨国公司人力资源管理在国外经营人员配备政策上的一个重要选择。外派人员既是跨国公司人员配备中的主要人员类型，也是跨国公司人力资源管理涉及的主要对象。20世纪90年代初，在美国举行的一个企业人力资源会议上，有一位演讲者评论道，大多数国际人力资源管理专家都将他们90%的精力放在外派的问题上。在学术文献方面，国际人力资源管理的范畴在很大程度上也等同于外派问题。可以说，有效管理外派人员，或者更广泛地说，国际迁移仍是实施全球战略的基础之一。

传统意义上的外派人员（Expatriate）是指由母公司任命的在东道国工作的母国公民或第三国公民，也包括在母公司工作的外国公民。图10－2简要说明了母国员工、东道国员工、第三国员工和外派人员的区别。

跨国公司的外派人员中母国员工是主体，他们通常受母公司指派，经营和管理公司的国外子公司，母国外派人员一般是管理者和技术专家，他们有丰富的工作经验，能将母公司的战略意图、先进技术、管理方式与经营带到国外子公司。

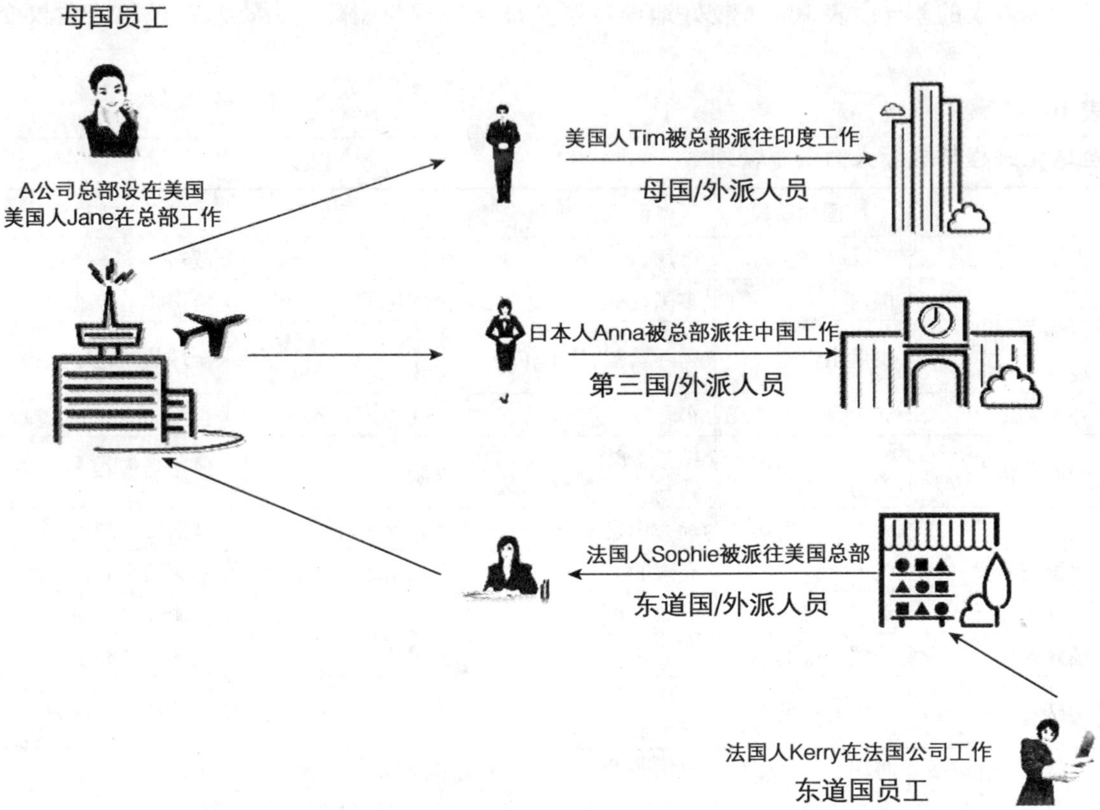

图 10-2 母国员工、东道国员工、第三国员工和外派人员的区别

同时，母国外派人员在跨国公司全球经营中具有重要的战略地位，他们常常被派遣到与母公司具有不同文化背景和价值标准的经营体系中，以减少风险、确保公司整体经营的平稳运行。

此外，目前跨国公司内部人员流动越来越国际化，不再仅仅是母国向国外子公司输送外派人员的单向流动，而且将其子公司所在国的优秀的东道国员工派往其他国家的子公司甚至母国的总公司，这类员工数量的扩大也增加了跨国公司人员配备中其他国家员工的数量及公司人员的多样性。例如，在欧洲从业的很多专业人员、软件设计师和工程师，他们的工作地点是整个欧洲，因此也被形象地称为“欧洲经理”。

值得一提的是，目前世界上许多跨国公司都越来越多地雇佣、开发和保持具有国际经验和全球观念的管理人员，而不太考虑他们的出生国、国籍或者居民身份。近几年来，研究学者对跨国公司外派人员的关注和研究也发现，现在的跨国公司人力资源招聘的来源已经远远超出原来的范围，跨国公司的人力资源队伍构成更加多元化（Briscoe & Schuler，2004），外派人员的界定已经超越了以往的内涵。他们甚至建议采用国际雇员（International Employee，IE）的概念代替原来的外派人员、母国员工、东道国员工、第三国员工的概念，使之更具有广泛性。

2. 公司外派人员的动因

跨国公司派遣外派人员的动因很多，其中 Edstrom 和 Galbraith（1977）将跨国公司派遣其母公司员工到海外任职的目的归纳为三种：

□ 外派人员仅仅是去填补空位的，因为缺乏技术和管理技能，本地没有这样的员工可以雇佣。

□ 外派人员能够支持管理发展，使具有高潜力的管理者积累国际经验，为其将来担当重要岗位的工作奠定基础。

□ 外派人员有利于组织的发展。不同国籍的管理人员在国外子公司之间和母公司与其子公司之间的大规模调动有助于管理人员的社会化，并建立起一种国际沟通与人际网络。

Sparrow、Brewster 和 Harries（2004）通过调查也得出了类似的结论，如表 10-2 所示。

表 10-2

公司外派人员的主要原因

Sparrow、Brewster 和 Harries 的调查		Edstrom 和 Galbraith 的理论
职业发展	57.80%	管理发展
当地专家匮乏	56.30%	填补空位
移植专业知识	53.10%	填补空位
培养国际性的管理者	37.50%	管理发展
控制当地业务	20.30%	组织发展
协调全球性政策	7.80%	组织发展

Tung（1982）将外派任命分为四种类型，即首席执行官、功能型领导、问题解决者和技工。此外，Evans、Pucik 和 Barsoux（2002）将需求驱动和学习驱动的外派动因区分开来。这两种驱动因素因派遣时间的长短不同又可以各自分为两种情况，形成了如图 10-3 所示的外派动因矩阵。

需求和学习这两种驱动因素并不是完全对立的，在某些情况下两者是统一的。例如，公司派遣母国员工到国外子公司开展新业务，这样既是对技术和管理经验的移植，也是对外派人员本身能力的考验和提升，同时涉及需求和学习。从派遣的时间来看，随着跨国公司在海外市场的存在时间越来越长，短期外派的需求将不断减少，取而代之的是发挥组织发展和控制作用的长期外派，如表 10-3 所示。

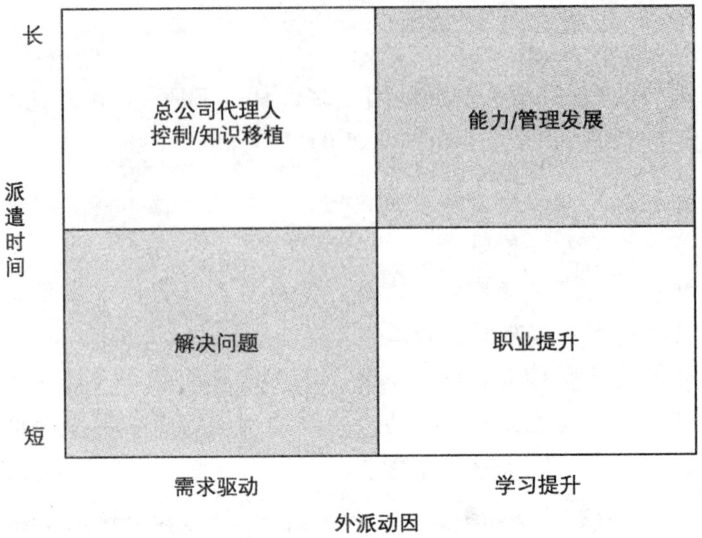

图 10－3 外派动因矩阵

表 10－3

外派派遣时间 *

派遣时间	百分比
1 年以下	8%
1～3 年	69%
3 年以上	23%

3. 跨国公司外派的现状与趋势

外派人数方面，近年来跨国公司外派人数总体趋增，但近两年来受经济危机影响缩减较大。2008 年初一份来自美国的年度调查显示，2007 年尽管经济放缓，但是绝大多数跨国公司仍对他们的全球业务前景感到非常乐观，并表示计划在未来几个月内增加外派员工人数。这其中，67% 的企业正在加强员工外派工作，95% 的企业表示计划较上年外派更多员工或保持上年的水平。只有 5% 的企业预计将在 2008 年减少外派员工人数。2009 年最新发布的这份调查则更加针对全球范围内 180 家跨国公司，涵盖这些公司在全球范围内的总员工人数是 980 万人。表 10－4 是自 1994 年来跨国公司外派人员数量的分类比较。

---

* 资料来源：Global Relocation Trends，1999 Survey Report.

表 10－4

1994—2008 年跨国公司外派人数总体比较

外派人员数量	1994	1995	1996	1997/1998	1999	2000	2001	2002	2003/2004	2005	2006	2007	2008
1～25	25%	29%	32%	54%	41%	36%	35%	29%	48%	27%	21%	15%	17%
26～50	14%	16%	15%	15%	17%	14%	13%	13%	14%	13%	13%	15%	15%
51～100	23%	18%	14%	11%	13%	15%	13%	18%	9%	9%	10%	12%	18%
101～500	24%	26%	29%	16%	17%	22%	25%	29%	21%	31%	33%	35%	32%
501～1000	8%	8%	6%	3%	5%	5%	8%	6%	2%	7%	9%	10%	10%
超过 1000	6%	3%	4%	1%	7%	8%	6%	5%	6%	13%	14%	13%	8%

资料来源：Global Relocation Trends，2009 Survey Report.

2008 年度随着全球经济环境的进一步恶化，68% 预期外派增长的公司中，只有 37% 的公司在 2008 年有实际增加。25% 的公司表示减少了外派人员的数量，而这一数字在上一年只有 8%。对未来的预期也相对悲观：只有 33% 的公司预计在 2009 年增加外派人员数量，远远低于历史平均水平的 60%。如表 10－5 和 10－6所示。

表 10－5

2006—2008 年跨国公司外派人员数量对比

年　份	人数增加	人数减少	维持不变
2008	37%	21%	42%
2007	67%	8%	25%
2006	69%	10%	21%
历史平均水平	51%	19%	30%

表 10－6

2007－2009 年跨国公司外派人员数量预期

年　份	预期增加	预期减少	预期不变
2009	33%	25%	42%
2008	68%	5%	27%
2007	65%	7%	28%
历史平均水平	60%	12%	28%

外派人员的人口特征方面，跨国公司更多地外派那些年长、富有经验、已婚但随行的子女更少的员工；女性外派人员的数量有所增长。调查显示，只有 9% 的外派人员在 30 岁以内，38% 的介于 30～39 岁，而 40 岁以上的外派人员占到了 53%。同时，有 67% 的外派人员都是已婚人士。有子女随行的外派人员比例下跌到了 49%，大大低于 57% 的历史平均水平。

在跨国经营中，传统外派人员主要是男性。随着女性知识文化能力和社会地位的提高，越来越多的女性将成为跨国公司的外派人员。这种趋势不仅在延续，而且还会加快。美世咨询《2005—2006 国际员工外派调查》提供的全世界各个行业约 200 家跨国公司员工外派管理方面的情况表明，5 年前全球女性外派比例为 8%，最近已增加到 13%。2008 年女性外派人员的比例是 20%，高于历史平均水平的 15%。

新兴国家成为外派的重要目的地，同时也存在极大的挑战性和外派失败的可能性。中国成为最大的新兴外派目的地，也是最富有挑战性的外派目的地。调查显示，19% 的外派人员将中国作为外派任务的目的地，21% 的人认为外派到中国是极富挑战性的任务，同时有 22% 的外派人员认为在中国的外派任务将会失败，如表 10－7 所示。

表 10－7

居前列的新兴、挑战和失败的外派目的地

外派目的地	新兴外派目的地(得票数)	最具挑战外派目的地(得票数)	最易外派失败目的地(得票数)
中国	13	13	4
印度	8	10	1
巴西	5	3	0
俄罗斯	4	7	0
日本	3	5	2
墨西哥	3	0	0
英国	2	0	3
新加坡	1	0	0
美国	0	1	3

资料来源：Global Relocation Trends, 2009 Survey Report.

跨国公司本土化有所增加，但外派仍然是十分重要的跨国公司人员配置方式。由于受到经济危机的影响，大多数跨国公司都在外派方面缩减了成本，一些公司开始为它们的外国子公司雇佣当地员工以降低运营成本。另外一些公司采用了新的人员配置方式例如较长时间的出差来替代外派。但是，我们也看到，由于跨国公司 53% 的利润都来自于本土以外的子公司，外派任务仍然是非常重要的。对于我国来说，随着我国的对外开放和加入 WTO，我国企业走出去的步伐越来越大，许多国内优秀企业开始进行国际化经营，海尔在海外设厂、华为步步为营，等等，外派人员的管理也成为我国企业急需解决的一个关键课题。这就要求外派人员的培训开发要更加全面，更有针对性，外派人员的经验和能力有更大程度的提升以确保外派任务的成功。在下面的几节中，我们将会系统地探讨外派人员的培训开发方面的一些问题。

10.2　外派人员培训开发的意义

对外派人员进行培训开发，可以避免外派失败，可以促进全球领导力、全球学习型组织的形成，可以实现个人与组织的自我更新。

避免外派失败

外派人员培训开发的一个重要意义在于避免高比例的外派失败。外派失败有多种表现形式，包括外派人员计划外提前回国、外派人员正常归国后离职、与外派相关的财务成本超出预算、外派人员的绩效不能满足组织需要，等。外派失败给企业带来的损失是巨大的，这不仅仅局限于财务成本方面，更包括人力资源的损失和海外业务的损失。美国学者 Tung 的一项调查中显示，外派失败原因包括：外派人员无法进行个人调适、配偶不能适应异国环境、其他家庭问题、外派人员的个性和情感成熟度、不能应付复杂的海外任务等。表 10－8 是一名年薪 10 万美元的美国外派人员及其家庭（四口之家）被派往伦敦后第一年的花费。这些花费大约是国内任职的三倍。

表 10－8

跨国公司外派成本

直接报酬成本(美元)		其他成本(美元)	
底薪	100000	公司汽车	15000
外国服务奖金	15000	教育(两名子女)	25000
商品和服务补贴	21000	每年回国休假(四人)	5000
伦敦的住房成本	39000	英国个人所得税	56000
转移成本			
重新安置补贴	5000	总计	309500
到伦敦的机票	3500		
搬家费	25000		

阅读材料 10－1　外派失败带来的损失到底有多大？

外派失败的成本是很高的，通过下面的材料你可以有更深刻的理解。

直接成本：

- 一个美国雇员在海外的年平均成本为 30 万美元；
- 1/4 的归国人员在归国一年后离开了公司；
- 1/5 的外派人员自己要求提前回国；
- 提前归国对跨国公司的总成本为每年 20 亿美元。

间接成本：

- 与外国政府关系的疏远或损坏；
- 失去或破坏与外国供应商、客户的关系；
- 海外经营受到影响，如丢失合同、市场份额等；
- 公司的形象受到损害；
- 外派人员的自信心受到打击；
- 其他潜在的外派人员及其家庭不愿接受外派任命；
- 给外派人员及其家庭带来负面影响。

除了企业招聘管理或行政管理的失误外，对外派培训开发的不足和忽视是外派失败的最直接、最主要的原因。Tung 的研究表明，只有 32% 的公司有培训外派人员的正式计划，68% 的公司没有任何计划。在 1995 年调查中显示，尽管已有 90% 的公司认为跨文化培训有重大价值，但实际中仍有 38% 的公司没有任何培训计划，32% 的公司有针对整个家庭的培训，27% 的公司有针对外派人员及其配偶的培训，3% 的公司只有针对外派人员的培训 *。

与此同时，一些学者研究发现，事先完善的准备与优良的培训对于跨国公司成功地进入他国以及成功地运作都是非常重要的。外派人员通过跨文化培训可以更好地理解不同国家的文化差异从而避免文化冲击；完善的培训可以使外派人员及其家庭成员提前进入角色，作好海外生活的心理准备；业务和技能的相关培训也能够使他们在工作中游刃有余。不仅如此，来自总部的关心和支持能够使外派人员在外派中顺利解决问题，在归国后顺利适应新的环境和岗位。总之，外派培训与开发对于外派任务取得成功具有重要意义。

促进全球领导力、全球学习型组织的形成

跨国公司的经营需要具有全球管理能力的领导者。这些全球人才需要掌握多国语言、了解多种文化、具备全球经营管理技能、拥有丰富的业务经验。但是，这些稀缺的人才往往很难通过招聘或者其他方式获得。对于跨国公司来说，最好的方法就是内部培养和提升。在针对潜在候选人才的培养道路上，外派培训与开发无疑是最重要、最有效的手段。

同样，跨国公司的经营管理往往面临很多复杂的冲突和问题，无法仅仅依靠企业在母国所积累的经验和能力来解决。这就需要企业和员工不断学习，不断吸收不同国家和地区、不同行业、不同部门的文化、知识和经验，从而解决问题，不断提升。这样就形成了一个母国与东道国相互学习、传播知识的系统。外派人员的培训与开发为全球领导和全球学习奠定了基础。

---

* Tung, R. 1982: Selection and training procedures of US, European and Japanese multinationals, California Management Review, 25 (1): 57-71.

实现个人与组织的自我更新

外派人员的培训开发涉及知识技能、文化环境、敏感度等多方面的内容，可以帮助员工了解和认识自身的发展需求，并且在培训中实现自我提升和价值。同时，跨国公司开放的学习系统也会促进员工间的相互竞争和互动，推动公司内部的良好进步，从而最终将企业带入一个良性的新陈代谢的循环中。

外派培训与开发对跨国公司经营管理的意义重大，外派培训与开发一直在跨国公司人力资源管理整个体系中具有特殊的作用，关系着跨国公司的整体竞争实力和长远发展目标。

阅读材料10-2 中兴通讯公司外派员工的个人提升

对于外派员工来说，真正富有魅力的并不是公司提供的丰厚待遇，而是通过在海外的历练和经验积累，使个人能力得到提升。而这也恰恰成为中国公司在海外拓展市场的重要驱动力。很多员工冒着生命危险，因为在战乱和有冲突的国家和地区，员工不得不面对外出办公的工作，比如在巴基斯坦，中国移动等运营商要求中兴和华为在几个月内交付几千个基站，而这些基站遍布平原和山区，工作充满危险和不确定性。

通信设备商相关人士提醒说，虽然有种种保障，但是一些风险仍是需要员工在充满工作斗志之前，要进行考量和注意的。一般而言，公司会安排心理培训、安全培训和当地文化的培训，以及让员工尽量在安全地区找住所。比如在当地治安、环境相对好的区域找房子，甚至靠近当地军队驻扎的区域，可一些风险和问题仍无法避免，这也是除了忍耐远离祖国的孤寂之外，赴外的最大风险。

在中国，30岁左右的员工是被外派到发展中国家的主流。这些可塑性强、工作热情高、好奇心强、知识丰富、对当地文化接受力强的员工不仅在为自己的积蓄进行“原始积累”，他们更看重的是通过在海外的历练和经验积累，使个人业务能力得到提升，为个人的职业发展挖到第一桶金。

中兴通讯巴基斯坦分公司CDMA项目经理秦俊骅就曾被中兴树立为“典型”，他从浙江大学毕业就进入中兴工作，同年被派驻巴基斯坦。由于业绩突出，秦俊骅在巴基斯坦迅速成长为智能网工程师、CDMA核心网工程师，直至带领百人以上团队，完成总价值几亿元人民币的大型项目。

10.3 外派人员工培训开发的流程、内容和方法

外派人员培训开发的流程化管理

传统的外派人员培训开发仅仅从培训的内容和方法着手，狭隘地将外派人员

的培训开发局限在具体实施项目的步骤，往往造成内容或者方法的不适应或低效率，从而导致了外派的失败。实践证明，要使外派人员的培训获得成功，进而对外派产生好的影响，就必须重视外派培训计划的制订，将培训放到系统的培训管理流程的角度来分析，实现外派培训的流程化管理。

1. 外派的阶段与全面培训开发

仅在外派人员赴任前开展短时间的培训活动很难根本性地改善外派人员胜任外派职务所需要的态度、能力和个人特质，所以应当采取阶段性、积累性的培训方式。外派的整个过程可以划分为四个阶段，即计划外派阶段、外派前阶段、外派阶段和回归阶段，如图 10－4 所示。为了“派得出、用得好、回得来”，对外派人员的培训开发应该延伸时间和纬度，覆盖至整个阶段。

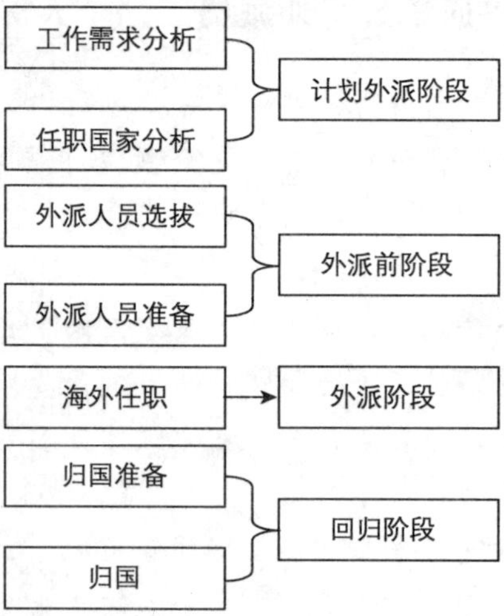

图 10－4　外派各个阶段的主要内容

计划外派阶段。在这一阶段，外派并未真正开始，此时跨国公司往往只是招聘一些公司需要的职位。在跨国公司内部有很多的职位，有些职位根本不可能有外派的潜在机会，比如一般的行政人员，而有些职位的任职者则很有可能被外派，如公司主要产品的市场营销人员。所以，对这些有潜在机会的任职者在他们进入公司之日起就必须开始对他们进行外派培训开发。这个阶段的培训开发主要在于通过确认工作需求和潜在任职国家的分析，增强员工跨国任职所需要的能力，特别是增强他们到国外任职的潜在愿望，激励他们为外派做好准备。为了达到这些目标，最有效的培训和开发方式就是为他们树立“典范”和安排“导师”。第一阶段的培训属于“启蒙”阶段培训，对潜在外派人员的愿望塑造是重点。

外派前阶段。在这一阶段，需要外派的职位开始确认，培训开发发生在员工被告知将被外派开始。这时，对外派员工的培训开发更多地针对有关外派的具体知识和技能等，培训开发活动也将完全按照系统化的流程进行。同时，培训内容还包括任职要求的东道国语言、公司业务情况、管理体系等的全面培训开发，目的在于使外派人员在赴任前完全掌握将来任职岗位所需要的知识和技能。

外派阶段。外派阶段的培训发生在外派员工任职期间。虽然跨国公司往往比较重视第二阶段的培训开发，但对外派人员在东道国的任职期间持续进行培训也非常重要。外派培训的最终目的是确保外派人员能够胜任外派岗位，在外派期间做出很好的成绩，为公司在东道国的存在和发展作出贡献。从这个角度来看，真正考验外派人员和能为外派人员提供的最有效培训应该就是在任职期间的培训。因为只有在任职期间，外派人员才能切身体会到自身知识和技能的缺陷，才能清晰地了解自己的培训需求，对培训的要求是最迫切的也是最有针对性的。这一阶段的培训内容往往和东道国的文化、环境等相关，同时也可能包括对外派人员随行家属的培训和帮助。

回归阶段。回归阶段也称归国阶段，就是外派人员在外派任职期满后回到原国家的过程。跨国公司为了规避风险，留住人才，往往在恰当的时间回遣其外派的员工。然而，由于外派人员在东道国任职期间所适应的文化差异和生活习惯，导致他们回到母国后陌生程度加深，对母国文化的适应性下降，生活条件的变化也带来了很多困扰。这些都对回归人员的非工作适应产生了负面影响。考虑到外派人员回归的高流失率，公司应当为回归人员提供归国培训。培训内容可能包括敏感性培训、组织变革以及处理归国适应的方式等，以帮助外派回归人员及家属克服反文化冲击和在母国的重新定位。

2. 外派人员培训开发的管理流程

从培训管理的角度看，对外派人员的培训与一般的培训管理活动一样也需要严格按照特定的步骤来开展，如图 10－5 所示。

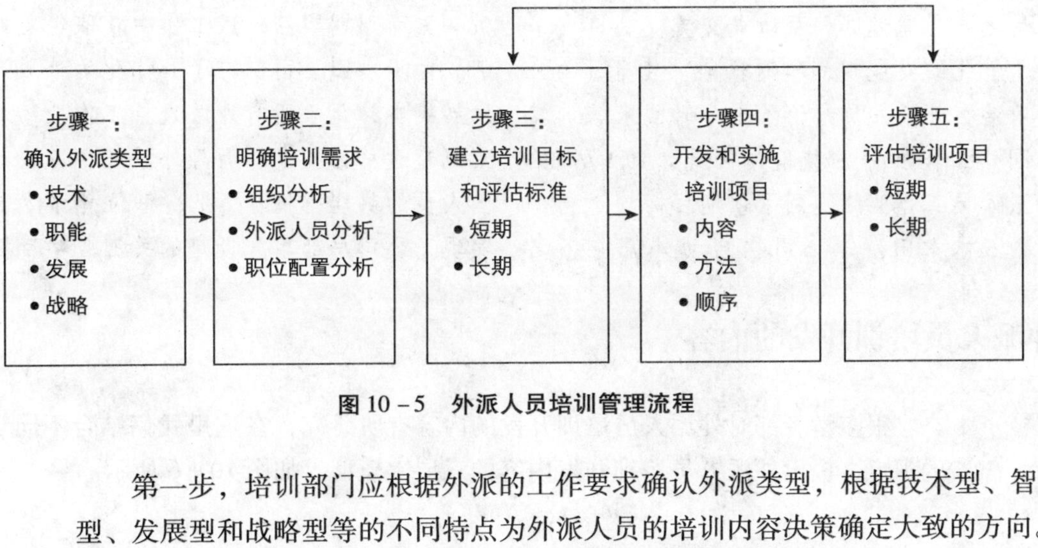

图 10－5　外派人员培训管理流程

第一步，培训部门应根据外派的工作要求确认外派类型，根据技术型、智能型、发展型和战略型等的不同特点为外派人员的培训内容决策确定大致的方向。

第二步，培训部门应对外派人员的培训需求进行分析，这种分析活动需要建立在组织、个人和职位三个层次上。培训的方向包括跨国公司的经营战略、组织结构和企业文化；外派人员的个人背景、技能状况；职位所需求的知识和技能，等等。

第三步，在针对确定的培训需求的基础上，为外派人员通过培训需要实现的认知、情感和行为变化制订基础性的目标，以及相应适用的评估标准，特别是要设立短期和长期的目标，是培训体现更明确的阶段性。

第四步，这一步骤主要关注具体的培训活动。在明确需求的基础上采用有针对性的培训内容，运用多样的培训方法，对培训活动进行详尽的规划。

第五步，对培训效果的评估是外派培训的最后环节。通过运用预先设定的评价标准对外派人员的培训效果进行总结，可以通过例如对比评估方法等方式进行。对评估效果不理想的指标要返回第三步重新制订目标和标准，以达到评估目的。

阅读材料 10－3　韩国 LG 公司和日本本田汽车公司的外派培训开发管理

韩国 LG 公司对国外业务制订了长期发展计划，对各位潜在候选人进行长期考察。考察形式包括设计一份有 100 多个问题的问卷，考察内容涉及外派人员自身业务技术能力、跨文化交流能力、国外工作意愿和环境敏感性，以及外派人员家庭对东道国环境的适应性及跨文化交流能力等。此外，LG 公司雇员还与管理人员讨论特定的训练项目或帮助其在未来的工作中怎样提升优势和克服不足之处。通过这种互动式交流，制订出一份个性化的发展规划和时间表。由于 LG 公司对潜在外派人员给予了充分时间来培训其在国外工作所需的技能，因此，约 97% 的外派人员工作业绩达到了预期目标。

日本本田汽车公司在启动外派业务之前，首先制订明确的战略目标（如发展一种新款的汽车或改善供应商关系等），然后通过调查表及面试等形式来考察、识别各候选人与外派业务相关的综合能力。在外派人员外派任务完成前 9 个月，公司总部即开始考虑外派人员的再安排问题，以寻求与外派人员能力相匹配的职位。同时，还为外派任务完成后回国的人员举行欢迎会暨报告会，一方面对外派人员工作成绩表示尊重和肯定，另一方面则期望从外派工作中获取经验或教训。由于本田公司制订了一体化的外派人员发展战略，几乎所有外派人员工作业绩均达到或超过总部预期，而且外派任务完成后回国人员的离职率低于 5%，每位外派人员都实现了公司总部事先设定的关键战略目标。

外派人员培训开发的内容

很多学者都对外派人员培训开发的内容有所研究，在这里我们结合不同学者的观点，提出外派人员培训开发内容的三层次模型，如图 10－6 所示。

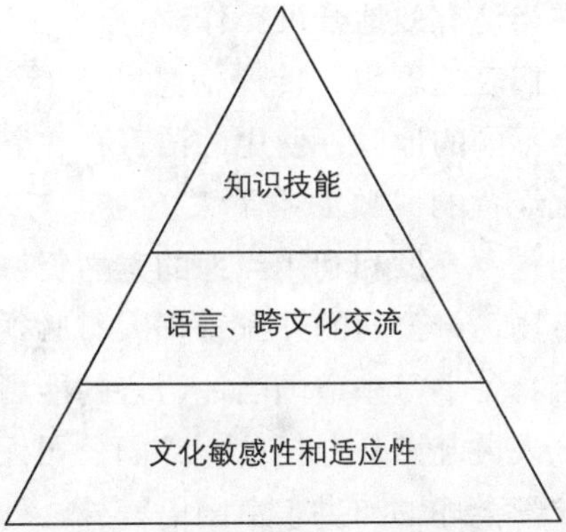

图 10－6　外派人员培训开发内容的三层次模型

1. 文化敏感性和适应性培训

在海外子公司工作的母公司外派管理人员将会遇到因政治经济体制、法律规范和语言文化等的不同所引起的各种经营障碍。为了消除障碍，跨国公司往往对外派人员进行文化敏感性和适应性培训。

文化敏感性和适应性培训的目的是使母公司的管理人员了解他们将赴任国家的文化氛围，充分理解东道国国民的价值观与行为观，迅速地增强对东道国工作和生活环境的适应能力。文化敏感性和适应性培训的内容应包括：对对方民族文化及原组织文化的认识和了解、适应性的培训、跨文化沟通及冲突处理能力的培训、对对方先进的管理方法及经营理念的培训，等等。具体做法包括把具有不同文化背景的员工集中在一起进行专门的文化培训、实地考察、情景对话、角色扮演，以便打破每个人心中的文化障碍和角色束缚。

实践证明，使用整合的文化敏感性和适应性培训能够降低外派员工文化休克的程度，缩短新文化的适应时间。比较完善的文化敏感性训练可以在较大程度上替代实际的国外生活体验，使外派人员在应付不同文化冲击的心理上和手段上做好准备，降低他们在东道国陌生环境中的适应难度，从而避免外派失败。

2. 语言及跨文化交流培训

跨文化交流是指不同文化背景的人们之间的交际。跨文化交流能力在文化适应的过程中起着非常重要的作用。一般来讲，跨文化交流分为三个方面：一是观察事物的过程，包括信念、价值观、态度、世界观及社会组织；二是语言过程，包括语言及思维模式；三是非语言过程，包括非语言行为、时间观念和空间的使用。

首先，要达到有效的沟通，海外人员需要尊重当地的文化和社会习俗。为了改善跨文化交际，减少交际失误，一些研究者提出了文化共情理论，建议跨文化交际者在交际过程中发展共情能力，即设身处地、将心比心、推己及人，以别人的文化准则为标准来解释和评价别人的行为，这样可以增强相互间的理解，建立和谐的工作氛围，在当地有效地开展工作。

其次，语言是人们表达思想、传递信息和进行情感交流的重要工具和手段。由于不同的国家乃至不同的地区，使用的语言存在着很大的差异，因此，语言沟通对跨国公司全球化经营的成败关系重大。为了与东道国的人进行良好的沟通，发现经营中存在的问题，开发和利用当地的人力资源，及开拓公司在东道国的业务活动，占领当地市场，母公司的外派管理人员必须学习并掌握东道国当地的语言。外派管理者是否具备学习东道国当地语言的能力并进而掌握它，攸关其海外经营的成败。在外派人员赴海外上任前，跨国公司无不强化其语言训练。

最后，除了要求学会理解和讲东道国语言外，外派管理人员也需要明了非语言交流上的重大差异。例如对私人空间的需要、眼神接触、身体仪表与姿态、沉默的含义以及接触的合法性等方面的反差。这些因素成为在东道国环境中与他人有效交流的巨大挑战，跨国公司对外派人员进行这方面的培训是十分重要的。

3. 知识技能培训

外派人员但到海外任职要求对产品和技术有全面了解，对国际市场机会有较强的敏感性，并具备国际管理和协调的能力，因而跨国公司通常会在业务、技术及管理能力方面，对外派管理人员进行有针对性的培训，使之能够胜任外派的岗位和工作要求。

阅读材料 10-4　中国路桥集团总公司的外派培训

随着中国改革开放的深入，中国路桥集团总公司逐步发展成了今天的颇具规模的真正意义上的跨国公司，主要投标承建由世界银行、亚洲开发银行等提供援助的公路、桥梁等建设项目，并在非洲、中东以及东南亚等地区设有20多家子公司。该公司外派人员以管理人员为主，也有一部分操作人员。公司在外派前向驻外人员提供广泛的外派培训，培训内容包括业务、语言、文化、政策等。尤其在语言方面，该公司的所有外派人员都要参加为期半年的外语强化训练，主要在北京外国语大学、第二外国语学院和对外经济贸易大学等院校进行正规的培训。公司人事部门还负责对出国人员进行文化教育等。

4. 培训开发内容与外派人员类型的匹配

上述的三个层次中，文化敏感性和适应性是最先应当培训的内容，因为要适应另外一个国家的文化生活、价值观等是很困难的，花费的时间也是最长的；其次是东道国语言的学习；最易于理解和掌握的则是岗位要求的具体知识和技能的学习。因此，三层次模型自下而上是由难到易、由里及表、从内而外的培训与学习。

同时，由于外派人员职责和外派目的的不同，外派人员的培训开发内容也相应有所不同。例如公司外派的技术工人在文化敏感性和适应性方面的学习肯定不如公司外派的高管人员更重要。不同类型的外派人员各自适用的培训内容见表10－9所示。

表10－9

不同类型培训对不同培训者的使用频率

培训内容	技术型	职能型	开发型	战略型
敏感性培训	0%	1%	1%	3%
实地经验	1%	4%	6%	6%
语言培训	24%	36%	59%	60%
文化导向	24%	31%	41%	42%
文化吸收	9%	7%	10%	10%
东道国环境	31%	44%	52%	52%

资料来源：Tung，R. 1984：Selection and Training of Personnel for Overseas Assignments.

外派人员培训开发的方法

随着跨国公司培训需求的不断增长，外派人员培训的方法也是多种多样的。随着人力资源理论和实践的发展，传统的培训方式似乎不能满足外派人员的需求，涌现出了许多新的方法。目前新兴的外派员工培训开发的方法有东道国现实个体培训、网络培训、全球心智模式培训等。

1. 传统的培训开发方法

传统的培训开发方法包括授课、录影、情境模拟等传统手段，培训方法可以根据培训目的分为三个层次。

低层次培训的目的是向受训者提供有关东道国商务和国家文化的背景信息以及公司运营的基本信息，主要采用授课、录像、电影、阅读背景材料等方法。中层次培训的目的是向受训者传授东道国文化的一般和具体知识，以减少民族中心主义，常采用跨文化经验学习、角色扮演模拟、案例研究、语言培训等方法。高层次培训的目的是使受训者能够与东道国的国家文化、商业文化和社会制度和睦共处，常用的方法有到东道国实地旅行、与具有东道国经验的经理座谈、与东道国公民座谈等。

2. 东道国现实培训

东道国的现实培训是指当外派员工到达东道国后进行的跨文化培训，或者是针对外派人员所遇到的突发事件而进行的针对性培训。

前面我们在外派的四个阶段和全面的培训开发一节中提到，多数公司认为外派前的跨文化培训已经提供给外派人员海外工作所需的知识和技能，其实这种想法是错误的。事实上，外派人员到达东道国后进行的跨文化培训可能比外派前的培训更有效。此外，外派人员在东道国不可避免地遇到突发事件，而外派前的培训往往不能涉及所有的原则、规范，或者提供外派人员在东道国遇到突发情况的所有答案。所以，外派人员到达东道国后仍需要更多的教育和培训，以恰当地处理他们遇到的突发事件。但是这种具体的突发问题，无法通过传统的集体培训的方式来满足，因为每个个体的问题肯定是不同的。在这个基础上，现实培训或个人辅导正好能满足一些外派人员的需求，正是这种需要形成了东道国培训的新兴方式，即东道国个体现实培训（Real-time training）。

现实个体培训主要通过下列方式实现对外派人员的辅导。第一，确认外派人员的动机驱使以及发展需要，帮助他们树立明确的发展目标；第二，确认问题标准解决过程的有效性；第三，鼓励外派人员检验他们在工作方面获得的新技术，帮助他们评估这些结果；第四，倾听并赞同或否认外派人员对工作和生活所作的假设是否合理；第五，提高他们对潜在冲突的意识，如工作与家庭不平衡等，并试图解决这些冲突；第六，把外派人员的自我形象和现实生活情况以及他们在将来所取得的成就意识联系起来。

和传统集体培训相比较，现实的个人辅导具有下列特点。

- □ 高度个性化：辅导过程开始于对外派人员技能和态度的评估；
- □ 任务导向性：个人辅导的目的并不是集中在未来是否有用的能力发展上，而是主要给外派人员提供解决目前具体问题的策略；
- □ 保密性：个人辅导看起来尤其适用于高层管理者的个人发展上。

3. 网络培训

多媒体软件。针对外派人员培训的市场需求，已经出现专门针对外派人员的培训软件。

由 Pack Li 公司出品的“衔接文化（Bridging cultures）”软件，主要是为旅行或居住海外的人而设计的自我培训项目，未来要被外派的人员也可以用来自我培训，或者和传统的启程前培训一起使用。其优点在于外派人员的配偶和孩子能通过学习为他们设计的活动而得到培训，而此类家庭培训通常在公司外派培训中被忽视。虽然它还不能代替传统的培训课现实的培训，但在外派人员及其家人的跨文化培训上是一个很好的工具。

另一种由 Trompenars Hampden-Turner 出品的“文化指南（Culture compass）”软件，它是根据各国风俗习惯而设计的互动式学习工具，对经常处理不同文化的商业旅行者、外派人员与具体国家的互动培训中具有引导作用。因此，在外派培训中，“文化指南”软件可以用来解释独特的跨文化问题。

基于互联网的培训。互联网培训有内部网和外部网之分。

内部局域网方面，许多跨国公司都设有技能开发系统，如 IBM、LG、索尼和尼康等，外派人员在工作中发现自己的技能需要提升时，可以申请学习。此外，一些跨国公司设有内部网络学校（如IBM和英特尔），全球范围内的外派人员都可以利用这所网络学校来进行有计划的学习。

同时，随着外部互联网兴起，MSN、博客等新兴网络手段被应用到外派人员培训中。互联网的好处在于能让外派人员获得各种免费信息。目前比较有价值的自我培训的互联网领域是富有经验的外派经理们自己建立的博客。这些博客通过记载外派经理的外派经历和体验，为即将外派的员工搭建了一个沟通平台，成为外派人员培训与学习的重要渠道。

4. 全球心智模式培训

全球心智模式培训的根本目的是拓宽个体的思路，以便超越过去那种本地区的狭隘眼界，从而形成一个可以包容全世界的心理图式。尽管这种培训常集中在管理者身上，事实上对普通员工也同样具有可适性。全球心智模式的培训有下列三种主要方式。

利用公司回归人员的作用。回归人员是指在外派到期后，从东道国返回公司总部的管理者或员工。由于这些人员一般具有较好的全球性视野、丰富的海外市场经验和良好的外语能力，对公司形成全球心智模式具有重要的指导作用。

在运用回归人员经验时，公司人力资源部门可以定期组织研讨会。在研讨会中，这些回归人员可以给公司那些即将外派的管理者和他们的家庭传授海外生活的经验和实践。所以，从理论和实践上看，这种形式的研讨会至少有两方面的优点。第一，给国际外派的候选人提供在标准的跨文化培训中很难提供的内容，如国外分支机构关键人物的角色、配偶的工作机会等。第二，给国际外派管理者和他们家庭提供一定的见解和态度，如有较强的自我依赖性。这种方法同样适用于从未出国的员工形成全球意识思维。通过回归人员有组织地给母公司同事和下属传授他们的跨文化技能、经验和洞察力，公司就会形成“全球性思考，本地行动”的企业文化。

海外实地实习。由于国际派遣费用通常太高，以至于在一些公司中这种方式仅限于一部分执行官和有潜力的员工，对那些一般的员工，培训他们的全球心智模式，短期实地实习是一种良好的途径。

实地实习的核心思想是把员工置于本国亚文化圈一段时间，时间的长短应适可而止，既能保证员工学到当地人们的行为方式，又不至于让宝贵的时间从工作中损失。一般来说可设计为期一周的跨文化实地实习。这种方法本身具有模拟性，能使涉及此培训的员工在一定程度上“沉浸于国外的文化”，而他们必须在陌生的环境中有效整合不同的社会系统和功能，处理文化多样性，因此能帮助员工形成所谓的全球性领导技能，如减少主观偏见、拓宽视野和提高人际交往技能。

评价中心技术的运用。评价中心能够给管理者提供海外派遣的态度信息、确立企业全球导向的企业文化、形成企业员工的全球性心智模式。近年来，人们设计了特殊的评价中心技术应用在国际商业派遣中，国际人才评估中心（Intercultural Assessment Center，简称 IAC）就是其一，其方法是运用许多跨文化角色扮演、案例研究、小组讨论和国际谈判模拟来测量候选人对不确定的容忍度、目标导向、交际能力和元沟通技能等，以此来评估外派候选人的多文化胜任能力。

目前，一些欧洲跨国公司已经开始采用此类评价中心方法作为公司跨国管理项目的一部分，如 Daimler Chrysler Aerospace 两年一次的国家评价中心技术用来选拔和培训海外派遣的候选人。在国内有良好业绩且具有潜力的年轻管理者由他们的上级提名参加这个项目。参加评价中心评估后，候选人收到关于他们自身国际派遣上的优势和缺点的详细反馈，根据反馈，人力资源部门制订具体培训项目以符合这些管理者的具体需要。候选人再次要求参加为期 18 个月的管理培训项目，包括跨文化沟通、自我意识培训和国外项目分配等。培训项目后，候选人参加第二轮的国际评价中心来评估他们的学习过程，那些在该过程中胜出的管理者将指派为公司海外公司主要位置的候选人。这种两年一次的国际评价中心技术能给参加评价中心的人员提供全球下的视角。当公司越来越多的管理者参加这样的评价中心技术时，一个真正的国际导向的企业文化也就形成了。

以上几种培训开发方法的比较如表 10－10 所示。

表 10－10

培训开发方法比较

<table>
<tr><th colspan="2">培训方式</th><th>培训内容</th><th>培训方法</th><th>时间</th><th>强度</th><th>目的</th><th>实现途径</th></tr>
<tr><td rowspan="2">传统培训方法</td><td>知识提供</td><td>东道国的文化和相关知识、跨文化理论课程等</td><td>授课、电影、录像、阅读背景资料等</td><td>不超过一周</td><td>较低</td><td>提供有关东道国商业和国家文化的背景信息，以及有关公司经营情况等</td><td rowspan="3">自我训练、顾问帮助等</td></tr>
<tr><td>情感训练</td><td>文化模拟培训、压力管理培训、文化间的学习训练、强化外语训练等</td><td>案例分析、角色扮演、跨文化情景模拟等</td><td>1～4周</td><td>中等</td><td>培养有关东道国文化的一般知识和具体知识，减少民族中心主义</td></tr>
<tr><td rowspan="3">新兴培训方法</td><td>东道国个体现实培训</td><td>跨文化能力评估分析、文化敏感能力等</td><td>实地练习、与东道国有经验经理会谈等</td><td>1～2月</td><td>较高</td><td>能与东道国国家文化、商业文化和社会制度和睦相处</td></tr>
<tr><td>全球心智模式</td><td>跨文化技能、经验和洞察力等</td><td>管理者向同事和下属传授</td><td>1～2年</td><td>较高</td><td>形成“全球性思考，本地化行动”的企业文化</td><td>回派人员、海外实习基地、评价中心等</td></tr>
<tr><td>网络模式</td><td>跨文化、敏感性、外派信息资源等</td><td>多媒体软件和互联网技术</td><td>长期</td><td>中等</td><td>提高个人及家属的海外适应能力</td><td>软件、网络</td></tr>
</table>

10.4　外派人员培训开发的效果评估

在上一节中我们探讨了外派人员培训开发的流程、主要内容及方法。在实施了这些培训开发项目之后，有人会问：针对文化的培训真的有用吗？怎么才可以改善下次的培训开发呢？这些答案都将在这一节的讲述中得到解答。通过对培训开发效果的评估，跨国公司能够从各种渠道收集信息，了解外派人员行为的改变，从而改善培训内容和方法，提高外派人员的业绩和外派任务的成功。

评估的框架——柯氏四级培训评估模式

在评估培训效果方面，当前对培训评估进行系统总结的模型占主导地位的仍然是柯氏模式的四层次模型。柯氏模式不仅要求观察学员的反应和检查学员的学习结果，而且强调衡量培训前后的表现和公司经营业绩的变化。

在对外派人员的培训开发进行效果评价时，可以将柯氏模式和外派人员的特点进行结合，从而在理论基础上更具有针对性。

1. 反应评估

对外派人员的反应评估应该在他们接受相关的外派培训后进行。虽然一个好的反应并不意味着外派任务的成功，但有其重要的意义。首先，如果外派人员的积极性和热情不高，那么在今后外派任务上的态度也不会十分用心；其次，他们的反应可以作为今后培训项目的改进建议；再次，反应评估得到的结果简单易懂并且可以量化，是培训者在今后的培训中的有力数据；最后，学员反应可以为培训者提供更合理的培训标准，以此来指导以后的培训设计。

2. 学习评估

我们可以为外派人员设计这样的问题："你学到的知识有哪些？学习中你有哪些态度和价值观的转变？"对于学习效果评估的重要性在于，没有哪些行为的改变或者业绩的提高不是以学习目标的达成为前提的。作为外派人员的培训开发，学习效果评估最多的应用在于对跨文化知识的学习。评估要求了解外派人员对东道国的文化和相关知识是否掌握。同时通过评估培训者也能发现学习内容及方法等设计的缺陷，从而改进以后的培训。

3. 行为评估

对于外派人员来说，前两项培训评估是远远不够的。对于行为的评估才是外派培训开发效果评估的关键。外派人员在东道国任职期间的行为变化比好的培训态度和学习成绩更能说明培训开发的现实效用。然而，培训开发带来的外派人员的行为变化是难于测量和评估的，这就要求我们采用多角度的反馈机制，来全面评价外派人员在东道国任职时的真实情况。

4. 成果评估

对外派人员的成果考察可以包括客户满意度、产出能力、停留期限和利润等指标。成果评估是对外派人员培训开发效果考察的终极指标和真实检验。

上述四层次的评估，可以总结如表 10－11 所示。

表 10－11

柯氏四级培训评估模式

评估级别	主要内容	可询问的问题	衡量方法
一级评估： 反应层评估	观察学员的反应	受训者对该培训课程感兴趣吗？ 该课程对自身是否有用？ 对培训师的培训有何意见？ 对培训设施等有何意见？ 课堂反应是否积极主动？	问卷形式（评估调查表） 座谈形式 培训现场观察
二级评估： 学习层评估	检查学员的学习结果	受训者对主要培训内容的掌握与理解怎样？ 培训前后受训者观念、知识及技能方面有多大程度的提高？	笔试 访谈 绩效考试 案例分析
三级评估： 行为层评估	衡量培训前后的工作表现	受训者在学习的基础上有没有改变行为？ 受训者在工作中是否用到培训所学到的知识？	由培训部门进行绩效考核 测试 观察
四级评估： 成果层评估	衡量公司经营业绩的变化	行为的改变对组织的影响是不是积极的？ 组织是否因为培训而经营的更好？ 考察事故率、生产率、流动率、质量、员工士气以及企业对客户的服务	

评估的方法——360 度评估法

1. 360 度评估法的理论基础

前面我们已经提到，对外派人员行为层面的评估十分重要，但是测量起来难度较大。我们在这里引入了 360 度评估法来评价外派人员的培训开发效果特别是他们的行为变化。360 度，顾名思义，就是全方位、多角度地对培训开发的效果进行评估，而不同于自上而下，由上级主管评定下属的传统方式。在此模式中，评价者不仅仅是被评价者的上级主管，还可以包括其他与之有密切接触的人员，比如同事、下属、客户等，同时包括管理者的自评。也就是说，它是从不同层面的群体中收集评价信息的。其评价结果会反馈给被评价者，一方面，这将促使管理者自身全面地认识自己，为员工的个人发展（如培训计划的制订）提供信息，促使其提高管理技能和工作业绩，改善团队工作；另一方面，对于整个企业来说，它可以增进绩效评价的效果，激励员工对组织变革的参与，提高培训效益和员工满意度，建立新型的企业文化，促进企业的发展。

目前几乎所有的“财富500强”企业，包括GE、宝洁、惠普、3M、北方电讯、杜邦、摩托罗拉、IBM和福特等公司，都已采用360度评估和反馈工具（Yammarino & Atwater, 1997）。事实上，360度工具的流行并不限于大公司。据一项对美国企业较大规模的调查显示，65%以上的公司在2000年采用了这种多面评估的评定体系，比1995年的调查结果40%上升了许多。

360度评估反馈的价值主要包括两个方面。第一，在工作内容日益复杂的今天，传统的上级评价的方法已经远远不能满足对员工的评价，360度评估法可以帮助人们提高对自我的洞察力，更加清楚自己的强项和需要改进的地方，进而制订下一步的能力发展计划（Tornow, 1993）。第二，360度评估法可以激励人们不断改进自己的行为，尤其是当360度评估和反馈与个人发展计划的制订结合起来时效果更明显。360度方法正是将这种差距明确地呈现给受评人，促进个人的自我觉察（Self-Awareness），从而激发起他们积极向上的动力（Tornow, London & CCL Associates, 1998）。

公司在实施360度评估反馈时，通常分为如下几个阶段：内部沟通、确定素质能力模型、设计问卷、360评估技巧培训与实施、反馈与辅导等，显然，任何一个流程都是必不可少的部分，最终的成功取决于整个管理流程的执行与实施。

2. 360度评估法的实施

针对外派人员的360度评估法主要包括六方面的评估内容：技术能力、管理技巧、社交能力、领导有效性、自我效能和文化契合度。

技术能力。外派人员的技术能力评价将由他的上级管理者、同事和下属来衡量。问题包括：“这个员工能够回答我的问题”或者“这个员工是有技术能力的”。

管理技巧。外派人员的上级管理者、同事和下属等将评价他们解决特定问题的能力和对跨国公司总体目标的贡献度。这一层面的评估还包括计划工作、协调工作、配置资源、创新、控制和执行能力进行评估。考察的重点是那些传统的管理职责和技能。可能提出的问题包括：“通过计划和协调实现资源的良好配置从而达成有效的工作流程”。

社交能力。外派人员的评估者们将评价他们与他人良好相处和一起工作的能力，主要有外派人员给予他人的倾听、表扬和反馈的能力，并对他人关心和富有同情心。可能提出的问题包括：“倾听我的想法和问题”，“对那些有贡献的员工表示认同和赞扬”，“向我提供详尽的信息和反馈”，等等。

领导有效性。在这个方面，外派人员的上级管理者、同事和下属等将评价他们领导和通过他人完成工作任务的意识和自信心。可能提出的问题包括："喜欢领导和通过他人完成任务"或者"对领导他人很有信心"。针对有效性的评价可以让评价者打分得出，例如"总体而言，这个员工在目前的职位工作很有效"、"这个员工忠诚于公司"等。

自我效能。以上四个维度的评估是360度评估工具的传统内容。最后两个维度，即自我效能和文化契合度是针对外派人员的培训开发评估的特点提出的，在评估外派人员的行为和成果层面具有独特的作用。

自我效能理论是社会学习理论的创始人班杜拉（Albert Bandura）从社会学习的观点出发，在1982年提出的，主要用以解释在特殊情景下动机产生的原因，如图10－7所示。自我效能感是个人对自己完成某方面工作能力的主观评估。评估的结果如何，将直接影响到一个人的行为动机。

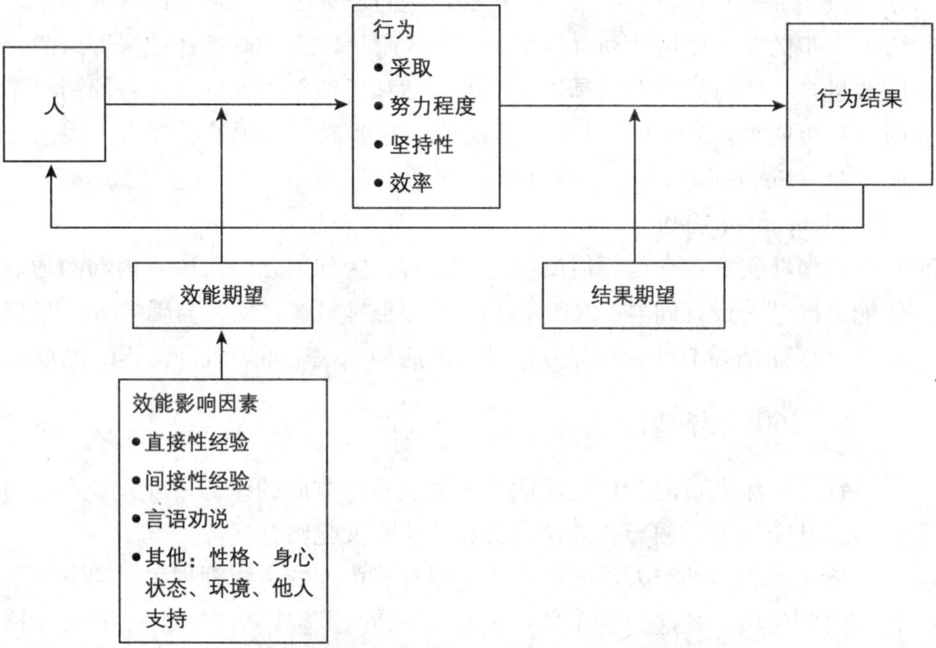

图10－7 班杜拉自我效能理论示意图

在这里，我们将自我效能理论引入到对外派人员的评估中是因为它能更好地评价外派人员的行为变化和成果评估。自我效能感高的人，常常倾向于选择适合于自己能力水平又富有挑战性的任务；而自我效能感低的人却恰恰相反。一个人在某一方面的自我效能感越强，预测到的成功可能性越大，他就越会努力尝试去从事这些方面的活动，新行为持续的时间也越长，同时，成功的结果会正面强化这种行为；反之，人们就会逃避那些自己认为不能胜任的活动，行为的坚持性也就越差，与此同时，后果的负面效果会进一步影响人们的行为。这是因为，态度是人们对事物所持的一种肯定或否定的心理倾向。作为实施行为的心理准备状态，它支配着人们在实施行为过程中的记忆、判断、思考与选择。自我效能感高的人，常常把失败归因于自己努力不够；而自我效能感低的人，却往往将失败归因于自己能力不足、天资不够。

自我效能维度可以提出的问题包括："遇到阻碍或问题时是否坚持"以及"对完成工作任务是否信心满满"等。这些问题不但可以从外派人员的上下级及同事的角度感知该人员的自信心，也能够考察外派人员本身在异国他乡任职的自信心、努力程度和坚持不懈。通过对比外派人员及其工作相关者给予打分的差异性，我们就可以得出该名外派人员是否需要通过成功经验、模型和反馈等获得更多的自信心，从而提高其任务效能和工作业绩。

文化契合度。外派人员是否能够融入东道国的文化氛围是文化契合度层面需要考察和评估的主要内容。可能提出的问题包括："我很高兴邀请他来我家里吃晚餐"或者"这个员工了解我们的风俗习惯"等。

文化契合度的评估对于外派人员的外派任务能否成功、停留时间的长短十分必要。外派人员文化契合度评估的数据揭示了他们在母国受到的培训是否有用，应当给予充分重视。

评估结果的应用

培训开发效果评估的结果会为公司制订指导课程提供数据支持。指导课程首先应该解释六个维度的测评结果，并总结为表格的形式。更形象的方式是以这些数据形成一张雷达图，如图 10－8 所示。

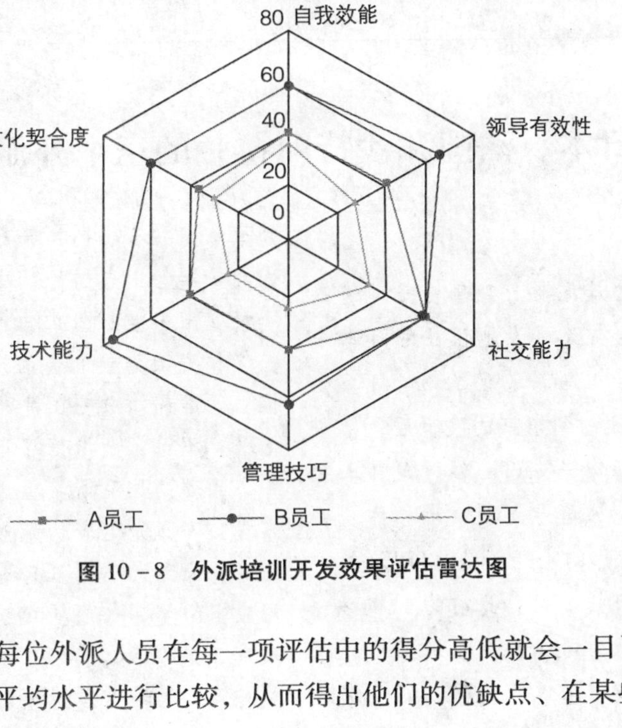

图 10－8　外派培训开发效果评估雷达图

于是，每位外派人员在每一项评估中的得分高低就会一目了然。同时，还可以与总体的平均水平进行比较，从而得出他们的优缺点、在某些方面亟待培训和提高，等等。

公司的培训开发部门也可以针对被评估者某一个问题的回答进行更为细致的研究，找出真实的情况，并告知被评估者。例如，一位外派人员在“社交能力”上的得分较低，可能只是因为他待人处事的一个很小的错失。

评估结果的主观和客观性并存，这就要求培训开发部门将客观的结果作为主要考虑的因素而将主观的结果作为辅助性的因素，从而提高评估结果的客观性、公正性。

本章小结

随着全球经济一体化程度的加深和跨国公司的日益增多，跨国公司在全球经济中扮演着越来越重要的角色。与此同时，有越来越多的外派人员被派往国外工作。有关国际人力资源管理的研究一直关注国际外派问题。本章主要介绍了外派人员培训开发的管理流程、具体内容和方法，最后针对培训开发效果的评估介绍了两种比较有效的模式。

复习思考题

1. 什么是外派人员？外派人员培训开发有何意义？
2. 外派人员培训开发的内容是什么？
3. 外派人员培训开发的方法有哪些？
4. 如何评估外派人员培训开发的效果？

案例分析

在日本、法国和沙特阿拉伯的三个外派个案

材料 1

来自纽约长岛的丹尼斯·查普曼是地道的美国人。此时，她坐在公司为她租住的日本东京的小公寓的木椅子上深深地叹了一口气。在经历了13个小时从纽约到东京的飞行后，她即将在这里开始新的工作——ATK公司在日本的市场营销经理。ATK公司专门从事半导体、手机和汽车电子存储芯片的生产，是ATK北美和ATK日本合资的高科技公司。此前的12年来，丹尼斯都在纽约的总公司兢兢业业地工作，这次升职是对她以往杰出工作的奖励。不过此时她根本高兴不起来。明天将是她工作的第一天，内容是早上9点向她的老板业务发展部副总裁小泉安田先生汇报工作。

和安田先生的会面还是让丹尼斯略有一些担心，谁都知道安田先生的个人操守和极高的标准。不过，她做好了迎接挑战的准备。只有一个问题：丹尼斯希望她可以找到一些礼貌的方式向安田先生表达她对目前居住的公寓的不满——公寓太小而且只有一个壁橱。她觉得公司应当给她一个更大的公寓。毕竟，她还要在东京工作两年。

第二天早上丹尼斯因为时差睡过了头，不

得不急急忙忙地准备，她还给安田先生打电话留言说要迟一点到。上班的第一天她精心打扮了一番，穿上了黑色拉夫·劳伦的职业套装和黑色高跟鞋。穿衣服的时候，她发现自己的衬衫皱得厉害，于是拿出熨斗熨了一下。丹尼斯离开公寓打车去公司时已经是10点30分了。

上午11点丹尼斯走进了安田先生的办公室，她微笑着向安田先生伸出右手。安田先生微微鞠躬，有力地和她握手并请她坐下。丹尼斯本想为她的迟到说一些抱歉的话，没想到安田先生立刻因为没有给她倒茶或咖啡而表示歉意，并关心地询问她长途飞行的情况。他用流利的英语说到："请叫我小泉，我可以称呼你丹尼斯吗?"然后，他开始谈论工作，解释公司目前面临的预算限制，并询问丹尼斯的长期目标是什么，以及她打算如何实现这些目标。丹尼斯并没有预料到如此多的质疑，但她都清楚真诚地回答了。

一个小时过去了，丹尼斯和安田先生闲聊却认真地探讨着公司的目标。丹尼斯终于等到合适的时机提到她想换一个好一些的公寓。最后，她说："安田先生，我想公司能否帮我找到一个更大的公寓？现在的这个太小了。毕竟，我还要在这里生活两年，而且我也算是个高管吧。"安田先生的眼睛转向窗外，他透过牙缝吸了一口气，好几分钟都没有说话。丹尼斯觉得沉寂的气氛让她很不舒服。最后他才回答说："是的，是的，的确，但很难，你知道。"丹尼斯觉得他的回答很模棱两可，但她还是回应说："感谢您对我的帮助，小泉。""是的，是的，我会帮你看一看的。"安田先生说着，从他办公桌上的小盒子里拿出他的名片，并用双手交给丹尼斯。丹尼斯看也没看就很快把名片放进了她的钱包，在公文包里翻找了一阵自己的名片后才想起来名片还没来得及印制。安田先生微笑了一下，然后话题又重新回到了预算上面。

最后，安田先生站起来，说与丹尼斯的交谈很愉快，并期待她未来在业务上的表现。这时，他从书桌的抽屉里拿出一个包装精美的长方形盒子交给了丹尼斯。"您愿意从大洋彼岸来到我们公司工作是我的荣幸，请接受我的小小敬意，我相信我们将来的合作会非常成功。"

虽然感到有些吃惊，丹尼斯还是慢慢打开了包装。盒子里面有4个雕刻精致的象牙雕像。丹尼斯意识到这是一个很贵重的礼物，更糟糕的是，她没有准备礼物回赠给安田先生。虽然有人曾跟她提过在日本经商赠送礼物的重要性，但她一直认为应当是在双方一起工作一段时间以后而不是在工作关系刚刚建立的时候。她很尴尬，除了感谢不知道说什么好。想到刚进办公室的时候安田先生的鞠躬，她转向安田先生深深地鞠了一躬。

安田先生没有鞠躬，他只是伸出了手，再次和丹尼斯握手，眼睛还盯着挂在墙上的书法，他也没有再说一句话。"嗯，嗯，再次感谢。"丹尼斯说，走的时候觉得和安田先生的这次会面别扭极了。丹尼斯决定给纽约办事处负责培训的经理打电话。她觉得之前为了应对这次外派参加的两天培训是远远不够的。新的环境充满了模糊和紧张，使她完全无法适应。也许她应该看看培训经理提及的那些关于日本的书籍，如何沟通和做生意。在这些方面她根本是个外行。考虑到这是她的第一个外派任务，丹尼斯觉得她必须排除时差的干扰，在明天上班之前尽量多读一些这方面的书籍。

材料2

迪斯尼公司曾于1993年从几名候选人中选拔出副总裁斯蒂芬·伯克到法国发展主题公园。伯克过去一直在迪斯尼服务，由于工作努力和业绩突出，短短几年内就从一线人员被迅速提升为公司副总裁，其配偶则在另外一家公司拥有一份比较满意的工作，但他们都没有国外工作的经历。

伯克接受外派任务后，与家人来到法国。他凭借其在母国企业形成的心智"地图"开始雄心勃勃地构造新业务和制定规章制度。比如，规定主题公园内禁止卖酒，游人也不能携带酒进入园内；不办理游园预订服务；不设立游园导游等。然而，主题公园自营业以来，实践效果并不理想，游客人数远远没有达到预设目标，当地居民甚至对欧洲迪斯尼主题公园的诸多规章制度表示出公然对抗，致使公司处于亏损状态。与此同时伯克的配偶对当地文化、习俗等新环境也表现出较大的不适应。

然而过去一直表现出色的伯克却不以为然。他仍然运用其在母国形成的个性张扬、强悍风格来处理公司在法国的业务，结果导致公司业绩急转直下。更为严重的是，伯克竟然不愿也不能改变其固有的做事风格。最终，他被公司总部提前遣返回国。

几年后，伯克才逐渐明白，其所制定的一系列在美国本土运行有效的规定，比如禁止在主题公园内卖酒及游客不得携带酒进入主题公园等，之所以遭遇到东道国国民的强烈反感，主要是由母国与东道国文化和生活习俗方面的差异造成的。此外，法国人比北美人更加偏好一揽子式度假服务方式，而缺乏包价旅游承办商将给法国人休闲度假带来极大的不方便。

材料3

欧洲某家电子公司一位资深工程师被总部外派到沙特阿拉伯工作4年。其间，他掌握了流利的阿拉伯语，获得了新的技术能力，并在当地结交了重要的业务伙伴。但是，当他完成任务返回母国企业后，感觉非常震惊，因为经常受到诸如“在沙特阿拉伯的做事方式与在总部是不一样的，是行不通的”这样的责备。更为严重的是，他在将近9个月后才被安排到一个相对固定的岗位，且比他在外派期间的权力小得多。结果，他离开这家公司并在几个月后加入了公司的竞争对手企业。

资料来源：改编自杨林．跨国公司如何克服人员外派失败［J］．中国人力资源开发，2004（11）：70－73.

【案例问题】

1. 丹尼斯在日本的第一天工作遇到了哪些问题？哪些因素导致了丹尼斯与安田先生的沟通障碍？如果你是丹尼斯你将怎么做？

2. 你认为外派人员应该如何作好在外国工作的准备？

3. 公司应当如何对待回归的外派人员？你有哪些好的建议和措施？

第 11 章

企业大学

【学习目标】

- 掌握企业大学的概念
- 了解企业大学的重要意义
- 了解企业大学发展及其战略功能
- 掌握如何建立企业大学
- 了解国内外企业大学的成功案例

【关键概念】

企业大学的概念
企业大学的起源
企业大学的战略意义

引导案例：玛氏大学

全球最佳企业大学之一的玛氏大学（Mars University）在2004年成立之际，正处于这家全球最大的糖果和宠物食品企业由家族式管理向外部职业经理人管理的过渡过程中，企业大学的设立希望能支持企业的区域扩张及分散化管理，帮助企业传递核心价值观（玛氏的五项准则：质量、责任、互惠、效率、自主），更好地帮助企业培养世界上最优秀的人才。玛氏认为人力资源是一个公司参与市场竞争最重要的战略资源，只有一流的人才才能做别人不能做的事，才能做出一流的业绩。

玛氏大学一开始就定位于服务企业内部员工的学习与成长，并希望能覆盖到玛氏内部所有的员工。玛氏大学的设立获得了玛氏全球CEO Paul Michaels的大力推动，他亲自担任玛氏大学的首任校长。玛氏大学也设立由公司高层和外部顾问共同组成的大学管理委员会，定期对于大学的发展方向、运作重点和企业未来的能力需求进行讨论、指导和管理。玛氏大学帮助公司大力发展本地化人才，并给予其最大的责任。这样的培训体系，保证了玛氏公司能够满足各地不同消费者的独特需求，在每个市场上都取得成功。自2006年开始在美国和全球市场份额全面增长，到2009年底，公司全球年销售额超过140亿美元，全球员工总数30000名，产品行销100多个国家和地区。

11.1 企业大学概述

企业大学的定义

企业大学（Corporate University）又称公司大学，是指由企业出资，一般以企业高级管理人员、一流的高校教授及专业培训师为师资，通过实战模拟、案例研讨、互动教学等实效性培训开发手段，以培养企业内部中、高级管理人才和企业供销合作者为目的，满足人们终身学习需要的一种新型教育、培训体系。

企业大学是比较完美的人力资源培训开发体系，是有效的学习型组织实现手段，更是公司规模与实力的有力证明。

企业大学的起源

1. 国外企业大学的发展历史

一般认为，通用电气在1956年建立的克劳顿培训中心（即现在的韦尔奇领导力发展中心）标志着企业大学的诞生。事实上早在1927年，通用汽车即创办了通用汽车技术和管理学院（GM学院），试图将培训和学习带到工作中来，这个时间可以作为企业大学的发源时间。

在企业大学出现以前，传统的企业培训主要集中在员工的技能普及方面，企业大学的成立掀开了企业管理培训的序幕。在美国，1988—1998年，企业大学数量由400家猛增到1600家，到了2003年已超过2000家，2010年全球企业大学的数量达到3700家。财富500强的大部分企业都建立了自己的企业大学，如GE克劳顿学院、IBM中国渠道大学、西门子管理学院、摩托罗拉大学、惠普商学院、麦当劳大学等。可以预测，不远的将来企业大学的数量甚至会超越传统的大学，成为未来成年职场教育以及终身学习的主流。

国外企业大学的发展经历了三个阶段。

第一阶段（20世纪20—70年代），传统的培训体制发生了改变，“企业大学”这一术语在20世纪50年代由迪斯尼公司首先采用，并逐渐被人们所接受。

第二阶段（20世纪80年代至20世纪末），摩托罗拉大学成立后，企业大学有了全新的功能和形式，它的成功运作，在全世界范围内引起了企业大学建立的高潮。

第三阶段（21世纪初期至今）21世纪初，企业的培训对象开始进一步对外扩展。2001年，惠普应客户和合作伙伴的培训需求成立了惠普商学院，很快，客户面就扩大到了整个社会。2002年，摩托罗拉大学完成了从企业内部培训为主到内外兼顾的整个价值链培训的转型，成了真正意义上的“综合性企业大学”。企业大学在企业结构中发挥的作用越来越重要。

2. 国内企业大学的发展历史

1993年，摩托罗拉中国区大学正式成立，最早给中国带来“企业大学”这一全新的企业管理培训理念和形式。1999年海尔大学的建立掀起了中国企业建立企业大学的浪潮，到2009年，国内企业大学已超过百所。有些企业大学初具规模，有些尚在摸索阶段，运作形式也是各种多样，并没有统一标准。表11－1列举出了部分国内企业大学。

表11－1

部分国内企业大学一览表

成立时间	大学名称	所属企业	所在地
1993年	春兰学院	春兰集团	江苏泰州
1998年	海信学院	海信集团	山东青岛
1999年	海尔大学	海尔集团	山东青岛
2000年	金大地企业商学院	金大地复合肥有限公司	北京（中国人民大学）
2000年	新希望商学院	四川新希望集团	四川
2000年	完达山企业商学院	完达山公司	黑龙江
2000年	联想HR培训中心	联想集团	北京
2000年	TCL集团培训学院	TCL集团	广东惠州
2000年	康佳学院	康佳集团	广东惠州

（续表）

成立时间	大学名称	所属企业	所在地
2001年	伊利商学院	伊利集团	北京（中国人民大学）
2001年	威克多企业商学院	威克多公司	北京
2001年	平安大学	平安集团	广东深圳
2002年	金蝶大学	金蝶国际软件集团	广东深圳
2002年	保诚大学	英国保诚集团亚洲总部	上海
2002年	首旅学院	首旅集团	北京
2003年	中兴通讯学院	中兴通讯集团	广东深圳
2003年	蒙牛商学院	蒙牛集团	北京
2003年	中宏保险大学	中宏保险公司	上海
2004年	创维学院	创维学院	广东深圳
2004年	阿里学院	阿里巴巴公司	浙江杭州
2004年	王老吉商学院	王老吉药业股份有限公司	广东广州
2005年	国美管理学院	国美集团	北京
2005年	华为大学	华为技术有限公司	深圳
2006年	王府井商学院	王府井集团	北京
2006年	美的学院	美的集团	广东佛山
2006年	奥康大学	奥康鞋业公司	浙江温州
2007年	蒙自源管理学院	蒙自源公司	广东东莞
2008年	青岛啤酒管理学院	青岛啤酒股份有限公司	山东青岛
2008年	汇丰商学院	汇丰银行	深圳
2008年	华夏大学商学院	华夏人寿保险股份有限公司	北京

企业大学的意义

企业大学的意义，包括以下四个方面。

1. 支持企业战略

企业大学是企业将培训开发工作提升到战略高度来建设的，企业的能力战略也正是通过企业大学这个有效载体来落地的。

能力战略就像是为企业战略落地保驾护航的两翼，从战略目标、业务增长方式、业务赢利模式、业务市场推广策略、战略举措、资源配置，都需要企业能力和员工能力作为动力引擎。没有能力战略，企业战略的落实就是纸上谈兵；没有能力战略，企业战略的实现就是空中楼阁。通过企业大学这个平台，企业战略分解到了培训开发课程体系中，如淙淙流水般灌入作为培训开发对象的各级管理者和员工的头脑，继而形成强大的推动战略落地的力量，确保各项战略举措和资源配置的行之有效。

企业大学从某种意义上讲，就是企业战略管理中心的一个延伸，它如同一条跑道，跑得快的企业，其人才战略、管理战略、成本控制战略等一系列的战略也必须跟得上它发展的脚步。作为企业发展战略系统中的一部分，企业大学在一定程度上完善和支持着企业前进中的各种支持后备力量的补给，或者相关资源的扩展。当然，各企业大学由于定位各异，各自策略的侧重点也是不同的。如，摩托罗拉大学素以公司变革的推动者而闻名，联想学院则是建立在与合作伙伴长期共同成长的基础之上的。

2. 提升企业综合能力

企业大学已经变成了企业用来整合战略资源的工具，它与市场策略、品牌、文化等结合得更为紧密。它应该是能根据客户的需求，为所有的客户、供应商和合作伙伴提供完整的解决方案，以此进一步巩固与它们的合作关系，增强客户忠诚度，在更深层次上进行市场营销，进一步占领市场。

3. 企业宣传窗口

企业大学成为企业文化建设的有效平台，从某种意义上讲，企业大学就是企业文化建设的一个“道场”。在这里，面向内部不同层级的员工可以进一步宣传贯彻企业所倡导的价值观、理念以及行为规范；面向外部，也可以向企业的供应链合作伙伴传递企业的市场原则、做事理念和规范。

4. 巩固人力资源体系

企业大学来源于人力资源管理职能中的培训，但高于培训。这其中一个主要的区别是对于人才的管理理念，企业大学将人才看做是人力资本，而不是人力资源或者人力成本，即企业大学的投入越多，人才增值会给予更多的回报。对企业而言，企业大学是对人力资源这一核心资源进行开发的投入。较之其他投入，这种投入更能给企业带来丰厚的回报，其效益是巨大的，且具有综合性、长远性。

企业大学的内涵是对员工潜在能力的开发，而不仅是知识的补足和技能的训练。其目的是促进员工全面地、充分地发展，从而给企业带来活力。将企业大学看成是对员工的一种福利，这种观点是片面的。实际上，以主动心态参与学习的人，在接受新知识、新信息的过程中，往往产生丰富的感悟。经常“充电”，能使人保持旺盛的工作激情。注重个人发展的员工往往把培训开发看成是企业对他的奖赏。尤其是当企业大学与员工职业生涯设计结合起来的时候，更能激发员工的进取热情。不难预见，一个较少为员工提供学习机会的企业，将是缺乏吸引力的；而注重通过企业大学使员工得到发展的企业必然士气高涨。

企业大学的类型

1. 内向型企业大学

内向型企业大学主要是为构筑企业全员培训体系而设计，它的学员主要由企业员工构成，并不对外开放，如麦当劳大学、GE 克劳顿学院。

2. 外向型企业大学

外向型企业大学又可以分为两类，一种是仅仅面向其供应链体系开放，将供应商、分销商或客户纳入学员体系当中，主要目的是支持其业务发展，如爱立信学院；一种是面向整个社会，主要目的是提升企业形象或实现经济效益，如惠普商学院。

面向供应链体系

未来竞争不再是企业与企业之间的竞争，而是供应链与供应链之间的竞争。经营的关键不是取决于企业有多少资源，而是企业能支配多少资源。通过企业大学，向供应链合作伙伴渗透理念、文化和经验，是降低交易成本、增进相互信任、统一运营规范的较好方式之一，能有效提升企业基于供应链的竞争优势，从而有效拓展企业资源整合能力和快速响应的战略执行能力。

例如，摩托罗拉大学成立之初，其目的是为摩托罗拉内部员工提供优质的培训。随着摩托罗拉公司事业的发展，很多生产环节都被外包，只留下核心的产业。为了维护摩托罗拉公司的产品质量，摩托罗拉公司希望通过摩托罗拉大学在领导力、学习和业绩改进方面的优势，为客户、供应商和商业伙伴提供广泛的、端到端的业绩改进解决方案，建立起摩托罗拉的战略同盟。基于此，2002 年 4 月，摩托罗拉大学在北京宣布，其在亚太地区的战略重心发生重大转移，从主要培训内部员工转变成主要为供应商、客户和战略伙伴提供培训和咨询。

另外一个成功范例是爱立信中国学院，它成立于 1997 年 11 月 18 日，当时主要目的之一是使员工更注重能力的培养，并为员工提供更多的学习机会；另一个目的就是为其客户、合作伙伴以及相关政府部门做培训，使之更了解爱立信的技术和业务，为他们提供一些具有国际水准的学习机会和学习项目，以满足中国在电信及信息产业空前发展中对管理人才、技术培训的特殊需求。爱立信中国学院的使命是：致力于为爱立信的员工与合作伙伴提供终身教育的机会，创造一个增强业务技能的学习环境，塑造并推广专业精神与业务风范，以提高员工与客户的知识和技能，促进公司业务发展。它的愿景是：秉承积极、敏锐和不断创新的精神，塑造并保持爱立信中国学院的品牌形象，为信息产业界提供高质量、不断革新的学习环境，成为一流的企业大学。基于此，爱立信中国学院专门为中国的电信网络运营公司设计了高级经理培训项目，该项目是培养企业的经理人员和管理者在新的世纪中应对日趋复杂的商业环境的能力。所有培训项目内容都是根据企业的具体情况度身定做，以基本的管理理论为出发点，紧密联系企业实际运作。通过培训项目的学习，企业管理人员可以获取企业整体管理理念并能及时运用到管理实际中。该项目主体培训领域包括市场营销、企业战略、财务管理、人力资源管理、全球电信运营商实例、企业治理机构和成功电信企业改革。

面向整个社会

这方面的典型范例是惠普商学院，其创办可以追溯到1997年，当年一个偶然的机会，惠普把几门公司的经典课程作了一下穿插，公司内部几个高管给正在中央党校上课的国内1000多名大中型国有企业厂长经理讲了一次课，结果激发了外部企业和经理人对惠普的管理及文化的强烈需求。惠普的内部业务需求也推动了惠普商学院的成立。当时惠普中国发现了这样一个现象，它的合作伙伴如增值代理商在帮助惠普支撑着中国业务，让惠普受益，但他们的平均寿命大概也就三年多。帮助增值代理商们活得长一些，整合好自己的价值链，是当时惠普在中国急需解决的一个问题，但是惠普发现这些合作伙伴既不是资金出现了问题也不是惠普产品本身的问题，而是这些公司成长太快，它们对产品、财务和人员的管理跟不上企业壮大的步伐，是被活活地累死的。内外部两种力量的驱动，促使了惠普商学院的成立。

惠普商学院是惠普（中国）公司专业从事管理类培训的机构，其宗旨就是“分享惠普成功经验、奉献经典管理课程”。主要任务是将惠普公司多年经营实践中积累的管理经验进行总结和整理并推广、介绍给国内企事业的中高层管理者，旨在帮助国内企业培养优秀管理人才。自成立以来，惠普商学院以其独有的“惠普特色”（所有讲师均由在惠普任职多年，有丰富业务及管理经验的中高层领导担任）和课程的“实战性”（课程全部是惠普公司优秀管理经验的总结及提炼，有极强的可操作性）得到了中国企业界客户的高度评价。例如，万科公司虽然和惠普的行业背景迥然不同，为了迎接市场挑战，提高管理团队的综合管理水平，先后派人参加了惠普商学院的“企业文化”、“战略规划十步法”、“管理流程”以及“项目管理”等方面的专业培训。2004年12月，万科再次联手惠普商学院开办“万科高级经理精英训练营”，该项目是万科与惠普公司在培训业务合作的一个新里程碑，昭示着双方全面合作的开端。

企业大学和培训部以及传统大学商学院的区别

1. 企业大学与培训部的区别

与单纯的企业培训机构相比，企业大学在孕育之初，就被赋予了一定的战略高度。美国企业大学咨询公司总裁、企业大学研究专家珍妮·梅斯特（Jeanne C. Meister）在其著作《企业大学》（Corporate Universities）中就指出，企业大学与传统培训部区别的焦点在于从一次性培训活动（侧重培养员工的个人技能）转向于建立持续的文化（员工之间互相学习，分享创新和最佳实践，着眼于解决实际的经营问题）。

公共关系专家罗振宇也曾表示，企业中“看不见摸不着但又存在的东西往往是最有价值的，它有时体现为品牌，有时体现为组织方式，有时体现为企业文化”。所以建立企业大学的意义就在于给外包之后剩下的企业的核心价值找一个“运行平台”，让其能够被员工理解并传承下去。

由此可见，企业大学不应该仅仅是一个从企业内部的培训部门转化而来的单纯的人才培养机构，一个培训事务处理的专家，更应该是在战略层次下建立起来的传递企业文化和价值观，提高企业员工绩效水平、员工的企业责任感以及企业核心竞争力的全新组织形态，它实际承担着企业文化传播、企业自身发展和变革的职能。我们可以从表 11－2 中的十个方面进行比较。

表 11－2

企业大学和培训部的区别

区　别	企业大学	培训部
战略性	实现企业战略目标的工具	实现企业战术目标的工具
独立性	不一定隶属于企业人力资源部，组织形式相对独立	通常是依附于企业人力资源部门的、支援性质的非独立运营机构
主动性	主动为每个岗位提供一系列与战略相关的学习与解决方案，积极改善员工的工作绩效	往往是反应性的，只提供行政服务，根据主管或员工的培训要求作出反应
针对性	针对企业战略及能力需求提出学习方案，对内、对外都提供服务	只针对既定的课程，在本企业内部招收受训对象
文化性	可以协助企业统一企业文化、改革流程	很少涉及这方面内容
认同性	企业大学的建立和执行，都需要企业高层管理者及员工的全面支持和认同	认同度及配合度较低
集中性	资源集中管理	资源比较分散
全面性	提供全方位的技能课程，包括工作、学习、思考等技能	课程设计的对象为一般大众，深度有限，主题多局限于工作技能
整体性	注重整体绩效和核心能力的提升，满足企业整体经营战略上的需求	只注重个人技能的需求和提升
持续性	提倡“终身学习”的持续意识，是一个流程	提供形式固定的单一性课程，仅仅是一个工作事项

2. 企业大学与传统大学商学院的区别

既然被称为大学，企业大学自然与传统的大学商学院有很多相似之处，比如，同样进行人才的培养；都拥有相对全面的教学课程体系和相对完善的学院式组织架构等。传统的大学教育更多地偏重理论教育，传授的主要是通用的知识和技术。随着新时代对人才要求的变化，传统的大学课程越来越不能满足市场的需求。现在市场对人才的需要从单一的技术、学历型向综合能力、个性化、复合型人才转化，而传统大学教育对综合能力、个性化的培养明显不足，这一点在中国的大学教育体系中尤为突出。由于特殊的国情，中国的大学教育不可能单纯地作为精英教育，也不可能对每个学生进行有针对性的培养，在大学学习的知识和实际工作中运用的知识往往有错位，所以很多大学生觉得自己所学的知识没有用。

企业大学可以弥补传统大学这方面的不足，通过企业内部讲师和内部化的课程，针对企业的实际情况和特点，对受训者进行有针对性的教育。在某种程度上来讲，企业大学其实是对教育市场进行了细分，不仅满足了企业对员工培训的需求，也成为员工职场教育和终身学习的主要平台。

企业大学与传统大学并不是对立的竞争关系，它们常常以开展研究工作、培养人才为合作基础，形成一种合作互补的关系。比如：惠普商学院、西门子管理学院、摩托罗拉大学都与中科院研究生院合作开展培训项目；爱立信中国学院与复旦大学联合办学；诺基亚公司与北京大学光华管理学院合作，等。

综合起来，企业大学与传统大学商学院的区别主要表现在表11－3中的七个方面。

表11－3

企业大学和传统大学的区别

区　别	企业大学	传统大学
培训对象	以企业员工为主	社会上有学习能力的学习者，学生来源和背景更加多元化
培训内容	内容更强调实际应用，具有职业性，有很多成功经验和案例	以学历教育为主，培养学生理论知识和思维方式等通用性内容
师资力量	多来自企业高层或商学院教授，拥有丰富的业务和管理经验	大学教师
教学方式	灵活、注重实践	相对固定
自主性质	依附于企业之下	通常是自主运营的独立法人
资金来源	运营资金主要来自于企业	来自国家拨款、社会资助或学生自筹
服务范围	可以为企业提供全面解决方案，并全程追踪企业运行状况	培养通用人才

企业大学并不是自封的，需要具备以下三个关键特征。如果符合以下三个特征，则可以称作企业大学；反之，则不是真正的企业大学。

- □ 企业大学是否有明确的职位管理体系，是否有明确的职业发展通道，这是企业大学建立的前提基础。
- □ 企业大学是否建立了核心的素质模型、岗位任职资格体系和相应的评估体系。
- □ 企业大学是否建立了基于素质模型并与员工职业生涯相对应的课程体系，以便使员工在全职业生涯发展的每个阶段都能够接受相应的培训。

11.2 企业大学理论模型和演变趋势

企业大学理论模型

虽然企业大学发展时间不长，学术界还是提出了一些企业大学理论模型。例如，1994 年 Carter 提出“持续变化模型”，从课程的角度来分析企业大学建设，认为内容螺旋和经验螺旋构成课程设计的基础；2001 年 Prince 和 Beaver 提出“企业大学轮模型”；2003 年 Campbell 和 Dealtry 提出“有机战略模型”，认为企业大学是由组织发展、智能发展及战略发展交接而成。在中国，南天竺公司提出了“企业大学创建轴承模型”，可概括为 1234 法。

下面，我们主要讲解企业大学轮模型和轴承模型。

1. 企业大学轮模型

2001 年，Prince 和 Beaver 提出了著名的企业大学轮模型（Corporate University Wheel），把理想企业大学的五种元素整合在同一个理论结构中，并定义企业大学的焦点是支持企业目标，协助知识的创造及组织学习；该模型假设学习是产生在个体之内、个体之间的活动和流程，试图把流程融入组织和学习理论，也把知识管理和学习型组织结合在同一个理论结构里。

企业大学轮模型整合了关于企业大学的五种重要元素。

支持业务目标（Support Business Goals）。企业大学发挥了以下作用：发展个人及组织的培训和发展，协助企业信息共享，建立机制并建议人力资源管理和发展政策，确保企业学习目标符合企业战略需要，支持及巩固外部客户、渠道伙伴、供应商的合作关系，建立及协调标准，展示学习在企业内的重要性和价值。

关系网络和合作伙伴（Network & Partnerships）。网络和合作伙伴通过电子途径、个人及商业联系和关系网络，整合了内部相关者、外部合作伙伴以及企业大学本身交互的流程，协助建立与组织各部门和外部培训机构的合作关系，共同提供针对企业目标的学习方案、课程设计和授课方式。

知识系统和流程（Knowledge System & Processes）。信息技术成为企业流程再造的重要助力，组织可以通过数据库、专家系统及决策软件学会不同的知识和经验。企业大学通过参与企业内部网络和知识管理库的建设和更新，成为知识管理生产——现代企业中最关键的流程之一——的中心，也成为企业在竞争中取得成功的关键所在。

人员流程（People Process）。人员流程是指建立和鼓励组织内知识共享意识的流程，用来协助和支持组织的学习，帮助组织建立分享及共识文化的机制和流程。组织有必要通过奖励计划和绩效评估等手段来鼓励知识共享。与此同时，组织也需要向员工提供有效的学习课程。

一般来说，成功的企业大学，与组织内部各部门的战略需求契合度较高。而且高层领导人的参与对于企业大学的运作至关重要。这样，除了能够将企业的战略直接灌输到企业大学的学员中之外，更重要的是通过这种方式建立师生管理，可以拓宽内部晋升高级领导人的渠道。

学习流程（Learning Process）。学习流程是指组织通过教育和培训，建立企业的终身学习文化，最终建立学习型组织。企业大学需要尽可能地争取企业决策人的支持和认同，从而使个人和组织的学习计划得以顺利实施，建立一个可持续发展的学习文化。这对于企业核心团队的稳定性大有裨益。美国劳工部的一项调查显示，美国非农业部门的年平均离职率为 21%。调查发现，已经设置企业大学的企业，员工平均流动率为 19%，其中经营企业大学较成功的企业，员工年平均流动率则为 11%，明显低于平均水平。据估计，一名专业员工离职，企业约需损失其半年的薪资。

2. 轴承模型

在中国企业大学创建研究和咨询中，南天竺公司提出了“企业大学创建轴承模型”，如图 11－1 所示，该模型形象、朴素和实用。

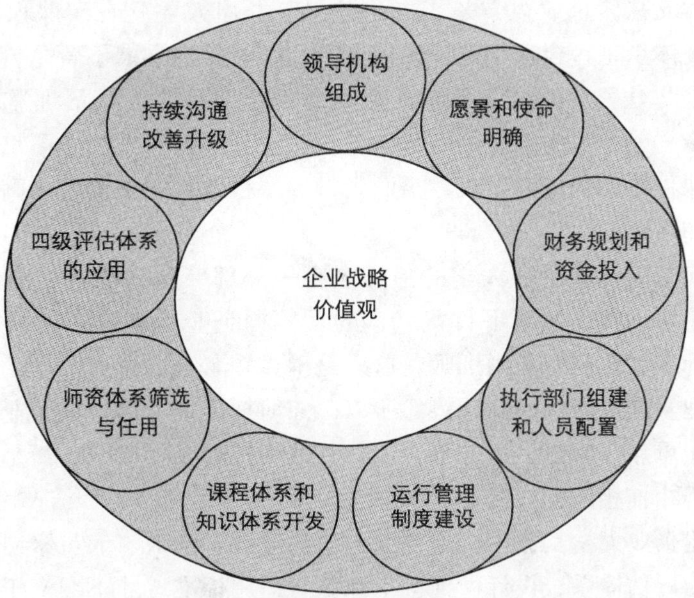

图 11－1　轴承模型

南天竺公司将该模型概括为“一结合，二实体，三体系，四关键”的企业大学创建 1234 法，用简洁和通俗的语言描述了企业如何立足管理现状，有效地创建适合企业需要的企业大学。

一结合：以企业战略为核心，适应环境变化。人力资源作为企业的核心竞争要素，价值在于通过人才的培养来服务企业的发展，适时、适地提供适才成为人力资源工作重点，企业大学作为企业人才培养的新模式，其建设作为企业的人才工程必须围绕企业的战略、价值观来规划。如同用“轴承”来作形象的比喻一样，企业大学的建设和运行，就是以企业战略为轴承内环，并要在运转过程中适应内部经营小环境和外部社会大环境的变化。同时，企业大学作为一个具有独立性的业务单位，在企业组织中也有自己独立的存在意义，需要我们界定企业大学的愿景和使命，所以把愿景的确定看成为轴承中的一个“滚子”，是轴承模型的重要组成。

二实体：领导机构、执行部门。企业在企业大学创建中要组建虚实两个部门。一个是领导机构，由企业高层组成企业大学创建顾问机构或委员会，高层的参与不是为了表现出对企业大学创建的重视，而在于企业大学的务虚（如愿景、使命）和务实（财政、建制）工作只有企业决策层才能拍板，这些不是外部咨询单位或下属执行部门能设计的。企业大学进入筹建阶段的标志是组建执行部门，具体负责企业学院的运行和日常管理，其投入规模和人员配置需要根据企业大学的规划来配套。由于当前企业大学大多脱胎于企业的培训中心，那么新成立的企业大学是仍定位于人力资源部门管辖，还是成为公司的独立运作单位，则需要根据企业对企业大学的价值判断和任务解析后确定。

三体系：课程体系、师资体系、评估体系。三大体系是企业大学这栋人才大厦的三大支柱，企业大学是否办出效果、办出效益就在于课程体系是否针对开发，师资体系是否合适筛选，评估体系是否有效建立。不管是自主建设的企业学院，还是联合开发的企业学院，都需要针对企业的人员培训需求，开发出以层级、职能、能力等为维度的课程体系，从而开展针对性的学习培训活动，和常规的企业课程体系的设计比较，企业大学的课程体系，更侧重中高层管理干部的能力开发和培养。

当前国内许多企业大学的师资主要是外部专业人士，如高校学者、咨询顾问、职业培训师，而眼下日益兴盛的是挖掘企业管理者潜能，通过提升培训技能，让管理者兼职企业内训师，这既是世界知名企业企业大学的成功经验，也是时下管理学理论褒扬的新趋势，所以，如何把管理者培训成企业教练是企业大学一项工作重点，当然，这并不否定与外部师资的合作模式，而是重新寻找实现优势互补、相辅相成的方法。

创建企业大学实务中，需要跟企业的业务、绩效、人员素质等紧密结合，建立综合的评估体系，设计做到有指标更有适用标准，才不会流于形式。企业大学的评估体系可以根据企业不同阶段的企业大学任务来设计，从小项目做起，从具体项目做起，逐步搭建。

四关键：财务规划、制度建设、需求分析、持续改善。在企业大学创建和日常运行中，需要关注财力、制度、需求、改善的平衡。不论是管理需要还是评估需要，企业大学要建立成本会计系统，避免企业因为决策层过于理想和冲动，没有预见创建的长期性和难度。

西方企业大学运作模式演变趋势*

1. 西方企业大学办学模式

研究表明，在办学模式上，西方企业大学大多愿与高等院校合作，共同开发课程，如贝尔大西洋。有些公司更愿意采用联盟的方式与其他公司合办企业大学，如美国的联合保健和联合科技。还有些企业大学则走虚拟化道路，实现全天候、低成本运作，如思科和甲骨文公司。纵观国外企业创办企业大学的例子，可以从中归纳出以下几个具有代表性的办学模式。

网上课程。20 世纪 80 年代，联邦快递就已经开始通过私人网络提供电脑培训，并慢慢地把这个培训项目搬到互联网上作为公开课程。2000 年末，联邦快递将电子学习推进一个更高层次——正式成立“联邦快递大学”，它的主要责任就是直接为内部客户提供服务，包括运输人员、本地服务员及客户服务代表等。当员工受雇入职后，必须参加由联邦快递大学提供的网上课程，然后到教室接受另一部分的培训，即把学到的知识和技能应用到实践中去。这样，联邦快递在世界各地工作的员工都能积极学习新知识、新技能，有助于他们在企业中的发展和晋升。

以雄厚技术为背景的商业运作。甲骨文大学为员工、客户和渠道伙伴提供每星期超过 1000 多门的课程，而每一课程都能为学习者提供两种授课方式以备选择，即教育导师辅导式和互联网、光碟学习方式。和其他虚拟企业大学不同的是，甲骨文大学是一所以赢利方式运作的虚拟大学，课程的设计是为了满足市场的需求，并通过售卖获取利润。它还开发了“网上学习”和“学习管理”两套系统，可以同时支持 54 万名用户在线学习，这不仅有助于客户掌握甲骨文的产品和技术，也使内部员工的培训变得便捷有效。在过去两年间，甲骨文的内部培训成本下降了约 25%，约 1200 万美元。

混合模式。巴克莱银行有 7 万多名员工，主要集中在英国。2001 年，巴克莱大学正式成立。成立前，巴克莱的每个战略经营单位都有自己的培训部门，并且全部依赖传统的教师授课。当公司意识到花在差旅费上的资金比培训费用还要多时，决定采用另一种更富战略性的解决方式，即创办自己的大学，把所有培训功能集于巴克莱大学一身，为学习者提供不同的教学模式。巴克莱大学在英国拥有一个培训总部，另外在五大城市设有学习中心。各中心委任一名电子学习顾问作为负责人，并提供优越的学习环境，设有多媒体课室、互联网设备、图书馆、咖啡厅等配套设施。在英国设有近 150 个巴克莱大学网络中心，可以使学习者通过笔记本电脑在家或办公室轻松上网学习。除此，它还与著名的伦敦商学院建立了战略伙伴关系，成立了巴克莱大学商学院，专门培训高级管理人才。每个员工还

---

* 这部分内容主要参考了文章“走进西方企业大学，引发我们深层思考”，来源：太和顾问研发中心。

可以花费150英镑挑选自己所喜欢的兴趣爱好培训，如摄影、跳伞等，让员工养成良好的学习习惯。

配合知识管理的虚拟大学。英国航空公司与Marconi电子系统合资设立的SAE系统公司，于1998年耗资300万英镑成立一所SAE虚拟大学。它整合了教育和组织的庞大研发能力，主要使命就是通过员工学习来提升组织的竞争力。虚拟大学为企业制定教育战略，提供全球商业学习平台，以混合媒体方式授课，并强调以科技方式教授科技知识，在英国、澳大利亚、美国等设有50多个学习资料中心，员工可以利用企业内部局域网获取资源信息。由于培训结合了组织的研发和技术，虚拟大学所提供的网上课程都是以"知识管理"为本，并通过与公立大学开展伙伴式合作，使部分培训课程如管理、生产、系统等被英国剑桥大学、兰开斯特大学、Warwick大学等高等学府承认资格。它还在教育网站上设置了搜索工具，提供最合适的学习解决方案，包括调配职位、工作轮换等，同时还设有一个学习管理引擎，将学习需求进行分类，提出适合的学习方案，然后通过个人电子邮件推荐相关课程、书籍或导师。

根据上述国外企业大学的办学模式，我们可以作出如下比较，如表11－4所示。

表11－4

西方企业大学模式比较

	网上课程	商业运作	混合式	知识管理
培训对象	内部员工	内外部员工	内部员工	内部员工
战略定位	战略层次	战略层次	战略层次	战略层次
高层参与	高层参与度高	高层参与度高	高层参与度高	高层参与度高
经费来源	成本中心	利润中心	成本中心	自给自足
学习方式	必修和选修相结合	个性化学习	必修课网校免费，选修个人缴费，团队中的领导成为有效的教练	网上课程为学员收集信息，提供最佳课程和案例
绩效导向	与晋升挂钩导向不明显	与晋升挂钩导向明显	与晋升挂钩导向不明显	与晋升挂钩导向明显
教学场所	网络	教室、网络、光盘	网络为主	网络、文字档案
对外合作	培训课程供应商	没有	与著名大学建立合作	与大学或知名培训机构合作开发课程，具有认证资格
课程设置与核心竞争力	与核心竞争力相关，商业操作技能为主	与核心竞争力相关，满足市场需求为主	既有公司必修课，也提供自发学习模式	与公司核心竞争力相关，以知识管理为本，结合组织研发和技术
课程与产品相关度	间接相关	对外提供有助于客户掌握的产品和技术	间接相关	间接相关

2. 西方企业大学运作模式演变趋势

随着商业环境的日益动态化、企业边界的模糊化倾向和信息技术的高速发展，西方企业大学的运作模式产生了巨大的变化。这种变化主要体现在载体维度、对象维度和合作维度三个方面。

载体维度。信息技术的快速发展普及，使人类的通信能力得到巨大提升，西方企业大学不再一味追求完善的教学设施、教学工具，而是从根本上把握企业大学作为培训机构的职能，利用企业内部局域网、互联网、卫星通信等虚拟教学手段，使员工几乎随时随地都可以进入企业大学。思科和甲骨文公司的在线学习系统是这种低成本、全天候学习载体的成功例子。

对象维度。价值链理论的提出使企业意识到外部的供应商、经销商、代理商都是和企业价值密切相关的群体。以往的企业大学大多只注重内部员工的培训，如果将这些培训扩展到价值链的上下环节，资源共享所产生的效果必将是巨大的。在这一思想的进一步深化推动下，企业大学的教学对象跳出价值链，寻找更广阔的社会培训空间。由此，企业大学也逐渐从成本中心转向利润中心，典型的例子是摩托罗拉商学院和惠普商学院。

合作维度。起初的西方企业大学大多由实力雄厚的大公司创办，大公司在资金投入、师资力量、知识积累方面拥有很强实力，因此一般采取自主创建自主发展的方式。后来，管理理论和信息技术日新月异的发展，使许多企业大学感觉到知识迅速更新的巨大压力，于是越来越多的西方企业大学选择与高等院校合作，共同开发课程，如贝尔大西洋。有些公司更愿意采用联盟的方式与其他公司合办企业大学，如美国的联合保健和联合科技。

西方企业大学的关键成功因素

西方企业大学办学和运作模式的成功，关键因素在于以下六点：

1. 公司高层主管的参与和重视

在那些发展较为成功的企业大学中，企业高层领导都积极地参与促进企业大学的发展。大部分首席执行官和高级管理人员参与企业大学的学习计划的制订和推进工作，并在企业内部扮演着学习倡导者的角色；一线业务经理直接投入授课讲师的行列。高层主管的参与，除了有示范作用之外，更重要的是，他们能够和学员在课堂上进行交流，从而有更多的机会发掘优秀的人才。另外，来自高层主管的支持对于建立企业战略和企业大学活动之间的直接联系是十分关键的。企业大学持久的成功，不仅有助于通过知识开发促进企业战略的实施，而且有助于通过知识的创新来强化和推进企业的战略规划。

2. 将培训与发展目标和组织的战略性需求紧密联结合

根据企业经营策略来制订学习策略，企业经营策略层次的准确定位，有助于保证企业实现预定的利润。企业大学则需要根据这些既定的任务、愿景和战略来制订相应的学习策略，避免企业大学游离于企业的主导业务之外。

3. 重视学习计划的绩效评估

对学习进行测量和评估是企业大学的第三大优先工作领域，在这项工作中，企业大学面临着巨大而复杂的挑战。大部分企业大学负担着对学习进行衡量和评估的职责，有些则与企业其他部门共同承担；绝大部分成立时间超过 10 年的企业大学完全承担着这种职责。企业需求驱动着培训事业的发展，企业宏观战略则决定了企业大学的学习测量和评估方法。

4. 根据企业内部和外部的学习需求，设计和实施具有针对性的核心课程

企业内的各部门（如研发、客户服务、市场营销、财务及法律部门等）以至企业价值链上的其他成员，都有各自不同的课程与学习需求，因此，企业大学必须逐一分析这些培训需求，制订出具有针对性的核心课程，这样才算是把客户服务导向落到了实处。

5. 善于利用现代化的网络及数字工具，构建完善的学习环境

美国 CUX 咨询公司在 2001 年调查发现，企业大学中 18% 左右的培训内容是借助技术手段实现的，而到 2002 年，这一比例上升到 25%。在信息技术企业，该比例达到 40%。随着企业规模的扩大或全球化经营的扩散，整合 E-Learning 与课堂学习，建构一个混合式的学习环境，已经是全球各企业大学的重要发展策略。

6. 与其他企业和传统高校建立良好的合作关系

21 世纪将是企业界与高等教育界之间联系越来越密切、合作越来越频繁的时代。既然企业大学的发展是企业为适应社会而作出的选择，那么其发展也必将对社会，特别是教育领域产生一定的影响。企业大学的产生并不是要否定正规的大学教育。随着企业大学的发展，双方有可能实现“双赢”的局面。然而，到底如何实现双赢，不管是对于企业大学还是传统高等院校来说，都既是机遇又是挑战。通过走进西方企业大学，总结其关键成功因素，这对国内企业有很好的借鉴意义。当然，由于文化上的差异，西方企业大学的关键成功因素并不一定都适合中国企业创办企业大学，但是却启示我们，在选择了适合的办学和运作模式后，还必须结合自身的特点找出成功关键因素并加以改善，这样才能将创办企业大学

这项系统工程真正做好。

11.3 如何建立企业大学

建立企业大学需要一系列连续的过程，包括对员工进行职业生涯管理、建立课程体系、建立师资体系、建立企业大学的评估体系、建立信息知识管理系统等。下面，我们主要讲述一下前三个步骤。

员工职业生涯管理

企业大学进行员工的职业生涯管理，可以促使员工明确职业生涯规划，帮助员工评价职业生涯发展的机会，同时改善组织环境，确定职业发展通道，给员工提供职业生涯发展的机会，以激励员工努力工作，积极参加培训并不断转化培训成果。通过有效的职业生涯管理，在企业绩效改善的同时，员工个人也得到很好的发展。企业大学在帮助员工制订职业生涯规划时，需要遵循以下五个原则：

- ☐ 建立职业生涯的管理制度，逐渐形成企业自身的文化。
- ☐ 将员工的个人从业价值和企业的发展相结合。
- ☐ 建立公司内部人才梯队建设机制或公司潜才库。
- ☐ 职业生涯规划的制订和实施需要管理者和员工共同参与完成。
- ☐ 职业生涯规划的体系中，晋升和淘汰机制并存，并定期进行修正完善。

建立课程体系

基于企业大学在企业战略运作中的职责，以及服务对象在横向和纵向的深化，企业大学必须调整原有培训中心的培训课程体系，建立能够满足企业发展需要的全方位的课程体系。归纳起来，这一课程体系主要包括以下几个部分。

1. 通用课程

通用课程指基本适用于所有企业的商科及技能类课程。这类课程对于企业全员基本素质的提高和知识结构的全面发展有着重要的作用，包括人力资源管理、生产管理、财务管理、营销管理、营销技能、普通法律知识、商务礼仪等。

2. 专业课程

专业课程指适合于特定行业的课程。由于从事的行业不同，企业需要的课程体系也有很大的区别，行业专业课程对于洞察行业先机、提升企业行业竞争力有着重要的作用。因此，专业课程是从事特定行业的企业重要的学习内容，如金融行业、石油行业、煤炭行业、钢铁行业的专业课程等。

3. 定制课程

定制课程是根据企业内部资料和实际需求委托专业公司开发的课程。对企业来说，定制课程是对企业要害问题的学习解决方案或是将企业自身积累的宝贵知识进行固化，因此，定制课程对企业的商业价值极高。定制课程的内容包括管理知识技能的培训、新员工培训、技术知识培训、新产品推介、营销队伍培训、各渠道和客户培训、新系统或商业过程培训等。

4. 自主课程

自主课程指企业自主选题、设计、开发的个性化课程。随着现代企业科技水平的进步，企业可以自主制作相关课程，通过针对一些企业急需推广的知识和技能进行课件制作，可迅速在企业的特定部门、特定人员中进行普及教育。自主课程在内容上是专属的，是企业无形资产积累的重要方式之一，同时对于企业来说具有极高的商业价值。

5. 辅助资料

辅助资料指在企业学习过程中的辅助工具和类比资料等。通过辅助资料的积累可以深化企业员工对学习内容的理解，提高员工的学习效率。同时，辅助资料库的建立也是企业知识体系是否完整的一个重要标志，它包括企业图书馆、企业案例库、行业数据库、行业法规库等。

建立师资体系

师资队伍是企业大学能保持长期健康发展的源动力，国内外许多优秀的企业大学对于师资队伍建设都极为重视。例如 GE 注重实战培训，讲师中有一半来自企业内部，另外一半来自于具有丰富实战经验的大学教授或咨询顾问。讲师的授课效果都会由学员来进行评价和反馈，通过反馈去改进课程，对最差的讲师会直接解聘。总体来讲，中国企业大学内部讲师比例偏低，更倾向于使用外部大学教授、咨询顾问、专职培训师等。从全球最佳实践来看，标杆企业更倾向于使用内部讲师进行课堂式培训，但会更依赖于外部咨询进行电子化课程及平台的开发和设计。

根据 KeyLogic 咨询公司对内部讲师长期的跟踪研究和项目实践认为，专职讲师由于其专职性和专业性，在通用性（非核心）和知识性课程的开发与教授方面更具优势，因此兼职讲师和专职讲师均有存在的价值。根据职能的差异化，二者可以维持一个适当的比例，这个比例主要取决于课程体系的结构。在专职讲师与兼职讲师两个序列向上共同设置一个发展序列，即特约讲师序列。除特约讲师外，教席讲师和首席讲师的设置不仅提供各序列更高职业发展的可能，更主要的作用是设立讲师标杆，并以其专业性和影响力引导学习发展的方向。

为了充实讲师选拔的资源，设置助理讲师序列，其来源主要包括部门级讲师。部门培训的实践为这些讲师的成长提供了绝佳的平台，极大地提高了选拔的效率。

由于课程设置和职能定位的需要，讲师结构与配置要求来自不同岗位、层级和专业层面的员工加入到内部讲师的队伍中来，那么各个层面的讲师结构和配置数量如何确定呢？在授课与课程研发两个阶段，最理想的做法是在课程体系建设时对课程的通用性进行分级，根据课程所涉及学习内容的性质，并结合内容的深度分级（初中高）来确定。

确定了讲师的组成结构，就要对其配置数量进行测算。由于讲师的角色定位直接影响其配置，因此在课程研发阶段的讲师配置测算依据不同于授课阶段，大致考虑的维度包括：课程对应的讲师结构、培训人次、课程数及相应的授课工作量等。

11.4　优秀企业大学实例

本节我们将精选几个企业大学的实例，方便大家对优秀企业大学有一个较好的认识。

GE克劳顿培训中心*

GE是一家多元化的科技、媒体和金融服务公司，致力于解决世界上最棘手的一些问题。GE成立于1876年，产品和服务范围广阔，从飞机发动机、发电设备、水处理和安防技术，到医疗成像、商务和消费者融资、媒体以及高新材料，致力于在每个行业取得数一数二地位，客户遍及全球100多个国家和地区，拥有30多万名员下，2006年世界500强排名第11，2007年被《财富》杂志评为全球最受尊敬公司第一位。杰夫·伊梅尔特是现任董事长及首席执行官。GE的全球领先和可持续发展，很大的功劳要归功于其人才战略，归功于GE韦尔奇领导力发展中心。

1. 发展历程

GE克劳顿培训中心，即很多人熟知的“克劳顿村”，创立于1956年，是世

* 引自：王世英，等．培训革命——世界著名公司企业大学的最佳实践［M］．北京：机械工业出版社，2008.

界上第一个大公司的商学院，位于纽约州哈得逊河谷。占地50英亩的克劳顿村是GE高级管理人员培训中心，有人把它称为GE高级领导干部成长的摇篮，而《财富》杂志称之为"美国企业界的哈佛"。

20世纪50年代，克劳顿培训中心建立了第一个合作培训课程，为参加的团队领导者提供理论上的培训，目的是使每个人明白GE的业务是什么、业务怎样运行。80年代，GE发展迅速，GE的领导力培训内容也朝多元化和丰富性方向发展，形成了领导力开发的序列项目，引入了行动学习法。

80年代中期，杰克·韦尔奇认识到需要改善领导力发展，需要建立一个有效通道支持他的变革，于是对克劳顿村进行了大规模的改造，在所有部门削减成本的时候，GE投资了4500万美元改善了克劳顿村的设施，并且对克劳顿村的目标、内容和方式进行了彻底的改革。

在韦尔奇对克劳顿村进行改造的过程中，他对新一代GE领导者提出了五点要求：

变革组织。韦尔奇要求GE的领导者要能够创造性地摧毁和重建组织，包括重建组织的愿景和组织架构。

开发全球的产品和服务战略。韦尔奇认为，GE为了更加国际化，必须提供世界级的产品和服务，必须在产品和服务设计、制造、分销、市场营销等方面进行变革。为此，领导者必须：创造新的设计团队形式；开发资源的新战略用途；推动世界级设计、服务和绩效标准。

发展战略联盟。为了获得迅速发展，建立战略联盟是必然的选择，为此，领导者必须拥有：发掘和筛选潜在伙伴的能力；谈判技能；合理设定合作条件的能力；良好的协调能力；整合能力。

全球协调和整合。地理、政治和文化的多样性，需要良好的沟通和文化整合能力来实现组织的整合。

全球化配置人员和开发人才。只有在全球范围内配置人力资源和开发人才，才能实现真正的全球化经营。

可以看出，杰克·韦尔奇对新一代领导者的要求突出了"全球化"，这一新要求已经融入了克劳顿村的领导力开发的具体项目中。中心具有全球服务的功能，它在世界各地都聘有员工，将在克劳顿村所建立、推广的公司领导力发展系统（CLD）带到GE的全球网络中去。

公司领导力发展系统（CLD）的课程设置通过经常性的需求调查和公司的高层战略会议等收集信息，来决定自己的方向。由于这些系统和课程都是建立在对GE的12个主要业务需要的基础上的，又常常与GE的变革项目紧密联结，因此得到了各层领导人的支持。

20世纪90年代以后，GE的领导力发展向全球更大的范围延伸。2003年，在中国设立了教育培训中心，GE在编排课程的时候试图做到课程在所有国家保持一致性。

2002年，伊梅尔特在长达118页的年度报告中说，在其他公司纷纷削减培训预算时，GE增加了培训预算，并推出旨在培养新一代客户导向的领导人的商业领导者培训项目。纵观克劳顿村60多年的发展历程，可以看出它始终得到了公司最高层的厚爱，同时也为最高层战略实施发挥了巨大的推动作用。

2. 使命与宗旨

GE韦尔奇领导力发展中心有着明确的使命，那就是：创造、确定、传播公司的学识，以促进GE的发展，提高GE在全球的竞争能力。具体地说，就是为GE员工的成长与发展提供培训，向GE各业务部门传播最佳实践、公司的举措以及学习的经验，传播公司的文化与价值观。

3. 运作模式

学院组织设置。GE克劳顿村独立于其他任何部门，直属于GE总裁。克劳顿村的院长由GE总裁直接选拔，一般聘请著名大学的著名教授担任。

随着GE的业务不断向全球扩展，克劳顿村的企业领导人员管理培训项目已经在全球展开，目前在欧洲、亚洲和拉美都有管理培训机构，从而加强了对全球员工的培训与发展。

课程设置。克劳顿村的课程分三类：

- □ 专业知识类，如财务、人事管理、信息技术等，其目的是使GE员工在某一技术领域更专业、更深入。
- □ 针对员工职业生涯某一发展阶段而设计的课程，如新经理发展课程、高级经理课程、高层管理人员发展课程等。这就是GE最有特色的领导力开发体系课程。
- □ 为推广全公司范围的举措而设置的课程，如六西格玛培训、变革加速进程等。

在这里，培训的主要理念是“讲究实战”。在每一课程中，学员都被要求以行动为导向，带着问题来参加学习，学完之后还要带着行动计划回去；另外，强调案例研究，强调传播GE的实际经验与最佳做法。在一些课程中，业务部门的领导人会拟出具体的项目让学员去做。在一定的情况下，还组织学员与业务部门一起针对实际问题开展研究与讨论。

讲师选拔。由于GE注重实战培训，因此克劳顿村的讲师有一半来自企业内部，而外部讲师也都是具有丰富实践经验的大学教授或顾问。总数的35%是大学教授，他们在各自的领域如经济学、财务等学科方面非常出色，他们会教一些模块的课程。15%外聘教师是具有丰富经验的咨询人员，利用他们的专长，教学员如何应用和实现一些东西。其中教授领导力的讲师大部分为GE的领导人。如图11－2所示。

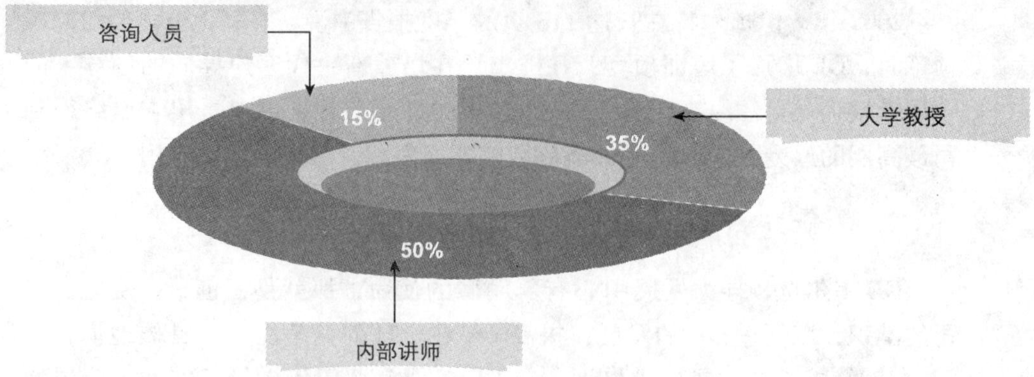

图 11－2　克劳顿培训中心讲师的来源

所有这些讲师都由学生来评估。每个学生都有机会也有责任对讲师进行评分，他们上的每一堂课的内容怎么样，目标是否实现，学到了什么技巧，结构怎么样，是否教得好，所有这些全都编成了一本培训实录，再用这些反馈去改进讲师们的课程。每年都会对这些结果进行总结，选出最好的 20% 的讲师和最差的 10% 的讲师，对最差的 10% 外聘讲师直接解聘，并找另外更好的讲师来代替。

如果是 GE 的领导者，因为他们大多数不是教授，没有专业的教学经验，因此领导力发展中心会帮助他们改善教学设计，帮助他们把课程和模块开发出来，让他们能够更好地传授经验，或者直接去找那些更加擅长教学的领导人。

另外，中心的讲师也会对中心的支持人员进行评估，评估他们的工作质量，看课程设置是否得当、是否与讲师协同工作等。

培训方式。GE 的培训项目总体采用混合式培训，克劳顿村同时提供课堂及 E-learning 两种方式。参加课堂培训的人可以享受到这里的一切思想及娱乐，而 E-learning 是作为一种非常重要的补充。

4. 特色项目——领导力发展体系

GE 克劳顿村最有特色的项目是领导力发展体系。

领导力开发的"双 W"矩阵。20 世纪 80 年代，GE 处于全球化的快速发展阶段，也是领导力开发的关键阶段，沿用至今的许多开发框架和方法论基础都是那个时候开发出来的。"双 W"矩阵就是那个年代的成果。如图 11－3 所示。

矩阵左侧是领导力开发的内容（What），下侧是开发对象（Who），这样就构成了所谓的"双 W"矩阵。从开发内容看，对于每一层级的开发对象，GE 都是从全球化相关能力、技术或业务技能及领导力能力三个方面去进行考虑。只不过对于职业发展不同阶段的人，其能力要求的等级和具体内容有所不同而已。依照这个矩阵，逐步推演出了五阶段发展领导力的项目体系。

五阶段发展领导力项目序列。GE 极其庞大的人才培养体系将领导人的培养分五个阶段，如图 11－4 所示。

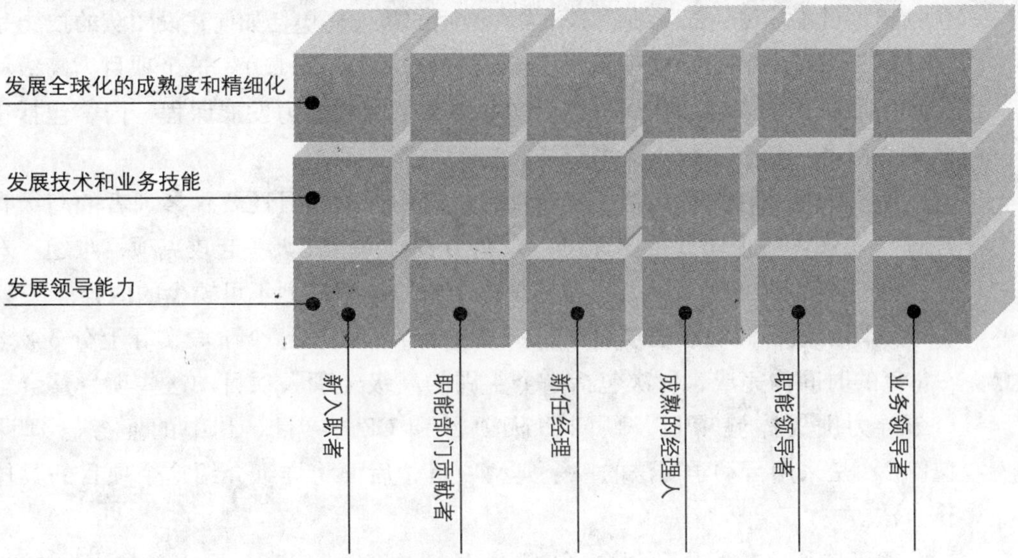

图 11－3　领导力开发的"双 W"矩阵

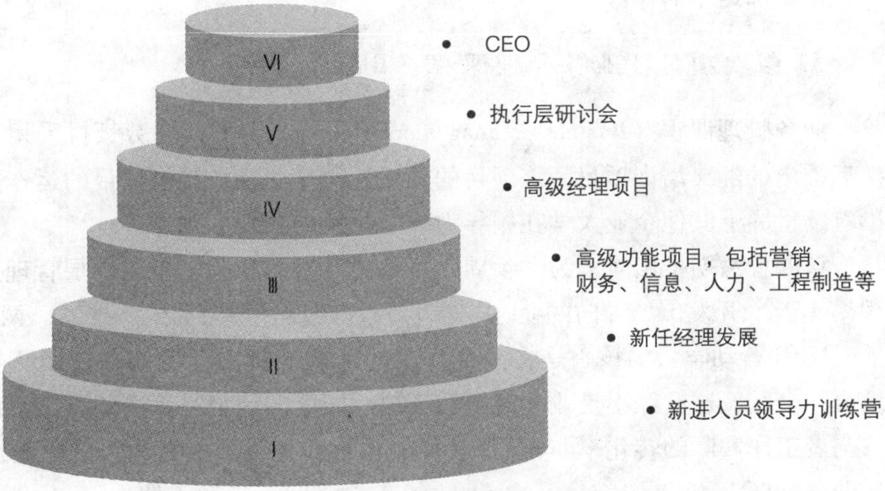

图 11－4　五阶段领导力开发项目序列

第一阶段：新进人员领导力训练营。每年有 2000 多名从校园招聘的大学生进入 GE，在入职的三个月内要到克劳顿村学习全球竞争（讲授如何在全球市场赢得成功），学习 GE 赢的战略，学习 GE 主动求变的价值观。期间，每个人还要经历 GE 价值观的考试。新进人员每 100 人分为一个大组，由执行层人员、辅导员和人力资源高级经理教授和带领。

第二阶段：新任经理发展项目（New Manager Development Program）。每年有超过 1000 多名新任经理来到克劳顿村学习如何在 GE 从事管理和领导。通过领导力调查，他们从自己的直接上司那里获得自己领导力状况的反馈，并以此为根据制订针对性的领导力提升计划。这一阶段将学习新任经理人需要的人员管理软性技能，包括招募员工、评估部下绩效、开发和激励部属，还包括如何建设团队的技能等。

第三阶段：高级功能项目（Senior Functional Program）。这个项目为高级职能经理所设，他们来参加数周自己所属职能领域的领导力发展课程，内容包括市场营销、财务、信息系统、人力资源、工程与制造等。

所有的培训计划都包括了变革项目，有的变革项目还要求参训者的高级直线经理（参训者的上司或主要客户）在克劳顿村待上几天一起攻克项目难题。对职能领域现实的改变和领导力的提升是这个阶段培训计划不可缺少的内容。

第四阶段：高级经理项目（Executive Program）。这个阶段实际上分 3 次在 5 ~8 年的时间内完成，每次包括一个 4 周的高级经理人项目。这些项目整合了户外领导力挑战体验项目、顾问团队项目和 CEO 项目。其中的业务管理课程（BMC）是采用行动学习法的一个典型项目，后面将详细介绍这个项目的具体操作方法。

第五阶段：执行层研讨会（Officer Workshop）。定期举行，参加人数在 20 ~ 30 人之间，就若干新的问题和全公司范围内的问题进行数天的研讨，CEO 经常会积极参加这个活动。

5. 经典项目：业务管理课程（BMC）

业务管理课程（Business Management Course）是 GE 克劳顿村采用行动学习法后推出的经典培训项目，该项目的方法论影响了 GE 其他项目的运作方式，也影响了世界上其他企业大学在领导力开发过程的操作方式。

该课程最初推出时，为时 4 周，对象是高潜力和高水平的中层管理人员，课程聚焦于“开发市场导向的业务战略”和“建设领导力和团队技能”两个方面。

BMC 行动学习的核心是将一个真实的跨职能部门业务问题与团队发展项目结合在一起。这已经不是业务游戏和模拟，问题的情境是真实的，学习成果用于参与者工作实际的转化率非常高。GE 公司旨在将优秀的智力投入到解决公司真实业务问题上。

实施 BMC 项目有理论上的指导，这就是行动学习模型。如图 11 -5 所示。

行动学习首先是要了解理论和概念，然后利用理论和概念模型去解决实际存在的问题。这在 BMC 课程的 4 个目标上得到充分的反映。

- □ 促使参与者学习、应用业务概念和技能去解决 GE 存在的一些真实业务问题；
- □ 对 GE 一些重要的业务问题解决提供帮助；
- □ 帮助参与者发展用于领导高绩效跨部门团队所需要的领导技能和团队技能；
- □ 帮助参与者应用新的业务和领导技能开发他们自己工作环境中的个人行动计划。

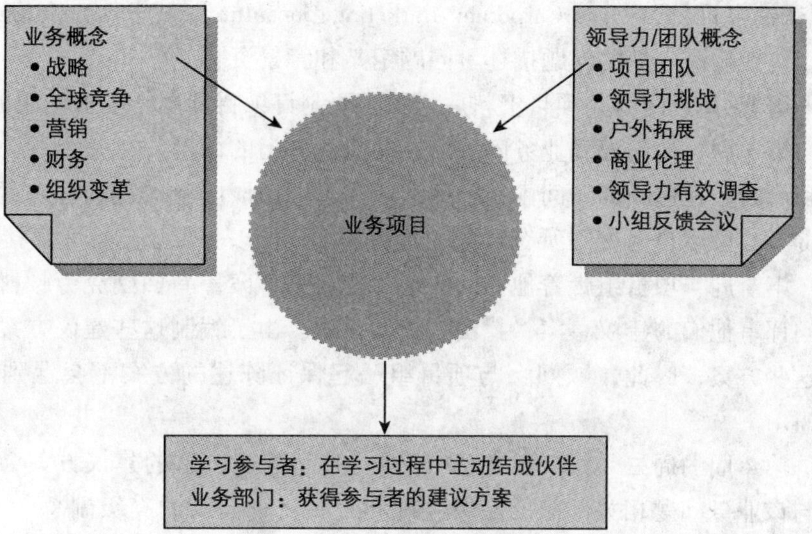

图 11－5　行动学习模型

BMC 课程具体安排。经典的业务管理课程为期 4 周，围绕解决一个 GE 存在的真实的业务问题而展开，这个问题解决形成一个建议方案。如表 11－5 所示。

表 11－5

BMC 课程预览

时　间	星期一	星期二	星期三	星期四	星期五
第一周	领导力与团队建设	业务战略	全球竞争	财务分析	
第二周	领导力与团队建设	营销战略	领导力与组织变革	公司与个人伦理 业务项目筹备	业务项目领导人
第三周	项目团队在业务现场开展项目				
第四周	准备建议方案陈述稿	向业务负责人陈述建议方案及获得反馈	团队反馈会议及回收领导力有效性调查问卷	制订项目前景及准备个人行动日程表	小组内分享个人行动日程表
第三周	团队关于业务问题建议方案实施情况的反馈	个人行动计划执行情况后续研讨	—	—	—

在 4 周时间，第 1～2 周为行动学习打基础。首先，来自商学院的讲师提供一系列先进的理论和方法，范围包括战略营销、财务规划、竞争分析和组织变革等。第 2 周后半周开始，项目将集中于应用学到的新知识和发挥团队集体经验去处理 GE 真实的业务战略问题。

参加者被分为 6 个组，每组 5～6 人。共有 3 个业务项目，每一个项目由两个组来完成，并且是独立完成。这样一方面会出现两个组之间的竞赛，另一方面对于业务部门可以同时取得解决一个问题的两种不同的建议方案。

克劳顿村的工作人员与业务部门的负责人一起选择参训者要完成的项目。

GE 营销咨询部（GE's Corporate Marketing Consulting Services）会准备一系列资料，包括严谨定义的问题描述、问题定义和背景资料。

用 1~2 天阅读完项目资料后，团队要制订项目计划、准备访谈提纲等。

第 3 周，他们要到业务问题所在的业务部门的总部，花整个一周时间开展调研和诊断。在这一周时间内，项目组成员可以访谈所有关键的管理者，包括业务负责人，可以自由查阅所有财务和营销数据，可以去现场与客户直接交谈。

第 4 周，项目组带着他们的发现和建议书草案重新回到克劳顿村，先由外部顾问评审他们的建议草案，找出分析的差距。由于编制这些建议方案的目标是实施这些方案，因此，顾问会与项目组一起保证陈述的方案不会遇到任何可能的障碍。

第 4 周的周二，每个组有 90 分钟的时间陈述自己的建议方案，参加评审的有与该业务问题相关部门的高级经理和公司负责运营的高级副总裁。数据显示，有半数的方案得到了实施。

6. 后 MBA 领导力培训项目

GE 吸引了大批 MBA 的加盟。对于这些入职者，GE 推出了一种针对 MBA 的领导力培训项目。这是一种高度结构化的项目，包括了工作任务轮换和在 GE 集团完成快速全面的职业生涯体验等部分。

在这个项目中，MBA 将接受范围极广的进阶式训练，将学习 GE 的价值观和获得成功的必要行为方式，总共有四种具体的培训项目。如表 11-6 所示。

表 11-6

GE 后 MBA 领导力培训项目组合

成熟商业领导力项目（ECLP）	不分入职前的工作背景，主要针对未来工作在“以客户为导向”的销售和市场部门
HR 领导力项目（HRLP）	主要针对未来在人力资源部门的 MBA
风险管理领导力项目（RMLP）	针对具有金融、会计、商务背景和将在 GE 风险管理领域工作的 MBA
再生能源领导力项目（RELP）	主要针对在 GE 风力能源领域寻求发展的 MBA

后 MBA 领导力培训项目由伊梅尔特亲自发起和推动。这可能与他自己曾在哈佛大学商学院攻读 MBA 有关。推出这个项目是为了保证 GE 拥有庞大的有潜力的和受过良好教育及训练的商业领导者人才库。这些领导力开发项目为 MBA 提供了良好的事业基础，为全世界各地的优秀企业所认可。

7. 管理培训生项目

管理培训生项目是 GE 强大而出色的培训发展体系中一个重要的组成部分，

是培养未来领导人的摇篮，它针对应届毕业生及具有 2 ~ 3 年工作经验的人员。管理培训生主要分为三类，即财务管理培训生项目（FMP）、信息管理领导力培训生项目（IMLP）和运营管理领导力培训生项目（OMLP）。其中 FMP 是 GE 历史最久、最具规模的培训项目之一，最早可追溯至 1919 年，已在 GE 全球 30 多个国家和专区展开，将具备高素质和高潜力的个人培养成为兼具专业技术和战略思维的财务管理人才。如图 11 - 6 所示。

图 11 - 6　GE 的管理培训生项目

管理培训生项目在 GE 选人与育人、用人与留人几个方面都发挥了重要作用，在人才培养方面颇有独到之处，是许多公司学习如何培养人才的典范，很有借鉴意义。其主要做法是“工作轮岗 + 学中干，干中学”。

管理培训生项目实际上是一个针对早期职业生涯的培训计划。“工作轮岗”是该项目中的一大特色，培训生在培训期间要到各个不同部门进行轮岗实习，毕业以后将会成为 GE 的财务、商业及信息管理的高级管理人员及领导人才。

轮岗实现了 GE 对培训生的职业生涯管理，促进了员工的职业发展，从而有效推动员工职业生涯目标得以实现。对于很多培训生来说，这是项目最吸引他们的地方，通过轮岗可以获得多于普通员工的学习机会。

如 FMP 项目的整个培训期为两年，其间培训生需要经历四个为期半年的轮岗，即在 GE 不同的业务集团中从事四种不同的财务工作，部分培训生还会有出国轮岗的机会。大部分管理培训生刚刚从大学校门走出来，到了 GE 等于又走进了企业大学的校门。管理培训生项目就像读一所新的大学，有非常完善的课程安排和考试制度。

在 FMP 项目中，培训生们要学习财务专业实务并接受领导力的培养。他们要接受两年四个不同业务部门的工作轮训，在工作的同时，四个学期中每学期都会被安排一门财务专业课程，如基础会计、财务运营、财务控制、财务战略等。在工作中学到的东西和积累的经验不仅会给培训生个人的发展带来很大价值，同时这种边学边干的培训模式也有利于加强大家之间的沟通和交流，有利于分享心得和互相学习。

为 FMP 讲授财务课程的老师绝大多数也是 FMP 项目的毕业生，他们已在 GE 各个业务部门担任高级财务负责人，“学长”们的参与本身对尚未毕业的培训生们就是一种鼓舞和激励。

8. 领导力开发的其他特色做法

GE 开发领导力方面除了上述项目体系外，还有以下富有特色的做法。

经理人年度开发计划。在 GE，每位经理人都有年度开发计划，这些计划的依据是未来一年的培训需求，因而，从时间维度上讲，这些开发计划是未来导向的。从内容上看，这些开发计划以“领导力”为导向，内容包括职能技能训练和开发，也包括商务技能训练和开发，当然还包括领导技能开发和训练。

教练与导师制。在 GE，鼓励教练（Coaching）与导师制（Mentorship）。GE 既鼓励正式的教练和导师辅导行为，也鼓励非正式的教练和导师辅导行为。在 GE，所有的经理人都对辅导下属充满着热情。一个新的经理人可以要求有一个导师，他可以在本地区，也可以在全球范围内进行挑选。辅导对象与导师定期进行接触，他们可以从导师处得到他们宝贵的职业经验，也可以得到业务或日常工作方面的指导和建议。

寻找有成长特质的后备领导人才。GE 不仅重视领导力开发，同时在寻找高潜质领导人才方面不遗余力。GE 对领导人才持非常开放的态度，有点“英雄不问出处”的味道。他们看重的不是一个人的知识丰富程度，不是他们已有的成就，而是一个人的成长特质（Growth Traits）。GE 认为，一个有成长特征的人有以下四个特点：

- ☐ 客户导向（Being customer focused）；
- ☐ 思维清晰（Clear thinking）；
- ☐ 有想象力（Imagination）；
- ☐ 有勇气（Courage）。

GE 看重的这四点都属于一个人的内在特质，这些特质是比较难培养的，相对来说，知识和技能比较容易培训，这一点值得中国本土企业认真思考。

灵活的职业生涯。GE 在关注经理人培训和开发需求上是首屈一指的，具体的表现是能够给予这些经理人非常灵活的职业生涯发展机会。由于 GE 在 100 多个国家和地区运作业务，产业范围覆盖了商业、消费者金融、工业用品、医疗用品和娱乐业等，因此，一个员工不出 GE 就可以到不同地区和不同行业灵活转换自己的职业生涯。这么多的机会在其他企业是无法得到的。这无疑增加了 GE 对优秀人才的吸引力，也给 GE 领导力开发中心进行既有深度又有广度的轮岗设计提供了可能。由于 GE 得天独厚的条件，大跨度的轮岗和安排挑战性的任务就成为 GE 领导力开发的一个特点。

华夏大学

1. 华夏大学概况

华夏人寿保险股份有限公司成立于2006年12月，由天津港（集团）有限公司、中国京安信用担保有限公司、天津市高速公路投资建设发展公司等六家大中型企业发起，是经中国保险监督管理委员会批准设立的全国性综合人寿保险公司。

华夏人寿对于公司组织发展和员工成长非常重视，大力推动公司培训体系的建设工作，希望将华夏大学打造成员工“思想的健身房，事业的加油站”。华夏大学历经前期的构想与筹备，终于在2008年11月17日成立了第一个学院——华夏大学商学院。在2009年初，个险系列的四个学院——行销学院、管理学院、教育学院和财经学院也相继成立，完成了华夏人寿培训体系运作平台的搭建。

华夏大学以“传播‘鹰雁文化’，传递爱与责任”为办学思想，以培养优秀的寿险行销和一流的管理人员，服务于华夏人寿的总体发展战略为办学宗旨，汇聚了众多国内寿险业资历深、能力强、经验丰富又勇于创业的培训人才。经过不懈的探索与研究，目前已经形成了满足目前国内寿险市场需求，并且理论与实践相结合的一套培训体系。华夏大学整合了公司所有优秀的人员成为培训师资，从外部聘请优秀讲师，引进优质培训课程，并集结了大量的人力物力作为培训资源，结合公司发展实际，注重人才培养，拥有一系列实用性与针对性强、适应公司及员工个人发展需要的先进课程。并且，华夏大学开展了一系列有影响的项目，如与国际金融保险管理协会（简称LOMA）合作，在公司内大力推动FIMI、ACS、AIAA、AAPA等保险系列认证资格考试。2010年初与微软合作，共同建立微软办公软件国际认证授权培训与考试中心，成为微软授权的中国首家企业大学培训考试中心。

华夏大学运作体系的组织架构如图11－7所示。

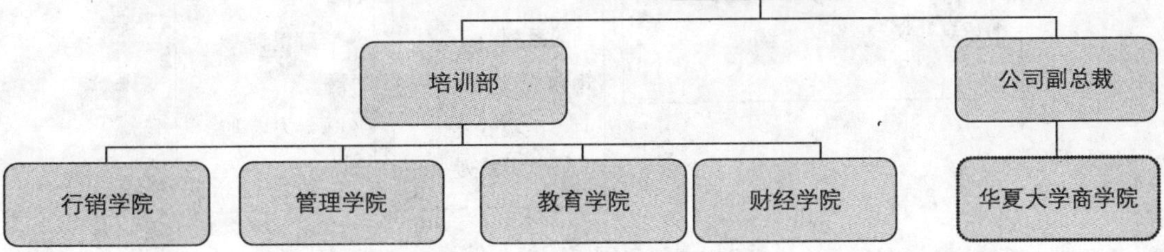

图11－7 华夏大学的组织架构

华夏大学运作体系由课程体系、讲师体系、资源体系和管理体系四大体系构成，四大体系共同支撑起了一个高效的培训运作平台，每个体系都不可或缺。

2. 华夏大学的课程体系

课程体系是培训运作的根本，好的课程体系将为各层级人员提供相应的、有针对性的训练内容，并为业务人员和讲师队伍的职涯规划提供良好的培训支持。华夏大学分为五大学院——商学院、行销学院、管理学院、教育学院和财经学院，下面在简要介绍这五大学院中穿插讲解其课程体系。

商学院。商学院的启动是公司“提升组织能力、加快内涵发展”的重大战略举措，是培育华夏人寿核心竞争力的重要载体。通过商学院来建立华夏人寿的内勤培训成长体系，通过不断丰富的培训方式及手段，培养员工成为具有专业品质、专业技能和极具忠诚度的优秀个人和高效工作团队，并能通过培训体系，有效提升公司的组织能力，为公司加快内涵发展提供组织上的有力保障。

□ 培训对象：总分公司全体内勤员工。

□ 课程设置：企业文化、公司战略、华夏礼仪、保险产品知识、内勤新员工培训课程、通用基础技能，专业金融知识、管理技能等，如图11－8。

□ 培训目的：保障内勤员工掌握基础管理和岗位专业技能，形成梯队干部培养机制。

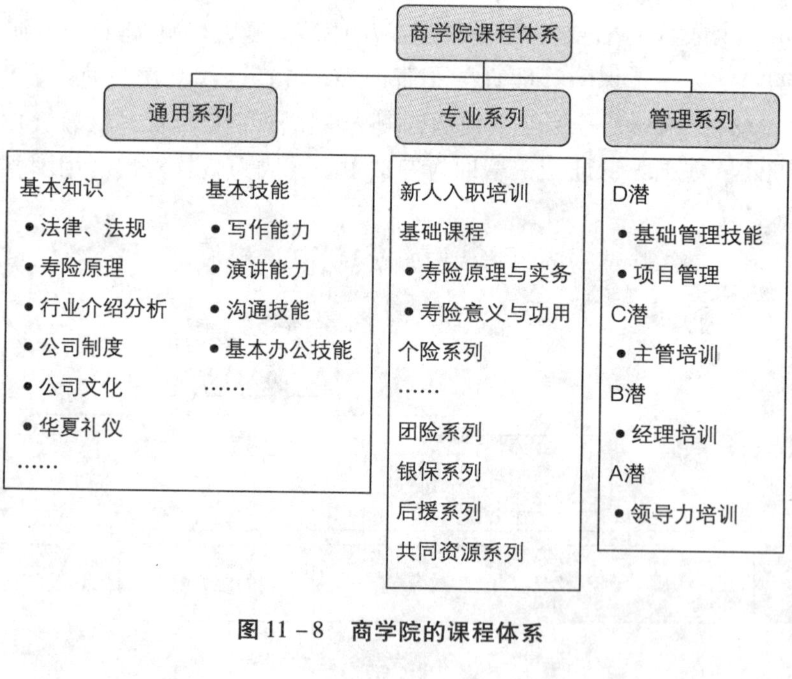

图11－8 商学院的课程体系

行销学院。行销学院旨在培养新一代的专业寿险销售精英，这里有全行业最先进的销售理念与销售系列课程，有行业内最优秀的培训人才。行销学院通过一系列针对不同层级的课程的讲授、演练、实践与反馈等方式，不仅可以把一个对销售完全陌生的人逐步培养成为一名销售高手，还将传授给学员令其终身受益的沟通技能。

- □ 培训对象：个险系统理财顾问。
- □ 课程设置：职前、保险代理资格考试辅导、岗前培训、新人成功 90 天、转正培训、成龙培训、顾问式销售、财务规划式销售职业道德与法规培训等，如图 11－9。
- □ 培训目的：提升理财顾问的专业知识、销售技能与技巧；规范展业，专业行销；持续的目标规划，突破自我，不断成长。

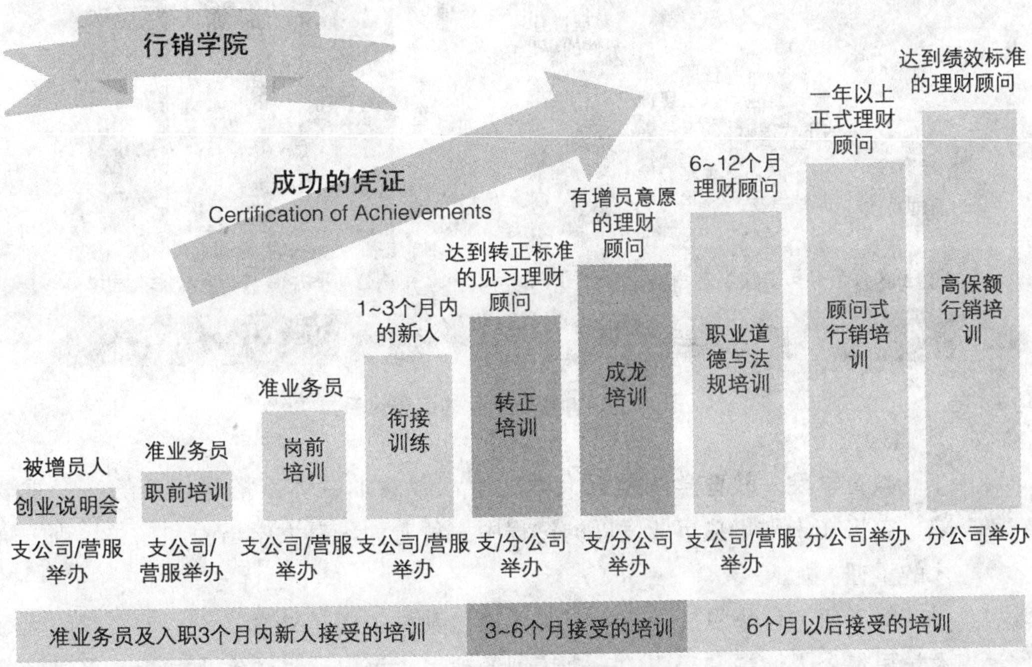

图 11－9 行销学院的课程体系

管理学院。华夏人寿秉承“对员工生涯规划”的原则，为每一位服务于华夏的员工提供了发展无限的晋升空间与公平、透明的晋升渠道。与此同时，华夏大学管理学院将伴随每一位有志于组织发展和团队管理的员工的成长历程，在不断地提升个人组织发展平台的同时，员工将在这里获得与之相匹配的管理能力的提升。

- □ 培训对象：个险系统各业务管理层级（包括业务襄理、业务部经理、业务总监等）。

□ 课程设置：准襄理育成培训、襄理晋升培训、襄理进修培训、资深襄理晋升培训、经理育成培训、经理晋升培训、经理研修培训、总监研习培训，如图 11－10。

□ 培训目的：提升业务管理层的增员、辅导和管理技能、持续地组织发展与晋升规划，挑战自我与价值成长。

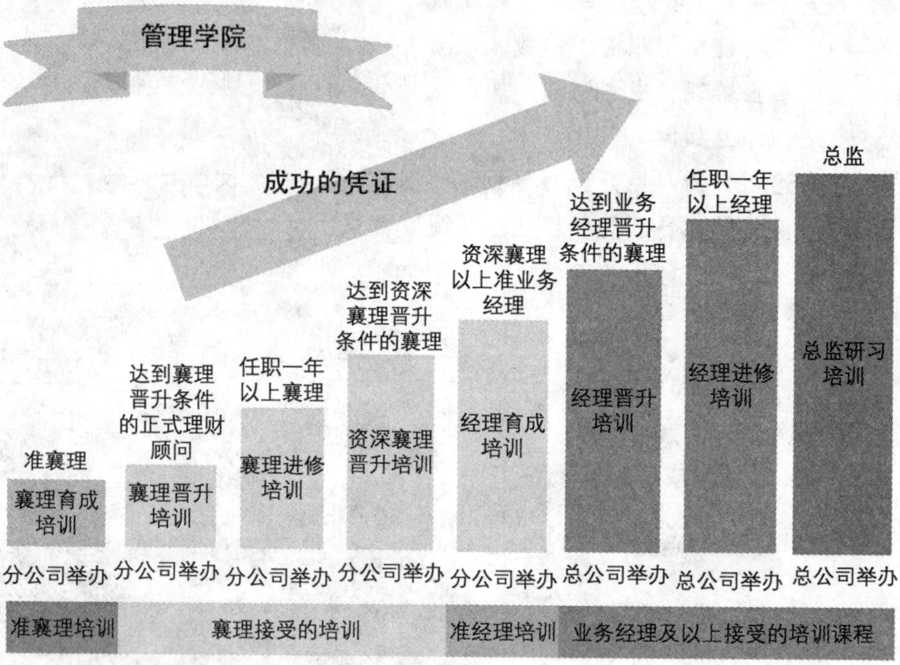

图 11－10　管理学院的课程体系

教育学院。教育学院是五大学院中承载着训练体系搭建任务的一个重要学院，它将在未来华夏事业发展的过程中肩负着为华夏大学培养和输送培训方面人才的重任。

对于每一位华夏的员工而言，无论内勤员工还是外勤员工，教育学院无疑是大学里最令人憧憬和渴望的一个培训圣地，它可以让员工实现成为一名讲师的梦想，自信地站在讲台上，在众人面前流畅自如地分享自己的理念，施展自己才能。

□ 培训对象：内勤——专职讲师、组训；外勤——荣誉讲师。

□ 课程设置：有效表达；讲师、组训育英培训；讲师技能提升培训；各类课程种子讲师授权培训等，如图 11－11。

□ 培训目的：突破在众人面前表达的心理障碍，提升学员有效表达的技能，提升交流与沟通能力，提升授课技能与组织能力，获得相关认证。

财经学院。当今社会最需要的是复合型人才，华夏大学也将致力于培养复合

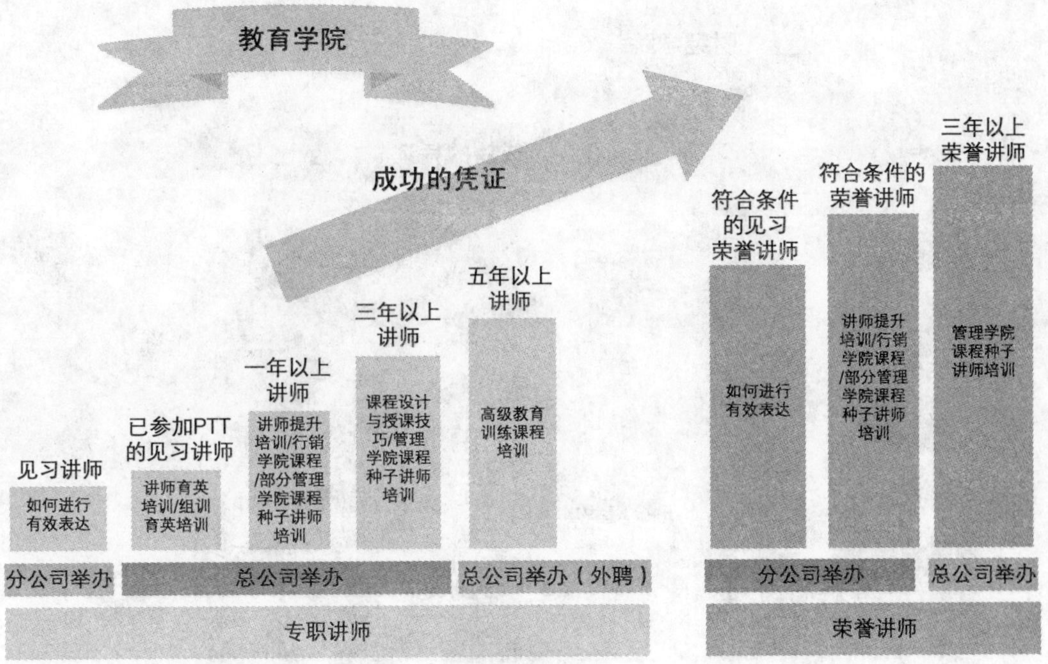

图 11－11　教育学院的课程体系

型金融服务人才，财经学院正是为了将服务于华夏的理财顾问打造成富有竞争力的复合型人才而设的，这里有丰富的金融、投资、理财等财经知识讲座，通过包括公司内部人才培养及外聘资深理财专家的形式定期为理财顾问服务，丰富理财顾问的知识领域，打造业内最具竞争力的专业理财顾问团队。

- □ 培训对象：正式理财顾问及资深理财顾问。
- □ 课程设置：综合金融理财知识、理财投资、理财规划等，如图 11－12。
- □ 培训目的：补充理财基础知识，了解金融投资，提升综合理财知识和理财规划能力。

3. 华夏大学的讲师体系

无论是培训的搭建工作，还是某一个环节的具体操作，讲师无疑是整个大学运作过程中的操作主体，因此讲师体系是大学运作系统的关键所在。华夏大学拥有强大的师资力量，讲师体系按照讲师类别可分为内勤讲师和荣誉讲师，其中内勤讲师包含专职讲师、组训和内勤兼职讲师。

讲师队伍的搭建以外部优秀人员的引进与内部人才培养两种方式相结合。

目前，公司已拥 100 人左右的内勤专职讲师队伍和 200 多名组训。与此同时，公司总裁曹湛、总精算师张科、个险渠道李平、分管培训的高豪钟等都是在业内具有丰富培训授课经验的人士，他们在大学内任客座教授、兼职授课，将他们多年的寿险经验及个人的人生感悟分享给员工。

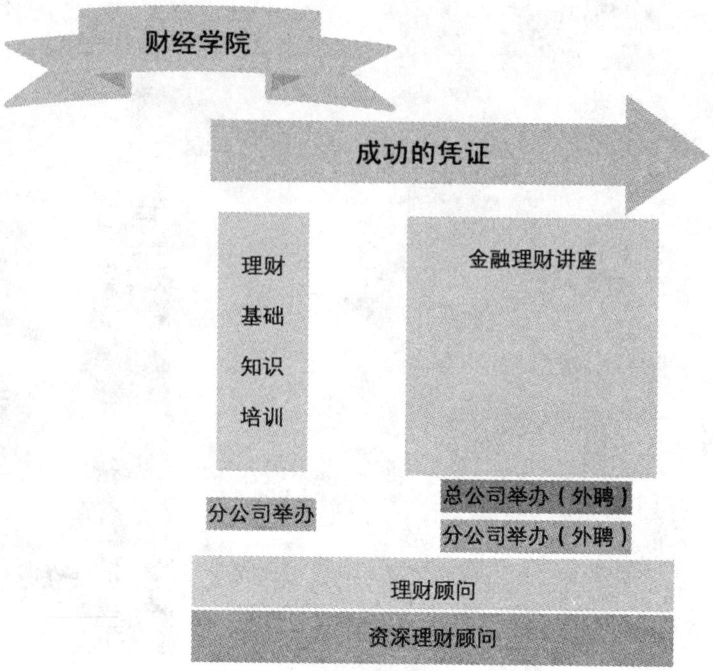

图 11－12 财经学院的课程体系

针对外勤荣誉讲师队伍的搭建，采取由理财顾问自主申请报名，各分支机构组织报名，分公司面试并定期培训的方式进行。2009 年，个险系统建立了一支上千人的荣誉讲师队伍，承担起公司大量的培训授课任务。

讲师体系是整个培训体系中的灵魂，其他三个体系都必须通过讲师体系的良好运作来实施。公司还针对专职讲师、组训和荣誉讲师分别制订了相应的管理办法。未来每年，华夏人寿都将加大对专职讲师、组训和荣誉讲师队伍建设的投入，以适应个险业务的高速发展。

4. 华夏大学的资源体系

“百年大计，教育为本”，公司领导深谙员工培训对于企业发展的重要意义，因此对于华夏大学的成立与运作给予强有力的资源支撑。

华夏大学资源体系涵盖了公司每年在培训费用、培训设备和培训场地等方面的投入。各分支机构均有自己独立的会议室作培训场地、专门的器材设备供组织培训专用设备，公司每年还将根据各分支机构的规模划拨培训费，充分保证机构培训工作的正常开展。

与此同时，总公司培训部每年还投入数百万经费用于各大学院最高级别的各类培训班的运作支持和总公司个险系统内培训体系的搭建。

华夏大学还将推出电子化培训管理系统，为每一位学员建立电子化培训档案，同时将提供最及时的数据统计与最科学的数据分析，并在此基础上持续不断地完善华夏大学的课程设置，改善课程结构，从而为营销队伍提供最实用的培训。

5. 华夏大学的管理体系

管理体系是整个培训体系的核心，课程、讲师和资源体系只有通过管理体系的运作和调配才能发挥最好的功效。通过各级培训分工，能够有效地保证公司的各项课程、政策和制度顺畅地传达及贯彻执行。

公司针对培训工作各方面，均出台了相关的管理制度，确保各项培训工作能够规范化、标准化、专业化地运作。

在学员管理方面，公司出台了培训护照制。大学将为每一位学员建立一份培训护照，记录学员从入职培训开始的每一次培训和每一次成长经历，每一次培训结业后会由大学在护照上进行听课认证，证明学员已完成该项培训。学员晋升新的职级之前要参加晋升培训才能晋升，在讲授部分授权课程之前要参加授权培训获得授权方可讲授，对于部分课程未授权或未认证者，则不能够享受相应晋升或授课的权利。

在讲师管理方面，大学建立讲师系列的晋升机制及荣誉体系，按照讲师的授课的课时贡献量、授课效果反馈及服务年资等指标进行年度考核与晋级评优，优秀讲师将参加公司一年一度的教师节表彰活动，获得鲜花、掌声与荣誉的同时，还将获得与全国优秀讲师交流的机会。

在培训班运作方面，总公司对于五大学院均制订了标准的课程及课程操作手册，并通过授权培训的形式将培训流程与讲授内容固化，保证各位学员进入公司之后参加的每一部分课程都是完全按照公司的统一要求进行。

统一、规范且系统化的管理是华夏人寿大学健康运作的前提，华夏大学的管理体系正是基于这个前提之下，对于公司的培训资源进行科学合理的分配与整合，从而实现大学的有效运作，并最终服务于广大管理人员和营销队伍。

本章小结

目前企业大学方兴未艾，各企业纷纷创办自己的企业大学。企业大学是培训开发的最高境界，是有效的学习型组织实现手段，也是公司规模与实力的有力证明。本章讲了企业大学的定义、起源、意义和类型，然后又介绍了企业大学模型，并且介绍了如何建立企业大学，最后展示了两个优秀企业大学。

复习思考题

1. 什么是企业大学？它是如何起源的？
2. 建立企业大学有何意义？

3. 企业大学有哪些类型？

4. 简述企业大学的轮模型和轴承模型。

5. 如何建立企业大学？

【案例问题】

认真阅读GE克劳顿培训中心和华夏大学的案例，回答以下问题：

1. 克劳顿培训中心是如何支持GE发展战略的？

2. 与其他企业大学相比，华夏大学有何特点？

第 12 章

职业生涯管理

【学习目标】

- 掌握职业生涯管理的相关概念以及与人力资源管理的关系
- 了解职业生涯管理的意义
- 掌握职业生涯管理的有关理论
- 能够区分员工自我职业生涯管理和组织职业生涯管理
- 掌握职业生涯规划的步骤
- 了解影响员工职业选择的因素
- 掌握职业生涯管理的相关工具和技术

【关键概念】

职业生涯管理
职业生涯规划
组织职业生涯管理
职业锚
双轨制
无边界职业
职业高原现象

引导案例：李开复的职业生涯*

李开复与他的创新工场吸引了媒体和人们的广泛关注。

李开复1961年出生于台湾，后来到美国上学，学术生涯一直到卡耐基梅隆大学的博士，副教授。但其职业生涯的辉煌是其先后到苹果、微软、谷歌等知名国际企业并担任高管职位的过程中创造的。

针对个人的成绩，李开复认为兴趣、天赋是其成功的关键；另外其职业生涯的选择和转换，在于其对个人价值的自我实现，比如当初放弃知名国际大学副教授教职到苹果以及现在的创新工场。李开复提及自己为什么离开大学到企业的时候，他说道"自己研究的很多东西都是一些废纸"，没有得到实践或改变什么；在提及创新工场的时候，他也表达了创新是中国企业的责任和需要的想法，可以说从最初的个人价值实现上升到了社会价值的创造。

12.1 职业生涯管理基础

职业生涯管理是现代企业人力资源管理的重要内容之一，是企业帮助员工制订职业生涯规划和帮助其职业生涯发展的一系列活动。同时，职业生涯管理也是人力资源管理体系中的重要环节。人力资源管理强调的是：在组织总体战略下实现人力资源管理各项制度的一体化；企业要最大限度地利用员工的能力，要为每一位员工提供一个不断成长以及挖掘个人最大潜力和建立成功职业的机会。这一观念使得职业生涯管理成为人力资源管理区别于人事管理的最重要特征之一。但是，职业生涯管理不是一项独立的人力资源管理职能，它跟人力资源管理的其他各项职能都有密不可分的联系，图12－1就说明了人力资源管理是如何同职业生涯管理过程中的一些基本方面相联系的。20世纪70年代起，欧美等国越来越多的企业意识到员工需要获得职业满足感，他们希望建立一套机制，使得员工可以在组织内部实现他们的个人目标，职业生涯管理应运而生。现在职业生涯管理已成为国内外人力资源管理的一项重要内容。

职业生涯管理的相关概念

在理解职业生涯管理之前，我们首先需要对"职业"、"职业生涯"、"职业规划"和"职业生涯管理"等概念有个明确的认识。

1. 职业（Occupation）

不同学者对"职业"有着不同的诠释。美国社会学家塞尔兹认为，职业是一

* 案例来源：人力资源开发网，有删减。

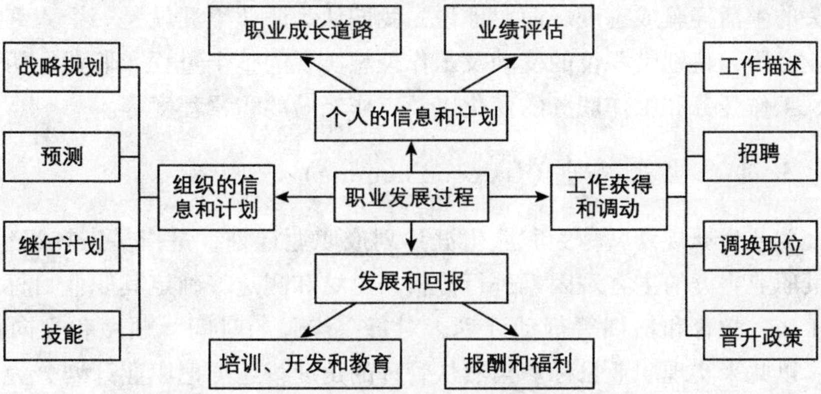

图12-1 职业生涯管理与人力资源管理的关系

个人为了不断取得个人收入而从事的具有市场价值的特殊活动，这种活动决定着从业者的社会地位。中国学者朱启臻认为职业是指人们为了谋生和发展而从事相对稳定、有收入的、专门类别的社会劳动；这种社会劳动决定于社会分工，并要求劳动者具备一定的生活素质和专业技能。这种社会劳动是对人们的生活方式、经济状况、文化水平、行为模式、思想情操等方面的综合反映，也是一个人的权利、义务、职责的具体体现。

现代意义上的职业，至少需要具备以下几个特点：

□ 根源于社会分工。社会分工形成了生产过程中的许多工种和岗位，这些不同的工种、岗位赋予劳动者不同的工作内容、不同的职责、不同的声誉和社会职位以及不同的劳动规范和行为模式，由此劳动者获得了特定的社会标记和专门的劳动角色，如工人、农民、教师、企业家和科学家等。

□ 社会性。职业是为社会所需要的，是劳动者所进行的社会生产劳动或社会工作，得到国家的认可，因此职业是社会的职业。

□ 连续性。劳动者长期连续地从事某种社会工作，或者从事的该项工作相对稳定，才能称之为职业。

□ 劳动者通过职业活动来获得经济收入，满足自己和家人的生活需要。

我们认为，职业是参与社会分工，利用专门的知识和技能，为社会创造物质财富和精神财富，获取合理报酬作为物质生活来源，并满足精神需求的工作。

2. 职业生涯（Career）

生涯指人的一生，对于职业生涯，学者们的理解各不相同。萨伯（Super，1976）认为，职业生涯是生活中各种事态的连续演进历程，它统合人一生中以此发展的各种职业和生活的角色，包括人一生中一连串有酬或无酬职位、角色的综合。霍尔（Hall，1976）认为，职业生涯指的是每个人终其一生与其工作或职业相关的生活经验或态度。简单地说，我们认为职业生涯就是一个人终生连续性的职业经历，特别是职位的变动及工作理想实现的整个过程。职业经历包括职位变动、工作任务和工作职务的变化以及工作经验的积累程度等。

3. 职业生涯规划（Career Planning）

职业生涯规划又称为职业生涯计划或职业计划，是指员工在组织的协助下，对其职业生涯的主客观因素进行分析、总结和测定，确定其职业目标，编制相应的工作、教育和培训等行动计划，对每一步骤的时间、顺序和方向进行合理安排，以此来实现职业目标。当然从管理的角度，还可把职业计划分为个人与组织两个层次。从个人层次看，每个人都有从现在和将来的工作中得到成长、发展和获得满意的强烈愿望的要求，为了实现这种愿望和要求，从而制订了自己成长、发展和不断追求满意的计划，这个计划就是个人的职业计划。从组织的层次看，职业计划是指组织为了不断地增强员工的满意度并使其能与组织的发展和需要统一起来而制订协调有关员工个人成长和发展与组织需求和发展相结合的计划。

4. 职业生涯开发（Career Development）

职业生涯管理的另一重要内容是职业生涯开发。职业生涯开发是指一切通过传授知识、转变观念或提高技能的手段来改善当前或未来的工作绩效、发展与职业生涯目标相应的潜在的职业能力的过程。职业生涯开发以人自身为开发对象，工作重点是提高员工从事职业所要求的伦理观念和知识能力水平等。

5. 职业生涯管理（Career Management）

对于职业生涯管理的概念，很多学者都有自己不同的表述。美国组织行为专家道格拉斯·霍尔认为，职业生涯管理是对一个人一生工作经历中从事的一系列活动和行为进行的规划和管理。杜映梅在《职业生涯规划》中也指出职业生涯管理是“组织开展和提供的用于帮助和促进组织内正从事某类职业活动的员工，实现其职业发展目标的行为过程，包括职业生涯设计、规划、开发、评估、反馈和修正等一系列综合性的活动与过程”。通过员工和组织的共同努力与合作，使每个员工的生涯目标与组织发展目标一致，使员工的发展与组织的发展相吻合。综上所述，我们认为职业生涯管理是一种专门化的管理活动，从组织的角度看，就是对员工从事的职业所进行的一系列设计、规划、执行、评估、反馈和调整等管理活动，以实现组织目标和个人发展的有机结合。

职业生涯管理主要包括两种：一是员工自我职业生涯管理（Individual Career Management），是指对个人而言的职业管理，主要包括制订职业计划、自我学习、发现并争取机会和实现最终职业目标的过程。二是组织职业生涯管理（Organizational Career Management），是从组织的角度为员工设定职业目标，帮助员工制订职业计划和实现职业计划的一系列过程。由于个人所进行的职业生涯管理需要通过组织才能最终得以实现，所以组织方面的职业生涯规划和职业生涯发展是职业管理的重要方面。

职业生涯管理的意义

现代社会中，人的一生中大部分时间是在职业中度过的，职业生涯跨越人生中精力最充沛、知识经验日臻丰富和完善的几十年，职业成为绝大多数人生活的最重要组成部分。

职业生涯管理是近些年来西方发达国家人力资源开发的重要内容之一，引起了整个社会的普遍关注，它对个人、组织甚至整个社会都具有极为重要的意义，如表 12－1 所示。

表 12－1

职业生涯管理的意义

对个人	• 以既有的成就为基础，确立人生的方向，提供奋斗的策略。 • 突破生活的格线，塑造清新充实的自我。 • 准确评价个人特点和强项。 • 评估个人目标和现状的差距。 • 准确定位职业方向。 • 重新认识自身的价值并使其增值。 • 发现新的职业机遇。 • 增强职业竞争力。 • 将个人、事业与家庭联系起来。
对组织	• 职业生涯管理可以帮助组织深入了解员工的兴趣、愿望、理想，以便使人力资源部门合理地安排工作，实现人尽其才、才尽其用。 • 通过组织职业生涯管理，真正了解员工在个人发展上想要什么，协助个人制订职业计划，帮助个人实现职业生涯目标。使员工个人目标与公司目标得到统一，进而形成企业发展的巨大推动力，更好地实现组织目标。

12.2 职业生涯管理理论

职业生涯管理是一门新兴的学科，很多企业都对其很感兴趣。其重要作用在于，对一个企业来说，做好职业生涯管理工作意味着可以促进员工的职业发展，提高员工的工作满意度，保留企业所需要的各类人才，保证企业的可持续发展。研究职业生涯管理理论的起源和发展将有助于对职业生涯管理有更深入、更彻底的了解，对于管理实践也会有所帮助。职业生涯管理理论主要有职业生涯选择理论、职业生涯发展理论和职业生涯主动建构理论，下面我们将分别进行介绍。

职业生涯选择理论

员工职业生涯管理对组织和员工个人来说都有重要的影响。一个社会存在着多种行业，每个人都将面临选择何种职业、何种职业最适合自己的问题。职业生涯选择理论主要研究的是：一个人如何确认自己适合做什么工作、人们在选择和发展职业生涯时到底应该围绕什么样的中心、一个人应该有怎样的职业生涯等问题。下面主要讲述“职业锚”理论、霍兰德的职业性向理论、帕森斯的职业—人匹配理论和佛隆的择业动机理论。

1. “职业锚”理论（Career Anchor Theory）

“职业锚”理论是由美国著名的职业指导专家埃德加·施恩教授提出的。他认为，职业生涯规划实际上是一个持续不断的探索过程，在这一过程中，每个人都在根据自己的天资、能力、动机、需要、态度和价值观等慢慢地形成较为明晰的与职业相关的自我概念。随着一个人对自己越来越了解，这个人就会越来越明显地形成一个占主要地位的职业锚。职业锚是指当一个人不得不作出选择的时候，他无论如何都不会放弃的职业中的那种至关重要的东西或价值观。正如其中“锚”的含义一样，职业锚实际上就是人们选择和发展自己的职业时所围绕的中心。一个人对自己的天资和能力、动机和需要以及态度和价值观有了清楚的了解之后，就会意识到自己的职业锚到底是什么。一个人过去的所有工作经历、兴趣、资质、性向等会集合成一个富有意义的职业锚，这个职业锚会告诉此人，对他个人来说，到底什么东西是最重要的。职业锚是“自省的才干、动机和价值观的模式”，是自我意向的一个习得部分。施恩教授提出了八种职业锚：

技术/职能型职业锚。即职业发展围绕自己所擅长的特别的技术能力或特定的职能工作能力而进行，具有这种职业锚的人总是倾向于选择能保证自己在既定的技术或职能领域中不断发展的职业。这些人一般多从事营销、工程技术、财务分析、企业计划等工作，拒绝一般管理型工作但愿意在其技术/功能领域管理他人。同时他们追求在技术/功能能力区的成长和技能不断提高，其成功更多地取决于该区域专家的肯定和认可，以及承担该能力区日益增多的富有挑战性的工作。

管理型职业锚。具有这种“职业锚”的人，其职业发展的路径是沿着组织的权力阶梯逐步攀升，直到达到一个担负全面管理责任的职位。他们愿意掌握更多权力、承担管理责任。具体的技术工作或职能工作仅仅被看成是通向更高、更全面管理层的必经之路；他们从事一个或几个技术职能区工作，只是为了更好地展现自己，是获得管理权之必需。管理型职业锚的员工具有强有力的升迁动机和价值观，以提升、等级和收入作为成功的标准；同时具有较强的分析能力、人际沟通能力和情感能力。

创造型职业锚。具有这种职业锚的人，其职业发展主要围绕创造力形成。这种创造力使得他们能够为企业创造出更多的产品和服务，以及好的创意和想法，或是创办自己的企业；而且这种类型的人意志坚定，勇于冒险；创造型职业锚同其他类型职业锚存在着一定程度的重叠。

自主/独立型职业锚。具有这种职业锚的人最大的特点就是向往自由、不受约束，他会最大限度摆脱组织的约束，追求能施展个人职业能力的工作环境。这些人更倾向于从事教师、作家、咨询、经营店铺等职业，这类职业使得他们可以自己安排时间，自己决定生活方式和工作方式。

安全/稳定型职业锚。具有这种"职业锚"的人更重视职业的稳定性和安全性，他们不光追求职业上的安全，还有情感上的安全。这些人喜欢在一种非常熟悉的环境中维持一种稳定的、有保障的职业，他们甚至愿意让雇主决定他们去从事何种职业。注重情感的安全稳定，觉得在一个熟悉的环境中维持一种稳定的、有保障的职业对他们来说是更为重要的，包括定居、使家庭稳定和使自己融入团队和社区的感情。

服务型职业锚。服务型的人一直追求他们认可的核心价值，例如帮助他人、改善人们的安全、通过新的产品消除疾病等。他们一直追寻这种机会，这意味着即使变换公司，他们也不会接受不允许他们实现这种价值的变动或工作提升。

挑战型职业锚。挑战型的人喜欢解决看上去无法解决的问题，战胜强硬的对手，克服无法克服的困难障碍等。对他们而言，参加工作或职业的原因是工作允许他们去战胜各种不可能。他们需要新奇、变化和困难，如果事情非常容易，它马上会变得非常令人厌烦。

生活型职业锚。生活型的人希望将生活的各个主要方面整合为一个整体，喜欢平衡个人的、家庭的和职业的需要。因此，生活型的人需要一个能够提供"足够弹性"的工作环境来实现这一目标。他们将成功定义得比职业成功更广泛，生活型的人甚至可以牺牲职业的一些方面，例如放弃职位的提升来换取个人、家庭和职业三者之间的平衡。相对于具体的工作环境、工作内容，生活型的人更关注自己如何生活、在哪里居住、如何处理家庭事务等。

阅读材料12-1 丰田公司的职业锚

日本丰田公司在运用员工的职业锚方面给我们很多有益的借鉴。丰田对于岗位一线工人采用工作轮调的方式来培养和训练多功能作业员，这样既提高了工人的全面操作能力，又使一些生产骨干的经验得以传授。员工还能在此过程中发现了自己的优势在哪里，从而进行准确定位，找到真正适合自己的岗位。一旦员工确立了自己的职业锚，工作起来将会更具积极性和主动性，效率将会有很大提高。

丰田采取5年调换一次工作的方式对各级管理人员进行重点培养。每年1月1日进行组织变更，一般以本单位相关部门为调换目标，调换幅度在5%左右。短期来看，转岗需要有熟悉操作的适应过程，可能导致生产效率的降低，但对企业长久发展来看则是利大于弊。经常的有序换岗还能给员工带来适度的压力，促使员工不断学习，使企业始终保持一种生机勃勃的氛围。

2. 职业性向理论（Occupational Orientation Theory）

职业性向也称为职业倾向。它是由美国职业咨询专家约翰·霍兰德提出来的。他认为人格（包括价值观、动机和需要等）是决定一个人选择何种职业的一个重要因素。比如：一个较内向的人可能更适合于操作性较强而不需要更多人际交往的职业。霍兰德提出了决定个人选择何种职业的六种基本的“人格性向”，如图 12－2 所示。

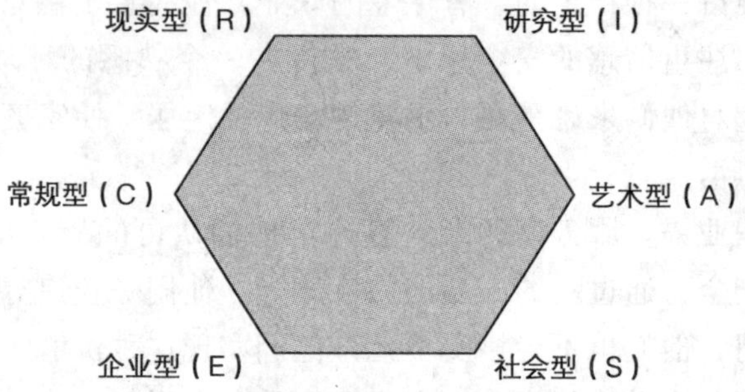

图 12－2　霍兰德职业人格类型六边形

现实型。具有这样性向的人更适合从事那些包含着体力活动，并且需要一定的技巧、力量和身体协调性才能承担的工作，如木匠、烹饪、搬运工和电器维修工等。

研究型。具有这样性向的人喜欢从事那些包含着较多认知活动（思考、组织、理解等）的职业，而不是那些以感知（感觉、反应、人际沟通、情感等）为主要内容的职业，如大学教师、医师、学者、生物学家、经济学家等。

社会型。具有这种性向的人更喜欢与人交往，他们通常喜欢周围有别人存在，对别人的事很感兴趣，乐于帮助别人解决问题，如心理咨询师、培训师和外交家等。

常规型。具有这种性向的人一般从事包含大量结构性、规范化且较为固定的活动的职业，在这些职业中，员工个人的需要往往服从于组织的需要，如会计、收银员等。

企业型。具有这种性向的人喜欢从事那些包含着大量以影响他人为目的的职业。如管理者、律师等。

艺术型。具有这种性向的人喜欢那些包含大量自我表现、艺术创造、情感表达和个性化的职业，如歌手、艺术家、画家等。

与此同时，霍兰德还设置了个性与职业类型的匹配表，如表 12－2 所示。

表 12－2

霍兰德：个性与职业类型的匹配

职业人格类型	个性特点	相应的职业
现实型：喜欢需要技能、力量、协调性的体力活动	害羞、真诚、持久、稳定、顺从、实际	机械师、钻井操作工、装配线工人
研究型：喜欢需要思考、组织和理解的活动	分析、创造、好奇、独立	生物学家、经济学家、数学家、新闻记者
社会型：喜欢能够帮助和提高别人的活动	喜交际、友善、合群、善解人意	社会工作者、教师、咨询人员、临床心理学家
传统型：喜欢规范、有序、清楚明确的活动	顺从、高效、实际、缺乏想象力、缺乏灵活性	会计、业务经理、银行出纳员、档案管理员
企业型：喜欢说服别人、影响别人、获取权力	自信、进取、精力充沛、盛气凌人	法官、房地产经纪人、公共关系专家、小企业主
艺术型：喜欢需要创造性表达的模糊且无规则可循的活动	富于想象力、无序、杂乱、理想化、情绪化、不实际	画家、音乐家、作家、室内装饰家

霍兰德的职业性向理论，实质在于劳动者的职业性向与职业类型的适应。模型的六角形状暗指当人们无法在个人所偏好的部门找到合适工作时，往往在六角形相邻近的部门找到的工作比在与之位置较远的部门更能成为令人满意的选择。

3. 帕森斯的职业—人匹配理论（Career-Person Matching Theory）

该理论由“职业辅导之父”帕森斯（Parsons）创立，也称特质因素理论，是最早的职业辅导理论。帕森斯的理论内涵是在清楚认识、了解个人的主观条件和社会职业岗位需求条件的基础上提出的。他认为，个人都有自己独特的人格模式，每种人格模式的个人都有其相适应的职业类型。帕森斯在其《选择一个职业》（1909）著述中对此作了明确的阐述。

他认为一个人的职业选择要考察三个方面的因素：

□ 应该清楚地了解自己的态度、能力、兴趣、智谋、局限和其他特征。

□ 应清楚地了解职业选择成功的条件、所需知识、在不同职业工作岗位上所占有的优势、不利和补偿、机会和前途。

□ 上述两个条件的平衡。

一般而言，职业—人匹配理论可以分为两种类型：

因素匹配。例如需要有专门技术和专业知识的职业与掌握该种技能和专业知识的择业者相匹配。

特性匹配。例如，具有敏感、易动感情、不守常规、个性强、理想主义等人格特性的人，宜于从事审美性、自我情感表达的艺术创作类型的职业。

职业—人匹配理论强调个人所具有的特性与职业所需要的素质与技能（因素）之间的协调和匹配。为了对个体的特性进行深入详细的了解与掌握，职业—

人匹配理论十分重视人才测评的作用，可以说，职业—人匹配理论进行职业指导是以对人的特性的测评为基本前提。它首先提出了在职业决策中进行人和职业匹配的思想，故这一理论奠定了人才测评理论的理论基础，推动了人才测评在职业选拔与指导中的运用和发展。

4. 佛隆的择业动机理论

美国心理学家佛隆（Victor. H. Vroon）1964 年在《工作和激励》一书中提出了解释员工行为激发程度的期望理论。佛隆认为，个体行为动机的强度取决于效价的大小和期望值的高低，动机强度与效价及期望值成正比，用公式表示如下：

$$F = V \times E$$

式中，F 为动机强度，是指积极性的激发程度，表明个体为达一定目标而努力的程度；V 为效价，是指个体对一定目标重要性的主观评价；E 为期望值，是指个体对实现目标可能性大小的评估，也即目标实现概率。

职业生涯发展理论

职业生涯发展理论主要是根据人的生命周期将人的职业生涯划分为几个阶段。该理论也是职业生涯管理理论中的重点理论，比较具有影响力的相关理论主要有萨伯的“五阶段理论”、施恩的“九个阶段理论”和金斯柏格的“三阶段理论”，这些理论虽然有差异，但本质上具有相似性。因此，在这里我们主要选取萨伯的职业生涯发展五阶段理论作为代表进行阐述。

萨伯是美国一位具有代表性的职业管理学家。他把人的职业生涯规划分 5 个阶段：（1）成长阶段，属于认知阶段（0～14 岁）；（2）探索阶段，属于学习打基础阶段（15～24 岁）；（3）确立阶段，属于选择、安置阶段（25～44 岁）；（4）维持阶段，属于升迁和专精阶段（45～64 岁）；（5）衰退阶段，属于退休阶段（65 岁以上）。人们可以根据上述职业生涯发展不同阶段的特点去进行自己的职业规划，如表 12－3 所示。

表 12－3

萨伯职业生涯五阶段理论

阶段	年龄		主要任务
成长阶段	0～14 岁		经历对职业从好奇、幻想到兴趣，到有意识培养职业能力的逐步成长过程
	次阶段	幻想期(4～10 岁)	儿童从外界感知到许多职业，对于自己觉得好玩和喜爱的职业充满幻想和进行模仿，需求占决定性因素，角色扮演在次阶段扮演很重要
		兴趣期(11～12 岁)	以兴趣为中心，理解、评价职业，开始作职业选择
		能力期(13～14 岁)	开始考虑自身条件与喜爱的职业是否符合，有意识地进行能力培养

（续表）

阶段	年 龄		主要任务
探索阶段	15～24 岁		择业、初就业阶段
	次阶段	试探期(15～17 岁)	综合认识和考虑自己的兴趣、能力与职业社会价值、就业机会，开始进行择业尝试
		过渡期(18～21 岁)	正式进入职业，查看劳动力市场，或者进行专门的职业培训，明确某种职业倾向
		尝试期(22～24 岁)	选定工作领域，开始从事某种职业，并尝试将它作为维持生活的工作。此阶段所选择的工作范围比较小，只选择可能提供重要机会的工作
确立阶段	25～44 岁		建立稳定职业阶段
	次阶段	稳定期(25～30 岁)	对初就业选定的职业不满意，再选择、变换职业工作。变换次数各人不等，也可能满意初选职业而无变换。重点是寻求职业及生活上的稳定
		发展期(31～44 岁)	最终职业确定，开始致力于稳定工作。致力于实现职业目标，是富有具有创造性的时期
中期危机阶段	(44～退休前)		职业中期可能会发现自己偏离职业目标或发现了新的目标，此时需要重新评价自己的需求，处于转折期
维持阶段	45～64 岁		劳动者一般达到常言所说的“功成名就”情景，已不再考虑变换职业工作，只力求维持已取得的成就和社会地位
衰退阶段	65 岁～死亡		体力与心理能力逐渐衰退时，工作活动将改变，亦必须发展出新的角色，先是变成选择性的参与者，然后成为完全的观察者
	次阶段	减速(60～70 岁)	工作速度变慢，工作责任或性质也发生改变，以适应逐渐衰退的体力与心理。许多人也会找份代替全职的兼职工作
		退休(71～死亡)	有些人能很愉快地适应完全停止工作的环境；有些人难以适应、郁郁寡欢；有些人则是老迈而死

萨伯等学者提出的职业生涯发展阶段论，认为人的职业生涯发展基本上是沿着“成长—探索—确立—维持—衰退”的轨迹行进的，表面上看有其合理性，而且与我们观察到的生活事实有某种程度的吻合，但从人的主体性的角度来看，他们实际上是把人当成了类似于动物的“自然生命”，人的职业发展完全是按照自然的生命周期来进行的，忽视了人有别于动物的“超自然生命本质”。现实中的人的职业发展轨迹，只是一种现象，并不能表明人的“应然可能的”职业发展本质。人的主体性决定了人的创造潜能是无限的。萨伯等学者的观点所谓“人在45 岁之后”将进入“维持和衰退阶段”，与今天知识经济背景下人的职业发展的事实并不相符。大多数知识工作者即便到了 60 岁左右的退休年龄，依然可以在未来的岁月里创造生命的奇迹。这昭示了人的主体性的“超越本质”。因此，我们既要看到萨伯等学者提出的职业生涯发展阶段理论对于普通人的合理价值，更要警惕其客观上存在的缺陷：把人的生命视为物种的“客体性思维方式”，缺失了对人的无限潜能开发的使命，贬低和蔑视了人的尊严和价值，最终有害于人的终身职业生涯规划和发展，客观上会误导人们，一旦进入退休阶段，职业生涯即

告终结，以致“虚度晚年、蹉跎岁月”。

阅读材料 12-2 潘刚在伊利的职业生涯

20 世纪 90 年代初，服从分配是那时大学毕业生就业的第一选择。1992 年，22 岁的潘刚从内蒙古农业大学食品专业毕业，被分配到伊利的前身呼和浩特市回民奶食品厂，当工人。他说：“是伊利首先选择了我”。

2005 年，35 岁的潘刚正式升任伊利集团董事长，自称是“最了解伊利的人”，开始为伊利选择今后的路。2010 年是潘刚在伊利工作的第 18 年，在总裁位置上的第 8 年，在董事长位置上的第 5 年。这一年，他正好 40 岁，不惑之年。这期间，伊利从一个初具现代企业制度的当地企业发展成比较国际化的大集团，由一个年产值百万元的小不点变成了今天销售额 200 亿的规模。

潘刚曾在自己 35 岁、伊利遭遇信任危机的时候说过，我的职业生涯还有 30 年，我可以用自己的人生来赌伊利的未来。这个第一份工作和唯一一份工作都在伊利的人，如果不在伊利工作了，会选择什么？“做企业”会是他人生发展的最终方向吗？潘刚说，如果真的有那么一天不再是伊利的员工，我至少要继续做伊利的消费者和投资者吧。

职业发展主动建构理论

美国斯坦福大学教育和心理学教授约翰·克朗伯兹 1996 年从自我效能的角度提出了职业生涯规划的“主动建构理论”。职业生涯的自我效能是指我们相信自己能够成功地完成生涯决策活动。他认为职业生涯发展是一个了解我们自身并作出各种可能性选择的过程。过去的学习、经验以多种方式影响我们的职业生涯决策。个人信念与期望是职业生涯发展的一个重要组成部分。因此，职业生涯的发展不是被动而是一个主动建构的过程。我们可以主动地寻找生活中的“角色榜样和良师益友”，并以此学习有关职业和生涯规划过程的知识。

传统的职业生涯管理理论的逻辑演进，从职业选择理论（1909）到职业发展主动建构理论（1996）表明该理论的发展从静态转向了动态，人们在职业生涯管理的实践中由被动转向了主动。以知识和信息为主导的新经济时代的到来，特别是无边界职业生涯兴起，追求职业生涯的成功已成为人们职业生涯管理的出发点和归宿。

无边界职业生涯概念产生于 20 世纪 90 年代早期，Defillippi 和 Arthur（1994）将无边界职业生涯定义为“超越某一单一雇佣范围设定的一系列工作机会”。Bake 和 Aldrich（1996）丰富了无边界职业生涯的概念，他们认为对于一个趋向无边界职业的人会表现出三个职业特征：所经历雇主的数量、知识积累的程度和个人认同的程度，即：除了公司内部的移动，可转换能力的积累和个人认同也是判断一个人是否在追求无边界职业生涯的重要因素。总的来说，无边界职业生涯主要的特点是雇员已不再是在一个或两个组织中完成他们的终身职业生涯，而是在多个组织、多个部门、多个职业、多个岗位实现自己的职业生涯目标，而且这种移动包含着心理或主观移动。通过无边界职业生涯与传统职业生涯的对比分析，可以清晰地体现出无边界职业生涯的特点，如表12－4所示：

表12－4

传统职业生涯与无边界职业生涯的比较

区分点	传统职业生涯	无边界职业生涯
边界	一个或两个公司	多个公司
身份	依赖于雇主	独立于雇主
雇佣关系	工作安全换取忠诚	可雇佣能力换取绩效和灵活
技能	公司确定	可转化能力
成功衡量标准	工资、晋升、地位	心理上有意义的工作
职业生涯管理的责任	组织	个人
关键态度	组织承诺	工作满意度、职业承诺

阅读材料12－3　软件人才的成长

美国硅谷是一个创造奇迹的地方，一个个传奇故事像一块块巨大的磁铁深深吸引着来自世界各地的莘莘学子。有中国硅谷之称的中关村，同样也成为很多心怀大志、不畏挑战的年轻人憧憬和向往的地方，王东临就是这些年轻人中的一员。

1989年，王东临从南开大学计算机专业毕业后，没有服从分配，而是选择来北京中关村找寻机会。来到北京之后，人生地不熟的王东临开始顶着酷暑在北京“扫马路”找工作，从白石桥到中关村，逢门便进，最后总算在一家小软件公司里安身立命，开始闷头写程序。几个月后，长城集团下属的一家软件公司要组建技术研发团队，给人印象“挺聪明”的王东临被挖了过去。在长城工作的三年，为王东临日后创业积累了不少行业经验，也正是这三年，使王东临掌握了后来书生公司的立家之本——中文数字化技术。在长城公司，王东临受命研发了桌面出版系统，产品本身无可挑剔，最后却败于市场推广不利。1993年，王东临离开了长城公司。在出版系统领域已经积累了丰富经验的王东临，此时已被圈内人称为“中关村最优秀的程序员之一”。

凭借突出的技术实力，辞职后，王东临没有接着找工作，而是在家做起了自由职业者，靠写程序维持生计。此时，王东临已经声名远播，认识不认识的人都主动找上门来请他编写程序。其中，一个朋友找王东临研发的一套软件，成为后来书生公司“两条腿”之一的电子公文传输系统。这套软件在农业银行试用成功之后，中国银行、招商银行、民生银行等也都陆续找上门来。这让王东临拿到了一笔不菲的收入。

12.3 员工自我职业生涯管理

当一个人进入特定的职业生涯领域之后，其经济生活、社会生活都会发生改变。绝大多数人从学生阶段直接进入组织中，需要适应新的环境，不断努力工作，树立最初的职业形象，建立自己的职业地位；除了婚姻、家庭、生儿育女之外，还要在变化的环境中不断地学习、提高、避免知识和技能的老化等。当今世界瞬间万变，如果没有一个长期的应对策略，职业生涯就会出现危机。如何根据自己的特点制订职业规划，不断提高自我，是本节要讨论与解决的问题。一方面，组织应该制定政策和计划以帮助员工解决这些问题；另一方面，为激发员工的职业动机，组织还需要提供一套完善的职业生涯管理体系，以了解员工的职业生涯发展需求。

影响员工职业生涯选择的因素

职业生涯是一个人一生中的重要部分，而且大多数人的职业生涯都不可能是一帆风顺的，它要受到个人因素和环境因素的影响。了解这些因素，无论对个人还是企业组织都具有非常重要的意义。影响职业生涯选择的因素有很多，概括起来主要有个人因素和社会环境因素两大方面。

1. 个人因素

能力。对于企业的员工而言，其能力是指劳动的能力，也就是运用各种资源从事生产、研究、经营活动的能力，包括体能、心理素质、智能三个方面。体能即生理素质，主要就是人的健康程度和强壮程度，表现为对劳动负荷的承受能力和劳动后消除疲劳的能力。心理素质指人的心理成熟程度，表现为对压力、挫折、困难等的承受力。智能包含三个方面：智力、知识和技能。体能、心理素质和智能构成了一个人的全面综合能力，它是员工职业发展的基础，与员工个体发展水平成正比。

人格特征。每个人都有其各自特点，性格、兴趣、爱好都不同，这就决定了每个人的职业生涯选择会千差万别。对于职业不同的选择，究其背后的原因就在于人格特征的不同。人格是个性中除能力之外的心理属性的总称。个性包括个性倾向性和个性心理特征。个性倾向性是指个人行为的能力，主要包括需要、兴趣、动机、理想、价值观、信念和世界观；个性心理特征包括能力、气质和性格。

生理因素。生理因素也是影响职业生涯选择的一个重要因素，有些情况下，甚至是决定性因素。不同的职业对人的生理素质要求不同。在当今社会，虽然男女平等的观念已普遍被现代社会所接受，但“性别因素”仍然扮演着重要的角色，尤其是由于传统的职业观和社会对男女“社会角色”的期望的差异，以及生理特征差别造成职业的限制、女性在家庭中所担任的角色等因素都会在职业生涯的不同阶段对女性在职业设计中产生较大的影响。

职业锚。正如上节内容所述，职业锚是人们选择和发展自己的职业时所围绕的中心。职业锚作为一个人自省的才干、动机和价值观的模式，在个人的职业生涯中以及组织的事业发展过程中都发挥着重要的作用。职业锚能准确地反映个人的职业需要及其所追求的职业工作环境，反映个人的价值观和抱负。了解自己的职业锚类型，有助于增强个人职业技能，提高工作效率，进而取得职业成功。

职业发展阶段。人是有生命周期的，传统的说法是把人的一生分为幼年、少年、青年、壮年、老年几个阶段。在不同的人生阶段，人们的心理特征、心理素质、智能水平、社会负担、主要任务等都不同，这就决定了在不同阶段，其职业发展的重点和内容也是不同的。

2. 社会环境因素

经济因素。影响职业生涯选择的经济因素有社会经济发展政策、经济增长率、经济景气状况、从业人数需求的影响等。如金融危机导致全球经济状况不景气，导致大批人员失业，使得很多人不得不重新调整自己的职业生涯道路。

政治环境因素。政治环境因素如政治制度，不仅可以影响到一国的经济体制，而且也会影响到企业的组织体制，从而影响到个人的职业发展；政治制度和氛围还会潜移默化地影响个人的追求，从而对职业生涯产生影响。如政府对于金融危机下大学生就业难的问题出台的一些相关政策。

社会文化环境因素。社会文化环境因素包括教育条件和水平、社会文化设施以及家庭环境对于职业生涯选择的影响等因素。在良好的社会文化环境中，个人能受到良好的教育和熏陶，从而为职业发展打下更好的基础。这里要特别指出的是，家庭环境对于一个人的职业生涯选择的影响颇为重大，主要表现在家庭成员的职业观念、家庭的社会经济地位和社会的职业观念。其中，家庭成员的职业观念，主要是指家庭核心成员的职业观念。

3. 组织环境

企业文化。企业文化前面我们已经提到过，企业文化决定了一个企业是如何看待员工的。所以，员工的职业生涯是为企业文化所左右的。一个主张员工参与管理的企业显然比一个独裁的企业能为员工提供更多的发展机会；渴望发展、追求挑战的员工也很难在论资排辈的企业中受到重用。

管理制度。管理员工的职业发展，归根结底要靠管理制度来保障，包括合理的培训制度、晋升制度、考核制度、奖惩制度等。企业价值观、企业经营哲学也只有渗透到制度中，才能得到切实的贯彻执行。没有制度或者制度定得不合理、不到位，员工的职业发展就难以实现，甚至可能流于空谈。

领导者素质和价值观。企业的文化和管理风格与其领导者的素质和价值观有直接的关系，企业经营哲学往往就是企业家的经营哲学。如果企业领导者不重视员工的职业发展，这个企业的员工也就没有希望了。

总的来说，组织是通过一定的硬环境诸如规章制度和软环境诸如企业文化，共同作用来影响一个人的职业生涯发展道路。

员工职业生涯规划的设计

职业生涯规划作为个人人力资源开发的一个重要方面，实际上起到统领的作用。只有有了明确的职业生涯目标与规划，才可能有针对性地进行自我开发和管理。职业生涯规划的设计主要由自我评估、职业生涯发展机会评估、选择职业、设定职业生涯目标、职业生涯路线的选择、制订行动计划与措施、评估和调整七个阶段组成，如图 12－3 所示。

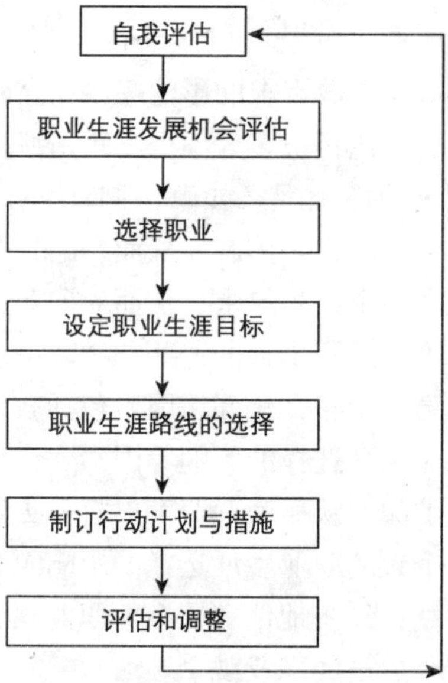

图 12－3　员工个人职业生涯规划的设计

1. 自我评估

职业规划要从认识自我开始，而且一定要全面、客观、深刻，绝不要回避缺点，然后才能建立可实现的目标，并确定怎样达到这些目标。自我评估的目的，是认识自己、了解自己。因为只有认识了自己，才能对自己的职业作出正确的选择，才能选定适合自己发展的职业生涯路线。

2. 职业生涯发展机会评估

每一个人都处在一定的环境之中，离开了这个环境，便无法生存与成长。所以，在制订个人的职业生涯规划时，要分析环境条件的特点、环境的发展变化情况、自己与环境的关系、自己在这个环境中的地位、环境对自己提出的要求，以及环境对自己的有利条件与不利条件，等等。只有对这些环境因素充分了解，才能做到在复杂的环境中避害趋利。

3. 选择职业

每个人的职业发展中，总会面临很多选择。职业选择正确与否，直接关系到人生事业的成功与失败。据统计，在选错职业的人当中，有80%的人在事业上是失败者。当你必须为选择作决定的时候，恐惧就油然而生——既怕骑虎难下，又怕错失良机。选择，既是难题，也是机遇，正确的选择往往是职业成功的第一步。选择正确的职业至少应考虑以下几点：性格与职业的匹配、兴趣与职业的匹配、特长与职业的匹配、内外环境与职业相适应。

4. 设定职业生涯目标

职业生涯目标的设定是职业生涯规划的核心。一个人事业的成败，很大程度上取决于有无正确适当的目标。没有目标如同大海上的孤舟，四野茫茫，没有方向，不知道自己应走向何方。只有树立了目标，才能明确奋斗的方向。目标的设定是在继职业选择后，对人生目标作出抉择。其抉择是以自己的最佳才能、最优性格、最大兴趣、最有利的环境等信息为依据，通常职业生涯目标的确定包括人生目标、长期目标、中期目标与短期目标的确定，它们分别与人生规划、长期规划、中期规划和短期规划相对应，如表12－5所示。

表12－5
设定职业生涯目标

类　型	定义及任务
人生规划	整个职业生涯的规划时间长至40年左右，设定整个人生的发展目标，如规划成为一个有巨额财富的公司董事长
长期规划	5～10年的规划，主要设定较长远的目标，如规划30岁时成为一家小型咨询公司的咨询师，40岁时成为一家大型咨询公司的高级咨询顾问等
中期规划	一般为2～5年的目标与任务，如规划到不同业务部门当经理、从大型公司部门经理到小公司做总经理等
短期规划	2年以内的规划，主要是确定近期目标，规划近期完成的任务，如对专业知识的学习、2年内掌握哪些业务知识、职业选择等

阅读材料 12-4 刘翔的职业定位

上海黄金大奖赛，25 岁的刘翔以 13 秒 15 的成绩获得亚军，上演了中国“飞人”复出的精彩一幕。伤病让他与 2008 奥运金牌失之交臂，沉寂了 13 个月后的刘翔如今成功复出，国人的目光再次聚焦在他的身上。他在 110 米跨栏的出色表现，为世界所震惊，为国人所骄傲。他成功的背后有着怎样鲜为人知的秘密？某机构职业规划师认为，刘翔之所以能够取得如此骄人的战绩，重要原因就是他做好了准确的职业定位。

作为一个田径运动员，刘翔学过跳高，练过短跑，但比世界顶尖短跑的好手跑得慢，不如世界顶尖跳高选手跳得高，进不了世界一流运动员行列。经过详细的分析对比，刘翔发现了自己的独特优势——他比世界顶尖短跑选手的弹跳力更好，比世界顶尖跳高选手的奔跑速度更快。缘于这一特点，他最终选择了 110 米栏，以己之长，克敌之短，经过持续不断的科学训练，终于取得了 110 栏的世界冠军，赢得了“大满贯”，迎来了他职业生涯的巅峰。

5. 职业生涯路线的选择

在职业选择后，还须考虑向哪一路线发展。是走行政管理路线，向人力资源管理方面发展，还是走专业技术路线，向业务方面发展；发展路线不同，对其要求也不同。通常职业生涯路线的选择须考虑以下三个问题：我想往哪一路线发展？我能往哪一路线发展？我可以往哪一路线发展？对以上三个问题，进行综合分析，以此确定自己的最佳职业生涯路线，如图 12-4 所示。

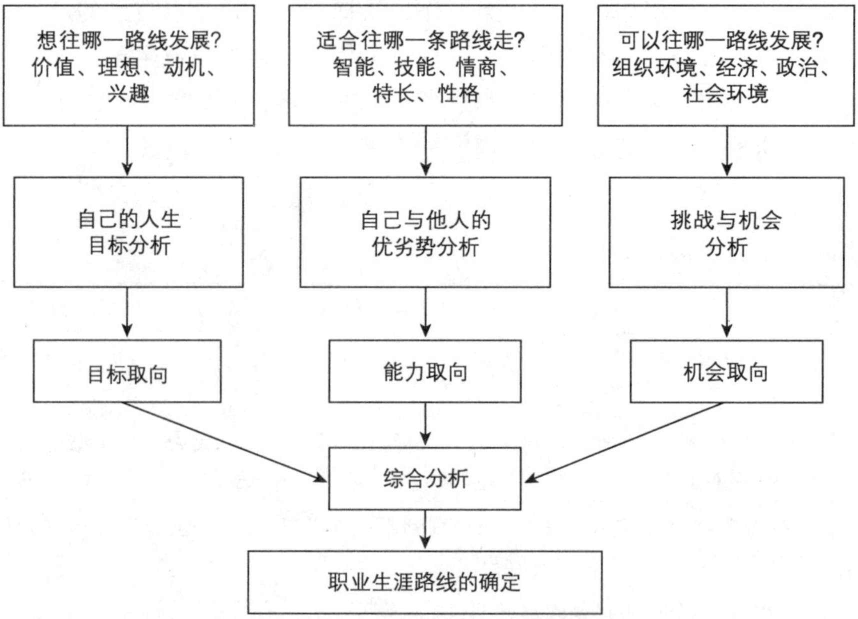

图 12-4 职业生涯路线确定分析

6. 制订行动计划与措施

在确定了职业生涯目标后，行动便成了关键的环节。没有行动，目标就难以实现。这里所指的行动，是指落实目标的具体措施，主要包括工作、训练、教育、轮岗等。

7. 评估和调整

对自己和环境有了清楚的认识后，就可以进行有效的配置了，可以选择适合自己的行业和方向发展。但是，这种有效的匹配并不是一劳永逸的，社会在不断地发展，个人也在不断地变化。永远不变的就是变化，职业的发展阶段与生命的发展阶段是高度相关的，随着年龄的增长、受教育程度的提高、经验的积累和社会环境的变化，人们的职业心理也会发生变化。任何人的职业管理都不是一蹴而就的，它是一个不断评价与调整的过程。这也反映了职业生涯管理最重要的意义。职业生涯管理实际上是为了更好地实现自己的人生价值和生活目标。为了更好地平衡工作与生活，它应当建立在清楚了解生活目标的基础上，而不仅仅是事业这唯一的目标。在此状况下，要使生涯规划行之有效，就须不断对规划进行评估与修订，内容包括：职业的重新选择、生涯路线的选择、人生目标的修正、实施措施与计划的变更等。

阅读材料12－5 许家印的职业路径

1992年他来到深圳，到一家贸易公司面试。主考官问几十个应聘者如果成为公司的一员，将来有什么目标，大家豪情壮志，纷纷表示要两年内进入公司管理层、五年内成为公司高管，只有他平静地说：“我只想成为这家公司的普通一员，踏踏实实工作，有稳定的收入可以还清借债，孝敬多病的父亲。”他从业务员做起，靠勇于开拓创新的精神很快成为这家贸易公司的中层管理人员。

1995年老板要选拔公司的一批精英进军广东房地产业。在一次公司会议上，老板问他和他的同事们，将来成立新的房地产公司，大家对新公司有何打算？许多同事都表示，到时候一定要扩大公司规模，勇于开拓，不惧对手。他却冷静地说：“目前房地产行业竞争激烈，首先考虑的是新公司能生存下来，能活下来不被打倒是最好的。”

1996年底已成为这家房地产公司总经理的他创立了自己的公司。当时他已经在业界名气不小，广泛的社会关系、丰富的阅历使他成为地产业的一颗新星。有人提出，他应该把自己的公司定位为“做中国最有实力的房地产公司”，却遭到他的拒绝。他冷静地说：“我们前面的路还很漫长，不能总想着要做中国最有实力的房地产公司，那样只会作茧自缚。”他就是恒大地产集团董事局主席许家印。

工作—家庭联系

组织中的员工除了过职业生活外同时还在经历家庭生活，家庭对员工本身有重大意义，也会给职业生活带来许多影响。工作—家庭平衡计划是组织帮助员工认识和正确看待家庭同工作的关系，调和职业和家庭的矛盾，缓和由于工作—家庭关系失衡而给员工造成的压力的计划。

工作—家庭计划的目的在于帮助员工找到工作和家庭需要中的平衡点，要达到这一目的，组织必须了解家庭各阶段的需求、工作境况对家庭生活的影响，然后给予员工适当的帮助。

对家庭需要的了解可以参考家庭发展周期理论。一般来说，单身成人的主要问题是寻找配偶和决定是否结婚组建家庭。婚后初期，适应两人生活、决定是否生育、作出家庭形式和财务要求的长期承诺变为当务之急。子女出生后，体验为人父母的经验，担负起抚养和教育子女的责任成为首要任务，而且要开始为自己的父母提供衣食和财务上的照顾。这些需要形成的压力有的会影响员工的工作情绪和精力分配，有的则形成强烈的职业方面的需要和工作动机，最终影响员工对工作的参与程度。

12.4 组织职业生涯管理

对于职业生涯发展，组织与员工之间有着不同的目标和出发点。组织的职业生涯管理侧重于确定组织未来的人员需要、安排职业阶梯、评估员工的潜能、实施相关的培训与实践，进而建立起有效的人员配置体系。而员工个人的职业生涯管理，则更多关注认识自身的能力和兴趣、设定职业发展的目标、评估组织内外部的发展机会、通道及可能性等方面。在上节，我们讲述了员工如何进行自我职业生涯管理，但员工不可能离开企业单纯地讨论自我职业生涯发展，他们需要依托企业去实现自己的职业目标。同时，现代企业经营和发展，除了对利益的追求外，也要考虑员工职业理想和抱负的实现。这样才有可能实现企业和员工的共同成长。美国麻省理工学院（MIT）斯隆管理学院教授、著名的职业生涯管理学家施恩根据其多年的研究，提出了组织发展与员工职业发展的匹配模型，如图 12 - 5 所示。在匹配模型中，他强调组织与员工个人间应该积极互动，最终实现利益的双赢——组织目标的实现及员工的职业发展与成功。

职业生涯管理包括两个方面：一方面是员工自我职业生涯管理；另一方面是组织协助员工规划其生涯发展，并为员工提供必要的教育、培训、轮岗等发展的机会，促进员工生涯目标的实现，即组织职业生涯管理。

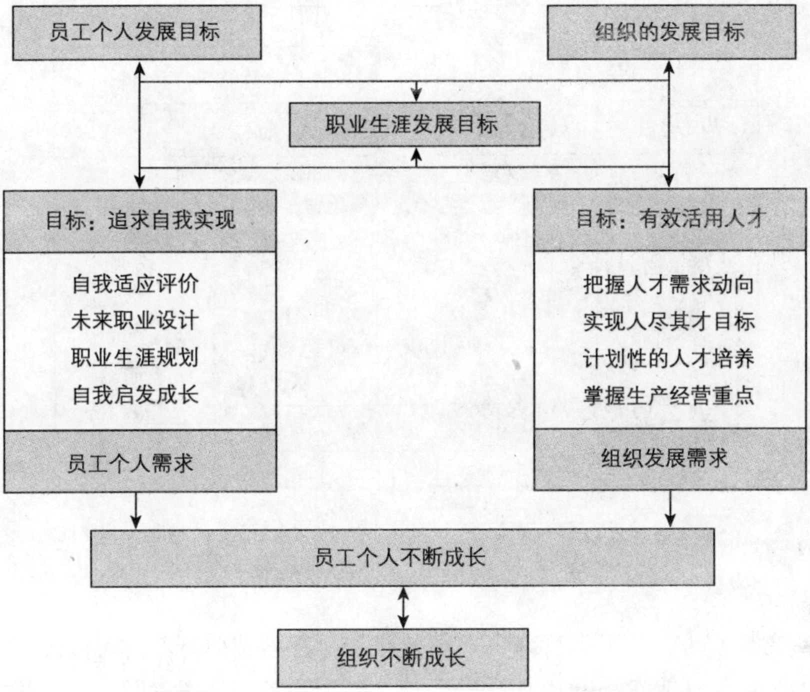

图 12－5　组织发展与员工职业发展的匹配模型

组织职业生涯管理程序

人力资源管理的一个基本假设就是，企业要最大限度地利用员工的能力，并且为每一位员工都提供一个不断成长以及挖掘个人最大潜力和建立成功的职业机会。而组织职业生涯管理是从组织角度出发，将员工视为通过开发成为可增值而非固定不变的资本，通过激发员工对职业目标的努力，谋求组织的持续发展。职业生涯管理是一个复杂的过程，其管理程序如下。

1. 确定个人需求和组织需求，并使之相匹配

当今员工的需求多种多样，不同的员工有不同的主导需求。每个人都在尽力了解自己的知识、技能、兴趣和价值观的基础上为自己设立和管理自己的职业生涯规划，并发现职业生涯选择方面的信息，以设立目标和开发职业生涯计划。组织的需求要与个人的职业生涯需求联系在一起，这种联系可以通过将员工个人的有效性和满意度与组织的战略目标结合来实现，如图 12－6 所示。

2. 识别职业机会

在确认了组织的需求和个人的需求后，接下来就是对现实情况的全面审查。在这一过程中员工获得公司对他们的知识和技能的评价以及他们的职业目标是否与公司的规划（潜在的晋升机会、职业生涯路径的选择）相符等方面的信息。通常情况下，这些信息是由员工的上级管理者作为绩效评价过程中的一个组成部分

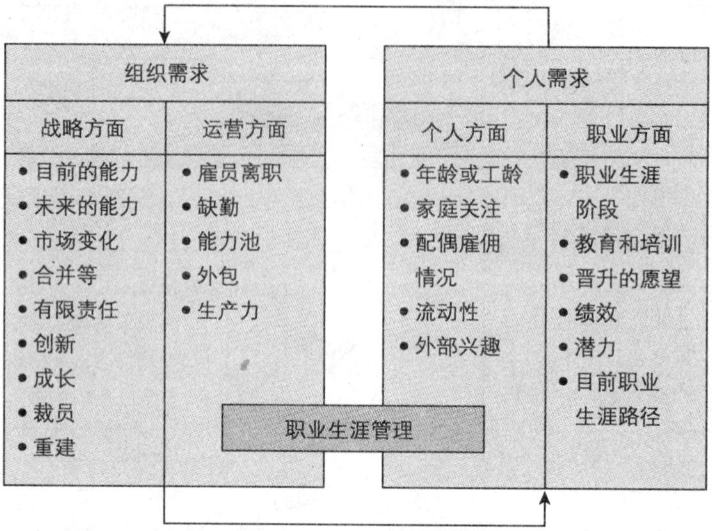

图 12－6　平衡个人和组织的需求

提供给员工的。员工与管理者在绩效审查后还要进行单独的面谈，以讨论员工的职业性向及可能参与的培训开发活动。一般包括以下几个方面的工作。

能力分析。从组织的角度讲，需要了解一项工作对于员工所要掌握的知识和技能水平，这也就意味着要进行工作分析。通过工作分析和诸如用于报酬方案中的评估体系来识别和分配每一个人需要掌握的知识和技能的权重。在西尔斯公司的系统测量中，每一项工作需要衡量三种基本能力：技术诀窍、解决问题的能力和责任心。技术诀窍又可分为三种类型的工作知识：技术型、管理型和人际关系。解决问题的能力和责任心也有几个方面的能力。要对每一个工作中的这三个主要能力进行评分，而且对每一个工作都要计算其总价值。对任何计划好的调换职位而言，反映在每一个技能层面及总价值点上的下一个工作其数量的增加（减少）应该被计算。然后，使用这个信息来确定不同工作的调换职位就是部分员工在成长中所要求的调动。

工作晋升。工作晋升是一个新员工可能会经历的等级，包括起始工作，一直到需要更多知识和技能的工作。企业可以根据工作的重要性对其所需要的技能进行确认，在此基础上进行工作晋升的计划。典型的事例就是一个没有经验的新员工被分配去从事一项“初始工作”。从事此项工作一段时间之后，这个员工可以晋升到一个需要更多知识和技能的岗位上来。大多数组织集中发展管理型、专家型和技术型的工作晋升，然而工作晋升应该针对工作的所有量表进行。这样，这些工作晋升就可以作为个人发展其职业成长道路的基础。图 12－7 反映了一个大型的跨国公司在人力资源领域中一个典型的晋升线路。

许多组织准备了有趣而有吸引力的手册，对员工可使用的职业生涯道路进行了周详的描述。通用汽车公司准备了一个职业发展指南，它根据工作领域的不同划分为不同的岗位，例如工程、制造、沟通、数据加工、财务、人力资源和科学

				HR的副总裁
			公司的HR总裁	
		公司的HR管理者	部门的HR总裁	
		部门的HR管理者		
	地区HR管理者	工厂的HR管理者		
	工厂的HR助理管理者			
地区的HR干事	HR监督者			
HR干事				

图 12－7　人力资源管理领域中一个典型的晋升路线

部。这些量表使员工对各个领域的职业机会有了一个清楚的了解。

职业生涯发展通道。在组织寻求发展的同时，员工也自然要寻求发展。员工寻求发展的目光将首先定位于组织内部存在的条件和机会，即“成长通道”。在组织的发展过程中，组织可以通过多种途径实施员工的职业生涯发展，如建立职业发展通道和职业阶梯、实施工作轮换、导师制、管理继承人计划（接替计划）、无边界职业等。这里主要介绍施恩教授的员工职业发展三维圆锥模型、职业生涯发展通道、水平发展模式、网状发展模式和多通道发展模式。

（1）施恩教授的员工职业发展三维圆锥模型

艾德加·施恩提出了员工职业发展三维圆锥模型，该模型描绘了员工在组织内部的职业发展表现为垂直的、向内的、水平的等三种线路，如图 12－8 所示。垂直的发展线路指职位的晋升，即根据企业组织发展的需要及组织设立的职业阶梯，员工不断地从下一层职位晋升到上一层职位。

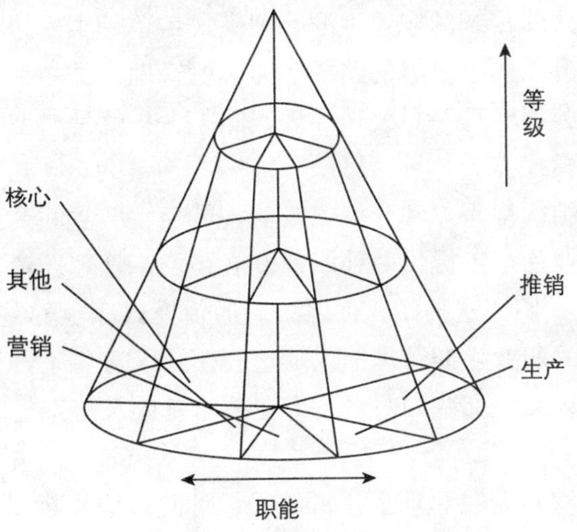

图 12－8　施恩的职业发展三维圆锥模型

垂直的职业生涯发展线路是员工职业生涯发展的主要模式，这种发展模式要求员工达到目标职位所应具备的能力、素质等条件，员工总是在能力或素质达到一定水平后，才能上升或被提升到更高层面的职位。企业组织则通过设立相应的职业发展阶梯（Career Ladder），为员工提供职业生涯持续发展的可能性和具体台阶。第二种发展模式是向内职业发展线路，这种发展模式可能是最令人陌生的，因为它不一定要伴以职位或头衔上可见的变化。员工需要用实际行动证明给上司看自己是值得信赖的，并且献身于公司。对于新员工来说，第一步考验往往是这样的：上司说出了一个机构的内部秘密，如做某项特别决定的原因，或谁现在得到了老板的欢心，等等。分享这个秘密意味着员工要在实施某特定行动或作决定时给予一定的帮助与支持。如果该员工经受住了考验，上司的其他任务也会源源不断地到来。相反，如果该新员工经不住考验，后果是惨重的：丢失升职机会、没人向他提供会影响到工作地位的信息。当然，通过考验有时也非唯一的选择或最好的选择。总的来说，地位越高，得到机构内部秘密的消息的渠道就越多，处于高级领导层的人需要有大量的消息来帮助决策。所以向核心集团的迈进往往也会伴以升职或头衔的改变。第三种发展途径是在组织机构内部不同职能部门之间的轮换。员工不是在向上攀爬，而是在同一级别的不同职位水平移动。

（2）职业生涯发展通道

人力资源管理要善于有效地把组织的目标和员工的个人职业发展目标结合起来，努力为他们确定一条有所依循的、可感知的、充满成就感的职业生涯发展通道，这也应该是现代企业需要正视和面对的一项紧迫任务。到目前为止，主要有五种模式：单通道模式、双通道模式、水平发展模式、网状发展模式和多通道发展模式。

①单通道模式。

单通道模式即传统的职业生涯管理模式：单一金字塔式职业阶梯——在组织中不断纵向晋升、向上发展的路径。如一般管理人员→初级经理→部门经理→子公司经理→分公司经理→总公司经理，图 12－9 就是典型的单通道发展模式。

②双通道模式。

随着组织结构扁平化和分权化改革，员工发展空间受到阻碍。为摆脱单阶梯弊端，许多企业为员工提供两种职业发展路径：管理通道和专业技术通道，如图 12－10 所示，我们把这种模式称之为双通道模式，也称“双轨制”，现在已成为企业中较流行的职业生涯管理模式。这一模式既避免了因管理岗位拥堵而造成人才流失或浪费，又为那些同时具备专业技术基础及特殊管理才干的卓越人员提供更大发展平台。

在进行“双轨制”型职业生涯路径设计时，应注意以下原则：

□ 清晰定义管理通道和专业通道。管理通道较容易定义，其与企业组织结

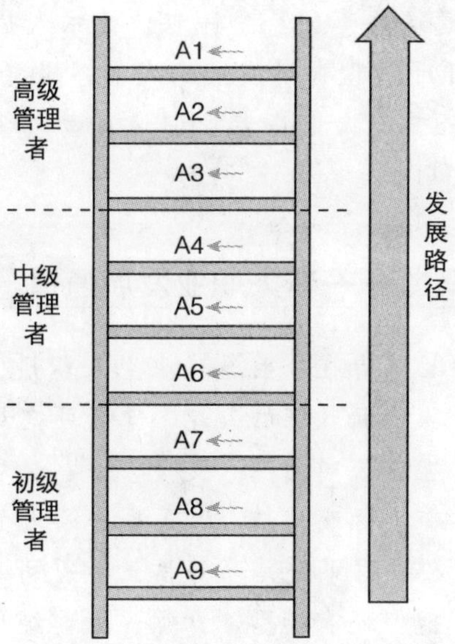

图 12 – 9 单通道模式

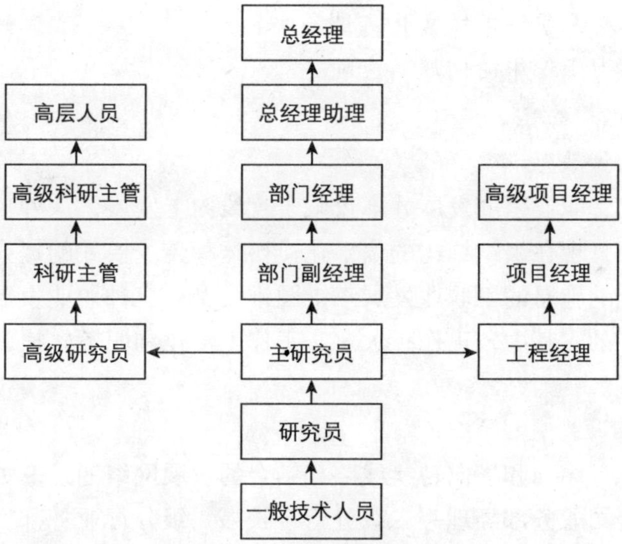

图 12 – 10 双通道模式

构相对应，参照组织结构即可明确该通道每个级别的行为标准、资历准则、职责范围等。专业技术通道的高度取决于研发人员所从事工作的性质以及研发人员相对于管理人员的劳动力市场价值。需要分析研发机构中存在的研发工作等级，从而确定专业通道中的级别，然后为每一级别确定称谓、工作责任、资历准则和责任标准等。

□ 保证两条通道之间的平行、平等。对专业通道要提供与管理通道同样程度的认可、地位和报酬，每个专业技术级别都应对应一个管理等级，以保证两条通道各个级别之间的平行关系。

□ 要确保专业通道的声誉。允许专业技术人员自行决定其职业发展方向，但是对于着眼于管理通道发展的人员，应避免其转向专业通道，以确保专业通道的声誉，防止将专业通道作为安置失败的管理人员的“收容所”。

阅读材料 12－6　毕马威——新人职业发展通道

毕马威中国内地的员工数目预计在今后三四年间将增加至超过 10000 人，新入职的员工将获得无限的发展空间。在该公司为期两个月的新人入职培训中，会有人际交流技巧、行业知识和专业技术等方面的系统培训；对于非会计专业的员工，他们还有转型课程，以帮助新人更快掌握专业知识。该公司还会指定前一年加入公司的员工成为新人的“伙伴”，协助新人适应公司的文化，进行职业规划，解决学习工作中的问题。应届毕业生入职后，会由一名指定的合伙人领导，他们可向该合伙人寻求建议、指引和支援。

据介绍，正常情况下，毕马威的员工每两三年就可以晋升一个等级。员工从会计师、助理经理、经理、高级经理晋升到合伙人约需 11 年时间。大学毕业生表现优异者，最快只需 8 年时间就可以成为合伙人。

(3) 水平发展模式

事实上，职业生涯发展并不仅限于直线向上发展，这种传统式的发展是相当有限的，而且现在组织结构的扁平化使得这种传统模式的提升机会越来越少。前面我们提到的施恩的工职业发展三维圆锥模型有三种职业发展线路：垂直的、向内的、水平的。其中，工作扩大化、工作丰富化和职务轮换就是员工向水平发展的一种模式。

(4) 网状发展模式

纵向职务序列和横向转换线路相结合的发展网络通道。如银行中，私人业务部经理→公司业务部经理→二级分行行长→一级分行业务部经理→甲省一级分行行长→乙省一级分行行长→总行副行长等。这一模式承认某些层次的工作经验的可替换性，是员工在纵向晋升到较高层次职位之前具有拓展和丰富层次工作经验的经历。这种通道要比传统通道更现实地代表了员工在组织中的发展机会，纵向和横向的选择交错，减少了职业道路堵塞的可能性。

(5) 多通道发展模式

建立职业生涯发展的双重通道，既是为了满足员工职业生涯发展的需要，更是为了建立起稳定的关键/核心员工队伍，从而确保组织竞争力的不断提升并促进组织的持续发展。现代企业更多地开始建立多层次的职业发展通道，它包括管理、技术和业务等不同的职级序列，还可以建立岗位轮换、丰富工作内容等管理机制，并且在薪酬设计上相互衔接和对应，使具有不同能力素质、职业兴趣的员工都可以找到适合自己的上升路径和比较满意的工作状态，避免所有人都拥挤在管理通道上。图 12－11 说明了采取多重职业发展路径，能够使得满足条件的科技研发人员既可以转化为营销人员如市场人员，也可以晋升到管理岗位。

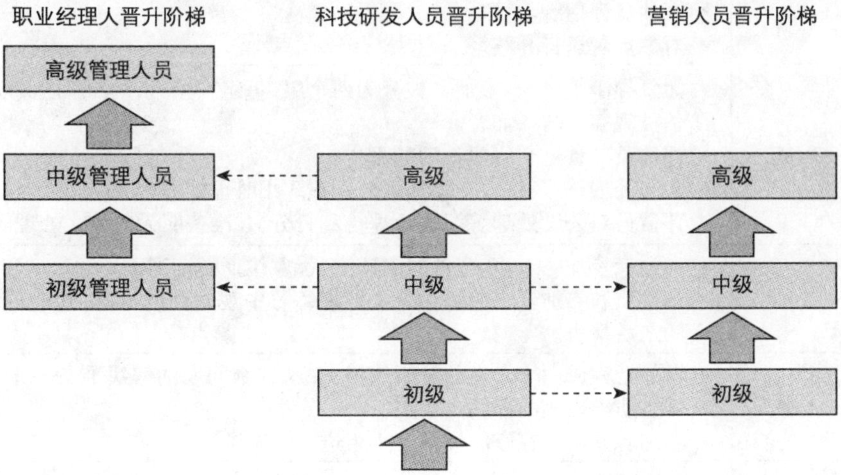

图 12－11　多通道模式

3. 职业目标设定

在全面摸清和识别职业机会后，企业和员工要共同设定职业目标。设定目标时应注意两个问题：一是目标的高低；二是目标的长短。即目标的设定要符合可实现性和时间的限定性。随着竞争的加剧，企业的生命周期越来越短，企业适应环境变化进行调整的频率也越来越快，这些大大增加了实现目标的难度。除此之外，一定要注意员工个人职业目标必须和组织的目标相一致，而且，个人要在组织目标的基础上设立自己的职业目标。

4. 评估员工的潜能

与描绘和识别组织的职业机会一样，管理者必须对他们可以利用的人才库有一个清晰的了解。这一过程通常以绩效评估作为开始，然后再采用其他更加复杂的办法。常用的评估方法有：绩效评估、量表化管理人才和运用评估中心等。关于绩效管理在前文已有详细阐述，在这里需要提醒的是：绩效评估在职业生涯管理当中尤为重要，它成为员工职业发展的衡量标准或决策标准，有很好绩效的人往往是成功晋升的合理人选，而绩效差的人可能需要从一个岗位轮换到适合他的岗位上去，或者甚至被降职。我们就不在这里赘述。

除此之外，还有一种现在较为流行的评估员工潜能的方法——运用评估中心。如在加州高速公路巡警学院（California Highway Patrol Academy）管理评估中心里，评估中心方案中的各种活动如表 12－6 所示。

表 12－6

加州高速公路巡警（CHP）评估中心项目

执行此评估前一周	对所有评估员进行 5 天的培训
星期一——A. M.	• 评估员评估练习。 • 对参加者送行介绍。
星期一——P. M.	• 无领导小组讨论：参加者被分为两个组，每组 6 个人，3 名评估员观察；每名评估员观察 2 名参加者。 • 评估员准备这个练习最后的报告。 • 公文处理练习：每一个参加者分别在 3 小时里处理 31 件公文。 • 评估员对公文处理练习进行评价和打分，并准备明天的公文处理的面试。
星期二——P. M.	• 参加者参加一个 40 分钟的阅读测试（戴维斯阅读测试）。 • 评估员和参加者一起评估公文处理练习中观测到的情况，并准备有关此练习的最后报告。
星期三——A. M.	• 参加者完成一个个人的分析练习，并就这个问题的解决准备一个 7 分钟的即席讲演给在座的评估员小组。 • 参加者开始对在座的评估员小组进行即席讲演。
星期三——P. M.	• 即席讲演一直延续到下午。 • 参加者被分散回到工作岗位。 • 评估员准备此练习的最后报告。 • 监督者准备明天每一个候选人的讨论。
星期四——全天	对 3 天来评估员对每一个参加者全部练习中的情况进行整合，要在每一个所评估的技能上达成一个双方都同意的评估结论，并且对有特殊发展的人员加以推荐。
在 45 天内	评估员在参加者的工作岗位上与参加者及其监督者一同来讨论评估员小组的观测结果。
在 60 天内	参加者和监督者共同完成一个职业发展计划来帮助参加者提高其技能。

注：所有练习和培训都在 CHP 学院现场进行

参与这些活动可以提供提升所要求的具有代表性的行为模式。在评估中心的最后阶段，评估员的观察被融合和整合，以用来勾画出参加者的需要和优势的全面框架。通常，提交给上级管理部门一份报告，并且及时将反馈传达给参加者。目前，人们越来越重视评估中心程序的有效性。

5. 行动规划并给予员工特定的支持

在评估了员工的潜能以及确定了其职业路径和目标后，就需要有一个具体的行动计划甚至是时间表来保证目标的实现。行动规划是在综合个人评价和组织评价结果的基础上，为提高个人竞争力和达到职业目标所要采取的措施，包括：个人体验、培训、轮岗、申请空缺职位等。通过这些方式，可以弥补个人的能力缺陷，同时增进对不同工作岗位的体验。行动规划制订后，还需要有一个实现职业目标的时间表，如：用两年的时间取得相应的技术职称，在 3～5 年的时间内成为某项技术开发项目的带头人，等。

6. 评估和反馈

任何一个人的职业发展都不可能一帆风顺，即使为自己制订了一个非常完善的计划，也会受到环境和组织条件等因素的影响而不得不随时进行调整。在现代社会，这种调整的频率会随着组织间竞争的加剧而越来越快。因此，在实施规划的过程中，要随时注意对各种影响要素进行评估，并在此基础上有针对性地调整自己职业规划的目标。

职业生涯管理的相关工具和技术

职业生涯管理包括许多分析和计划，需要提供一套帮助评估自己在组织中成功的可能性的工具与技巧。任何职业发展计划中最重要的目标可能就是提供测量员工潜能的工具和技术，以确保他们能够在职业成长道路中获得成功。这个目标可以以不同的方式得以实现，自然，所有的方式都需要员工自身的积极参与。人力资源部全体职员和监督者广泛使用非正式咨询的方法。许多组织提供给其员工有关教育帮助、EEO/AA 计划和政策、薪金管理，以及工作要求的信息，职业计划书和工作手册也是帮助员工识别其潜能及其兴趣强弱的通用方法。下面我们将着重讲几种主要的职业生涯开发工具，如职业生涯计划工作手册、职业生涯计划研讨会、职业咨询和建立职业资源中心。

1. 职业生涯计划工作手册

有些组织已经准备了工作手册，通过涉及价值观、兴趣、能力、目标和个人发展计划的自我评价系统来分别指导员工。通用汽车公司的《职业发展指南》包括了一个被称为“未来你想成为什么?”的部分，借此员工可以进行个人评价。通用电气公司已经发展了一套涉及面广的手册来服务于它的职业发展计划，其中包括两个工作手册，用于帮助员工探究各种各样的影响其职业决策的生活问题。

2. 职业生涯计划研讨会

研讨会提供的经验类似于工作手册提供的。然而，它们在这方面有一定的优势，即给了参与者一个契机，在面对类似情况时能够和其他人就态度、关心事宜及计划进行比较和讨论，阅读材料 12-7 描述了万豪酒店使用的一种研讨会。

阅读材料 12-7 万豪酒店的职业发展讨论

面对酒店行业竞争激烈的商业现实，万豪（Marriott）酒店经理知道他们不能再采取“家长制”的方法来进行职业管理。在管理他们自己的职业和其员工的职业时提供给管理者和监督者帮助——万豪酒店已经发展了一个被称之为“职业管理中的伙伴”

的职业讨论。这个职业讨论是建立在一个包含四个层次模型的基础之上的，以便帮助管理者将问题集中在以下几个方面：

- 我是谁？这个计划帮助员工识别他们各自的技能、价值观和兴趣。
- 我如何被看待？这个计划提供正在进行的反馈来帮助员工了解别人是如何看待他们的贡献的。
- 我的职业目标是什么？这个工作手册帮助员工建立一系列现实的职业目标。
- 如何实现我的职业目标？这个工作手册有助于个人发展这些执行计划，其主要集中于对能实现其目标的能力和经验进行平衡。

通过培训管理者来帮助公司员工了解职业机会和资源，万豪酒店正在转移职业管理的责任，使之远离公司，并朝着员工的方向移动。在万豪酒店公司，员工应该对以下负责：

- 评价他们自己的技能、价值观、兴趣和发展的需要
- 决定长期和短期的职业目标
- 和他们的管理者一起创建职业发展计划来实现其目标
- 遵循其计划
- 学会有关的职业管理资源，诸如即时的工作置入系统
- 在一个常规的基础上与管理者一起讨论职业发展
- 认识到职业讨论并意味着承诺或担保
- 认识到他们的发展直接取决于组织的需要和机会，以及他们自己的业绩

3. 职业咨询

职业咨询，即与员工讨论其当前的工作情况和表现、他们的个人岗位和职业目标、个人技能，以及合适的职业发展目标的过程。当一些组织将咨询作为年度绩效评估的一部分时，职业咨询通常是自愿进行的。职业咨询可能由人力资源部的职员、监督者、专门的人事咨询员或外部的专家来进行。许多组织已经指派了职业咨询员，对员工而言他们是全职工作人员，可以随时找到。其他的组织在雇佣周期内雇用咨询员。为了提高职业咨询与指导的效果，大中型组织可在组织内设立职业生涯发展评估中心，对员工进行评估。

4. 建立职业资源中心

如今员工应当承担其自身职业生涯管理的责任的观点越来越流行，为了响应这个趋势，许多组织正在建立帮助员工参与职业生涯自我管理的计划，如：在组织内部建立职业资源中心，其内容涉及公司情况、政策、职业规划自我学习指南和自我学习磁带等。为了主动地获取组织人力资源信息，组织还可设立技能档案。档案中主要记录员工的教育、工作史、任职资格、取得的成就，有时还包括职业目标的信息，如工作喜好、工作目标、个人自我评价信息、发展机会和目标安排等。

不同职业生涯时期的职业管理任务

1. 进入组织阶段

组织要做好招聘、挑选和配备工作，要根据发展的目标和现状，向求职者提供准确的职业信息和发展信息，以供他们决策参考。

2. 早期职业阶段

组织通过试用和新工作的挑战，发现员工的才能，帮助员工确定长期发展目标，明确员工的职业定位。

3. 中期职业阶段

个人事业发展基本定型或趋向定型，个人特征表现明显，个人情感复杂化，引起职业生涯中期的危险性。面对这一复杂的人生阶段，组织一方面要通过各种方法，帮助员工解决诸多实际问题，激励他们继续奋斗，以获得更大的成就；另一方面要通过各种方式，针对不同人的不同情况，为其指示和开通事业发展的新通道。

4. 后期职业阶段

年老员工即将结束职业生涯，组织一方面要鼓励帮助员工继续发挥自己的热能和智慧，帮助他们做良师益友，让他们把知识和经验传授给年轻人；另一方面，要帮助员工作好退休的心理准备和退休后的安排。

本章小结

本章从职业生涯管理的角度阐述如何管理人才，以充分发挥人才的价值和作用。职业生涯管理总的来说分为两大模块：员工自我职业生涯管理和组织职业生涯管理。员工进行个人职业生涯发展，除了要确定职业目标、制订职业生涯规划、从事职业活动外，最主要的是要掌握职业生涯选择理论、选择确立自身的职业方向和类型，有效地进入组织，开始职业生涯。影响员工职业生涯选择的因素主要有个人因素、社会因素和组织因素三种。员工的职业生涯选择理论有多种，在本章中主要介绍了帕森斯的职业—人匹配理论、霍兰德的职业性向理论、施恩的“职业锚”理论以及职业生涯发展理论中的萨伯的职业生涯五阶段理论。而组织职业生涯管理主要强调组织需要和个人需要相匹配的过程，以达到最终的“双赢”效果。

职业生涯管理在人才管理过程中发挥着重要的作用，特别是随着知识经济的到来，人员素质不断提高，人们会有更多的要求，希望在工作中充分发挥自己的特点，实现个人目标，并获得更多的成就感，职业生涯管理在一定程度上会完成这个任务，因此对职业生涯的管理的理论和实践研究还会有更深的发展。

复习思考题

1. 什么是职业和职业生涯？什么是职业生涯规划？

2. 什么是职业生涯管理？职业生涯管理的意义是什么？

3. 请说明职业锚、职业—人匹配理论和职业性向理论的区别及其如何应用。

4. 什么是“职业高原现象”？

5. 在调查研究的基础上，设计一套员工职业生涯管理体系或职业生涯规划与管理方案。

6. 作为一名人力资源管理者，请你谈谈如何帮助员工进行职业生涯规划。

案例分析

软件工程师的职业发展

31岁的周先生从事IT行业已有七八年，现任高级软件工程师。周先生本科学习数学专业，毕业后出于兴趣就从事了计算机软件程序设计工作，直接进入一家较有名气的IT公司工作，薪酬也比较满意，一直工作至现在。随着工作经验的累积和技术的不断成熟，周先生也逐渐成长为一名成熟的软件工程师。这一职位，在IT技术业，已然是具备较高技术水平的。然而，也因此难有更高层次的上升。

后来，周先生开始从事私人项目的开发，并兼做中介接受订单，时日久了，便萌发自己当老板、开办公司的意向，但仍从事熟悉的IT行业。周先生想，毕竟现在的职位薪水再高，也永远是给别人打工的打工族。而且，IT业是一个朝阳产业，也是一个对年龄实行淘汰制的残酷的行业。刚刚入这一行时，中国的IT业还没有如此这般竞争激烈，但是现在，在接下一个项目后，就必须没日没夜地连续工作一两个月，胃出血都是十分常见的事。用周先生的话说，就是“coding到死”。这对于年青人来说，没有什么不妥，但是对于步入“三十危机”的周先生来说，更希望为自己稳定的未来作进一步的铺垫，希望利用自己多年从事软件行业的人脉，发展一番自己的事业，得到事业的新的上升，于是有心将自己的工作重心转入管理范畴。

但是，周先生自己也十分清楚，从一个技术型人才转向管理型人才，成功的案例有，但更多的是失败的案例。例如比尔·盖茨，最终还是将首席执行官的职责转交给更擅长此方面的人从事。周先生对于自己究竟是否适合这种类型的转型，也十分迷惑。

【案例问题】

1. 周先生是否适合这种类型的转型？你的判断依据是什么？

2. 如果你是一名职业规划师，你将如何对周先生进行职业生涯规划？

参考文献

埃文斯，帕西科，巴苏科斯．2007．国际人力资源管理［M］．唐宁玉，等，译．北京：机械工业出版社

白汉姆，史密斯，皮尔斯．2006．培养接班人［M］．费书东，柯恩，柯亚，译．北京：中国人民大学出版社

伯兰德．2006．人力资源管理［M］．大连：东北财经大学出版社

曹礼平，李元旭．2008．外派人员理论研究综述及研究展望［J］．江西社会科学，（10）：208－212．

陈胜军．2009．人力资源管理概论［M］．北京：对外经济贸易大学出版社

陈晓萍．2005．跨文化管理［M］．北京：清华大学出版社

道林，韦尔奇．2001．跨国公司人力资源管理［M］．北京：中国人民大学出版社

德斯勒．2005．人力资源管理［M］．北京：中国人民大学出版社

费．2004．你能做好——卓越管理培训教程和经典案例分析［M］．谢作渺，译．北京：北京大学出版社

胡豪．2007．跨国公司的人力资源管理［M］．北京：清华大学出版社

吉伯，卡特，戈德史密斯．2005．领导力开发指南［M］．任长江，译．北京：人民邮电出版社

李燕萍．2007．培训与发展［M］．北京：北京大学出版社

李中斌，郑文智，董燕．2008．培训管理［M］．北京：中国社会科学出版社

刘希珍，王梅．2008．人力资源开发与管理案例［M］．第1版．天津：天津大学出版社

罗辉，张俊娟．2009．培训课程开发实务手册［M］．北京：人民邮电出版社

马新建，石巨涛，孙虹，李庆华．2008．人力资源管理与开发［M］．第2版．北京：北京师范大学出版社

诺伊．2007．雇员培训与开发［M］．徐芳，译．第3版．北京：中国人民大学出版社

诺伊，等．2005．人力资源管理赢得竞争优势［M］．刘昕，译．第5版．北京：中国人民大学出版社

帕特里克．2007．如何做好培训评估：柯氏四级评估法［M］．奚卫华，等，译．第3版．北京：机械工业出版社

彭剑锋，饶征．2003．基于能力的人力资源管理［M］．北京：中国人民大学出版社

钱振波．2004．人力资源管理理论·政策·实践［M］．北京：清华大学出版社

卿涛．2006．人力资源管理概论［M］．北京：清华大学出版社，北京交通大学出版社

孙海法，方琳.2008. 外派人员的多角度培训与开发［J］. 新资本，(2)：16－19.
孙健，纪建悦.2004. 人力资源开发与管理——理论、工具、制度、操作［M］. 北京：企业管理出版社
泰勒，利皮特，编.1987. 管理人员发展和培训手册［M］. 陈今森，译. 北京：清华大学出版社
汪群，王全溶.2006. 培训管理［M］. 上海：上海交通大学出版社
王明辉，2004. 凌文辁. 外派员工培训的新趋势［J］. 中国人力资源开发，(8)：39－42.
王世英，吴能全，闫晓珍.2008. 培训革命：世界著名公司企业大学的最佳实践［M］. 北京：机械工业出版社
吴冬梅，等.2009. 人力资源管理案例分析［M］. 北京：机械工业出版社
伍双双.2002. 人力资源开发与管理［M］. 北京：北京大学出版社
萧鸣政.2002. 人力资源开发学——开发组织内人力资源的理论与方法［M］. 北京：高等教育出版社
谢晋宇.2005. 人力资源开发概论［M］. 北京：清华大学出版社
徐芳.2005. 培训与开发理论及技术［M］. 上海：复旦大学出版社
颜世富.2007. 培训与开发［M］. 北京：北京师范大学出版社
杨杰.2003. 组织培训［M］. 北京：中国纺织出版社
杨林.2004. 跨国公司如何克服人员外派失败［J］. 中国人力资源开发，(11)：70－73.
伊万切维奇.2008. 人力资源管理［M］. 北京：机械工业出版社
张德，主编.2001. 人力资源开发与管理［M］. 第2版. 北京：清华大学出版社
张一弛.1999. 人力资源管理教程［M］. 北京：北京大学出版社
张众宽.2006. 培训贵，不培训更贵——企业自助式培训实施方案［M］. 北京：中国时代经济出版社
赵涛.2005. 人力资源开发与管理［M］. 天津：天津大学出版社
赵晓飞.2008. 基于三维视角的企业外派人员管理策略［J］. 中国人力资源开发，(1)：19－23.
郑海航，等.2006. 人力资源管理：理论·实务·案例［M］. 北京：经济管理出版社
周文，谈毅，方浩帆.2005. 培训管理体系的建立［M］. 长沙：湖南科学技术出版社
祝文欣.2009. 企业如何建立培训部门［M］. 北京：机械工业出版社
ADLER, N. J. & GHADAR, F. 1990. Strategic Human Resource Management: a global perspective, in Pieper, R. (Ed.), Human Resource Management in International Comparison [M]. Berlin: De Gruyter, 235－260.
BANDURA, A. 1982. Self-efficacy Mechanism in Human Agency [J]. *American Psychologist*, (37): 122.
BANDURA, A. 1997. Self-efficacy: The exercise of control [M]. New York: Freeman, 1997.
BRISCOE, D. R. & SCHULER, R. S. 2004. International Human Resource Management. [M]. 2nd ed. New York: Routledge

EDSTROM, A. & GALBRAITH, J. R. 1977. Transfer of Managers as a Coordination and Control Strategy in Multinational Organizations [J]. *Administrative Science Quarterly*. 22 (2): 248 -263.

EVANS, P., PUCIK, V. & BARSOUX, J. L. 2002. The Global Challenge: framework for international human resource management. [M]. New York: McGraw-Hill

LUTHANS, K. W. & FARNER S. 2002. Expatriate Development: the use of 360-degree feedback [J]. *Journal of Management Development*. 21 (10): 780 -793.

MORGAN, P. V. 1986. International Human Resource Management: fact or fiction? [J]. *Personnel Administration*. 31 (9): 43 -47.

SCHULER, R. S. & HUBER, V. L. 1997. Personnel and Human Resource Management [M]. St. Paul, Minn: West

SCULLION, H. 1994. Staffing Policies and Strategic Control in British Multinationals [J]. *International Studies of Management & Organization*. 24 (3): 18 -25.

SPARROW, P., BREWSTER, C. & HARRIS, H. 2004. Globalizing Human Resource Management [M]. London: Routledge

TAYLOR, S., BEECHLER, S. & NAPIER, N. 1996. Toward an Integrated Model of Strategic International Human Resource Management [J]. *Academy of Management Review*. 21 (4): 959 -985.

THORNDIKE E. L. AND WOODWORTH. 1901. The Influence of Improvement of One Mental Function upon the Efficiency of Other Functions [J]. *Psychological Review*, (8): 247 -261.

TORNOW, W. & LONDON, M. 1998. Maximizing the Value of 360-degree Feedback: a process for successful individual and organizational development [M]. San Francisco: Jossey-Bass

TUNG, R. 1982. Selection and Training Procedures of US, European and Japanese multinationals [J]. *California Management Review*, 1982, 25 (1): 57 -71.

YAMMARINO, F. J. & ATWATER, L. E. 1997. Do Managers See Themselves as Others See Them? Implications of Self-other Rating Agreement for Human Resources Management [J]. *Organizational Dynamics*. 25 (4): 35 -44.